|2006 盐城地产诚信样板品牌
园式社区
U1074401
本广告仅作为要约邀请，一切以政府批文和实体为准，开发商保留最终解释权

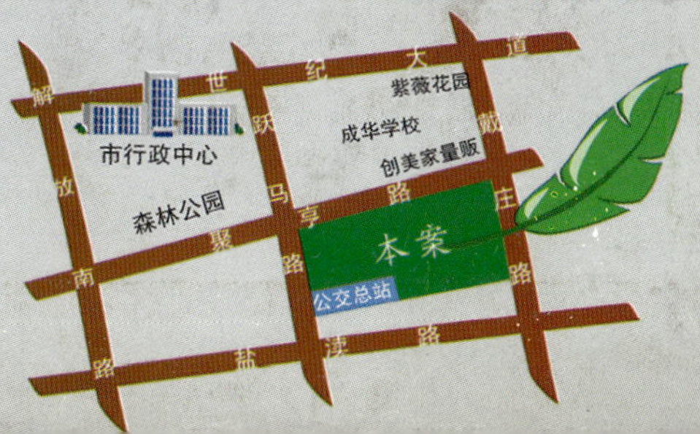
市行政中心
森林公园
紫薇花园
成华学校
创美家量贩
本案
公交总站

江苏省盐城经济开发区

江苏省盐城经济开发区成立于1992年8月，1993年10月被江苏省人民政府批准为省级开发区，1996年3月又被批准建立省级高新技术产业园。盐城经济开发区位于盐城市区东南方，地理位置优越，交通便捷，离宁靖盐高速公路入口仅6公里，距大丰港港口仅55公里，距盐城机场仅5公里，盐城机场现已开通至北京、广州、上海和韩国汉城等地的航线，沿海高速公路、新长铁路、通榆运河贯穿其中。沿海高速公路作为连接盐城与上海等国际化大都市的交通大动脉，将于近期建成通车，届时，盐城开发区至上海只需2小时车程，盐城开发区将成为名副其实的“上海后花园”。立体构架的海、陆、空、水运一体化的交通运输网络，使开发区的地域优势日益凸显。

盐城经济开发区作为盐城最早对外开放的窗口、全市工业的集聚地以及外向型经济的龙头，经过13年的开发和建设，现已初步形成了汽车、机械、纺织、医药、食品、电子等门类较为齐全的工业体系，构成了“西、中、东三区各有偏重，韩、沪、浙客商竞相投资”的强势发展格局。世界500强企业韩国现代集团、韩国LG集团、美国江森自控集团，中国500强企业光明集团、悦达集团、江动集团、中大集团、亨威集团等一大批知名企业云集区内。总投资8.75亿美元、年产30万辆乘用车、25万台发动机的东风悦达起亚第二工厂项目于2005年10月28日正式开工，计划于2007年上半年正式投产。斗源空调、韩一模塑、摩比斯汽配等一批汽车零部件企业相继开工并投产运营，汽车产业初具规模。区内设有高新技术创业园、留学人员创业园、国际投资创业园以及正在规划建设中的汽车零部件工业园等多个富有特色的区中园，为招商引资搭建了良好的平台。按照建成以工业为主体的现代化新城区的目标，盐城开发区坚持高起点规划，高标准配套，高水平建设，现已具备“十通一平”配套水平，区内学校、医院、宾馆、商贸中心、标准厂房、职工公寓等公共设施齐全，具备了各类企业进区投资的良好条件。普遍推行服务承诺制、全程代办制、首问负责制，为进区项目提供优质、便捷、高效的服务。

盐城开发区竭诚欢迎国内外客商莅临考察、投资兴业，盐城开发区将与您共创美好未来！

东风悦达起亚第二工厂奠基仪式

市领导出席高新技术创业园、留学人员创业园揭牌仪式

市领导出席汽车模块及部品项目签约仪式

创美家量贩

机械生产车间

生产车间

江苏八菱集团有限公司

（江苏八菱集团董事长　谢恒满）

2005年，在市委、市政府的正确领导下，江苏八菱集团有限公司在困难中前进，在创新中发展。全年完成发电量62.7亿度，同比+21.04%。上网电量58.7亿度，同比+26.15%。实现蒸气销售95万吨，同比+11.58%。完成工业增加值5.85亿元，同比+18.8%。实现销售收入20.1亿元，同比+15.34%。完成基建、技改投入4.4亿元。全年实现利税2.34亿元，利润4390万元。各项重点工程快速推进。盐城发电有限公司八期工程#10、#11机组已于2005年上半年实现高水平双投。射阳港发电公司三期工程完成环保、燃料、水利、水资源、土地等20多项支持性文件。全部完成非电企业改革改制任务，不断规范完善已改制企业的后续工作，在此基础上，盐城市人民政府和中国电力投资集团公司于作，做到工作、学习两不误。实现了安全生产、企业发展、管理创新、党员队伍建设四促进。集团公司再次被省委、省政府表彰为“江苏省文明标兵单位”，被市委表彰为“先进基层党组织”，取得了三个文明建设的新成效。

江苏仁禾中衡公司

江苏仁禾中衡公司董事长　梁泽泉

江苏仁禾中衡公司是江苏仁禾中衡会计师事务所有限公司、江苏仁禾中衡工程咨询有限公司、盐城仁禾房地产估价有限公司、盐城仁禾土地估价有限公司、盐城仁禾建筑工程司法鉴定所简称。建于1992年，原为隶属财政部门的全民事业单位。1999年底脱钩改制。

公司现有员工56人，拥有办公楼、交通工具及现代化办公仪器设备等固定资产300多万元，在本地同行中居领先地位。

公司技术力量雄厚，知识结构合理。现有员工90%以上是大专以上学历，其中本科学历10多人；80%以上是中高级职称，其中高级职称8人；80%以上具有执业资格，其中13人具有多种执业资格。90%以上是年轻员工。专业技术人员中会计、审计、经济、工程、法律、管理专业等门类齐全，工程人员中土建、安装、市政、园林等专业结构合理。注册会计师、资产评估师、造价工程师、房地产估价师、监理工程师、咨询工程师、税务师、律师、土地估价师、房地产经纪人、招标代理人、司法鉴定人等人才荟萃。多人兼任或被聘为行业师资、执业质量检查员、专家评委等。部分专业人员已成为本地行业中的顶级人才。

公司执业资格较全且等级高，综合服务功能强。具有注册会计师法定业务、各类资产评估、工程造价咨询(甲级)、房地产估价(贰级)及经纪、招标代理(乙级)、司法鉴定、土地估价、工程咨询、管理咨询等执业资格，为社会各界发展事业提供一条龙、一站式的中介服务。内设8个专业部门。企业党群组织健全。公司是注册会计师、资产评估师、造价工程咨询、建筑工程招投标、工程咨询、房地产等行业协会和盐城市工商联合会会员。

公司始终坚持“智力创造财富、管理提升效益”的经营理念，遵循“以质量求生存，以信誉求发展”的服务宗旨，培育“精业、诚实、团结、奋发”的团队精神，在党和政府的领导，主管部门及行业协会的指导关心，社会各界的信任，支持，取得了较好的社会效益和经济效益。近年来，完成亿元以上资产项目上百项，为“两个率先”提供优质服务。企业得到了长足发展，名列本地同行的前茅。

公司自成立以来受到国家、省、市、区近20次表彰，是“先进财会工作集体”、“服务企业改革先进集体”、“放心中介单位”、“目标管理先进集体”、“司法鉴定工作先进集体”、“房地产中介服务‘十佳’企业”、“工程造价信得过单位”、“查办国有资产流失案先进集体”、“优秀工程招标代理机构”、“双满意优秀标兵示范工程招标代理单位”等。团支部是“青年文明号”，妇委会是“巾帼示范岗”，是工商行政管理部门认定的“重合同守信用”企业和“免检”企业。

盐城市政协委员、市工商联常委、市注册会计师协会和房地产协会常务理事、公司董事长梁泽泉先生，市审计学会理事、主任会计师姜啸然先生代表公司全体员工向社会承诺：执业质量一流，服务质量优良；履行合同严格，服务收费合理；遵守法律法规、恪守职业道德，诚请社会各界关心、支持、合作和监督，共谋双赢目标。

辉煌的“十五”建湖

“十五”时期，是建湖发展历程中不平凡的五年。全县人民积极树立和落实科学发展观，紧紧围绕“双倍”目标，大力实施“四创”战略，十分注重“六个更加突出”，积极应对宏观环境新变化，实现了经济跨越发展和社会全面进步。一是综合经济实力跃上新台阶。“十五”末，全县实现地区生产总值101.9亿元，“十五”期间年均增长12.3%；财政总收入8.74亿元，同口径年均增长24.8%。二是经济结构调整取得新进展。“十五”期间，全县工业化进程明显加快，皮鞋、油田机械、电子节能灯、纺织服装、生物化工、花炮等六大特色产业集群已具雏形。2005年，全县三次产业构成已由2000年的24.8:48.3:26.9调整为20.4:48.3:31.3。三是改革开放向纵深推进。国有（集体）企业产权制度改革、事业单位改革、民营经济发展、政府职能转变取得新突破。经济国际化进程进一步加快。2005年，全县新批外资项目29个，协议利用外资6000万美元，增长56%；注册外资实际到账2100万美元，增长166%。四是城乡面貌发生显著变化。“十五”期间，全社会固定资产投资完成146.3亿元，年均增长28.7%，其中基础产业和基础设施投资完成51亿元。在全省第一家实现行政村村通灰黑化、等级化公路目标，提前三年完成农村公路改造任务。县城建成区面积达16平方公里，常住人口16.5万人，城市化率达43%。五是各项社会事业全面进步。科技进步对工农业的贡献率分别达到39.97%和57.89%，分别列全市第一、二位。教育、文化、广电、城乡卫生等进一步提高和改善。六是人民生活水平不断提高。城镇居民人均可支配收入达8020元，农民人均纯收入近5000元。城乡居民人均住房建筑面积分别达33.5平方米和29.5平方米，比2000年分别增加16平方米、4.1平方米。七是精神文明和民主法制建设明显加强。深入开展公民道德教育和群众性精神文明创建活动，提高了公民道德素质和城市文明程度。先后荣获国家级生态示范区、省级文明卫生城市、全省双拥模范县、省级计划生育示范县、职业教育先进县、平安建湖等称号，在苏北率先建成“质量兴县”先进县。

建湖县行政服务中心

亮丽的建湖夜景

品牌战略成果卓著

建湖县大力实施品牌战略，继森达皮鞋获得中国名牌产品、中国驰名商标后，“十五”期间，好人缘皮鞋、“克胜”农药又分别荣获中国名牌产品、中国驰名商标称号。宇晖牌棉本色纱、永建牌工业油酸、玉人牌九九警服、建农牌多效唑原药、建农牌多效唑粉剂、欣悦牌普通照明用自镇流荧光灯等6个产品获得江苏省名牌产品，“好人缘”、“玉人”、“建农”、“法斯利森”、“永建”、“剑”等6个商标获得江苏省著名商标。至此建湖县共拥有中国名牌产品2个，中国驰名商标2个，江苏省名牌产品15个，江苏省著名商标9个。

江苏森达皮鞋集团有限公司

“克胜”农药

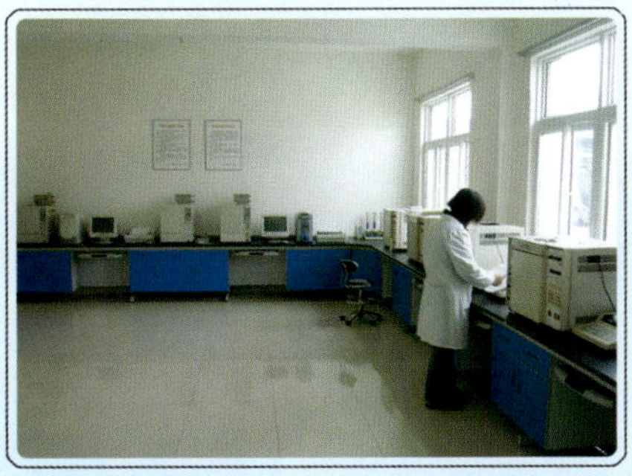

腾飞中的建湖经济开发区

“十五”期间，建湖经济开发区紧紧围绕建成百亿省级开发区的奋斗目标，大力实施“项目兴区、环境立区、品牌强区”三大战略，累计完成基础设施建设7.55亿元，先后引进超千万项目126家，超亿元项目20个，2003年顺利通过土地清理和园区整顿检查验收，并被确定为拟保留的省级开发区。2005年，全区实现业务总收入36.5亿元，财政收入1.12万元，列全市14个开发区综合评比第三名，被列入首批参照省级开发区管理的15家重点工业园区之一，一个现代化的工业园区正在盐阜大地上崛起。

奋进中的射阳

射阳县位于苏北沿海中部，土地面积2795平方公里，耕地10.41万公顷，滩涂7.3万公顷。全县辖19个镇，1个省级经济开发区和1个省级外向型农业综合开发区，境内还有4个省属农盐场，年末总人口104.37万。

射阳产业特色鲜明。全县有棉纺锭70多万枚、麻纺锭近5万枚，初步形成了“棉麻毛丝一起上，花纱布衣一条龙”的大纺织体系。是江苏省纺织产业基地县。农副产品资源优势突出。建成全省最大的高品质棉、中药材、南美白对虾、海水生态育苗、食用菌和出口蜂蜜生产基地，进入全国果菜十强县。沿海风光湿地旅游人气渐旺。射阳岛体育公园在建（高尔夫球场），丹顶鹤保护区、森林公园、国家级中心渔港和农业旅游示范点洋马十里菊香是观光的好去处。基础设施日趋完善，城乡面貌焕然一新。拥有二类开放口岸射阳港，县城至沿海高速接线将于2006年同步建成通车。通过国家级生态示范区和省级园林城市验收，首创省级生态农业县，全省加快苏北振兴工作会议观摩了该县重点镇工业集中区现场。获得2005年度全国最具投资潜力中小城市50强称号。

“十一五”时期，射阳县将按照“接轨上海、学习苏南、跻身苏中、争先苏北”的要求，大力实施新型工业化、经济国际化、农业产业化、城乡一体化“四大战略”，持续培植特色经济、集群经济、海洋经济“三大优势”，加快建设“一都两带三城”，即打造中国特色纺都，培植全省知名的沿海开发示范带、高效农业产业带，建成全国优秀旅游城、全国园林城和全国卫生城（镇）。到2010年全面建成小康社会。

江苏省省级生态示范村--东南村

苏北一流的步行街

江苏振阳集团制毯车间

兴阳纺织公司细纱车间

亚洲最大的镂空石雕----中华后羿坛

盐城市公安边防支队

2005年，盐城市公安边防支队紧紧围绕地方党委政府中心工作和部队建设大局，不断提高“平安沿海”创建水平，部队保持了稳定可持续发展的态势。支队共有18个单位和27名官兵分别受到公安部边防局、省边防总队和市公安局表彰、记功；支队机关连续六年被评为市文明单位，连续三年被评为省级文明单位。8个基层单位被评为市青年文明号，1名个人被评为市新长征突击手。

一是深入开展“三访四见”活动。各边防派出所深入辖区村组、船头和企业，积极开展入户调查和走访活动，主动帮助群众排忧解难，为群众提供法律咨询和援助，及时帮助企业解决在生产过程中遇到的涉法问题。通过主动服务，向群众提供便利，群众对边防派出所的满意率达到95%以上。2005年，全支队共累计走访群众45584户、137131人，帮助群众做好事、办实事、解难事1687件，调解纠纷324起，收到社会各界赠送的锦旗、感谢信36封（面）。二是不断深化“平安沿海”创建工程。2005年，支队先后组织开展了打击“两抢一盗”、禁毒人民战争、打击赌博违法犯罪、“破案攻坚百日会战”等专项打击行动，取得了明显成效。全市公安边防部门共接处警4400起（次），破获各类刑事、治安案件615起，打击处理各类违法犯罪人员652名，妥善处置各类群体性事件35起，调处各类纠纷1351起。三是全面实行“爱民固边”战略。支队主官多次向市委、市政府和市公安局领导汇报部队实行的“爱民固边”战略，得到了各级领导的大力支持和配合，盐城市委、市政府和各沿海县（市）党委政府相继发文，将“爱民固边”战略纳入当地平安建设、经济社会发展和建设社会主义新农村规划，有力地策应了战略的实行。为了打好“爱民固边”战略的第一战之群防战役，各边防派出所在保证实战巡逻24不间断的基础上，以“海上110”为载体，充分发挥视频监控设备和CK报警系统的作用，形成技防、物防、人防、设施防等整体联动，最大限度的扩大防范资源和整体效能。

法制宣传

打击犯罪

刻苦训练

思想交流

拥政爱民

征求意见

中国移动通信 CHINA MOBILE
移动信息专家

江苏移动通信有限责任公司盐城分公司

百万客户评移动答谢抽奖活动

“畅通网络、诚信服务”记者见面会

全球通亲子活动

江苏移动通信有限责任公司盐城分公司下辖东台、大丰、建湖、射阳、阜宁、滨海、响水等7个县（市）分公司。

作为全球最大运营商中国移动的地市级分公司，盐城移动坚持以优质可靠的网络和体贴周到的服务满足不断增长的客户需求，做“高品质服务代表”和“可持续发展典范”。在“服务与业务领先”战略重点的指引下，盐城移动企业管理水平持续提高，网络通信质量稳中有升，服务与业务不断出新，企业持续、快速、健康发展，移动电话客户总数超过120万，运营收入已连续三年保持30%以上的增长速度。

在攀越成功的道路上，盐城移动始终以客户为中心，以客户需求为导向，致力于为客户提供最优质的服务和最满意的“沟通”。在服务征程中，盐城移动逐渐领悟到服务的真谛：服务不仅仅是追求客户满意，服务最重要的是为客户创造价值，帮助客户成功，实现真正意义上的“双赢”。2005年，盐城移动陆续开展了“百万客户评移动”、“请给移动上堂课”、“企业家高级管理培训”、“全球通亲子俱乐部”等多项规模宏大的服务活动，坚定不移地促进移动与客户的共同提高。

不懈的努力和付出赢得广大客户对盐城移动的一致好评，2005年全市质量民主评议活动中，盐城移动在服务行业中排名第一名。在过去的一年中，盐城移动还先后获得全国用户满意企业、江苏省服务质量奖、江苏省文明单位标兵、盐城市文明行业等多项荣誉称号，公司总经理耿时敏还被评为盐城市经济年度人物、盐城市五一劳动奖章。

荣誉和辉煌只属于过去，面对百万客户的更高期盼，盐城移动唯有用更多的汗水去创造更多超越客户需求的服务，方能不愧百万客户的关怀和厚爱。站在新的起点上，盐城移动将以客户的关爱为动力，向着“创无限通信世界，做信息社会栋梁”目标坚定前行，实现自身从优秀到卓越的伟大跨越。

中国联通有限公司盐城分公司

中国联通有限公司盐城分公司成立于1998年4月，主要经营GSM（130、131、132）、CDMA（133）移动通信业务、数据长途业务、165互联网业务及其增值业务等。

几年来，盐城联通大力实施网络工程建设，累计投资近13亿元。目前GSM130网络总容量达到59万，含有两个交换局，329个基站；CDMA网络容量达到15万，283个基站，实现网络全区各乡镇全面覆盖，现盐城联通已有近45万用户。

在建好网络的同时，盐城联通一直致力于为用户提供周到贴心的服务，竭力提倡诚信兴商、诚信经营、诚信服务、诚信做事和诚信做人。2005年围绕“诚信联通”建设，向社会公布“十项服务承诺”，开展了“诚信联通请您评议”、“我与诚信联通”有奖征文、“计费有奖找误差”和“用户满意营业厅”评比等系列活动，广泛听取社会各界的意见和建议，受到一致好评，提升了服务水平和品牌形象。盐城联通将继续深化“诚信联通”建设，不断提高用户满意度，为盐阜大地经济腾飞做出贡献。

VIP客户俱乐部

业务体验区

盐城市交通规划设计院

盐城市交通工程咨询监理有限责任公司

设计院院长监理公司总经理夏春柏同志

盐城市交通规划设计院与盐城市交通工程咨询监理有限责任公司是两块牌子一套班子。拥有公路、桥梁、港口、水运、工民建、统计、财会、计算机、建材等各类专业高、中级技术人才。成立十多年来，在市交通局党委的正确领导下，在各级领导和社会各界的关心支持下，设计院和监理公司取得了长足的发展。设计院是盐城市唯一具有公路工程乙级设计资质的专业设计单位，主要承担公路、桥梁等交通工程的勘测、设计、科研和咨询工作，具有全市交通规划的职能。自成立以来，承担了我市多项交通重点工程项目的规划、设计和科研工作。多项设计、科研成果在省市获奖。拥有配套齐全的勘测、科研、检测和计算机辅助设计等设备，CAD出图率100%。盐城市交通工程咨询监理有限责任公司具备经过交通部审核的公路工程甲级监理资格，也是盐城市唯一拥有此类甲级资质的监理企业。监理公司在激烈的市场竞争中，坚持走“精品兴业”之路，把“严格监理、热情服务”的工作宗旨落实到每项工程上。在建成204国道新阜段、通榆河段、盐海一级公路、盐城大桥和204国道盐城南段创部级文明样板路工程等多项地方标志性优质工程的同时，成功进入了高速公路工程和苏州、泰州、连云港等市交通工程建设的监理市场，仅在连云港市就先后承接了14个总工程造价47950万元的工程监理项目。驻地监理组多次获得“先进集体”、“优秀监理组”和“优秀监理工程师”称号。2004年6月，设计院和监理公司通过了GB/T19001—2000—ISO9001：2000质量管理体系认证。近年来，设计院和监理公司以求真务实，廉洁奉公为己任，始终坚持“诚信敬业、科学严谨、规范公正、确保一流”的质量方针，以业主满意为服务宗旨，为交通事业的加快发展、科学发展、和谐发展作出了应有的贡献。

设计院揭牌

设计院机房

夏春柏院长在监理工程一线

设计院设计的阜宁大桥

设计院设计的盐城市机场一级公路

设计院设计的海堤公路

监理的苏州市相石路工程

监理的连云港市新牛公路施工现场

盐 城 统 计 年 鉴

2006

（总第 7 期）

盐 城 市 统 计 局　编

中国统计出版社
China Statistics Press

（京）新登字 041 号

图书在版编目（CIP）数据

盐城统计年鉴.2006/盐城市统计局编.—北京：中国统计出版社，2006.6

ISBN 7－5037－4935－0

Ⅰ.盐…　Ⅱ.盐…　Ⅲ.统计资料—盐城市—2006—年鉴

中国版本图书馆 CIP 数据核字（2006）第 027719 号

盐城统计年鉴—2006

作　　者/ 盐城市统计局
责任编辑/ 蔡启新　朱　杰　徐正洪
E—mail/ yearbook@stats.gov.cn
封面设计/ 徐正洪
出版发行/ 中国统计出版社
通信地址/ 北京市西城区三里河月坛南街 75 号　中国统计出版社
邮　编/ 100826
电　话/（010）63262295
印　刷/江西宜春资料印务有限公司
经　销/ 新华书店
开　本/ 880×1230 毫米　1/16
字　数/ 84 万字
印　张/ 28.69
插　页/ 23 页
印　数/ 1500 本
版　别/ 2006 年 6 月第 1 版
版　次/ 2006 年 6 月第 1 次印刷
书　号/ ISBN 7－5037－4935－0/F·2282
定　价/ 180 元

《盐城统计年鉴—2006》编委会

《盐城统计年鉴—2006》编辑部

编 辑 说 明

一、《盐城统计年鉴——2006》是一部全面、系统反映盐城市国民经济和社会发展情况的资料性年刊，是统计部门的重要统计信息产品，也是重要的统计文化建设的品牌产品。书中汇集了盐城市及各县（市、区）2005年经济和社会各方面大量统计数据，是各级党政领导、理论研究工作者和国内外企业家、投资者必备的工具书，是社会各界人士认识盐城、了解盐城的重要窗口。

二、全书内容包括：(1) 自然资源和行政区划；(2) 综合；(3) 国民经济核算；(4) 人口、劳动力；(5) 人民生活和物价；(6) 固定资产投资；(7) 农村；(8) 工业；(9) 建筑业；(10) 运输和邮电业；(11) 国内贸易；(12) 对外经济、旅游；(13) 财政、金融和保险业；(14) 科技、教育、文化、卫生和体育事业；(15) 分（乡）镇主要经济指标及排名情况；(16) 县（市、区）概览；(17) 全省十三个市国民经济主要指标；(18) 盐城市2005年统计大事记；(19) 盐城市2005年重要统计文件。大部分篇末附有《主要统计指标解释》，对主要统计指标含义、统计范围、统计方法等作了简要说明，便于读者使用本年鉴。

三、鉴于《统计公报》发表时间较早，所列指标多系快报数，与年鉴资料中的指标数值不尽一致，请读者使用时一律以年鉴表中数据为准。

四、由于2004年全国经济普查数据已经发布，根据国家和省统计局要求，今年我们对有关历史数据作了修正，请在使用时注意口径变化。

五、本年鉴中的符号使用说明："#"表示其中的主要项；"空格"表示该项统计指标数据不详或无该项数据；"*"表示本表下有注解。

六、本年鉴在编辑过程中，得到中国统计出版社和省统计局的悉心指导，得到市有关部门、单位和各县（市、区）统计局及广大统计人员的大力支持，使年鉴出版工作得以顺利完成。在此，一并表示衷心的感谢，并恳请各界人士和读者对年鉴的不足之处批评指正，以便我们进一步提高统计年鉴编辑水平。

《盐城统计年鉴》编辑部

二〇〇六年六月

目　　录

特　　载

一、自然资源和行政区划

二、综　　合

三、国民经济核算

四、人口、劳动力

五、人民生活、物价

六、固定资产投资

七、农　　村

八、工　　业

九、建　筑　业

十、运输和邮电业

十一、国 内 贸 易

十二、对外经济贸易和旅游业

十三、财政、金融和保险业

十四、科技、教育、文化、卫生和体育事业

十五、分乡镇主要指标及排名情况

十六、县（市、区）概览

十七、全省十三个市国民经济主要指标

十八、盐城市2005年统计大事记

十九、盐城市2005年统计重要文件

二十、盐城风采

特　　载

中华人民共和国
2005年国民经济和社会发展统计公报

中华人民共和国国家统计局

2006年2月28日

2005年，全国各族人民在党中央、国务院的领导下，以邓小平理论和“三个代表”重要思想为指导，以科学发展观统领经济社会发展全局，认真贯彻落实加强和改善宏观调控的各项政策措施，国民经济和社会发展取得明显成效。经济保持平稳较快增长，重要领域和关键环节的改革有所突破，就业和社会保障工作进一步加强，城乡居民生活不断改善，对外开放继续扩大，各项社会事业得到加强，实现了年初确定的国民经济和社会发展的预期目标，较好地完成了“十五”时期的主要任务，为“十一五”时期经济社会发展奠定了良好基础。但经济结构不合理、增长方式粗放等问题仍比较突出。

一、综合

初步核算，全年国内生产总值182321亿元，比上年增长9.9%。其中，第一产业增加值22718亿元，增长5.2%；第二产业增加值86208亿元，增长11.4%；第三产业增加值73395亿元，增长9.6%。第一、第二和第三产业增加值占国内生产总值的比重分别为12.4%、47.3%和40.3%。

图1 “十五”时期国内生产总值与增长速度

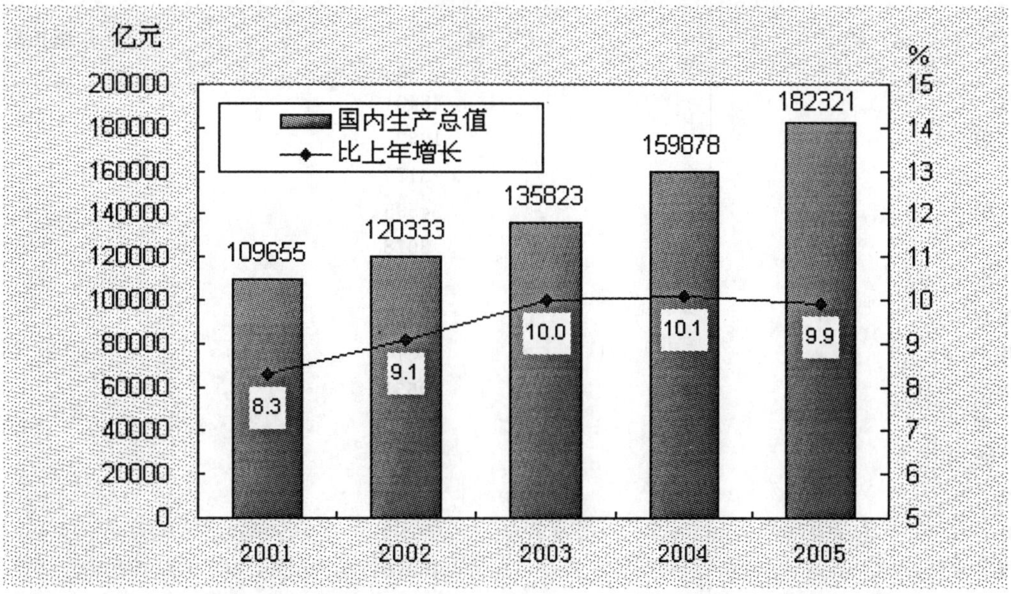

全国居民消费价格总水平比上年上涨1.8%（见表1），其中服务价格上涨3.3%。商品零售价格上涨0.8%。工业品出厂价格上涨4.9%。原材料、燃料、动力购进价格上涨8.3%。固定资产投资价格上涨1.6%。农产品生产价格上涨1.4%。70个大中城市房屋销售价格上涨7.6%。

年末全国就业人员75825万人，比上年末增加625万人。其中城镇就业人员27331万人，新增加970万人，净增加855万人。年末城镇登记失业率为4.2%，与上年末持平。

年末国家外汇储备达到8189亿美元，比上年末增加2089亿美元。2005年7月21日，对人民币汇率形成机制进行了改革，年末人民币对美元汇率为8.0702，比上年末升值2.56%。

表 1：2005 年居民消费价格比上年上涨情况

指　　标	全　国	城　市	农　村
全国居民消费价格总水平	1.8	1.6	2.2
食　品	2.9	3.1	2.5
其中：粮食	1.4	1.5	1.3
烟酒及用品	0.4	0.3	0.5
衣　着	－1.7	－2.0	－0.9
家庭设备用品及服务	－0.1	－0.3	0.3
医疗保健及个人用品	－0.1	－0.4	0.5
交通和通信	－1.0	－1.6	0.3
娱乐教育文化用品及服务	2.2	1.3	3.8
居　住	5.4	5.6	5.2

全年各项税收收入 30866 亿元（不包括关税和农业税），比上年增加 5148 亿元，增长 20.0%。全国规模以上工业企业实现利润 14362 亿元，比上年增长 22.6%；销售利润率为 5.9%，比上年降低 0.1 个百分点。

二、农业

全年粮食种植面积 10427 万公顷，比上年增加 267 万公顷；棉花种植面积 506 万公顷，减少 63 万公顷；油料种植面积 1431 万公顷，减少 12 万公顷；糖料种植面积 156 万公顷，减少 1 万公顷；蔬菜种植面积 1774 万公顷，增加 18 万公顷。

全年粮食产量 48401 万吨，比上年增加 1454 万吨，增产 3.1%；棉花产量 570 万吨，减产 9.8%；油料产量 3078 万吨，增产 0.4%；糖料产量 9551 万吨，减产 0.2%。蔬菜、水果在品种优化的基础上平稳发展（见表 2）。

表 2：2005 年主要农产品产量　　（单位：万吨）

产　品　名　称	产　量	比上年增长%
粮　　食	48401	3.1
夏　粮	10627	5.1
早　稻	3179	－1.3
秋　粮	34595	2.9
油　　料	3078	0.4
花　生	1434	0.0
油菜籽	1305	－1.0
棉　　花	570	－9.8
糖　　料	9551	－0.2
甘　蔗	8760	－2.5
甜　菜	791	35.2
烤　　烟	241	11.5
茶　　叶	92	9.8
水　　果	16076	4.8
蔬　　菜	56284	2.2

全年肉类总产量 7700 万吨，比上年增长 6.3%。其中，牛、羊肉分别增长 5.6%和 9.3%。全年水产品产量 5100 万吨，增长 4.0%。

全年木材产量 4746 万立方米，比上年减少 8.7%。

全年新增有效灌溉面积 102 万公顷，新增节水灌溉面积 123 万公顷。

三、工业和建筑业

全年全部工业增加值 76190 亿元，比上年增长 11.4%。规模以上工业增加值 66425 亿元，增长 16.4%（见表 3）；产品销售率 98.1%，与上年持平。

图 2　"十五"时期粮食产量与增长速度

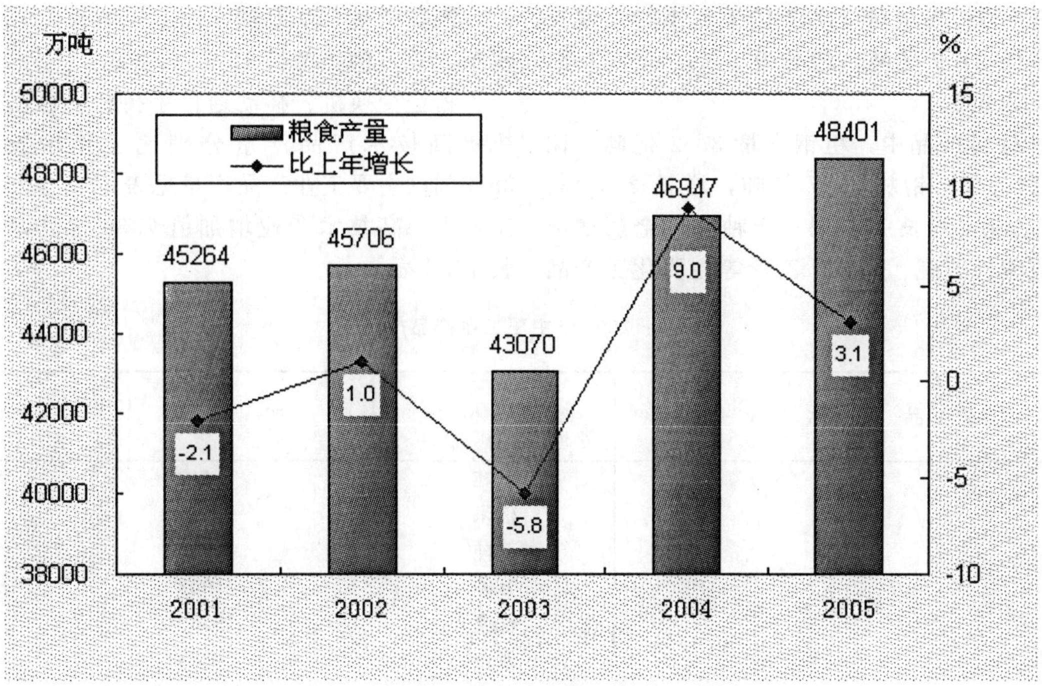

表 3：2005 年规模以上工业增加值主要分类情况　　（单位：亿元）

指　　标	增加值	比上年增长%
规模以上工业	66425	16.4
其中：国有及国有控股企业	26063	10.7
其中：集体企业	2581	12.4
股份制企业	32173	17.8
外商及港澳台投资企业	18977	16.6
其中：私营企业	11807	25.3
其中：轻工业	20585	15.2
重工业	45840	17.0

图 3　"十五"时期工业增加值与增长速度

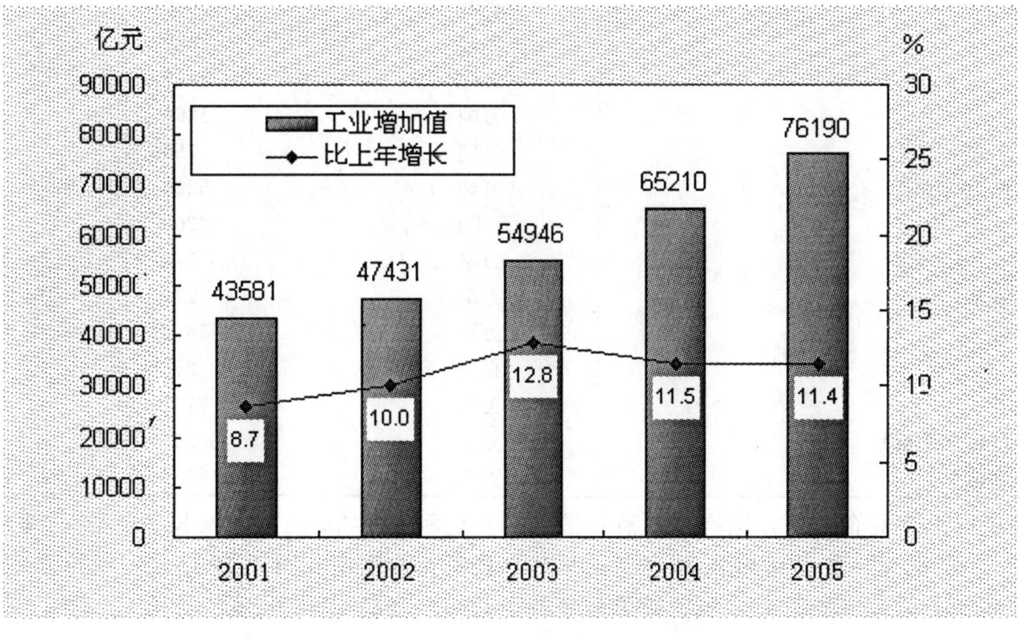

全年一次能源生产总量20.6亿吨标准煤，比上年增长9.5%；发电量24747亿千瓦小时，增长12.3%；原煤21.9亿吨，增长9.9%；原油1.81亿吨，增长2.8%。

主要原材料产品中，粗钢产量3.52亿吨，比上年增长24.6%；钢材3.97亿吨，增长24.1%；水泥10.6亿吨，增长10.0%；十种有色金属增长13.2%；硫酸、纯碱、烧碱、乙烯等主要化工产品增长9.9%至21.4%。

汽车产量570万辆，比上年增长12.1%，其中轿车277万辆，增长19.7%。

程控交换机、移动通信手持机、微型电子计算机等高技术产品产量分别比上年增长1.3%至35.3%（主要工业产品产量见表4）。全年规模以上工业中，高技术产业增加值7839亿元，比上年增长19.8%。

表4：2005年主要工业产品产量

产品名称	单位	产量	比上年增长%
纱	万吨	1440	11.5
布	亿米	470	11.9
化学纤维	万吨	1618	13.6
成品糖	万吨	903	－12.6
卷烟	亿支	19560	4.4
彩色电视机	万台	8283	11.5
家用电冰箱	万台	2986	－0.7
房间空气调节器	万台	6765	5.9
一次能源生产总量	亿吨标准煤	20.6	9.5
原煤	亿吨	21.9	9.9
原油	亿吨	1.81	2.8
天然气	亿立方米	500	20.6
发电量	亿千瓦小时	24747	12.3
其中：火电	亿千瓦小时	20180	12.4
水电	亿千瓦小时	4010	13.4
粗钢	万吨	35239	24.6
钢材	万吨	39692	24.1
十种有色金属	万吨	1635	13.2
其中：精炼铜（铜）	万吨	260	18.1
电解铝	万吨	779	16.4
氧化铝	万吨	851	21.9
水泥	亿吨	10.6	10.0
硫酸	万吨	4529	15.3
纯碱	万吨	1467	9.9
烧碱	万吨	1264	21.4
乙烯	万吨	756	20.0
化肥（折100%）	万吨	5220	8.6
发电设备	万千瓦	9200	28.9
汽车	万辆	570	12.1
其中：轿车	万辆	277	19.7
大中型拖拉机	万台	16.2	42.7
集成电路	亿块	266	12.9
程控交换机	万线	7721	1.3
移动通信手持机（手机）	万台	30354	6.4
微型电子计算机	万台	8084	35.3

全年规模以上工业企业中，国有及国有控股企业实现利润6447亿元，比上年增长17.4%；集体企业实现利润551亿元，增长32.0%；股份制企业实现利润7420亿元，增长28.7%；外商及港澳台投资企业实现利润3967亿元，增长6.9%；私营企业实现利润1975亿元，增长47.3%。

全年全社会建筑业实现增加值10018亿元，比上年增长11.9%。全国具有资质等级的总承包和专业承包建筑业企业实现利润818亿元，增长13.8%；上缴税金1099亿元，增长17.4%。

四、固定资产投资

全年全社会固定资产投资88604亿元，比上年增长25.7%。其中，城镇投资75096亿元，增长27.2%；农村投资13508亿元，增长18.0%。

在城镇投资中，国有及国有控股投资40047亿元，比上年增长17.5%。第一产业投资823亿元，增长27.5%；第二产业投资31598亿元，增长38.4%；第三产业投资42675亿元，增长20.0%。分行业看，煤炭开采及洗选业投资比上年增长65.6%；电力、热力的生产与供应业投资增长33.7%；石油和天然气开采业投资增长29.7%；铁路运输业投资增长45.7%；交通运输设备制造业投资增长51.1%；纺织业投资增长38.0%；教育投资增长8.4%；卫生投资增长28.9%。

全年房地产开发投资15759亿元，比上年增长19.8%。商品房竣工面积48793万平方米，增长14.9%。商品房销售额18080亿元。其中，现房销售额占35.5%，期房占64.5%。

图4 “十五”时期固定资产投资与增长速度

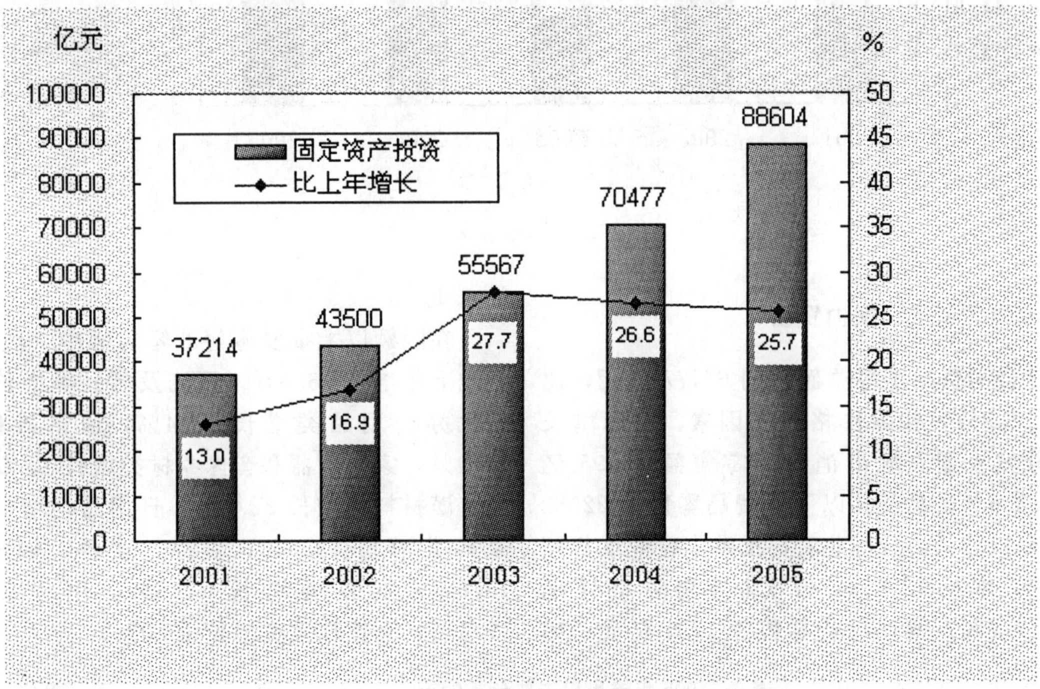

表5：“十五”时期固定资产投资新增主要生产能力

指　　标	单位	2001—2005年累计	其中：2005年
新增发电机组容量	万千瓦	17655	6326
11万伏及以上变电设备	万千伏安	40666	15306
新建铁路投产里程	公里	7063	1203
增建铁路复线投产里程	公里	3556	486
电气化铁路投产里程	公里	5494	863
新建公路	公里	351173	129748
其中：高速公路	公里	23964	6457
港口万吨级码头泊位新增吞吐能力	万吨	45232	18989
新增局用交换机容量	万门	23254	4608
新增光缆线路长度	万公里	214	53
新增数字蜂窝移动电话交换机容量	万户	35148	8598

三峡电站工程已投产运行14台发电机组，累计发电940亿千瓦时；西电东送北通道、中通道、南通道共形成输送能力超过3250万千瓦；青藏铁路全线铺通，结束了西藏地区不通铁路的历史；南水北调东、中线一期工程累计完成投资38亿元；治淮骨干工程累计完成投资250亿元。

图5　“十五”时期社会消费品零售总额与增长速度

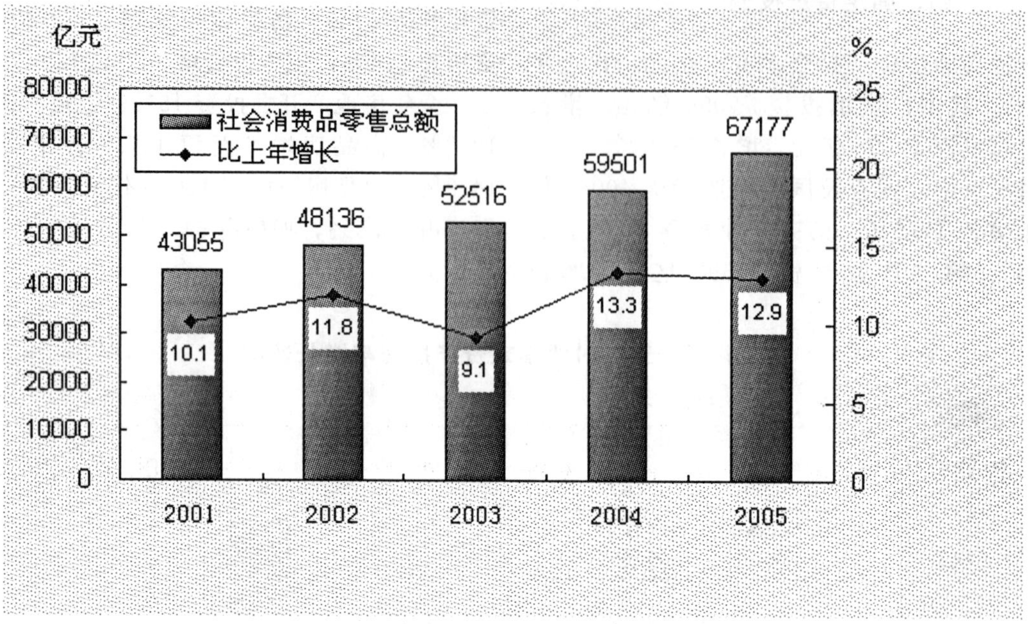

五、国内贸易

全年社会消费品零售总额达到67177亿元，比上年增长12.9%，扣除价格上涨因素，实际增长12.0%。分城乡看，城市消费品零售额45095亿元，增长13.6%；县及县以下消费品零售额22082亿元，增长11.5%。分行业看，批发零售业零售额56589亿元，增长12.6%；餐饮业零售额8887亿元，增长17.7%；其他行业零售额1701亿元，增长0.4%。

在限额以上批发零售业零售额中，汽车类零售额比上年增长16.6%，石油及制品类增长34.4%，文化办公用品类增长11.4%，通讯器材类增长19.9%，家用电器和音像器材类增长14.8%，建筑及装潢材料类增长22.1%，日用品类增长11.9%，家具类增长13.3%，食品、饮料、烟酒类增长13.6%，服装类增长19.6%，化妆品类增长19.1%，金银珠宝类增长13.9%。

表6：2005年进出口主要分类情况　　（单位：亿美元）

指　　标	绝　对　数	比上年增长%
进出口总额	14221	23.2
出口额	7620	28.4
其中：一般贸易	3151	29.3
加工贸易	4165	27.0
其中：机电产品	4267	32.0
进口额	6601	17.6
其中：一般贸易	2797	12.7
加工贸易	2740	23.6
其中：机电产品	3504	16.0
出口大于进口	1019	——
其中：一般贸易	354	——
加工贸易	1425	——

六、对外经济

全年进出口总额 14221 亿美元，比上年增长 23.2%。其中，出口 7620 亿美元，增长 28.4%；进口 6601 亿美元，增长 17.6%。出口大于进口 1019 亿美元（见表 6）。在全国进出口总额中，外商投资企业的进出口额为 8317 亿美元，比上年增长 25.4%。其中，出口额 4442 亿美元，增长 31.2%；进口额 3875 亿美元，增长 19.4%。

表 7：2005 年对主要国家和地区进出口情况　　（单位：亿美元）

国家和地区	出口额	比上年增长%	进口额	比上年增长%
美　国	1629	30.4	487	9.1
欧　盟	1437	34.1	736	5.0
中国香港	1245	23.4	122	3.6
日　本	840	14.3	1005	6.5
东　盟	554	29.1	750	19.1
韩　国	351	26.2	768	23.4
中国台湾	165	22.2	747	15.3
俄罗斯	132	45.2	159	31.0

图 6　“十五”时期进出口情况

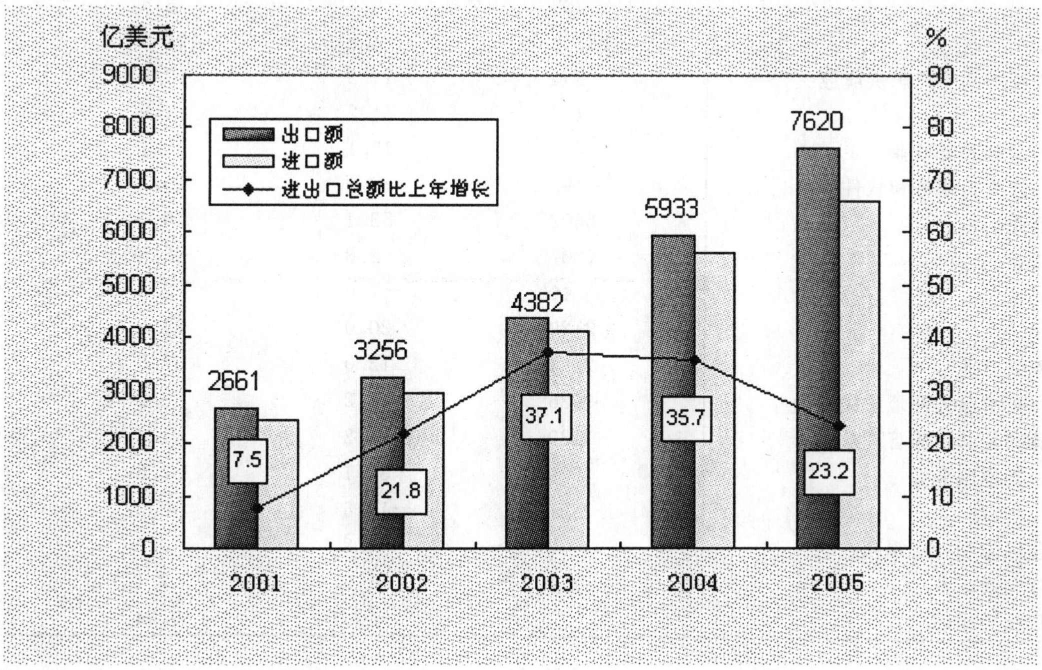

全年批准外商直接投资项目 44001 个，比上年增长 0.8%；实际使用金额 603 亿美元，下降 0.5%（见表 8）。在实际使用外商直接投资金额中，制造业和房地产业所占比重分别为 70.4%和 9%，分别比上年下降 0.6 和 0.8 个百分点；租赁和商务服务业、交通运输仓储和邮政业所占比重分别为 6.2%和 3%，分别上升 1.6 和 0.9 个百分点。

图 7　"十五"时期实际使用外商直接投资与增长速度

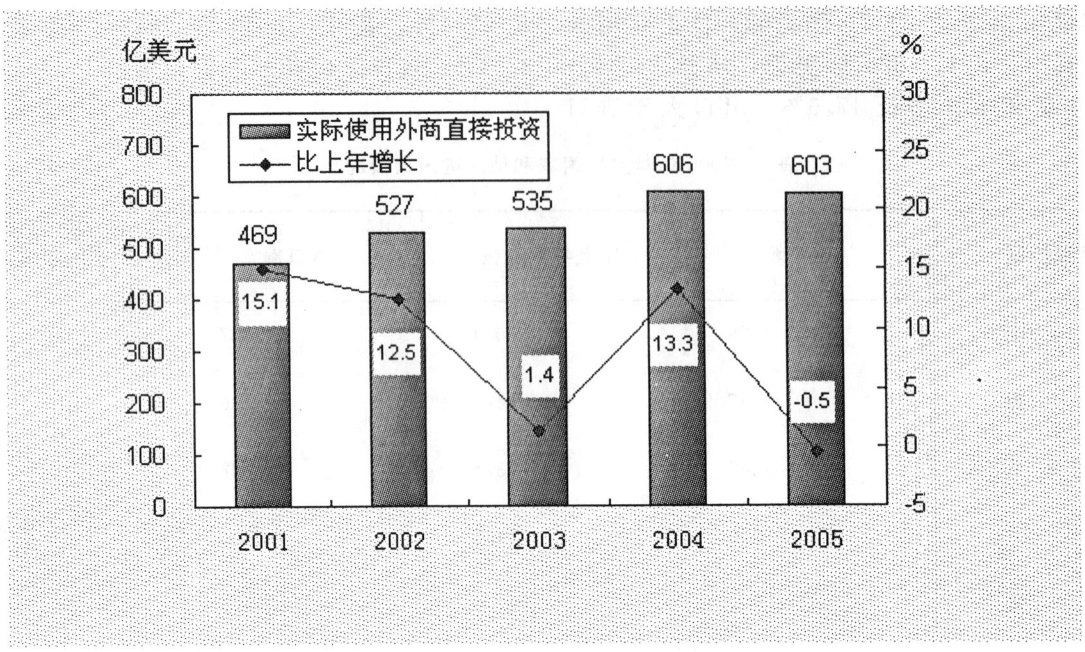

表 8：2005 年外商直接投资分行业情况　　（金额单位：亿美元）

行 业 名 称	合同项目（个）	比上年增长%	实际使用金额	比上年增长%
总　计	44001	0.8	603.2	－0.5
农、林、牧、渔业	1058	－6.4	7.2	－35.5
采矿业	252	－9.7	3.5	－34.0
制造业	28928	－4.8	424.5	－1.3
电力、燃气及水的生产和供应业	390	－14.3	13.9	22.7
建筑业	457	11.2	4.9	－36.5
交通运输、仓储和邮政业	734	15.1	18.1	42.4
信息传输、计算机服务和软件业	1493	－8.0	10.1	10.7
批发和零售业	2602	53.1	10.4	40.4
住宿和餐饮业	1207	2.8	5.6	－33.4
金融业	40	－7.0	2.2	－13.0
房地产业	2120	20.0	54.2	－8.9
租赁和商务服务业	2981	12.0	37.5	32.6
科学研究、技术服务和地质勘查业	926	47.2	3.4	15.8
水利、环境和公共设施管理业	139	－15.2	1.4	－39.3
居民服务和其他服务业	329	31.1	2.6	64.6
教　育	51	－13.6	0.2	－53.8
卫生、社会保障和社会福利业	22	4.8	0.4	－55.1
文化、体育和娱乐业	272	0	3.1	－31.8
公共管理和社会组织			0.04	105.6

全年对外直接投资额（非金融部分）69 亿美元，比上年增长 25.8%。

全年对外承包工程完成营业额 218 亿美元，比上年增长 24.6%；对外劳务合作完成营业额 48 亿美元，增长 27.5%。

七、交通、邮电和旅游

全年交通运输、仓储及邮电通信业增加值 13805 亿元，比上年增长 12.4%（见表 9、表 10）。

表 9：2005 年各种运输方式完成货物运输量

指　　标	单　位	绝对数	比上年增长%
货物运输总量	亿　吨	183.7	7.7
铁路	亿　吨	27.0	8.2
公路	亿　吨	132.9	6.7
水运	亿　吨	21.1	12.8
民航	亿　吨	306.7	10.8
管道	亿　吨	2.7	10.6
货物运输周转量	亿吨公里	78329.8	12.8
铁路	亿吨公里	20730.5	7.5
公路	亿吨公里	8573.8	9.3
水运	亿吨公里	48057.6	16.0
民航	亿吨公里	78.9	9.9
管道	亿吨公里	889.0	12.4

表 10：2005 年各种运输方式完成旅客运输量

指　　标	单　位	绝对数	比上年增长%
旅客运输总量	亿　人	184.2	4.2
铁路	亿　人	11.6	3.4
公路	亿　人	169.2	4.2
水运	亿　人	2.0	3.6
民航	万　人	13827.0	14.1
旅客运输周转量	亿人公里	17473.0	7.1
铁路	亿人公里	6061.8	6.1
公路	亿人公里	9299.1	6.3
水运	亿人公里	67.1	1.3
民航	亿人公里	2044.9	14.7

图 8　“十五”时期各年年末电话用户数

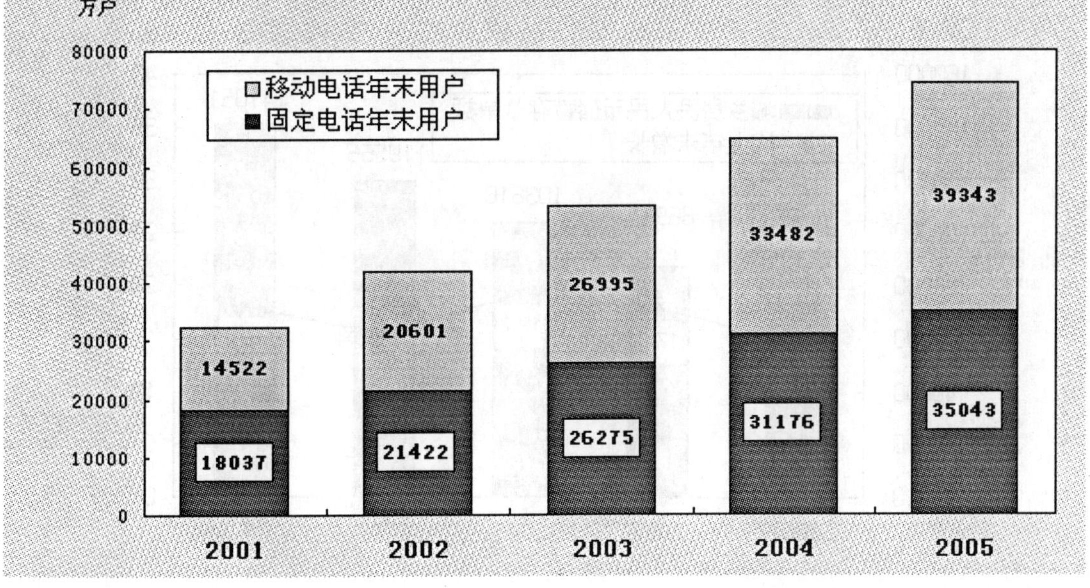

全年港口完成货物吞吐量49亿吨，比上年增长17.7%，其中外贸货物吞吐量13.6亿吨，增长18.0%。

年末全国民用汽车保有量达到4329万辆（包括三轮汽车和低速货车1149万辆），比上年末增长20.6%。年末私人汽车保有量2365万辆，增长22.0%。

全年完成邮电业务总量12199亿元，比上年增长24.6%。其中，邮政业务总量624亿元，增长10.1%；电信业务总量11575亿元，增长25.4%。全年新增局用交换机4608万门，总容量达到4.7亿门。新增固定电话用户3868万户，年末达到35043万户。其中，城市电话用户23977万户，农村电话用户11066万户。新增移动电话用户5860万户，年末达到39343万户。年末全国固定及移动电话用户总数达到74386万户，比上年末增加9728万户。电话普及率达到57部/百人。

全年入境人数12029万人次，比上年增长10.3%。其中，外国人2026万人次，增长19.6%；香港、澳门和台湾同胞10003万人次，增长8.6%。在入境旅游者中，过夜人数4681万人次，增长12.1%。国际旅游外汇收入293亿美元，增长13.8%。全年国内出境人数达3103万人次，增长7.5%。其中因私出境2514万人次，增长9.4%，占出境人数的81.0%。全年国内出游人数达12亿人次，增长10.0%；国内旅游总收入5286亿元，增长12.2%。国际国内旅游总收入7686亿元，增长12.4%。

八、金融、证券和保险

年末广义货币供应量（M2）余额为29.9万亿元，比上年末增长17.6%；狭义货币供应量（M1）余额为10.7万亿元，增长11.8%；流通中现金（M0）余额为2.4万亿元，增长11.9%。年末全部金融机构本外币各项存款余额30.0万亿元，增长18.2%；全部金融机构本外币各项贷款余额20.7万亿元，增长12.8%（见表11）。

表11：2005年全部金额机构本外币存贷款情况　　（单位：亿元）

指　　标	年末数	比上年末增长%
各项存款余额	300209	18.2
其中：企业存款	101751	13.8
城乡居民储蓄存款	147054	16.5
其中：人民币	141051	18.0
各项贷款余额	206838	12.8
其中：短期贷款	91157	6.5
中长期贷款	92941	16.2

图9　“十五”时期城乡居民人民币储蓄存款余额与增长速度

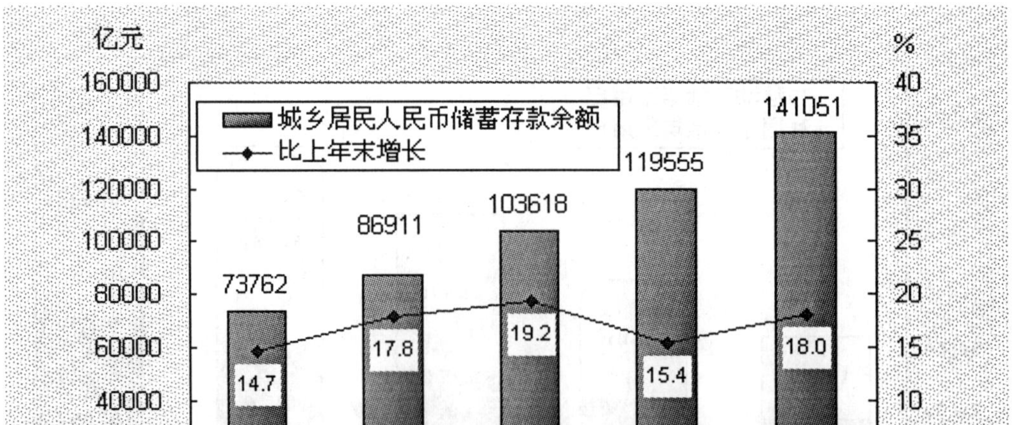

全年农村金融合作机构（农村信用社、农村合作银行、农村商业银行）人民币贷款余额2.2万亿元，比上年末增加3451亿元。全部金融机构人民币消费贷款余额2.2万亿元，增加1996亿元。其中个人住房贷款余额1.84万亿元，增加2444亿元。

全年企业通过证券市场发行、配售股票共筹集资金1883亿元，比上年增加363亿元。其中，发行A股（包括增发及可转债）20只，配股2只，筹集资金338亿元，减少498亿元；发行H股24只，筹集资金1545亿元，增加887亿元。年末境内上市公司（A、B股）数量由上年末的1377家增加到1381家，市价总值32430亿元，比上年末减少12.5%。全年发行一年期以上企业债券654亿元，比上年增加332亿元。

全年保险公司保费收入4927亿元，比上年增长14.0%，其中寿险业务保费收入3244亿元；健康险和意外伤害险业务保费收入453亿元；财产险业务保费收入1230亿元。支付各类赔款及给付1130亿元，其中寿险业务给付307亿元；健康险和意外伤害险赔款及给付151亿元；财产险业务赔款672亿元。

九、教育和科学技术

全年普通高等教育招生505万人，在校生1562万人，毕业生307万人。普通高中招生878万人，在校生2409万人，毕业生662万人。普通小学招生1672万人，在校生10864万人，毕业生2020万人（见表12）。

表12："十五"时期各类教育发展情况　　（单位：万人）

指　　标	2005年招生	2005年在校生	2001—2005年累计毕业生	其中：2005年
研　究　生	37	98	60	19
普通高等教育	505	1562	971	307
中等职业教育	647	1559	1919	403
普通高中	878	2409	2391	662
初　　中	1988	6215	9864	2123
普通小学	1672	10864	11171	2020
特殊教育	4.9	36	23	4.3
学前教育	1356	2179	5470	1025

全年研究与试验发展（R&D）经费支出2367亿元，比上年增长20.4%，占国内生产总值的1.30%，其中基础研究经费135亿元。年末国有企事业单位共有各类专业技术人员2720万人。全年国家安排了288项科技攻关计划课题和911项"863"计划课题。新建国家工程研究中心19个。新安排国家重点实验室改造项目16项，累计达到143项。国家认定企业技术中心达到361家。全年共取得省部级以上科技成果3.6万项。全年受理国内外专利申请47.6万件，其中国内申请38.3万件，占80.5%；受理国内外发明专利申请17.3万件，其中国内申请9.3万件，占53.8%。全年共签订技术合同26.5万项，技术合同成交金额1510亿元，比上年增长13.2%。全年成功发射卫星5次。神舟六号载人航天飞行取得圆满成功，标志着我国在一些重要科技领域达到世界先进水平。

年末全国共有产品检测实验室18932个，其中国家检测中心293个。全国现有产品质量、体系认证机构177个，已累计完成对4.7万个企业的产品认证。全国共有法定计量技术机构4037个，全年强制检定计量器具3491万台（件）。全年制定、修订国家标准1304项，其中新制定673项。全国共有各类气象台站9881个，其中自动观测站7246个；天气雷达观测站点258个，卫星云图接收站点440个。全国共有地震台站1253个，地震遥测台网31个。全国共有8376个海洋观测站、监测站位。测绘部门公开出版地图1667种，测绘图书497种。

十、文化、卫生和体育

年末全国共有艺术表演团体2577个，文化馆2868个，公共图书馆2736个，博物馆1556个。广播电台273座，电视台302座，教育台50个。全国有线电视用户12569万户，有线数字电视用户413万户。年末广播综合人口覆盖率为94.5%；电视综合人口覆盖率为95.8%。全年生产故事影片260部，科教、纪录、美术片42部；生产特种影片14部。出版各类报纸404亿份，各类期刊27.5亿册，图书64亿册（张）。年末全国共有档案馆4012个，已开放各类档案6016万卷（件）。

年末全国共有卫生机构30万个，其中医院、卫生院6万个，妇幼保健院（所、站）2964个，专科疾病防治院（所、站）1470个。医院和卫生院床位307.0万张。卫生技术人员445.6万人，其中执业医师和执业助理医师193.8万人，注册护士134.0万人。全国疾病预防控制中心（防疫站）3592个，卫生技术人员16.1万人；卫生监督所1925个，卫生技术人员3.8万人；乡镇卫生院4.0万个，床位65.3万张，卫生技术人员84.8万人。截至2005年9月底，全国共有671个县（市）开展了新型农村合作医疗试点工作，有1.77亿农民参加了合作医疗。全年共有13个省区发生高致病性禽流感疫情；人感染高致病性禽流感累计发病7人，死亡5人。

全年我国运动员在世界锦标赛、世界杯赛的22个项目中获得106个世界冠军。全年共有8人2队21次创15项世界纪录。全民健身运动更加活跃。

十一、人口、人民生活和社会保障

年末全国总人口为130756万人，比上年末增加768万人（见表13）。全年出生人口1617万人，出生率为12.40‰；死亡人口849万人，死亡率为6.51‰；自然增长率为5.89‰。

全年农村居民人均纯收入3255元，扣除价格上涨因素，比上年实际增长6.2%；城镇居民人均可支配收入10493元，实际增长9.6%。农村居民家庭恩格尔系数（即居民家庭食品消费支出占家庭消费总支出的比重）为45.5%，城镇居民家庭恩格尔系数为36.7%（见表14）。按年人均纯收入低于683元的标准，年末农村贫困人口为2365万人，比上年末减少245万人；按年人均纯收入684－944元的标准，年末农村低收入人口为4067万人，比上年末减少910万人。

表13：2005年人口主要构成情况　　（单位：万人）

指　　标	年末数	比重（%）
全国总人口	130756	100.0
其中：城镇	56212	43.0
乡村	74544	57.0
其中：男性	67375	51.5
女性	63381	48.5
其中：0—14岁	26504	20.3
15—64岁	94197	72.0
65岁及以上	10055	7.7

表14："十五"时期城乡居民生活改善情况

指　　标	单　位	2001	2002	2003	2004	2005
城镇居民人均可支配收入	元	6860	7703	8472	9422	10493
农村居民人均纯收入	元	2366	2476	2622	2936	3255
城镇居民家庭恩格尔系数	%	38.2	37.7	37.1	37.7	36.7
农村居民家庭恩格尔系数	%	47.7	46.2	45.6	47.2	45.5

年末全国参加城镇基本养老保险人数为17444万人，比上年末增加1091万人。其中参保职工13082万人，参保的离退休人员4362万人。全国参加城镇基本医疗保险的人数为13709万人，增加1305万人。其中参保职工9959万人，参保退休人员3750万人。全国参加失业保险的人数为10648万人，增加64万人。全国参加工伤保险的人数为8390万人，增加1545万人。

年末全国企业参加基本养老保险离退休人员4002万人，实现了基本养老金全部按时足额发放；全年进入再就业服务中心的下岗职工全部按时足额领到了基本生活费，并由中心代缴了社会保险费；年末全国领取失业保险金人数为362万人。全年共有2233万城镇居民得到政府最低生活保障，比上年增加27.8万人。

年末全国各类收养性社会福利单位床位150万张，收养各类人员116万人。城镇建立各种社区服务设施17万个，其中综合性社区服务中心9705个。全年销售社会福利彩票411亿元，筹集社会福利资金144亿元，直接接收社会捐赠款29亿元。

十二、资源、环境和安全生产

全年实际建设占用耕地13.9万公顷，比上年减少4.1%。灾毁耕地5.4万公顷。生态退耕39万公顷，因农业结构调整减少耕地1.2万公顷。查出往年建设未变更上报的建设占用耕地7.3万公顷。土地整理复垦开发补充耕地30.7万公顷。当年净减少耕地36.2万公顷。全年水资源总量27430亿立方米，比上年增长13.7%；人均水资源2098立方米，增长13.0%。全年平均降水量628毫米，增长4.6%。年末全国454座大型水库蓄水总量2227亿立方米，比上年末增加283亿立方米。全年总用水量5578亿立方米，比上年增长0.5%。其中，生活用水增长6.9%，工业用水增长3.7%，农业用水减少1.6%。万元GDP用水量357立方米，下降8.7%。全国人均用水量为427立方米，与上年持平。全年曾有2163万人口、1969万头大牲畜发生临时性饮水困难。

国土资源调查及地质勘查新发现大中型矿产地169处，其中，能源矿产地40处，金属矿产地58处，非金属矿产地64处，水气矿产地7处。有72种矿产新增查明资源储量，其中，石油9.43亿吨，天然气5263亿立方米，原煤698亿吨。

全年完成营造林面积637万公顷。六大林业重点工程营造林面积543万公顷，占全年营造林面积的85.2%。全国共批准国家级生态示范区166个，自然保护区达到2349个，其中国家级自然保护区243个，自然保护区面积14995万公顷，占国土面积的15%。国家地质公园达138个，其中新批准53个。新增综合治理水土流失面积4.4万平方公里，新增实施水土流失地区封育保护面积6.3万平方公里。

初步测算，全年能源消费总量22.2亿吨标准煤，比上年增长9.5%。其中，煤炭消费量21.4亿吨，增长10.6%；原油3.0亿吨，增长2.1%；天然气500亿立方米，增长20.6%；水电4010亿千瓦小时，增长13.4%；核电523亿千瓦小时，增长3.7%。主要原材料消费中，钢材4.0亿吨，增长20.1%；氧化铝1561万吨，增长21.7%；水泥10.5亿吨，增长9.0%。万元GDP能耗1.43吨标准煤，与上年持平。

图10 “十五”时期能源消费总量

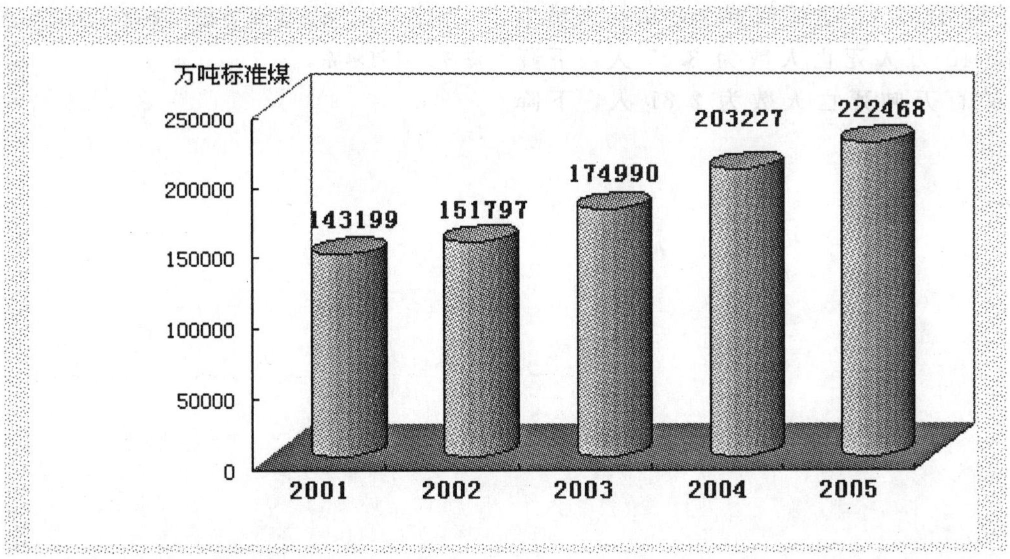

七大水系的411个水质监测断面中，有41%的断面满足国家地表水3类标准，比上年下降1个百分点；32%的断面为4～5类水质，上升2个百分点；超过5类水质的断面比例占27%，下降1个百分点。

全国近岸海域293个海水水质监测点中，达到国家一、二类海水水质标准的监测点占67.3%，比上年上升17.7个百分点；三类海水占8.9%，下降6.5个百分点；四类、劣四类海水占23.8%，下降11.0个百分点。全国海域未达到清洁海域水质标准的面积为13.9万平方公里，比上年减少17.8%，其中，严重污染海域面积约为2.9万平方公里。对18个海洋生态监控区监测表明，主要海湾、河口及滨海湿地生态系统均处于不健康或亚健康状态。

在监测的523个城市中，有344个城市空气质量达到二级以上（含二级）标准，占监测城市数的65.8%；有133个城市为三级，占25.4%；有46个城市为劣三级，占8.8%。在监测的350个城市中，城市区域声环境质量为重度污染的占0.9%，中度污染的占1.7%，轻度污染的占33.1%。

全年城市污水日处理能力达8091万立方米，比上年增长9.5%；城市污水处理率达到48.4%，提高2.8个百分点；集中供热面积22亿平方米，增长3.2%；建成区绿化覆盖率达到33.0%，提高1.4个百分点。

全年各类自然灾害造成直接经济损失2042亿元，比上年上升27.4%。全年农作物受灾面积3882万公顷，上升4.6%。其中，绝收460万公顷，上升5.4%。全年发生特大森林火灾3起，因森林火灾造成受害森林面积7.3万公顷，下降48.4%。全年因海洋灾害造成直接经济损失约332亿元，增加5.1倍。全年发生赤潮82次，减少14次；累计赤潮面积约27070平方公里，上升1.7%。全年共发生造成人员伤亡或直接经济损失50万元以上的地质灾害854起，共造成直接经济损失36.5亿元。全年共发生5级以上地震13次，受灾人口208万人，受灾面积15040平方公里，造成直接经济损失26亿元。

全年生产安全事故死亡12.7万人，比上年下降7.1%。亿元GDP生产安全事故死亡人数为0.70人，下降18.5%；工矿商贸企业从业人员生产安全事故10万人死亡人数为3.85人，下降6.8%；煤矿百万吨死亡人数为2.81人，下降8.7%。全年共发生道路交通事故450254起，造成9.9万人死亡、47.0万人受伤，直接财产损失18.8亿元；道路交通万车死亡人数为7.60人，下降23.7%。

注：

1、本公报为初步统计数。

2、各项统计数据均未包括香港特别行政区、澳门特别行政区和台湾省。

3、国内生产总值、各产业增加值绝对数按现价计算，增长速度按可比价计算。

4、表2中的水果产量含果用瓜。

5、钢材产量及消费量数据中均含部分使用钢材加工成其他钢材的重复计算因素。

6、表6中，进出口按贸易方式分，除了一般贸易和加工贸易外，还有保税区仓储转口货物、边境小额贸易、外商投资企业作为投资进口的设备物品等贸易方式。

7、邮电业务总量完成额按2000年不变价格计算。

8、电话普及率的计算含接入用户交换机的话机数。

9、六大林业重点工程是指天然林资源保护工程、退耕还林工程、京津风沙源治理工程、三北及长江中下游地区等重点防护林工程、野生动植物保护及自然保护区建设工程、重点地区速生丰产用材林基地建设工程。

10、万元GDP用水量、万元GDP能耗按2000年不变价格计算。

11、七大水系是指长江、黄河、珠江、松花江、淮河、海河、辽河水系。

江苏省统计局
关于2005年国民经济和社会发展统计公报

2006年2月28日

2005年是“十五”计划的最后一年。在省委、省政府领导下，全省上下紧紧围绕富民强省、"两个率先"目标，全面贯彻落实科学发展观，统筹推进各方面工作，着力调整结构和转变经济增长方式，经济呈现又快又好发展的良好格局，改革开放取得新进展，社会事业迈出新步伐，和谐社会建设收到新成效，全面建设小康社会的时序进度加快，较好地完成了年初制定的各项预期调控目标。

一、综合

全省经济保持稳定较快增长。经济运行的稳定性和协调性进一步增强，宏观调控成果得到巩固。初步核算，全年实现生产总值18272.12亿元，比上年增长14.5%。其中，第一产业增加值1388.58亿元，增长2.8%；第二产业增加值10342.67亿元，增长16.0%；第三产业增加值6540.87亿元，增长14.8%。人均生产总值24515元，按现行汇率折算达3038美元。产业结构逐步优化。高新技术产业持续大幅增长，传统产业在改造中提升，现代服务业发展明显加速。三次产业增加值比例为7.6：56.6：35.8。高新技术产业产值占规模以上工业的比重达24.28%，比上年提高0.53个百分点。所有制结构继续调整，非公有制经济创造的增加值在生产总值中的份额达59.5%，其中私营个体经济比重为34.2%，分别比上年提高4.8个和1.9个百分点。支持企业集团做大做强，营业收入超100亿元的企业达45家，新增12家。城市化进一步发展。年末全省城市化水平达50.5%，比上年提高2.3个百分点。加强对区域发展的分类指导，合理调整和优化产业布局，大力推进沿江基础产业带、沿沪宁线高新技术产业带建设，全面部署沿东陇海线产业带建设，制订和启动实施沿海经济带发展规划，区域共同发展实现新突破。省财政向苏北转移支付及专项补助131.6亿元，比上年增长37.5%；各地向苏北转移500万元以上项目超过2000个。苏北、苏中一些重要经济指标的增幅高于全省平均水平。

市场物价总水平保持基本稳定。全年居民消费价格比上年上涨2.1%，涨幅比上年回落2.0个百分点。其中，食品类价格上涨3.9%，居住类价格上涨4.4%；城市上涨2.0%，农村上涨2.4%。商品零售价格上涨0.3%。原材料、燃料、动力购进价格上涨7.6%，工业品出厂价格上涨2.6%，固定资产投资价格上涨0.9%，农业生产资料价格上涨6.9%。

表1.居民消费价格比上年上涨（%）

指　　标	全　省	城　市	农　村
居民消费价格	2.1	2.0	2.4
食品	3.9	3.6	4.5
#粮食	持平	−0.2	0.7
烟酒及用品	0.6	0.3	1.1
衣着	−1.4	−1.7	−0.6
家庭设备用品及服务	0.2	0.2	0.2
医疗保健及个人用品	0.2	0.5	−0.1
交通和通信	−1.6	−1.9	−1.0
娱乐教育文化用品及服务	2.2	1.5	3.2
居住	4.4	5.3	2.7

就业和再就业形势良好。实行积极的就业政策，城镇就业再就业工作力度加大，继续推进500万农民大转移和百万农民大培训工程。年末全省城乡就业人员4510.12万人，比上年增加27.60万人。全省城镇国有、集体、股份制、"三资"等单位就业人员628.98万人，增加22.13万人；私营个体就业人员586.41万人，增加61.70万人；从事社区公益岗位及灵活就业人数76.46万人。通过多种途径使41.55万下岗失业人员实现了再就业。年末城镇登记失业率为3.6%，比上年下降0.3个百分点。年末农村劳务输出754.50万人，比年初增加55.3万人。

各项改革逐步推进。农村综合改革深入推进，税费改革取得突破性进展，以县为主的农村义务教育管理体制基本建立，乡镇机构和县乡财政管理体制改革试点有序展开。国有企业改革继续深化，国有资产监管体系进一步健全，省属企业改革重组进展顺利。通过完善政策、加强扶持、优化环境，民营经济加快发展。年末全省工商部门登记的私营企业达50.74万户，新增8.94万户，总注册资本达7233.87亿元，增长35.2%；工商部门登记的个体户175.34万户，新增14.55万户。加快事业单位改革，省属第一、二批生产经营类事业单位改制转企任务基本完成，社会公益类和行政管理类事业单位改革全面启动。加快转变政府职能，大力推进政企、政资、政事分开，经济调节、市场监管职能进一步规范，社会管理和公共服务职能得到加强。加快建设公共财政体系，完善部门预算制度改革，健全出口退税负担机制。

经济社会发展中存在的突出矛盾和问题：一是农民持续增收和粮食增产的基础不稳固，调整农业结构、提高农业产业化水平任务还很艰巨；二是经济结构有待于进一步调整优化、增长方式粗放亟需改变，自主创新能力不强，具有国际竞争力的大企业大集团不多，规模和品牌优势不强，服务业发展相对滞后，居民消费率偏低，资源环境压力加大；三是开放型经济发展面临新的挑战，汇率变化、商务成本有所上升、国际贸易摩擦加剧、石油价格上涨等因素对经济的影响日益加深；四是就业、再就业形势依然较为严峻，社会保障体系还不够完善，居民收入差距继续扩大，少数低收入家庭生活比较困难，一些影响社会稳定的因素仍然存在。

二、农林牧渔业

农业稳定发展。认真落实"一免三补"等支农惠农政策，全省实现免征农业税，加大对农业和农村的投入，加快农业结构调整步伐，推进农业产业化经营，促进了农业综合生产能力的进一步提高以及农业增效和农民增收。全年粮食总产量达2834.6万吨，比上年增加5.5万吨。其中夏粮亩产282公斤、总产量844.4万吨，均为近年来较高水平；秋粮受自然灾害影响，总产1990.2万吨，下降1.6%。棉花、油料减产。种植业结构发生变化，全年粮食种植面积回升，为4909.5千公顷，比上年增加134.9千公顷；棉花、油料种植面积368.3千公顷、846.9千公顷，分别减少41.3千公顷和73.8千公顷。蔬菜面积1194.4公顷，下降1.9%。优质、高效、安全和生态农业发展较快。

林牧渔业生产稳定。全年造林面积102.0千公顷。多数畜产品产量保持增长，肉类总产量352.0万吨，增长1.5%，其中猪牛羊肉产量242.1万吨，与上年基本持平；虽然上年四季度禽流感疫情对全省养禽业造成一定影响，但由于前三个季度增长较多，全年家禽仍呈现增长态势，禽肉产量104.6万吨，增长5.9%，禽蛋总产量182.0万吨，增长3.8%；牛奶总产量56.6万吨，增长5.6%。全年水产品产量388.7万吨，增长6.2%；其中淡水产品275.2万吨，海水产品113.5万吨，分别增长6.4%和5.6%。

表2. 主要农产品产量情况

产品名称	产量（万吨）	比上年增长（%）
粮食	2834.59	0.2
棉花	32.27	−35.8
油料	215.99	−9.4
油菜籽	158.67	−5.2
花生	55.46	−19.8
蚕茧	11.20	−4.2
茶叶	1.12	7.2
水果（含瓜果类）	606.35	−2.2
肉类	352.0	1.5
水产品	388.7	6.2

农村经济结构调整步伐加快。农村工业、建筑业、运输业、批发零售贸易业、餐饮业产值占农村社会总产值比重继续保持在90%以上。农业投入进一步增加，农业生产条件改善，全省农田有效灌溉面积达3817.7千公顷；节水灌溉面积1424.5千公顷，新增49.7千公顷；年末全省农业机械总动力3135.3万千瓦，比上年末增长2.7%。惠及千家万户的农村五件实事取得显著成效，农民生产生活条件得到明显改善。三年建成农村公路4.1万公里，改造草危房15.2万户，新增改0水受益人口960万人，农村自来水普及率达95.7%，新型农村合作医疗覆盖面达85.5%。

表3. 主要工业产品产量情况

产品名称	单位	产量	比上年增长（%）
纱	万吨	305.04	19.8
布	亿米	53.97	18.1
化纤	万吨	458.49	17.7
卷烟	亿支	816.36	－2.9
彩色电视机	万部	403.81	－11.5
家用电冰箱	万台	318.46	11.7
房间空调器	万台	544.98	6.1
原煤	万吨	2817.56	1.8
原油	万吨	164.70	1.7
发电量	亿度	1789.53	24.6
钢	万吨	3284.86	31.6
钢材	万吨	4328.32	21.9
十种有色金属	万吨	28.70	34.8
水泥	万吨	9579.15	12.8
硫酸	万吨	355.70	6.3
纯碱	万吨	221.42	15.2
乙烯	万吨	111.71	37.5
化肥（折100%）	万吨	284.63	7.4
汽车	万辆	30.57	26.7
#轿车	万辆	14.94	66.2
发电设备	万千瓦	427.13	29.4
集成电路	万块	820228.77	31.3
程控交换机	万线	95.85	－29.0
微型电子计算机	万部	2996.13	87.6
移动通讯设备	信道	190907.00	106.6
光通信设备	万部	1.60	－19.7

三、工业和建筑业

适应宏观环境的新变化，工业生产保持较快增长。全年完成工业增加值9326.67亿元，比上年增长16.7%。全省规模以上工业企业完成增加值8054.67亿元，增长22.5%。规模以上工业中，国有控股工业增加值1322.31亿元，增长13.7%；其中国有工业增加值636.60亿元，增长17.0%。集体工业增加值367.82亿元，增长21.0%。私营工业增加值1965.93亿元，增长25.6%。股份制工业增加值3348.28亿元，增长21.9%。外商港澳台投资工业增加值3172.71亿元，增长25.3%。大中型工业增加值5011.24亿元，增长19.6%。轻、重工业增加值2632.06亿元、5422.61亿元，分别增长20.8%和23.6%。全年用电量2193.45亿千瓦时，增长20.5%；其中工业用电1771.28亿千瓦时，增长22.0%。

坚持走新型工业化道路，工业结构不断调整优化。深入实施高新技术产业“双倍增”计划，积极利用先进适用技术改造提升传统产业，增强支柱行业的支撑带动作用，制造业发展水平进一步提高。全省通讯设备、计算机及其他电子设备制造业产值5278.17亿元，为江苏39个大类行业的第一大行业，比上年增长28.1%；化学原料及化学制品制造业产值3137.33亿元，增长34.0%；纺织业产值3027.82亿元，增长25.8%；黑色金属冶炼及压延加工业产值3051.18亿元，增长32.3%；通用设备制造业产值1921.42亿元，增长23.6%；电气机械及器材制造业产值2092.88亿元，增长32.2%。产品结构继续优化，工业新产品产值2087.17亿元，比上年增长9.9%。主要工业产品产量多数保持增长，在列统的75种主要工业产品中，保持增长的有61种，下降的有14种。

工业经济效益保持增长。全省规模以上工业企业实现产品销售收入32129.52亿元，比上年增长28.8%；产品销售率98.2%，提高0.4个百分点；实现利税2387.81亿元，增长23.6%，其中利润1386.54亿元，增长24.9%。亏损企业亏损面14.0%，下降4.3个百分点；亏损额153.76亿元，增长5.5%。工业经济效益综合指数为176.8，提高14.9个百分点。

建筑业较快发展，正逐步实现向建筑业强省的转变。全年完成建筑业增加值1016亿元，增长10.7%。实现利税总额252.79亿元，增长23.9%。全员劳动生产率12.9万元/人，增长8.0%。全年共完成建筑业总产值4365.09亿元，增长19.4%，竣工产值3410.75亿元，增长19.8%，竣工率达78.1%。建筑业企业房屋建筑施工面积50721.70万平方米，增长17.5%；房屋建筑竣工面积26132.59万平方米，增长20.1%。

四、固定资产投资

固定资产投资增长过快势头得到遏制，总体上保持稳定增长。全年完成全社会固定资产投资8739.7亿元，比上年增长28%。其中，城镇固定资产投资完成6211.9亿元，增长24%；农村固定资产投资2527.8亿元，增长38.9%。在全社会投资中，国有及国有控股投资2547.1亿元，下降7.8%；外商、港澳台经济投资1552.3亿元，增长26.1%；民间投资4640.3亿元，增长63.7%，其中私营个体经济投资2567.0亿元，增长60.4%。民间投资占全社会投资的比重达53.1%，比上年提高11.6个百分点。城镇投资中钢铁工业完成投资150.0亿元，增长14.4%，增幅比上年下降7个百分点；水泥工业投资28.3亿元，增幅由上年增长77.1%转为下降28.3%；纺织工业投资208.9亿元，增长47.1%，增幅比上年上升39.9个百分点。

进一步调整优化投资结构。在城镇固定资产投资中，第一产业投资12.7亿元，比上年增长61.1%；第二产业投资2801.5亿元，增长31.6%；第三产业投资3397.7亿元，增长18.3%。工业投资2765.2亿元，增长31.6%；其中通信设备、计算机及其他电子设备制造业308.2亿元，交通运输设备制造业140.5亿元，通用设备制造业投资163.3亿元，分别增长43.6%、78.3%和79.8%。第三产业投资中，房地产开发投资1526.9亿元，增长20.2%；交通运输仓储和邮政业投资536.9亿元，增长3%；水利、环境和公共设施管理业投资577.0亿元，增长14.1%；卫生、社会保障和社会福利业投资40.2亿元，增长113.8%；文化、体育和娱乐业投资60.8亿元，增长53.6 %。

重点项目建设加快。新增高速公路463公里，建成国省干线公路614公里，润扬大桥、南京三桥和盐通、宿淮高速公路提前建成通车，沪宁高速公路扩建和312国道拓宽改造工程全线贯通，全省"四纵四横四联"高速公路网主骨架基本形成，高速公路通车里程达到2886公里。宁启铁路一期、新长铁路新淮段扩能改造、南京地铁一号线、南京奥体中心、扬巴一体化工程等一批重点工程建成。发电总装机容量达到4230万千瓦。苏通大桥、南京长江过江隧道、连云港港、太仓港、田湾核电站、淮河治理和南水北调东线一期工程等重点建设项目进展顺利。

固定资产投资成果明显。全年城镇固定资产投资建成投产项目8093个，项目建成投产率为59.9%；新增固定资产4730.1亿元，固定资产交付使用率为76.1%。

五、国内贸易

消费品市场稳中趋旺。全年实现社会消费品零售总额5699.90亿元，比上年增长16%。分城乡看，城市消费品零售额4453.38亿元，增长16.6%；农村消费品零售额1246.52亿元，增长14%。分行业看，批发零售贸易业零售额4964.84亿元，增长15.4%；餐饮业零售额629.10亿元，增长19.4%；其他行业零售额105.96亿元，增长25.9%。限额以上批发零售贸易企业经营状况良好。全年实现商品销售5701.3亿元，比上年增长11.5%，其中批发业4285.1亿元，零售业1416.2亿元，分别增长8.8%和20.6%。以住房、汽车、信息通讯、旅游等为代表的新型消费保持较快增长，居民消费结构升级加快。全年实现商品房销售额比上年增长36.9%，其中住宅销售额增长44.6%；限额以上批发零售贸易企业汽车类零售额增长18%，通讯器材类零售额增长14.9%，文化办公用品类零售额增长43.8%。

各类商品市场较快发展。年成交额在亿元以上的商品交易市场452家，成交额4808.46亿元。其中年成交额在10－50亿元的有73家，成交额1382.20亿元；年成交额在50－100亿元的有6家，成交额366.63亿元；年成交额在100亿元以上的有13家，成交额1957.57亿元。新型流通业态以及现代经营方式较快发展。

六、开放型经济

对外贸易在较高平台上保持强劲增势。全年进出口总额2279.41亿美元，比上年增长33.4%。其中，出口总额1229.82亿美元，增长40.5%；进口总额1049.59亿美元，增长26.1%。出口商品结构不断优化，机电产品、高新技术产品出口占出口总额的比重为68.3%和42.7%。其中计算机与通信技术出口434.33亿美元，占高新技术产品出口额的82.8%，增长39.6%。外商投资企业出口占出口总额的比重为76.6%。私营企业出口较快增长，出口额为101.27亿美元，增长78.3%。对欧盟、美国、日本、香港特别行政区的出口分别为287.67亿美元、272.60亿美元、159.97亿美元和136.09亿美元，增长41.3%、42.7%、21.9%和45.7%；对东盟、韩国、台湾省出口额96.35亿美元、53.65亿美元和48.66亿美元，增长43.3%、51.7%和48.6%；对俄罗斯、拉丁美洲、非洲出口额7.65亿美元、32.84亿美元和18.23亿美元，分别增长52.7%、40.4%和36.7%。

表4. 进出口贸易主要分类情况

指　　标	绝对数（亿美元）	比上年增长（%）
出口总额	1229.82	40.5
# 一般贸易	406.33	33.3
加工贸易	820.51	44.0
# 工业制成品	1214.05	40.9
初级产品	15.77	13.8
# 机电产品	840.23	44.8
# 高新技术产品	524.72	46.1
# 外商投资企业	942.28	44.5
国有企业	143.72	11.9
进口总额	1049.59	26.1
# 一般贸易	256.72	10.1
加工贸易	648.74	36.1
# 工业制成品	952.51	26.1
初级产品	97.08	25.6
# 机电产品	724.75	27.1
# 高新技术产品	403.43	41.8
# 外商投资企业	905.16	28.7

利用外资规模和水平提高。全年协议注册外资为457.22亿美元，比上年增长18.5%；实际到帐外资额达131.80亿美元，增长29.2%。全省新批总投资3000万美元以上的大项目149个，5000万美元以上的大项目112个，9000万美元以上大项目59个。外商投资结构进一步优化。全年服务业新批外商直接投资项目1128个，协议注册外资75.59亿美元，实际到帐外资17.04亿美元。

开发区建设较快发展。省级以上开发区完成进出口总额1607.41亿美元，其中出口总额830.08亿美元，分别增长43.8%和51.3%，占全省总量的70.5%和67.5%；新批外商投资企业2571家，实际到帐注册外资额94.15亿美元（商务部确认数），占全省总量的71.4%。

“走出去”战略成效显著。全年新签对外承包工程和劳务合作合同金额33.10亿美元，增长

35.1%；完成营业额31.97亿美元，增长28.9%；新派出人员44163人次，增长25.4%；期末在外人数100280人，增长10.1%。全年新批境外投资项目163个，中方协议投资20504万美元。

七、交通、邮电业和旅游

全年交通运输、邮电通信业实现增加值827.5亿元和326.9亿元，分别比上年增长18.9%和22.2%。

交通运输业较快增长。全年完成旅客运输量14.80亿人次，货物运输量11.34亿吨，分别比上年增长15.2%和13.3%；完成旅客周转量1266.16亿人公里，货物周转量3063.72亿吨公里，分别增长14.2%和27.8%。完成港口货物吞吐量7.30亿吨，增长15.1%，其中外贸货物吞吐量1.14亿吨，增长31.3%。年末全省公路里程82739公里，新增9657公里；铁路营业里程1598.9公里，铁路正线延展长度2301公里。客运车辆特别是私人车辆增长迅速。年末民用汽车保有量192.25万辆，增长19.3%；其中本年净增汽车31.06万辆，增长5.6%。年末私人汽车保有量109.43万辆，其中本年净增汽车31.23万辆，分别增长39.9%和60.3%。年末私人轿车保有量60.75万辆，其中本年净增轿车20.13万辆，分别增长49.6%和40.7%。

表5. 各种运输方式完成运输量

运输方式	货物周转量		货运量		旅客周转量		客运量	
	绝对数（亿吨公里）	比上年增长（%）	绝对数（万吨）	比上年增长（%）	绝对数（亿人公里）	比上年增长（%）	绝对数（万人次）	比上年增长（%）
总计	3063.72	27.8	113423.73	13.3	1266.16	14.2	148025.14	15.2
铁路	480.49	10.6	5090.45	9.2	245.34	8.2	6658.10	11.0
公路	459.45	18.8	76775.00	11.2	992.25	16.0	141108.00	15.5
水运	2051.47	34.7	29318.00	18.2	0.11	−59.2	37.00	−59.3
民航	0.58	17.2	4.28	16.0	28.45	6.3	222.04	5.9
管道	71.73	35.7	2236.00	43.9	—	—	—	—

邮电通信业持续较快增长。全年邮电业务总量729.07亿元，比上年增长33.9%。其中邮政业务总量52.95亿元，电信业务总量676.12亿元，分别增长13.4%和35.8%。邮电业务收入453.49亿元，比上年增长13.1%。其中邮政业务收入44.49亿元，电信业务收入409.00亿元，增长11.2%和13.3%。年末局用交换机总容量4187.13万门。年末固定电话用户3059.35万户，新增477.49万户；其中城市电话用户2089.54万户，乡村电话用户969.81万户。住宅电话用户2318.72万户，新增317.72万户。年末移动电话用户2550.43万户，新增331.89万户。全省电话普及率达75.1部/百人，比上年增加10.5部。长途光缆线路总长度2.55万公里，新增0.18万公里。年末互联网用户449.54万户。

国内国际旅游业快速发展。全年国内旅游人数17234.26万人次，比上年增长17.6%；国内旅游收入1625.62亿元，增长26.0%。全年境外入境旅游人数378.3万人次，比上年增长23.4%，其中外国人262.1万人次，增长22.4%，港澳台同胞116.2万人次，增长25.8%。国际旅游外汇收入22.6亿美元，增长28.1%。旅行社组织公民自费出境旅游25.7万人次，增长2.9%。

八、财政、金融、证券和保险业

财政收入快速增长。全年财政地方一般预算收入1322.68亿元，增收342.18亿元，增长26.4%；其中营业税、企业所得税、个人所得税、契税等主体税种增长较快。按江苏省财政统计口径，财政总收入实际入库数3124.80亿元，同口径比上年增长23.8%。税务部门征收的税收中，外商及港澳台投资企业、私营企业分别完成793.22亿元和433.52亿元，比上年增长18.3%和33.7%。另外，全省海关关税收入完成97.70亿元，增长7.3%。

表 6. 全年财政收入分项情况

指　　标	绝对数（亿元）	比上年增长（%）
一般预算收入	1322.68	26.4
# 增值税（25%）	265.57	16.0
营业税	342.82	21.4
企业所得税（40%）	177.70	28.2
个人所得税（40%）	66.20	25.3
契税	80.89	33.8
上划中央四税	1256.57	18.6
# 国内消费税	98.80	8.4
增值税（75%）	796.71	16.0
基金预算收入	545.55	30.4
财政总收入	3124.80	23.8

财政支出结构进一步调整。一般预算支出1652.83亿元，增支340.79亿元，可比增长18.8%；基金预算支出538.67亿元，增支110.80亿元，增长25.9%。全年农林水气象支出95.11亿元，增长25.7%；社会保障补助支出62.15亿元，增长37.0%；医疗卫生支出74.15亿元，教育支出255.88亿元，科学支出7.89亿元，分别增长18.9%、19.4%和22.2%；基本建设拨款150.37亿元，企业挖潜改造资金61.46亿元，行政管理费179.07亿元，分别增长48.6%、15.9%和21.2%。

金融总体上运行平稳。年末广义货币供应量（M2）余额、狭义货币供应量（M1）余额和流通中现金（M0）余额分别为24640.67亿元、9057.14亿元和3035.12亿元，比去年同期分别增长20.0%、12.1%和14.9%。年末全省金融机构人民币贷款余额15396.59亿元，比年初增加2141.61亿元，同比少增148.38亿元；其中短期贷款增加686.28亿元，同比多增24.46亿元。年末全省金融机构人民币存款余额22001.44亿元，比年初增加3619.11亿元，同比多增773.31亿元；其中，居民储蓄存款增加1717.9亿元，同比多增492.98亿元；企业存款增加777.3亿元，同比少增249.99亿元。

表 7 金融机构人民币存贷款情况

指　　标	绝对数（亿元）	比年初增加（亿元）	比上年末增长（%）
年末各项存款余额	22001.44	3619.11	19.9
#企业存款	7531.73	777.30	11.5
居民储蓄存款	10581.27	1717.9	19.4
年末各项贷款余额	15396.59	2141.61	15.9
#短期贷款	7809.97	686.28	9.4
#工业贷款	2265.98	295.97	14.0
商业贷款	993.42	81.75	8.5
农业贷款	672.58	98.69	17.2
私营企业及个体贷款	160.19	5.12	3.3
中长期贷款	5689.27	767.3	16.2
# 消费贷款	1620.47	279.33	20.8
# 个人住房贷款	1367.13	302.32	28.4

证券市场在规范中运行。年末全省境内上市公司在上海、深圳证券交易所筹集资金16.68亿元，其中通过发行股票筹集资金8.82亿元，分别比上年下降5.56亿元和7.64亿元。全年证券经营机构证券交易量3902亿元，期货经营机构代理交易量9825亿元，分别比上年下降34.9%和13.6%。年末全省境内上市公司（A、B股）由上年末的87家增加到90家。上市公司总股本362.47亿股，比上年末增长4.8%；市价总值1729.44亿元，下降12.3%。年末共有证券营业部202家；期货经纪公司营业部23家；证券投资咨询机构3家；证券从业人员3925人，期货从业人员570人。

保险事业平稳发展。全年保费收入437.34亿元，比上年增长4.4%。其中财产险收入93.64亿元，寿险收入308.43亿元，健康险和意外伤害险收入35.27亿元，分别增长10.8%、1.4%和16.4%。赔付额118.83亿元，比上年增长5.0%。其中财产险赔付53.29亿元，增长20.7%；寿险赔付53.21亿元，下降10.6%；健康险和意外伤害险赔付12.33亿元，增长29.9%。

九、科学技术和教育

科技队伍壮大，科技活动支出增加。全省科学研究与技术开发机构3584个，其中政府部门属独立研究与开发机构299个，高等院校属科研机构403个，大中型工业企业办科研机构1373个。从事科技活动人员35.5万人，其中研究与发展人员10.05万人。全省拥有中国科学院和中国工程院院士94人。全年科技活动经费支出617亿元，增长28%，其中研究与发展活动经费支出270亿元，占全省生产总值的1.48%。全省已建国家及省级高技术研究重点实验室、工程技术研究中心、科技公共服务平台166个，比上年增加21个。经国家认定企业技术中心9个。

科学研究成果显著，技术市场较为活跃。全省有32项成果获国家科技奖，其中自然科学奖1项、发明奖3项、科技进步奖28项；省科技进步奖185项，其中一等奖14项、二等奖56项、三等奖115项。全年共签订各类技术合同2.62万项；技术合同成交额100.83亿元，增长12%。知识产权工作取得明显进展，全年专利申请量34811件，比上年增长47.9%，其中发明专利6582件；专利授权量13580件，增长19%。

高新技术园区建设进一步加强，全省高新技术产业化进程加快。全年实现高新技术产业产值7928.17亿元，比上年增长34.4%。组织实施省科技项目1610项，其中：高技术研究及重大科技攻关项目257项、科技成果转化专项资金项目77项、火炬计划项目421项、星火计划项目327项。全省高新技术企业达2948家，新批国家高新技术企业90家，当年认定省级高新技术产品1345项，国家重点新产品244项。已建国家级高新技术特色产业基地45个，其中当年新建9个。全省国家级和省级高新技术产业开发区实现技工贸总收入6864.32亿元，创汇309.06亿美元，分别比上年增长17.4%和21.7%。

质量检验工作进一步得到加强。全省共有产品质量检验机构155个，国家检测中心7个；监督抽查产品113种，比上年下降61%。共有产品质量、体系认证机构4个，完成强制性产品认证的企业300个；法定计量技术机构65个，强制检定计量器具188.02万台件，比上年增长5.2%；制定、修订地方标准304项，增长32.2%。

坚持教育优先发展，加快推进教育强省建设。各级各类教育协调发展，农村义务教育、职业教育和高等教育等得到加强。全省共有普通高校115所，普通高等教育招生36.15万人，在校生115.98万人，毕业生22.97万人。研究生教育招生2.87万人，在校研究生7.79万人，毕业生1.49万人。高中阶段教育普及率达到89%，高等教育毛入学率达33.5%。高等院校数、在校大学生数、职业教育在校生数继续保持全国领先。农村办学条件进一步改善，经济薄弱地区农村中小学教师省标补贴发放问题得到全面解决。初中升学率89.6%。小学学龄儿童入学率99.7%。特殊教育招生0.34万人，在校生3.16万人。幼儿园在园幼儿130.96万人。

十、文化、卫生和体育

文化事业和文化产业加快发展。年末全省共有艺术表演团体129个，文化馆116个，公共图书馆102个，博物馆99个，档案馆170个，向社会开放档案210万卷（件）；共有广播电台14座，广播发射台和转播台21座，电视台14座，广播人口综合覆盖率和电视人口综合覆盖率分别达99.7%和99.6%。有线电视用户1022.16万户，比上年增长12.1%。生产故事影剧片7部。全年报纸出版24.49亿份，比上年下降0.05%；期刊出版8804万册，下降9.7%；图书出版47043万册，增长12.5%。一批文化设施建成投入使用。

表 8. 各类教育招生和在校生情况

指标	招生数		在校生数		毕业生数	
	绝对数	比上年增加	绝对数	比上年增加	绝对数	比上年增加
研究生教育	2.87	0.19	7.79	1.00	1.49	0.32
普通高等教育	36.15	4.75	115.98	16.5	22.97	3.23
中等职业教育	41.18	4.42	106.08	15.16	19.72	3.72
普通高中教育	52.25	2.78	145.34	7.99	42.65	7.33
普通初中教育	105.3	－13.67	346.23	－21.55	120.33	7.09
小学教育	61.93	－6.28	485.53	－42.68	105.52	－14.92

卫生事业进一步加强。加大公共卫生事业建设力度，全面建成疾病预防控制体系，基本建成突发公共卫生事件医疗救治体系。年末共有各类卫生机构15007个，其中医院、卫生院2510个，卫生防疫和防治机构190个，妇幼卫生保健机构104个。各类卫生机构拥有病床19.39万张，其中医院、卫生院病床18.13万张。共有卫生技术人员25.75万人，其中执业医师、执业助理医师11.02万人，注册护师8.12万人，卫生防疫和防治机构卫生技术人员0.75万人，妇幼卫生机构卫生技术人员0.32万人。乡镇卫生院0.16万个，床位5.21万张，卫生技术人员6.79万人，乡村医生和卫生员6.09万人。省财政拨专款加强农村卫生院建设，苏北地区第一批重点支持的300个乡镇卫生院医疗条件明显改善。

体育事业取得新进步。全省运动员在世界最高水平比赛中3人次获金牌、5人次获铜牌。在亚洲最高水平比赛中，共有21人次获金牌。成功举办第十届全运会，江苏省共夺得56枚金牌、136枚奖牌，竞赛总分、金牌总数均居全国第一。

十一、环境保护

环境保护工作得到加强。年末全省共有环境监测站14个，设立自然保护区31个，其中国家级自然保护区2个，自然保护区面积82.26万公顷。建成烟尘控制区142个，面积达0.3万平方公里；建成环境噪声达标区207个，面积为0.24万平方公里。城市污水集中处理率78.2%、生活垃圾无害化处理率96%，分别比上年提高2.1个和2.6个百分点。工业废水排放总量29.12亿吨，工业废气排放总量19587.8亿标立方，工业粉尘排放量36.16万吨。积极推进生态省建设，实施绿色江苏建设工程。全省有7个城市被评为国家园林城市。成功承办首届中国绿化博览会。进一步加强环境保护，推进太湖、淮河等重点流域水污染综合治理，流域水质继续好转。制定实施循环经济行动计划，推行清洁能源、清洁生产和清洁发展。

十二、人口、人民生活和社会保障

人口总量保持低速增长。年末全省常住人口7474.5万人，比上年末增加42万人。全年人口出生率9.24‰，下降0.21个千分点；死亡率7.03‰，下降0.17个千分点；人口自然增长率2.21‰，下降0.04个千分点。

人民生活水平得到新提高。根据对5000户城镇住户的抽样调查，全年城镇居民人均可支配收入12319元，比上年增长17.5%，考虑物价因素，实际增长15.2%；人均消费性支出8622元，增长17.6%，其中食品支出占人均消费性支出的比重为37.2%。根据对3400户农村住户的抽样调查，全年农村居民人均纯收入5276元，比上年增长11%，考虑物价因素，实际增长8.4%；人均生活消费支出3567元，增长17.5%，其中食品支出占人均生活消费支出的比重为44%。城乡居民居住条件进一步改善。城镇居民人均住宅使用面积为21.7平方米，农村居民人均住房使用面积为38.6平方米。

社会保障体系进一步完善。城镇基本养老、基本医疗、失业保险覆盖面均达90%以上。社会保险主要险种向非公有经济组织、进城务工农民和乡镇企业延伸，国有企业下岗职工基本生活保障向失业保险顺利并轨，破产关闭的国有、集体企业退休人员已纳入基本医疗保险范围，被征地农民基本生活保障制度全面建立。全省城乡"低保"实现全覆盖，符合"低保"条件的40.1万城镇困难群众和85.5万农民实现应保尽保。年末全省参加基本养老保险职工952.10万人，参加基本养老保险的离退休人员282.40万人，参加基本医疗保险的职工

819.10万人，参加基本医疗保险的退休人员304万人，参加失业保险职工838.30万人。年末全省各类福利院拥有床位9.43万张，收养7.39万人；建立城镇各种社区服务设施24550个，其中社区服务中心463个；城乡居民最低生活保障对象128.6万人，筹集福利资金4.05亿元，接受社会捐赠2.4亿元（不包括慈善机构）。

注：本公报使用的数据为快报数。

盐城市统计局
关于 2005 年国民经济和社会发展统计公报

2006 年 4 月 29 日

2005 年是“十五”计划的关键一年。全市上下在市委、市政府的正确领导下，紧紧围绕“两个率先”目标，认真贯彻落实科学发展观，凝心聚力，攻坚克难，国民经济跃上新台阶，改革开放取得新进展，社会事业迈出新步伐，全面小康建设取得新成效，实现了全年经济和社会发展的主要预期目标，为“十五”发展画上了圆满句号。

一、综合

国民经济跃上新台阶。据初步核算，2005 年我市地区生产总值达到 1011.36 亿元，成为继徐州之后，苏北第二个突破千亿元大关的地级市；按可比价计算同比增长 14.3%，创十年来的新高。全市人均 GDP 达到 12658 元，按现行汇率折算达到 1572 美元。三次产业协调发展，全年第一产业实现增加值 225.1 亿元，可比价增长 6.9%，第二产业实现增加值 461.7 亿元，增长 18.4%，第三产业实现增加值 324.6 亿元，增长 14.2%。工业化进程明显加快，三次产业结构由 2000 年的 31.5：38.6：29.9 调整为 22.3：45.6：32.1，第二产业比重上升 7 个百分点。

全面小康建设取得新成效。根据省统计局认定的监测结果显示，2005 年我市全面小康建设取得显著进展，综合实现程度持续提升。从总体上的看达标程度明显提高，全市全面小康总体评价得分达到 78.02 分，比上年增加 5.14 分。从构成全面小康指标评价体系四个方面看：生态环境方面达标程度最好，达到 85.8%，比上年提高 3.9 个百分点；社会发展方面进步最快，比上年提高 6.5 个百分点，达到 83.6%；经济发展和生活水平达标程度分别为 72.04%和 74.4%，分别比上年提高 4.24 个和 5.2 个百分点。从指标上看，全面小康 4 大类 18 项 25 个指标中有 6 个指标已经达标，分别是城镇登记失业率、农村行政村通灰黑公路（航道）比重、人民群众对社会治安的满意率、城镇社区居委会依法自治达标率、农村村委会依法自治达标率、环境质量综合指数。与上年相比，25 个指标中，达标指标增加 3 个，即城、乡村（居）民依法自治和环境质量综合指数三个指标；25 个指标中有 22 个指标达到了省定时序进度，只有城镇人均拥有道路面积、居民文教娱乐服务支出占家庭消费支出的比重以及 R&D 经费支出占 GDP 比重 3 个指标未能达到省定时序进度。

二、农林牧渔业

农业生产稳步发展。2005 年是自然灾害比较频繁的一年，全市围绕农民增收、农业增效，全力抵御台风，雨涝以及病虫害，狠抓禽流感防控，农业在大灾之年取得较好成效。全年实现农林牧渔业总产值 511.98 亿元，按可比价计算比上年增长 7.3%。全年粮食播种面积 1169 万亩，同比增长 4.1%；粮食单产 414 公斤，增长 0.5 %；粮食总产 483.96 万吨。棉花播种面积 269.7 万亩，同比增长 0.5%；棉花单产 63.7 公斤；棉花总产 17.19 万吨。油料作物种植面积 248.4 万亩，同比下降 2.1%，油料单产 178.6 公斤，油料总产 44.37 万吨。全年肉类产量达 69.3 万吨，与上年基本持平。水产品总量达到 82.09 万吨，增长 12.9%。

农业产业化进程加快。全市具备认证资格的优质农产品数量明显增加，其中无公害产品发展到 94 个，绿色食品 34 个，有机食品 5 个。部分优质农产品已进入家乐福等国际知名的大超市。随着农业结构调整和农业产业化进程的加快，全市农业产业化龙头加工企业已发展到 683 个，比上年增加 95 个。

农业生产条件不断改善。农业机械化水平进一步提高，年末全市拥有农业机械总动力 413.4 万千瓦，比上年增长 3.1%。大中型拖拉机 1.79 万台，增长 3.3%，小型拖拉机 8.80 万台，与去年持平。农用排灌动力机械 8.10 万台，计 87.03 万千瓦。全年农用化肥施用量（折纯）57.4 万吨，增长 2.2%。农村用电量 28.21 亿千瓦时，增长 21.7%。

三、工业和建筑业

工业生产高位增长。2005 年，我市围绕推进新型工业化，培植支柱产业、骨干企业、产业集群，努力破解发展中的难题，工业经济竞争力不断增强。全年第二产业实现增加值达 461.67 亿元，同比增长 18.4%。其中，规模以上工业增加值 271.2 亿元，增长 21.8%。全市工业用电量 54.3 亿千瓦时，比上年增长 20.2%。在列统的 95 种主要工业产品中，产量增长或持平的有 75 种。

表 1. 主要工业产品产量情况

产　品　名　称	单　位	产　量	比上年增长（%）
原盐	（万吨）	82.54	9.48
食用植物油	（万吨）	13.91	6.43
饮料酒	（万吨）	8.82	31.84
配混合饲料	（万吨）	16.30	57.79
纱	（万吨）	49.79	43.86
布	（亿米）	4.37	9.80
印染布	（万米）	4384	98.64
丝	（吨）	5647	15.15
丝织品	（万米）	2182	46.64
服装	（万件）	10012	8.59
皮鞋	（万双）	1526	10.50
合成氨	（万吨）	13.76	—3.37
化肥（折 100%）	（万吨）	19.42	—4.48
化学农药原药	（万吨）	4.05	28.98
水泥	（万吨）	752	32.63
工业锅炉	（蒸吨）	3128	90.15
汽车	（辆）	110080	73.99

工业经济效益有所提高。全年规模以上工业主营业务收入 1049 元，比上年增长 38.1%。实现利税总额 78.23 亿元，增长 46.9%，其中利润总额 32.9 亿元，增长 47.1%。工业经济效益综合指数 156.4%，比上年提高 7.2 个百分点。全年规模以上工业企业亏损面为 5.1%，比上年下降 4.4 个百分点；亏损企业亏损额 2.2 亿元，比上年增长 20.9%。工业产品销售率为 98.2%，比上年增长 1.2 个百分点，保持了良好的产销衔接水平。

工业结构得到优化。工业经济结构调整和产业升级取得明显成效，一批优势企业和名牌产品在竞争中发展壮大。在汽车工业的带动下，重工业发展较快，全年实现增加值 143.3 亿元，增长 23.2%；轻工业增加值 127.9 亿元，增长 20.1%。工业结构中，轻重工业比例由上年的 47：53 改变为 47.2：52.8。以制造业为主的项目推进活动成效显著，特别是东风悦达起亚汽车第二工厂的顺利开工建设，使我市工业经济进一步增强了后劲。

建筑业发展较快。全市实现建筑业增加值 66.78 亿元，比上年增长 25.3%。从业人数达 25.7 万人。承建施工面积 2834 万平方米，竣工面积 1518 万平方米，全员劳动生产率 2.60 万元/人。综合施工能力不断增强，全年新承接高层建筑 198 幢，其中超高层 8 幢。我市建筑企业遍布大江南北，部分建筑劲旅挺进国际建筑市场，全年出国施工人数达到 8698 人。

四、固定资产投资

投资保持较高增长。2005 年，我市坚定不移地实施项目推进，强化和改进招商引资，狠抓重点项目建设。全年完成固定资产投资 500 亿元，同比增长 35%。其中：城镇固定资产投资 264.0 亿元，增长 39.8%；工业技术改造投资 270.2 亿元，增长 39.6%。

重点工程建设进展顺利。全年八类十大重点工程全年累计完成投资 130 亿元，占全社会投资比重达 26%；5000 万元以上重点工业项目开工 120 个，竣工项目 102 个，成为新的经济增长点，对投资增长起到较强的支撑作用。高速公路狠设推进有力，盐通、盐连、盐淮、宁靖盐盐城北段四条高速全年完成投资 32.1 亿元。干线公路网进一步完善，盐城至兴化段、合德至射阳港段、大丰市区改线工程顺利建成通车。大丰港码头一期工程顺利竣工通航。

五、交通运输和邮电业

交通运输能力有所增强。2005 年，全市公路等级明显提高，年末等级公路总里程 7768 公里，其中一级公路 325 公里，高速公路 128 公里。客货运输稳定发展，全社会客运量 6544 万人，比上年增长 4.6%，旅客周转量 583893 万人公里，上升 3.4%；全社会货运量 7630 万吨，增长 6.4%，货运周转量 1097576 万吨公里，上升 6.8%。铁路客运量 3.6 万人次、货运量 200 万吨。盐城机场飞机安全起降 1186 架次，比上年增长 13.8%；接送旅客 38022 人次，比上年增长 6.3%。

邮电业务进一步扩大。2005 年末，全市固定电话用户达 241.7 万户，增长 20.1%，其中市话年末用户 111.3 万户，增长 31.7%，农户年末用户 123.28 万户，增长 5.7%，电话普及率达每百人 30.3 部。移动通信、公众多媒体网络和数据通信等新兴业务发展势头良好，全市移动电话用户 176.1 万户，计算机互联网用户达 14.89 万户，分别比上年增长 24.1%和 10.4%。

六、国内贸易和市场物价

消费品市场购销两旺。在城乡居民收入较快增长和消费结构升级以及消费观念变化的双重影响下，全市消费品市场明显趋旺。时代购物中心、华润苏果等大型连锁的进驻，进一步优化了我市的商业业态结构，提升了流通现代化水平，改善了我市的消费环境。全年实现社会消费品零售总额 316.9 亿元，增长 15.6%，增幅高于上年 1.8 个百分点。其中，餐饮业增长 23.4%，比上年提高了 0.8 个百分点，比社会消费品零售额增幅高出 7.8 百分点，成为拉动消费的主要力量。

市场物价小幅上涨。全年市区居民消费价格总指数（CPI）平均比上年上涨 1.4%，商品零售价格总指数比上年上涨 0.2%。其中，食品类消费价格平均上涨 4.0%，比上年度涨幅低 6.5 个百分点，拉动总指数上涨 1.57 个百分点，成为影响 2005 年消费价格总水平上涨的主要因素。居住类价格平均上涨 4.2%，比上年度涨幅低 1.2 个百分点，拉动总指数上涨 0.56 个百分点。工业消费品价格有涨有跌，其中：烟酒及用品类价格上涨 0.1%；衣着类价格下降 2.2%，交通和通讯类价格下降 5.4%，家庭设备用品及维修服务类价格下降 0.1%，医疗保健和个人用品类价格上涨 1.9%，娱乐教育文化用品及服务类价格下降 1.7%。

七、对外经济和旅游业

对外贸易快速增长。2005 年，我市外贸进出口增长较快，全年累计完成进出口总额 14.3 亿美元，增长 29.2%，其中出口 8.7 亿美元，增长 36.8%，进出口总额首次突破 14 亿美元大关。出口产品结构进一步优化，形成了以玻璃工艺品、长毛绒玩具、纺织服装、机械和汽配等产品为龙头的一批具有地方特色的出口产品。

利用外资取得进展。2005 年是“外资突破年”，全市各地围绕外资倍增目标，不断提高开放型经济的发展水平。据商务部反馈数据，全市注册外资实际到帐达到 16183 万美元 。利用外资项目规模扩大，全市新批总投资 1000 万美元以上的项目达到 46 个，协议利用外资 77756 万美元，增长 78.5%。

外经合作势头良好。全市实现对外工程承包劳务合作合同额 3.87 亿美元，比上年增长 31.9%；完成营业额 3.63 亿美元，比上年增长 31%；新派人数 22844 人，比上年增长 50.2%；年末在外人数达 30109 人，增长 11.8%。

旅游产业方兴未艾。全年共接待国内外游客 533.98 万人次，增长 14.0%，其中海外游客 4.07 万人次，增长 19.7%。实现旅游总收入 40.07 亿元，增长 14.9%，其中旅游外汇收入 2125 万美元，增长 38%；星级饭店客户利用率 64.9%。大丰麋鹿国家级自然保护区被评为国家 AAA 级旅游景区（点）。滨海通榆河枢纽风景区被国家水利部评定为国家水利风景区，盐城人民公园等 5 个景区（点）被评定为国家 AA 级旅游影区（点）。我市成功地创建了“中国优秀旅游城市”。

八、财政、金融和保险

财政收入再创新高。2005 年，我市财政收入再创历史新高，全年实现财政总收入 86.9 亿元，同口径比上年增长 29.4%，财政收入占 GDP 的比重由 2002 年的 5.2%上升到 8.5%。其中实现地方一般预算收入 37.9 亿元，增长 33.5%。全市实现财政总收入、地方一般预算收入，分别首次突破 85 个亿和 35 个亿。各主要税种均有增长，其中消费税增长 19.4%，营业税增长 19.4%，企业所得税增长 45.9%。全市财政在支出压力增大的情况下积极发挥公共财政职能，确保了重点支出需要。全年地方预算支出87.3亿元，比上年增长28.7%。其中，安排社会保障补助支出2.52亿元，增长21.8%；教育事业费支出18.6亿元，增长18.5%；农业、林业、水利气象支出达5.44亿元，增长21.2%。

表2.2005年财政收入情况

指　　　标	绝对数（亿元）	比上年增长（%）
财政总收入	86.9	29.4
#一般预算收入	37.9	33.5
#增值税（25%）	7.6	19.8
#营业税	9.2	18.9
#企业所得税（40%）	2.4	45.1
#个人所得税（40%）	1.4	34.5
#基金收入	17.1	33.0

金融运行比较平稳。面对国家宏观调控的新形势，全市金融部门积极工作，为支持地方经济建设作出了贡献。金融机构年末本外币存款余额858.8亿元，比年初净增113.09亿元。金融机构年末本外币贷款余额485.5亿元，比年初净增66.89亿元。外汇收支继续保持顺差，全市跨境外汇收支16.05亿美元，实现收支顺差4.37亿美元；全市银行结售汇13.25亿美元，实现结售汇顺差4.47亿美元。

表3.2005年金融机构人民币存贷款情况

指　　　标	年末数（亿元）	比年初增减数（亿元）
各项存款余额	850.85	113.01
# 企业存款	168.37	10.65
城乡居民储蓄存款	588.86	74.03
各项贷款余额	476.19	67.00
#短期贷款	349.60	41.40
# 工业贷款	55.48	8.91
商业贷款	84.81	6.50
农业贷款	95.45	17.21
私营企业及个体贷款	7.08	0.45
#中长期贷款	80.67	3.65

保险事业稳步发展。我市保险业务继续保持快速、稳定的发展势头，全年实现保费收入23.74亿元，比上年增长14.7%。其中，财产险3.78亿元，寿险19.66亿元，分别增长19.1%和13 9%。总赔款达到2.97亿元，为促进社会稳定、支持经济建设发挥了保驾护航作用。

九、科学技术和教育事业

科技创新成果辉煌。2005年，我市加大科技投入，鼓励自主创新。全年组织实施国家级、省级科技发展计划项目187项，争取科技经费5348.2万元；获科技部产业化环境建设贷款项目10项，新增贷款0.94亿元；实施国家级火炬计划9项，省级29项；实施国家级星火计划项目29项，省级60项，总投资1.53亿元。全市新增国家级高新技术产品12个，省级高新技术产品40个。全年专利申请数1566件，授权数372件。被认定为省级高新技术企业共17家，市级高新技术企业30家，省级民营科技企业286家。全市新建产学研联合体186个。组织评定市科技进步奖108项。

教育事业继续发展。2005年，我市加强教育强市步代，城乡中小学办学条件明显改善，初中毕业生升学率为86.1%，新组建4所高等职业技术院校，开工建设市职教园区。全市共有普通高桃5所，在校生32569人；普通中等专业学校9所，在校生50526人；成人中等专业学校11所，在校生1953人；普通中学336所，在校生524860人；职业中学19所，在校生55183人；小学687所，在校生425720人；各类幼儿园1009所，在园儿童136246人；特殊教育学校11所，在校生2687人。素质教育继续得到重视和加强，基础教育质量稳步提高，小学升初中升学率为100%，初中升高中入学率为86.12%。

表4.2005年各类教育招生和毕业生情况

指　　标	招生数（人）	毕业班学生数（人）
普通高等教育	10502	6906
普通中专	17320	15227
职业高中	26715	12390
普通中学	153005	195471
#高中	57846	50326
初中	95159	145145
小学	58374	81308
幼儿园	58981	

十、文化、卫生和体育事业

文化艺术事业日益繁荣。2005年末，全市共有艺术表演团体13个，表演人员506人，剧场、影剧院11个文化馆（站）156个，公共图书馆9个，藏书157.1万册，博物馆5个。2005年全市艺术团体组织演出场次为2313场，其中在农村演出742场。新版淮剧《太阳花》被评为江苏省舞台艺术精品。有线电视和数字电视建设取得新的进展，数字电视用户已达到1.4万户，同比增长133.3%。宽带网实现村村通，率先在全国建成城乡全覆盖的远程教育网。

卫生保健工作有所改善。2005年，我市城乡公共卫生体系和应急机制逐步完善，市疾控中心和市一院等一批重点医院病房楼建成投入使用，全市医疗条件不断改善。年末全市拥有卫生机构1084个，其中医院、卫生院256个，疾病预防控制中心10个，妇幼保健院（所、站）11个。共有卫生技术人员19665人，其中执业医师、执业助理医师9076人。拥有病床14995张，其中医院拥有床位数9344张。全市计划生育率稳定在95%以上。

体育事业蓬勃发展。2005年，以承办全国十运会赛事为契机，我市快速、高水准地建成了市新体育馆及配套项目。所承办的十运会指定比赛项目活动也非常成功，获得了组织贡献奖、场所建设贡献奖和最佳赛区称号。2005年末，全市拥有体育场馆42座、综合性训练馆2座、游泳馆4座、400米标准跑道39片、14项全民健身工程、194个健身点。2005年，我市运动员参加省级以上运动会各类比赛获得奖牌90.5枚，其中金牌26.5枚（十运会4枚），银牌27枚（十运会3枚），铜牌37枚（十运会5枚）。

十一、人口、人民生活和社会保障

人口总量保持低速增长。2005年末，全市户籍人口798.67万人，比上年末增加0.39万人，其中城镇人口333.45万人，增加14.16万人。全年人口出生率为9.13‰，死亡率为5.37‰，人口自然增长率为3.76‰。

人民生活水平不断提高。2005年市区居民人均可支配收入达10580元，增长13.0%。人均消费支出7293.3元，增长11.1%。在岗职工平均工资13590元，增长13.7%。2005年，我市全面落实中央和省的各项支农惠农政策，农民增收取得成效，人均纯收入达4893元，比上年增长10.8%。农民人均生活消费支出3016.5元，增长16.5%。城乡居民储蓄存款余额593.4亿元，比年初增加72.86亿元，人均储蓄达7426元。城乡居民居住条件进一步改善。市区居民住房人均建筑面积24.98平方米，人均住房使用面积18.76平方米。农村居民人均住房面积为32.94平方米，比上年增加2.4平方米。

劳动就业工作得到加强。到2005年底，我市城镇就业人员总数达90.96万人，比上年末净增就业人数4.79万人。其中城镇单位从业人员48.28万人，比上年增加0.36万人；城镇私营个体从业人员达37.53万人，比上年增加3.06万人；社区公益岗位及灵活就业人数达4.66万人，增加1.37万人；下岗失业人员实现再就业3.46万人。年末城镇登记失业率为3.7%。

社会保障事业进一步发展。基金征缴率、养老金社会化发放率均有较大幅度提高，失业保险、养老保险覆盖面分别达96.0%和97.1%。年末全市参加失业保险人数为51.57万人，参加养老保险人数为50.02万人，参加基本医疗保险人数为70.18万人。全市城市最低生活保障对象为4.6万人，农村最低生活保障对象为8.5万人。

十二、城市建设和环境保护

城市建设日臻完善。2005年是盐城城市建设力度最大的一年，市区以承办全国十运赛事、创建中国优秀旅游城市和省级文明城市为抓手，实施了新体育馆和市行政中心南迁等重大工程，加快推进城市化进程。2005年末，市区人口达153万人，建成区人口达70万人，城市化率由2000年的35.6%上升到2005年的41.7%。市直天然气项目铺设管网280公里。城市供水能力和质量明显提高，市区年末水厂综合生产能力已达38.06万吨/日，全年供水量7273万吨。随着市区一批实事重点工程相继建成，市容市貌得到了进一步美化。

环境质量总体趋好。全市饮用水源水质持续好转，达标率为100%，较上年提高0.5个百分点，其中市区达标率为100%，全市地表水水质好于上年度，达标率为88.9%，较上年提高9.9个百分点。市区空气环境质量明显好转，二氧化硫和二氧化氮浓度符合空气质量二级标准；市区道路交通噪声平均等效声级65.7分贝，较上年度下降1.6分贝。城市污水处理厂、集中供热、垃圾处理及发电项目、危险废物处置等一批环境基础设施工程建设取得突破性进展，为改善环境质量、控制环境污染起到了基础保障作用。

注：1、公报中地区生产总值和各产业增加值绝对数按现价计算，增长速度按可比价格计算。

2、公报部分指标值为初步核算数，最终数以《盐城统计年鉴—2006》上公布数字为准。

1

自然资源和行政区划

自　然　概　况

位　置：

盐城市地处江淮平原东部，浦东经济开发区、长江三角 洲辐射区内。位于东径 119 度 27 分至 120 度 54 分、北纬 32 度 34 分至 34 度 28 分之间，东临黄海，南与南通市、泰州市毗邻，西与扬州、淮安市相连，北与连云港市接攘。

地　貌：

盐城地形皆为平原，南北部地区分别由长江和黄河携带的泥沙，经海潮、风浪作用沉积而成，地势最高处在灌溉总渠两侧、废黄河两岸高地和响坎河两岸，海拔 8—9 米，最低处在大纵湖、北龙港一线，真高只有 0.7—1 米。

面　积：

土地面积 16973 平方公里。东部有海岸线 582 公里，占江苏省海岸线总长度的 56%。沿海滩涂面积 680 多万亩，占全省沿海滩涂面积的 75%。

人　口：

总人口 798.67 万人，其中非农业人口 285.84 万人，占总人口的 35.8%，人口密度 470 人/每平方公里。

河　流：

盐城境内渠港湾四通八达，通榆运河纵贯南北，苏北灌溉总渠、串场河、中山河、射阳河、新洋港、斗龙港等著名河流纵横交错。

气　候：

盐城处于亚热带向暖温带的过渡区，也是我国南北的连接区，年日照时数 2287 小时，年均气温 14.6 摄氏度，年降水量 1121 毫米左右，土地肥沃，水域广阔，气候温和，四季分明，冷暖有常，雨量适中，宜农宜林，宜牧宜渔。

1—1 气　象　水　文

(2005 年)

指　标	2005 年	指　标	2005 年
一、温　度		年平均风速（米/秒）	3.7
年平均气温（摄氏）（度）	14.6	全年大风日数（天）	21
年平均最高气温（度）	19.5	五、霜　雪	
年平均最低气温（度）	10.8	初霜日（月、日）	11 月 24 日
地面温度极端最高（度）	60.6	终日（月、日）	3 月 30 日
出现日期（月、日）	6 月 24 日	初雪日（月、日）	12 月 30 日
地面温度极端最低（度）	—5.8	终日（月、日）	3 月 4 日
出现日期（月、日）	1 月 25 日、12 月 18 日	六、全年蒸发总量（毫米）	1514.3
二、降　水		七、水　位（市区）	
年降水总量（毫米）	1120.7	最高水位（米）	1.07
年降雨日数（日）	117	发生日期（月、日）	7 月 14 日
三、日　照		最低水位（米）	0.59
年日照时数（小时）	2286.5	发生日期（月、日）	2 月 20 日
年日照百分数（%）	54	年平均水位（米）	0.79
四、风力、风速			

1—2 行政区划和土地面积

(2005 年)

地　区	镇（个）	乡（个）	办事处（个）	村民委员会（个）	居民委员会（个）	土地面积（平方公里）
全　市	129	9	9	1954	483	16973
市　区	20		9	290	149	1720
#亭　湖	7		8	108	85	407
盐　都	13		1	182	64	1294
响水县	8	4		118	33	1461
滨海县	10	5		270	27	1915
阜宁县	20			285	54	1439
射阳县	19			184	83	2997
建湖县	15			199	45	1160
东台市	23			394	42	3221
大丰市	14			214	50	3059

1—3 行政区划街道、乡（镇）名称

地　区	街道或乡（镇）数（个）	街道或乡（镇）名称
亭湖区	15	文峰办　五星办　毓龙办　先锋办　张庄办　黄海办　大洋办 新洋办　新兴镇　青墩镇　南洋镇　永丰镇　便仓镇　步凤镇 伍佑镇
盐都区	14	新都办　义丰镇　大冈镇　郭猛镇　潘黄镇　北龙港镇　楼王镇 尚庄镇　北蒋镇　秦南镇　学富镇　大纵湖镇　葛武镇　龙冈镇
响水县	12	响水镇　老舍乡　七套乡　张集乡　双港镇　大有镇　陈家港镇 小尖镇　六套乡　南河镇　黄圩镇　运河镇
滨海县	15	东坎镇　通榆镇　天场乡　大套乡　振东乡　八巨镇　滨淮镇 樊集乡　正红镇　滨海港镇　界牌镇　八滩镇　五汛镇　蔡桥镇 陈涛乡
阜宁县	20	沟墩镇　施庄镇　陈良镇　吴滩镇　益林镇　郭墅镇　新沟镇 陈集镇　板湖镇　羊寨镇　公兴镇　杨集镇　罗桥镇　古河镇 东沟镇　合利镇　阜城镇　硕集镇　芦蒲镇　三灶镇
射阳县	19	合德镇　盘湾镇　陈洋镇　海河镇　兴桥镇　特庸镇　洋马镇 盐东镇　黄尖镇　临海镇　黄沙港镇　海通镇　千秋镇　通洋镇 耦耕镇　四明镇　阜余镇　新坍镇　长荡镇
建湖县	15	近湖镇　蒋营镇　建阳镇　恒济镇　芦沟镇　草埝口镇　庆丰镇 上冈镇　沿河镇　宝塔镇　钟庄镇　高作镇　冈东镇　颜单镇 冈西镇
东台市	23	东台镇　廉贻镇　后港镇　五烈镇　三仓镇　富安镇　安丰镇 梁垛镇　富东镇　南沈灶镇　弶港镇　台南镇　四灶镇　新街镇 头灶镇　海丰镇　曹丿镇　唐洋镇　新曹镇　广山镇　溱东镇 时堰镇　许河镇
大丰市	14	大中镇　新丰镇　方强镇　裕华镇　大桥镇　万盈镇　小海镇 南阳镇　西团镇　草堰镇　白驹镇　刘庄镇　草庙镇　三龙镇

1—4　各县（市、区）城市建设、

（20

指　标　名　称	合　计	盐城市区	响　水
城市维护建设资金支出（万元）	98044	52780	6110
供水综合生产能力（包括自备水源）（万吨/日）	93	38	3
供水总量（万吨）	16709	7273	1182
＃居民家庭用水（万吨）	6629	2812	445
用水人口（万人）	177	76.53	8.74
公共汽（电）车运营车辆数（辆）	577	326	
公共汽（电）车客运总量（万人次）	1739	352	
出租汽车数（辆）	2371	810	100
液化石油气供气总量（吨）	60260	18880	1660
＃家庭用量（吨）	51915	16880	1585
液化石油气用气人口（人）	1571500	698700	52200
道路面积（万平方米）	1673	774.49	55.10
排水管道长度（公里）	1211	522	104
建成区绿化覆盖面积（公顷）	6058	2280	288
建成区绿化覆盖率（%）		35.7	30.5
园林绿地面积（公顷）	5559	2067	270
公共绿地面积（公顷）	1189	543	47
工业废水排放量（万吨）	8569	1448	1088
工业二氧化硫排放量（吨）	41899	18076	2633
工业烟尘排放量（吨）	19252	2580	2519
工业废气排放量（万标米）	5205750	1508818	927294
工业固体废物产生量（万吨）	149	45	5
三废综合利用产品产值（万元）	26316	4962	100
污染源治理本年投资总额（万元）	60746	6972	7412
城市环境基础设施建设本年完成投资额（万元）	165673	73446	775
烟尘控制区总面积（平方公里）	167	50	16
环境噪声达标区总面积平方公里	25	25	0

＊城建指标的统计范围为市区或县城。环保指标统计范围为全部行政区域。

环境保护统计指标＊

05 年）

滨 海	阜 宁	射 阳	建 湖	东 台	大 丰
6302	7205	8201	7645	4900	4901
5	6	9	6	21	5
807	1030	1153	1629	2480	1155
485	470	793	444	780	400
13.57	16.30	13.20	14.90	22.00	11.68
35	28	50	50	48	40
250	200	423	350	49	115
300	157	300	251	283	170
7000	12700	5120	5000	4400	5500
5600	10700	4850	3500	4200	4600
137000	149000	100100	134500	180000	120000
114.00	172.60	68.00	169.0	180.00	140.00
85	108	65	108	175	45
514	532	481	380	1057	525
42.6	32.3	46.1	29.2	40.6	28.4
370	391	450	339	1226	446
77	87	107	120	120	87
379	1821	489	1238	857	1249
693	1092	7566	2307	6885	2647
1587	399	6773	1153	2947	1294
33650	272560	1315498	238620	555819	353491
1	16	55	6	8	13
870	301	1811	5104	2487	10682
20000	1700	9660	819	7425	6754
10000	8800	13450	15633	23980	19590
19	12	15	14	25	16
0	0	0	0	0	0

1—5 分行业法人单位及产业活动单位数

（2005 年）　　　　单位：个

	法人单位数			产业活动单位数	
	合　计	单产业法人单位	多产业法人单位	合　计	多产业法人所属的产业活动单位
总　　计	**31677**	**29813**	**1864**	**39976**	**10163**
农、林、牧、渔业	163	163	0	201	38
采矿业	31	30	1	32	2
制造业	11725	11643	82	11840	197
电力、燃气及水的生产和供应业	465	446	19	783	337
建筑业	1104	1082	22	1146	64
交通运输、仓储及邮政业	676	646	30	942	296
信息传输、计算机服务和软件业	512	500	12	588	88
批发和零售业	4701	4371	330	7522	3151
住宿和餐饮业	354	347	7	434	87
金融业	113	89	24	1104	1015
房地产业	505	496	9	541	45
租赁和商务服务业	1271	1237	34	1343	106
科学研究、技术服务和地质勘查业	889	787	102	913	126
水利、环境和公共设施管理业	334	308	26	374	66
居民服务和其他服务业	538	519	19	589	70
教　　育	1386	1216	170	2111	895
卫生、社会保障和社会福利业	918	813	105	2657	1844
文化、体育和娱乐业	352	327	25	413	86
公共管理和社会组织	5640	4793	847	6443	1650

1—6　分经济类型法人单位及产业活动单位数

（2005 年）　　　　　　　　　　　　　　　　　　　　　　　　　　　　单位：个

	法人单位数			产业活动单位数	
	合　计	单产业法人单位	多产业法人单位	合　计	多产业法人所属的产业活动单位
总　　计	**31677**	**29813**	**1864**	**39976**	**10163**
内资	31318	29464	1854	39590	10126
国有	5448	4855	593	7512	2657
集体	2244	1979	265	5374	3395
股份合作	466	430	36	613	183
国有联营	10	10	0	13	3
集体联营	62	58	4	77	19
国有与集体联营	13	10	3	18	8
其他联营	30	28	2	47	19
国有独资公司	16	15	1	18	3
其他有限责任公司	2078	2006	72	2408	402
股份有限公司	547	511	36	1220	709
私营独资	8532	8482	50	8909	427
私营合伙	1227	1208	19	1414	206
私营有限责任公司	5676	5579	97	5942	363
私营股份有限公司	494	484	10	526	42
其他	4475	3809	666	5499	1690
港澳台商投资	171	166	5	181	15
与港澳台商合资经营	97	95	2	98	3
与港澳台商合作经营	5	4	1	7	3
港澳台商独资	58	57	1	60	3
港澳台商投资股份有限公司	11	10	1	16	6
外商投资	188	183	5	205	22
中外合资经营	102	99	3	110	11
中外合作经营	9	9	0	9	0
外资企业	70	68	2	79	11
外商投资股份有限公司	7	7	0	7	0

企业事业组织有《统计法》第二十七条第一款所列违法行为之一的，由县级以上人民政府统计机构予以警告，并可以处5万元以下的罚款。

个体工商户有《统计法》第二十七条第一款所列违法行为之一的，由县级以上人民政府统计机构予以警告，并可以处1万元以下的罚款。

摘自《中华人民共和国统计法实施细则》第三十三条

❷

综　　合

2—1　国民经济与社会发展主要指标

（2000—2005 年）

指　　标	2000 年	2001 年	2002 年	2003 年	2004 年	2005 年
一、人　　口						
年末总人口（万人）	795.57	795.56	795.61	796.51	798.28	798.67
＃非农业人口	212.33	224.05	230.57	269.62	288.42	285.84
二、社会劳动者人数（万人）	331.68	332.10	324.88	320.81	318.28	318.36
＃职工人数	57.97	54.66	49.93	48.03	47.92	48.28
＃国有职工	35.41	33.94	28.59	26.01	24.79	24.53
城镇集体职工	12.65	10.03	5.83	3.56	2.84	2.44
三、国内生产总值（亿元）	529.48	574.00	627.13	695.72	820.87	1004.90
第一产业增加值	161.80	165.96	169.18	172.47	199.86	228.48
第二产业增加值	204.86	223.71	249.09	283.22	340.43	422.18
第三产业增加值	162.82	184.33	208.86	240.03	280.58	334.24
四、主要工业产品产量						
发电量（亿千瓦小时）	26.40	25.14	31.77	37.50	56.23	67.04
原煤（万吨）	48.10	50.54	53.09	59.00	78.05	73.29
合成氨（万吨）	13.43	10.49	9.95	13.60	14.24	13.76
小型拖拉机（万台）	6.18	6.64	5.13	3.91	3.39	2.56
纱（万吨）	20.99	23.80	28.94	33.70	34.61	49.79
布（万米）	30013	27971	27959	31000	39800	43700
丝织品（万米）	2848	3419	3342	3440	1488	2182
原盐（万吨）	72.14	87.14	93.45	84.91	75.40	82.54
水泥（万吨）	229	293	358	496	567	752
五、主要农产品产量						
粮食（万吨）	479.01	475.71	468.28	397.19	462.85	483.96
棉花（万吨）	16.21	22.57	21.16	15.63	27.74	17.19
油料（万吨）	28.23	29.86	28.39	38.47	45.50	44.37
生猪年末存栏数（万头）	331.82	342.72	342.71	357.88	368.44	374.53
水产品（万吨）	58.39	62.92	65.56	67.30	78.04	82.09
肉类总产值（万吨）	61.67	62.15	65.72	66.63	69.23	69.3
蚕茧（万吨）	1.81	2.19	2.50	2.41	3.12	2.41
禽蛋（万吨）	75.91	68.30	77.96	79.25	77.35	76.43
六、运输和邮电						
客运量（万人）	5789	5790	6255	6114	6257	6544
货运量（万吨）	6714	6665	6792	7342	7172	7630
旅客周转量（万人公里）	486023	505399	535324	553418	564802	583893
货物周转量（万吨公里）	957381	951020	914166	972574	1027925	1097576
邮电业务收入（万元）	123818	150150	173089	226475	224068	241739

2—1 续表

指　　标	2000 年	2001 年	2002 年	2003 年	2004 年	2005 年
函件（万件）	1974	2964	4513	3499	2123	2378
长途电话（万次）	6621	9092	8423	9057	9736	10353
订销报纸累计份数（万份）	16962	16311	12902	8802	9629	9434
七、固定资产投资						
全社会固定资产投资（亿元）	145.88	158.82	193.49	280.64	374.91	500.00
＃城镇建设	60.60	61.98	73.25	122.70	157.08	265.06
＃房地产开发	11.89	13.40	17.30	23.13	31.14	52.24
竣工住宅建筑面积（万平方米）	154.18	137.96	148.96	180.53	144.74	210.61
八、内外贸易、旅游						
社会消费品零售总额（亿元）	176.63	192.02	211.43	224.88	274.10	316.91
自营出口额（万美元）	27466	28629	38114	48858	63628	87045
实际利用外资（万美元）	19269	24931	16602	23907	15389	16183
接待境外旅客人数（万人）	1.09	1.03	1.20	3.16	3.40	4.10
九、财　　政						
财政收入（亿元）	28.42	33.06	42.97	56.79	65.76	86.89
＃一般预算收入				23.20	30.11	37.89
财政支出（亿元）	28.57	32.34	41.83	52.34	67.23	89.03
十、物　　价						
零售物价总指数（%）	99.1	99.1	93.6	101.20	100.20	100.20
居民消费价格总指数（%）	101.0	100.5	97.5	104.0	103.60	101.4
十一、科技、教育						
国有经济各类专业技术人员（万人）	11.95	11.64	11.54	10.59	10.39	9.88
各类学校在校学生（万人）*	141.11	138.79	137.66	133.32	128.15	123.63
＃高等学校在校学生	1.32	1.86	2.15	2.35	2.78	3.26
中等专业学校在校学生	3.48	3.37	3.58	3.36	4.65	5.05
普通中学在校学生	43.94	48.84	54.24	58.15	57.41	52.49
小学在校学生	76.02	69.39	60.38	52.06	46.38	42.57
十二、卫　　生						
卫生机构数（个）	873	932	1039	1067	1080	1084
床位（张）	13351	13209	12542	13185	14042	14995
卫生技术人员	20287	17872	18929	19821	19650	19665
＃医生	8855	8771	9036	9004	9049	9076
十三、人民生活						
在岗职工工资总额	43.64	45.78	46.71	48.61	53.64	62.63
在岗职工平均工资（元）	7739	8610	9692	10618	11952	13648
城市居民人均可支配收入（元）	6494	6935	7274	8059	9362	10580
农民人均纯收入（元）	3445	3606	3840	3991	4451	4893

*各类学校在校学生数不含成人学校和技工学校学生数。

2—2 国民经济主要指标人均水平

（2000—2005年）

指 标	2000年	2001年	2002年	2003年	2004年	2005年
一、地区内生产总值（元）	6664	7215	7884	8739	10427	12849
二、财政收入（元）	357	416	540	713	823	1088
#一般预算收入				291	377	474
财政支出（元）	360	406	526	657	842	1114
三、主要工农业产品产量						
原　煤（公斤）	61	63	67	74	98	92
发电量（千瓦时）	332	316	399	471	704	839
纱（公斤）	26	30	36	42	43	62
布（米）	38	35	35	39	50	55
粮　食（公斤）	603	598	589	499	580	606
棉　花（公斤）	20	28	27	27	35	22
油　料（公斤）	36	38	36	48	56	56
四、全社会固定资产投资额（元）	1836	1995	2457	3525	4381	6260
五、社会消费品零售额（元）	2223	2413	2657	2844	3432	3968
六、外贸自营出口总额（美元）	35	36	48	61	80	109
七、人民生活						
在岗职工平均工资（元）	7739	8610	9692	10618	11952	13648
城市居民可支配收入（元）	6494	6935	7274	8059	9362	10580
城市居民生活费支出（元）	5245	5488	5507	5581	6566	7293
农民人均纯收入（元）	3445	3606	3840	3991	4451	4893
农民生活费支出（元）	2257	2173	2244	2415	2589	3016
城乡居民储蓄存款（元）	3340	3882	4642	5488	6520	7429
城市居民人均使用面积（平方米）	17.04	17.16	16.76	17.89	18.15	18.76
农村居民人均居住面积（平方米）	26.82	27.96	29.56	29.5	30.5	32.94

2—3 分地区全面小康

（20

指 标 名 称	单位	目标值	盐城市		亭湖区		盐都区		响水县	
			实现值	得分	实现值	得分	实现值	得分	实现值	得分
一、经济发展 *				17.29		18.92		17.58		14.00
1. 人均地区生产总值	元	≥24000	12932	5.39	12981	5.41	13097	5.46	8066	3.36
2. 二、三产业增加值占 GDP 比重	%	≥92	77.1	3.35	80.7	3.51	78.6	3.42	69.8	3.03
3. 城市化水平	%	55	41.7	4.55	82.2	6.00	43.1	4.70	33.1	3.61
4. 城镇登记失业率	%	<5	3.7	4.00	4.2	4.00	4.4	4.00	3.0	4.00
二、生活水平				25.30		26.96		25.81		20.93
5. 居民收入				9.52		10.13		9.90		6.70
（1）城镇居民人均可支配收入	元	≥16000	10580	4.63	10580	4.63	10580	4.63	6180	2.70
（2）农村居民人均纯收入	元	≥8000	4893	4.89	5505	5.51	5270	5.27	3995	4.00
6. 居民住房				5.19		5.50		4.85		4.72
（1）城镇人均住房建筑面积	m^2	30	27.2	2.72	25.0	2.50	25.0	2.50	34.9	3.00
（2）农村人均钢筋、砖木结构住房面积	m^2	40	32.9	2.47	41.8	3.00	31.4	2.36	23.0	1.72
7. 居民出行				3.42		4.00		4.00		2.98
（1）农村行政村通灰黑公路（或航道）比重	%	100	100.0	2.00	100.0	2.00	100.0	2.00	100.0	2.00
（2）城镇人均拥有道路面积	m^2	12	8.5	1.42	13.0	2.00	12.6	2.00	5.9	0.98
8. 居民信息化普及程度				1.75		2.45		1.72		1.02
（1）百户家庭电话拥有量	部	200	189.5	0.95	230.7	1.00	187.2	0.94	154.5	0.77
（2）百户家庭电脑拥有量	台	40	16.0	0.80	28.9	1.45	15.7	0.78	5.0	0.25
9. 居民文教娱乐服务支出占家庭消费支出比重	%	18	14.9	2.49	11.3	1.88	15.1	2.52	17.5	2.91
10. 恩格尔系数	%	<40	40.8	2.94	37.5	3.00	42.5	2.82	46.3	2.59
三、社会发展				23.42		23.53		23.09		22.92
11. R&D 经费支出占 GDP 比重	%	≥1.5	0.55	1.46	0.35	0.93	0.53	1.41	0.59	1.57
12. 高中阶段教育毛入学率	%	≥90	64.2	2.85	83.00	3.69	61.00	2.71	60.40	2.68
13. 卫生服务体系健全率	%	≥90	74.5	3.31	70.6	3.14	66.7	2.96	64.1	2.85
14. 社会保障				8.79		8.78		9.00		8.84
（1）城镇劳动保障三大保险各自覆盖面	%	≥95	90.6	3.82	91.9	4.00	89.2	4.00	97.6	4.00
（2）新型农村合作医疗覆盖面	%	≥85	84.6	4.98	81.2	4.78	90.9	5.00	82.3	4.84
15. 人民群众对社会治安的满意率	%	90	98.0	3.00	98.0	3.00	98.0	3.00	96.0	3.00
16. 城乡村（居）民依法自治				4.00		4.00		4.00		3.98
（1）城镇社区居民会依法自治达标率	%	90	90.0	2.00	91.0	2.00	91.0	2.00	89.0	1.98
（2）农村村委会依法自治达标率	%	95	96.0	2.00	95.0	2.00	97.0	2.00	95.0	2.00
四、生态环境				12.01		11.69		11.76		12.24
17. 绿化水平				5.01		4.90		4.76		5.41
（1）城市绿化覆盖率	%	40	35.7	2.68	35.7	2.68	30.5	2.29	30.5	2.29
（2）森林覆盖率	%	20	11.7	2.33	11.1	2.22	10.4	2.08	15.6	3.12
18. 环境质量综合指数	分	80	82.3	7.00	77.6	6.79	87.6	7.00	78.1	6.83
综合得分				78.02		81.09		78.24		70.09

* 人均地区生产总值，二、三产业增加值占 GDP 比重为快报数。

进程监测资料

05 年）

滨海县		阜宁县		射阳县		建湖县		东台市		大丰市	
实现值	得分	实现值	得分	实现值	得分	实现值	得分	实现值	得分	实现值	得分
	13.32		14.50		16.06		16.92		17.78		18.78
7353	3.06	7973	3.32	11713	4.88	12705	5.29	14504	6.04	17378	7.24
71.0	3.09	74.0	3.22	70.1	3.05	79.6	3.46	75.5	3.28	72.7	3.16
29.1	3.17	36.3	3.96	37.9	4.13	38.1	4.16	40.8	4.46	40.1	4.38
3.4	4.00	3.7	4.00	3.6	4.00	3.1	4.00	3.4	4.00	4.0	4.00
	21.62		22.57		24.39		24.42		26.58		26.50
	7.30		7.48		8.26		8.36		9.59		9.12
6950	3.04	7002	3.06	7528	3.29	8052	3.52	8976	3.93	8264	3.62
4260	4.26	4420	4.42	4965	4.97	4833	4.83	5665	5.67	5505	5.51
	4.30		5.09		4.93		5.36		6.00		6.00
26.6	2.66	29.2	2.92	27.0	2.70	32.0	3.00	33.5	3.00	30.7	3.00
21.8	1.64	28.9	2.17	29.7	2.23	31.5	2.36	50.5	3.00	41.8	3.00
	3.41		3.74		4.00		3.52		4.00		4.00
100.0	2.00	100.0	2.00	100.0	2.00	100.0	2.00	100.0	2.00	100.0	2.00
8.5	1.41	10.5	1.74	12.6	2.00	9.1	1.52	13.3	2.00	14.4	2.00
	1.11		1.39		1.30		1.40		1.56		1.65
138.8	0.69	170.3	0.85	180.8	0.90	208.3	1.04	200.9	1.00	220.3	1.00
8.2	0.41	10.8	0.54	8.0	0.40	7.1	0.36	11.1	0.56	13.0	0.65
17.3	2.88	13.8	2.29	14.7	3.00	16.4	3.00	14.6	2.43	16.3	2.72
45.7	2.63	46.8	2.56	41.4	2.90	43.1	2.78	37.8	3.00	38.1	3.00
	21.58		22.30		22.48		23.04		23.67		23.79
0.20	0.53	0.36	0.96	0.30	0.80	0.40	1.07	0.50	1.33	0.58	1.55
54.60	2.43	64.64	2.87	64.59	2.87	70.29	3.12	77.34	3.44	79.51	3.53
63.9	2.84	64.1	2.85	64.4	2.86	65.4	2.91	65.2	2.90	65.4	2.91
	8.81		8.62		8.97		8.94		9.00		8.80
95.3	4.00	90.1	3.79	94.3	3.97	87.6	4.00	95.6	4.00	97.6	4.00
81.7	4.81	82.0	4.82	88.6	5.00	84.1	4.94	94.7	5.00	81.7	4.80
100.0	3.00	98.0	3.00	97.0	3.00	96.0	3.00	98.0	3.00	100.0	3.00
	3.98		4.00		3.98		4.00		4.00		4.00
89.0	1.98	90.0	2.00	89.0	1.98	91.0	2.00	90.0	2.00	90.0	2.00
96.0	2.00	95.0	2.00	95.0	2.00	97.0	2.00	97.0	2.00	97.0	2.00
	13.70		12.90		13.18		12.15		13.26		12.35
	6.70		5.90		6.18		5.15		6.26		5.35
42.6	3.00	32.3	2.42	46.1	3.00	29.2	2.19	40.6	3.00	28.4	2.13
18.5	3.70	17.4	3.48	15.9	3.18	14.8	2.96	16.3	3.26	16.1	3.22
82.8	7.00	90.0	7.00	81.9	7.00	80.2	7.00	86.6	7.00	86.9	7.00
	70.23		72.26		76.10		76.52		81.29		81.41

2—4 人民物质文化生活水平

（2000—2005 年）

指　　标	2000 年	2001 年	2002 年	2003 年	2004 年	2005 年
一、城市居民人均可支配收入（元）	6494	6935	7274	8059	9362	10580
二、农民人均纯收入（元）	3445	3606	3840	3991	4451	4893
三、城市居民消费性支出（元）	5245	5488	5507	5581	6566	7293
＃食品支出	2029	2054	2092	2153	2477	2708
恩格尔系数（%）	38.7	37.4	38	38.6	37.7	37.1
四、农民生活费支出（元）	2257	2173	2244	2415	2589	3016
五、在岗职工平均工资（元）	7739	8610	9692	10618	11952	13648
六、市区人均使用面积（平方米）	17.04	17.16	16.76	17.89	18.15	18.76
七、储蓄						
城乡居民储蓄存款年末余额（亿元）	265.4	308.9	369.3	436.85	520.5	588.9
平均每人储蓄额（元）	3340	3882	4642	5488	6520	7429
八、交通						
市区每万人拥有公共车辆（辆）	3.9	4.2	4.2	4.4	4.5	4.5
市区公共车辆平均每日乘客人数（万人次）	7.4	7.4	7.5	7.1	7.5	7.6
九、通讯、电信						
城乡每百人拥有话机数（部/百人）	15.5	20.3	24.5	20.3	25.2	30.1
每万人拥有公用电话（部/万人）	16.1	15.1	15.2	16.9	18.5	45.5
每人每年函件交寄（件）	2.5	3.7	5.7	4.4	2.8	3.0
十、煤气						
家用煤气普及率（%）	93.5	91.5	96	93.7	99.5	99.5
十一、自来水						
平均每人每日生活用水量（升）	143	144	137	211	66	68
十二、教育、卫生						
每万人拥有专任教师（人）	90	88	88	87	87	87
每万人拥有医生数（人）	11	11	11	11	11	11
每万人拥有医院床位数（张）	17	17	16	17	18	19

2—5 全市百户大企业（集团）主要经济指标及位次情况 *

（2005 年） 单位：万元

单 位 名 称	营业收入		期末资产总计		利税总额		年末从业人员
	实绩	位次	实绩	位次	实绩	位次	（人）
江苏悦达集团有限公司	2066258	1	1209705	2	123759	1	15292
江苏森达集团有限公司	381659	2	282797	11	30484	4	15422
江苏省烟草公司盐城分公司	253183	3	90602	15	48898	2	1041
江苏江动集团有限公司	222748	4	254317	12	6645	17	5913
中大工业集团公司	194085	5	107690	13	14285	11	5750
江苏八菱集团有限公司	192983	6	422138	8	22698	6	2477
中石化股份有限公司盐城分公司	165944	7	30896	39	6466	19	1536
中国农业银行盐城分行	124085	8	2023950	1	14260	12	2192
中国人寿保险股份有限公司盐城分公司	123128	9	460564	7	907	76	539
江苏建兴建工集团	113529	10	41484	29	3819	32	5516
马佐里（东台）纺机有限公司	106000	11	77201	20	5600	23	1772
江苏宏大集团	105490	12	92721	14	6393	20	3050
江苏省电信有限公司盐城分公司	105000	13	305000	10	36020	3	3067
江苏峰峰钨钼制品股份有限公司	100086	14	26680	42	13260	13	301
江苏磊达股份有限公司	98465	15	82176	18	16543	8	4000
江苏移动通讯有限公司盐城分公司	73729	16	22118	50	28951	5	920
江苏振阳集团	73482	17	80180	19	8209	14	3500
江苏盐城二建集团有限公司	70353	18	85092	16	6523	18	31396
江苏省华宝纺织有限公司	67020	19	32500	35	4670	28	2050
江苏金昉实业有限公司	66639	20	36500	31	4576	29	1250
盐城联孚石化有限公司	65025	21	19551	55	—1945	97	1240
江苏克胜集团	64231	22	25604	47	4802	26	2602
无锡庆丰集团东台纺织服装有限公司	59541	23	32438	36	3244	36	1369
中国工商银行盐城市分行	58249	24	1051708	3	2918	39	1175
盐城大宏集团	57685	25	65264	24	4675	27	2250
江苏宝鑫集团有限公司	56624	26	26206	43	1270	68	1201
江苏银都集团有限公司	56381	27	32785	33	1808	59	1725
江苏双山集团股份有限公司	54511	28	41038	30	4370	31	3356
盐城市经纬集团有限公司	53954	29	7093	89	69	90	46

* 由于滨海县烟草公司和大丰烟草公司已不作为法人单位存在，因此百户大企业（集团）实际上报 98 家。

续表 1

单 位 名 称	营业收入		期末资产总计		利税总额		年末从业人员
	实绩	位次	实绩	位次	实绩	位次	(人)
中国建设银行股份有限公司盐城分行	52707	30	964767	4	15687	9	1276
江苏富安茧丝绸股份有限公司	50278	31	19327	56	3200	37	1260
江苏震洲粮油工业有限公司	47884	32	15449	65	2365	49	808
江苏亨威实业集团有限公司	47753	33	35862	32	5879	21	1403
江苏腾龙生物药业有限公司	46730	34	43073	28	5187	25	1416
江苏丰山集团有限公司	44644	35	30503	40	2745	42	1500
盐城市交通建筑工程有限公司	43125	36	30032	41	3187	38	1756
江苏众想集团有限公司	41966	37	49726	26	—1848	96	5850
盐城市路桥建设工程有限公司	40913	38	16746	62	1881	58	100
中国银行盐城分行	38929	39	945318	5	14341	10	807
江苏国安建筑安装工程有限公司	38065	40	16435	63	1790	60	3998
江苏省华星电气实业有限公司	35180	41	8379	86	2491	46	702
江苏中恒纺织有限公司	34268	42	25231	48	2163	54	1052
江苏中苑建设工程有限公司	33762	43	56571	25	3642	33	6377
江苏盐阜人民商场有限公司	33139	44	13720	74	1123	70	517
新光集团有限公司	32311	45	43266	27	4568	30	2488
中国平安人寿保险股份有限公司盐城分公司	31250	46	82745	17	1408	66	2619
江苏东华纺织有限公司	31190	47	15007	67	2367	48	1292
中国太平洋人寿保险股份有限公司盐城分公司	31122	48	67050	23	—2480	98	2518
胜达江苏双灯纸业有限公司	30300	49	32578	34	3438	34	1296
江苏飞驰股份有限公司	30279	50	31183	38	2681	43	1408
大丰庆丰纺织有限公司	30121	51	14447	68	866	78	1168
江苏省烟草公司东台市公司	30036	52	15412	66	7114	15	173
盐城市商业银行股份有限公司	28844	53	421293	9	3250	35	523
盐城商业大厦股份有限公司	28467	54	11336	77	1369	67	879
盐城市对外贸易有限公司	28380	55	1354	98	—8	92	40
江苏省烟草公司建湖县公司	27942	56	11080	78	6723	16	127
江苏省烟草公司阜宁县公司	26367	57	9482	85	5803	22	35
江苏东强股份有限公司	26284	58	16103	64	2496	45	342
江苏中厦集团有限公司	25132	59	22281	49	1062	72	4599
江苏伯乐达灯饰集团有限公司	24830	60	32141	37	20924	7	1287
江苏省烟草公司射阳分公司	24664	61	10105	80	5487	24	32
江苏德发树脂有限公司	24355	62	13841	72	1056	73	66
中国联通有限公司盐城分公司	24136	63	70037	22	—840	95	306

续表 2

单位名称	营业收入		期末资产总计		利税总额		年末从业人员
	实绩	位次	实绩	位次	实绩	位次	(人)
江苏天腾化工有限公司	23808	64	9939	81	2212	52	320
东台名力纺织有限公司	23608	65	19673	54	1731	61	975
江苏建业安装工程集团有限公司	23536	66	25719	46	1544	63	19616
江苏苏龙化工有限公司	23225	67	13040	75	2508	44	508
响水县新汇中机械有限责任公司	23036	68	9805	83	1074	71	689
中国农业发展银行盐城分行	22532	69	576155	6	2136	55	235
江苏日升纺织有限公司	22414	70	14359	69	2193	53	1658
江苏威特集团有限公司	22217	71	18024	59	1498	64	570
江苏祥鸿泰和棉纺织有限公司	22090	72	26017	44	2404	47	2266
中国人民财产保险股份有限公司盐城分公司	21802	73	16852	61	900	77	385
大丰市劲力化肥有限责任公司	21468	74	21752	51	2018	57	867
盐城市大成建筑有限公司	21148	75	13861	71	975	74	2017
东台市农业生产资料有限公司	20407	76	5952	92	33	91	136
盐城市天虹建筑工程总公司	20317	77	71508	21	928	75	8545
江苏诚达建筑有限公司	20128	78	14236	70	834	79	4592
金龙马特种纺织有限公司	20059	79	19133	57	2257	50	2420
阜宁双多化工有限公司	19442	80	9827	82	252	86	732
江苏辉丰农化股份有限公司	19375	81	18418	58	623	81	776
江苏三菱磨料磨具有限公司	19273	82	9608	84	1707	62	215
江苏新金兰纺织制衣有限责任公司	18726	83	13785	73	2254	51	1292
江苏中环机械有限公司	18300	84	7806	87	387	83	398
盐城苏源电气实业集团有限公司	18293	85	25997	45	2827	40	377
盐城文峰大世界商贸有限公司	18284	86	2067	97	529	82	498
盐城市农业生产资料有限公司	17982	87	7779	88	87	89	104
江苏宇晖纺织有限公司	17200	88	10556	79	1470	65	815
射阳县永大纺织有限公司	16536	89	20601	52	2752	41	1180
盐城市联鑫钢铁有限公司	16301	90	3123	96	—98	93	188
盐城市机床有限公司	15480	91	17147	60	2037	56	1170
江苏荣华纺织有限公司	14346	92	20434	53	361	84	700
盐城市农业机械有限公司	12548	93	3135	95	238	87	75
东台金丽达工艺品有限公司	10029	94	5975	91	1248	69	677
射阳县巨龙纺织有限公司	9684	95	12464	76	703	80	718
盐城市第四建筑工程有限公司	6036	96	5455	93	139	88	110
建湖县草堰口建筑安装工程公司	5680	97	4924	94	257	85	1535
射阳县豪威特毛纺织有限公司	1705	98	6471	90	—459	94	556

2—6 企业景气指数

（2005 年）

类别	景气指数（%）			
	一季度	二季度	三季度	四季度
全　市	**131.85**	**133.38**	**138.29**	**137.24**
一、按行业门类分				
工　业	115.82	118.66	119.63	124.41
建筑业	114.29	118.91	171.43	157.14
交通运输、仓储及邮政业	102.40	111.86	164.27	164.27
批发和零售贸易业	166.67	162.02	155.35	156.50
房地产业	140.00	140.00	120.00	120.00
社会服务业	160.00	160.00	140.00	140.00
信息传输、计算机服务和软件业	115.60	115.60	115.60	115.60
住宿和餐饮业	140.00	140.00	120.00	120.00
二、按企业登记注册类型分				
国有企业	154.88	142.22	135.06	137.71
集体企业	33.33	66.67	33.33	33.33
股份合作企业	133.33	100.00	100.00	133.33
有限责任公司	130.25	128.86	137.27	132.11
股份有限公司	110.06	125.85	139.81	169.87
私营企业	106.67	100.00	106.67	106.67
外商及港、澳、台投资企业	123.23	150.95	142.62	125.00
三、按企业规模分				
大　型	153.71	152.81	165.17	174.22
中　型	121.31	122.95	121.31	119.67
小　型	100.00	104.55	109.09	113.64
附：乡镇企业	101.67	107.25	111.09	111.09
上市公司	130.00	147.99	185.96	200.00
国有控股企业	146.24	134.80	127.03	138.11

2—7 企业家信心指数

（2005 年）

类别	信心指数（%）			
	一季度	二季度	三季度	四季度
全市	**134.31**	**137.34**	**136.54**	**145.53**
一、按行业门类分				
工业	116.64	110.57	118.59	122.45
建筑业	157.14	133.20	152.11	185.71
交通运输、仓储及邮政业	133.33	147.60	147.60	147.60
批发和零售贸易业	126.73	146.73	133.40	147.88
房地产业	100.00	120.00	120.00	120.00
社会服务业	160.00	160.00	160.00	160.00
信息传输、计算机服务和软件业	140.60	140.60	140.60	140.60
住宿和餐饮业	140.00	140.00	120.00	140.00
二、按企业登记注册类型分				
国有企业	144.40	146.74	131.74	159.40
集体企业	66.67	66.67	33.33	66.67
股份合作企业	133.33	66.67	66.67	100.00
有限责任公司	135.84	130.07	141.79	137.44
股份有限公司	112.86	116.03	127.91	147.46
私营企业	113.33	100.00	106.67	113.33
外商及港、澳、台投资企业	88.94	127.72	127.72	108.33
三、按企业规模分				
大型	153.19	148.79	144.60	165.96
中型	109.84	118.03	122.95	126.23
小型	127.27	104.55	113.64	113.64
附：乡镇企业	120.90	97.82	118.79	118.79
上市公司	114.04	147.99	147.99	147.99
国有控股企业	137.38	145.99	133.97	157.07

利用统计调查窃取国家秘密或者违反本法有关保密规定的，依照有关法律规定处罚。

利用统计调查损害社会公共利益或者进行欺诈活动的，由县级以上人民政府统计机构责令改正，没收违法所得，可以处以罚款；构成犯罪的，依法追究刑事责任。

摘自《中华人民共和国统计法》第二十九条

任何单位或者个人有《统计法》第二十九条第二款所列违法行为的，由县级以上人民政府统计机构责令改正，没收违法所得，并可以处违法所得1倍以上3倍以下的罚款；没有违法所得的，可以处3万元以下的罚款。

摘自《中华人民共和国统计法实施细则》第三十四条

3

国民经济核算

国内生产总值（亿元）

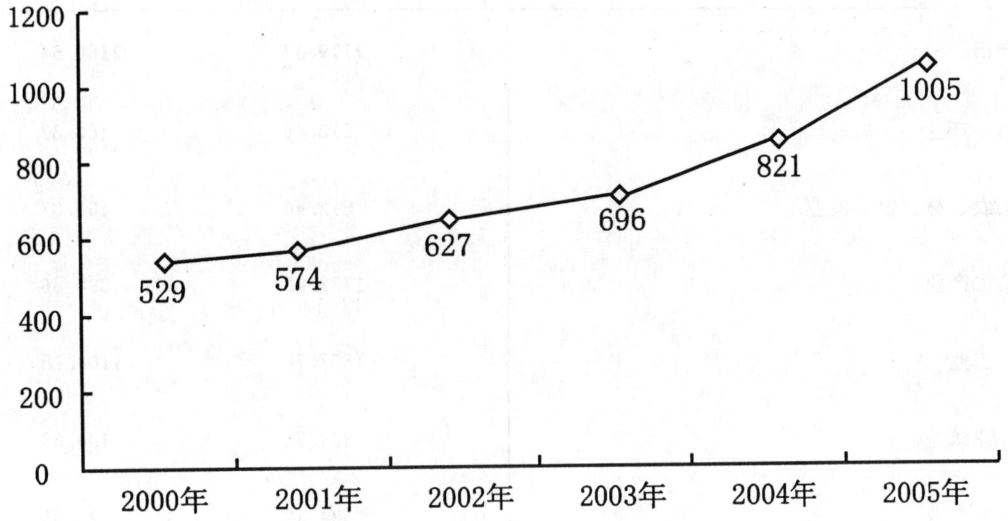

国内生产总值构成（%）

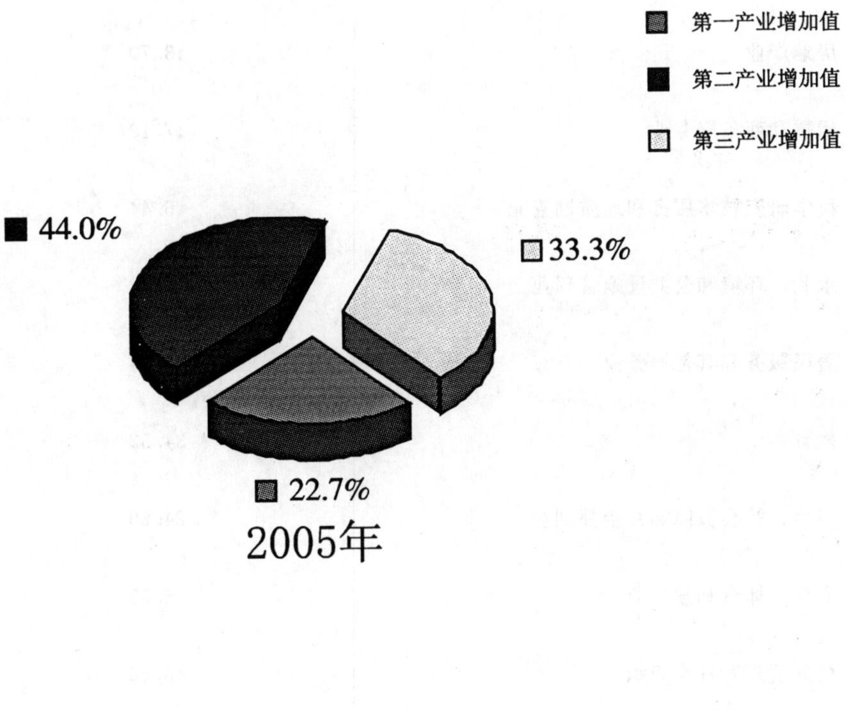

3—1 分 行 业 总 产 出

单位：亿元

	2005年	2004年	以上年为100的速度（%）
总产出	**2779.37**	**2180.54**	**127.5**
第一产业	512.46	460.37	111.3
农、林、牧、渔业	512.46	460.37	111.3
第二产业	1732.48	1298.86	133.4
工业	1507.76	1104.18	136.6
建筑业	224.72	194.68	115.4
第三产业	534.43	421.31	126.8
交通运输、仓储和邮政业	97.79	78.16	125.1
信息传输计算机服务和软件业	27.95	22.47	124.4
批发和零售业	125.60	100.35	125.2
住宿和餐饮业	36.71	21.37	171.8
金融业	24.68	19.88	124.1
房地产业	43.70	34.82	125.5
租赁和商务服务业	17.19	12.40	138.6
科学研究技术服务和地质勘查业	6.44	5.03	128.0
水利、环境和公共设施管理业	5.32	4.12	129.1
居民服务和其他服务业	38.94	32.11	121.3
教育	34.52	28.84	119.7
卫生、社会保障和社会福利业	24.60	19.82	124.1
文化、体育和娱乐业	4.33	3.22	134.5
公共管理和社会组织	46.66	38.72	120.5

3—2 分行业地区生产总值

单位：亿元

	2005 年	2004 年	以上年为 100 的可比价速度（%）
地区生产总值	**1004.90**	**820.87**	**114.3**
第一产业	228.48	208.27	106.8
农、林、牧、渔业	228.48	208.27	106.8
第二产业	442.18	340.43	118.6
工业	378.13	285.01	118.7
建筑业	64.05	55.42	118.0
第三产业	334.24	272.17	114.2
交通运输、仓储和邮政业	41.66	33.62	111.4
信息传输计算机服务和软件业	17.80	14.56	116.5
批发和零售业	98.57	82.30	114.7
住宿和餐饮业	11.78	9.10	115.7
金融业	16.84	13.27	115.3
房地产业	38.44	30.63	109.4
租赁和商务服务业	9.25	6.68	116.1
科学研究技术服务和地质勘查业	4.30	3.36	117.2
水利、环境和公共设施管理业	4.09	3.16	116.8
居民服务和其他服务业	17.64	14.55	117.0
教育	29.24	24.42	114.6
卫生、社会保障和社会福利业	11.49	9.26	119.8
文化、体育和娱乐业	2.81	2.09	127.7
公共管理和社会组织	30.33	25.17	115.3

3—3 地区生产总值构成项目

单位：亿元

指标	增加值	劳动者报酬	生产税净额	固定资产折旧	营业盈余
地区生产总值	**1004.90**	**481.22**	**142.38**	**116.52**	**264.78**
第一产业	228.48	193.08	3.41	16.61	15.38
农、林、牧、渔业	228.48	193.08	3.41	16.61	15.38
第二产业	442.18	171.46	98.27	33.54	138.91
工业	378.13	139.51	89.33	30.37	118.92
建筑业	64.05	31.95	8.94	3.17	19.99
第三产业	334.24	116.68	40.70	66.37	110.49
交通运输、仓储和邮政业	41.66	10.76	4.38	7.51	19.01
信息传输计算机服务和软件业	17.80	2.69	1.80	7.06	6.25
批发和零售业	98.57	17.10	25.51	5.52	50.44
住宿和餐饮业	11.78	4.45	2.05	1.80	3.48
金融业	16.84	5.80	1.47	1.07	8.5
房地产业	38.44	1.44	2.92	30.32	3.76
租赁和商务服务业	9.25	2.67	0.66	1.75	4.17
科学研究技术服务和地质勘查业	4.30	3.10	0.17	0.36	0.67
水利、环境和公共设施管理业	4.09	2.13	0.10	1.47	0.39
居民服务和其他服务业	17.64	6.92	0.85	1.15	8.72
教育	29.24	22.94	0.21	3.41	2.68
卫生、社会保障和社会福利业	11.49	9.05	0.28	1.34	0.82
文化、体育和娱乐业	2.81	1.69	0.18	0.42	0.52
公共管理和社会组织	30.33	25.94	0.12	3.19	1.08

3—4 按支出法计算的地区生产总值

单位：亿元

指　　标	2005 年	2004 年	以上年为 100 的速度（%）
地区生产总值	**1004.90**	**820.87**	**122.4**
一、最终消费支出	510.77	431.21	118.5
1. 居民消费支出	426.26	357.99	119.1
农村居民	143.11	130.51	109.7
城镇居民	283.15	227.48	124.5
2. 政府消费支出	84.51	73.22	115.4
二、资本形成总额	514.90	432.43	119.1
1. 固定资产形成总额	493.58	390.96	126.2
第一产业	4.76	18.01	26.4
第二产业	304.98	179.47	169.9
第三产业	183.84	193.48	95.0
2. 存货增加	21.32	41.47	51.4
三、货物和服务净流出	−20.77	−42.77	148.6

3—5 分 地 区

(20

指 标	市 区	市 直	亭湖区	盐都区	响水县
地区生产总值	**277.28**	**107.97**	**67.10**	**102.21**	**46.40**
第一产业	35.48	0.47	13.00	22.01	14.04
农、林、牧、渔业	35.48	0.47	13.00	22.01	14.04
第二产业	139.83	61.46	26.50	51.87	19.26
工业	118.44	48.77	23.10	46.57	16.36
建筑业	21.39	12.69	3.40	5.30	2.90
第三产业	101.97	46.04	27.60	28.33	13.10
交通运输、仓储和邮政业	6.44	2.71	1.36	2.37	2.34
信息传输计算机服务和软件业	7.56	2.25	2.53	2.78	0.79
批发和零售业	34.11	13.49	11.02	9.60	2.52
住宿和餐饮业	3.54	0.62	1.33	1.59	0.60
金融业	8.70	6.03	1.75	0.92	0.39
房地产业	9.93	2.95	2.95	4.03	1.78
租赁和商务服务业	3.95	3.14	0.69	0.12	0.18
科学研究技术服务和地质勘查业	1.57	1.39	0.05	0.13	0.10
水利、环境和公共设施管理业	1.06	0.94	0.02	0.10	0.11
居民服务和其他服务业	6.13	1.40	2.56	2.17	0.58
教育	6.83	4.43	0.97	1.43	1.52
卫生、社会保障和社会福利业	3.30	2.11	0.65	0.54	0.47
文化、体育和娱乐业	1.09	0.78	0.24	0.07	0.07
公共管理和社会组织	7.77	3.80	1.49	2.48	1.65
人均地区生产总值（元）*	17795	46240	12653	12789	8413

*2005 年人均地区生产总值按常住人口计算，以前年度按户籍人口计算，下同。

生 产 总 值

05 年）

单位：亿元

滨海县	阜宁县	射阳县	建湖县	东台市	大丰市
79.93	**84.94**	**121.74**	**101.78**	**167.31**	**126.76**
23.00	22.42	36.60	20.80	41.15	33.74
23.00	22.42	36.60	20.80	41.15	33.74
32.39	36.99	48.23	46.53	73.57	53.12
26.69	27.87	43.40	40.75	63.98	44.52
5.70	9.12	4.83	5.78	9.59	8.60
24.54	25.53	36.91	34.45	52.59	39.90
3.89	2.09	6.53	4.38	5.43	10.33
1.03	1.43	1.87	1.28	1.82	1.40
5.88	8.42	10.14	11.53	19.41	8.46
0.83	0.93	0.79	1.44	1.55	1.13
1.53	0.98	1.02	1.33	1.57	1.39
3.44	3.38	3.73	3.48	6.87	4.54
0.38	0.33	1.85	0.44	1.01	0.25
0.17	0.08	0.51	0.17	0.68	0.55
0.51	0.18	0.55	0.45	0.54	0.34
0.65	1.18	1.97	2.40	2.30	1.47
3.02	2.73	3.39	3.20	5.39	3.54
1.01	1.02	1.50	1.48	1.21	1.36
0.13	0.11	0.28	0.25	0.16	0.26
2.07	2.67	2.78	2.62	4.65	4.88
7765	8411	11891	12939	14740	17573

3—6　分地区生产总值构成项目

（2005 年）　　　　单位：亿元

地　区	增加值	劳动者报酬	生产税净额	固定资产折旧	营业盈余
市　区	277.28	121.46	51.38	41.15	63.31
市直	107.97	46.36	24.96	16.99	19.68
亭湖	67.10	29.31	10.21	8.98	18.60
盐都	102.21	45.78	16.21	15.18	25.04
响水县	46.40	23.31	5.92	6.33	10.84
滨海县	79.93	46.92	6.11	10.08	16.82
阜宁县	84.94	47.79	11.10	9.15	16.90
射阳县	121.74	63.50	13.04	13.31	31.89
建湖县	101.78	51.65	8.93	10.20	30.98
东台市	167.31	81.97	26.96	18.77	39.61
大丰市	126.76	64.64	12.67	18.44	31.01

3—7　分地区支出法生产总值

（2005 年）　　　　单位：亿元

地　区	地区生产总值	最终消费支出	资本形成总额	货物和服务净流出
市　区	277.28	123.98	155.84	−2.54
市直	107.97	31.86	75.32	0.79
亭湖	67.10	39.27	28.87	−1.04
盐都	102.21	52.85	51.65	−2.29
响水县	46.40	22.64	32.70	−8.94
滨海县	79.93	36.22	46.90	−3.19
阜宁县	84.94	49.26	38.77	−3.09
射阳县	121.74	64.47	58.39	−1.12
建湖县	101.78	41.91	61.87	−2.00
东台市	167.31	90.12	79.65	−2.46
大丰市	126.76	63.90	62.48	0.38

3—8 分地区生产总值指数

(2005年)　　单位:%

地　区	地区生产总值	第一产业	第二产业	工　业	第三产业	人均地区生产总值
市　区	115.4	106.7	117.8	117.6	115.3	115.1
市直	117.1	112.1	118.3	118.0	115.3	104.9
亭湖	114.2	106.5	117.1	116.9	115.2	114.3
盐都	114.4	106.8	117.6	117.4	115.5	114.3
响水县	116.3	107.6	125.7	126.1	115.9	115.8
滨海县	115.8	107.0	123.6	121.6	114.8	115.4
阜宁县	114.4	105.2	120.4	119.6	114.6	114.4
射阳县	113.8	107.0	117.7	117.3	115.6	113.8
建湖县	114.0	107.4	117.2	117.1	113.5	113.7
东台市	115.0	107.6	120.6	119.9	114.2	115.3
大丰市	114.4	105.7	120.1	120.1	114.3	114.6

3—9 分地区总产出

(2005年)　　单位: 亿元

地　区	总产出	第一产业	第二产业	工　业	第三产业
市　区	834.54	76.62	590.88	478.64	167.04
市直	364.43	1.00	286.47	211.16	76.96
亭湖	162.85	25.44	95.03	81.20	42.39
盐都	307.26	50.19	209.38	186.28	47.69
响水县	124.62	32.15	71.26	61.06	21.21
滨海县	199.28	48.55	106.08	90.92	38.76
阜宁县	261.16	49.94	175.35	136.19	35.87
射阳县	312.80	85.19	178.21	159.75	49.40
建湖县	259.33	44.82	159.99	135.61	54.52
东台市	468.45	92.99	292.02	272.08	83.44
大丰市	355.57	84.81	207.45	192.72	63.31

3—10 地区生产总值修订数*

单位：亿元

指　　标	2000年	2001年	2002年	2003年	2004年
地区生产总值	529.48	574.00	627.13	695.72	820.87
第一产业	161.80	165.96	169.18	172.47	199.86
第二产业	204.86	223.71	249.09	283.22	340.43
工　业	180.21	196.27	217.53	240.85	285.01
建筑业	24.65	27.44	31.56	42.37	55.42
第三产业	162.82	184.33	208.86	240.03	280.58
交通运输、仓储业	25.04	26.09	29.47	30.05	32.27
邮电通信业	8.72	9.84	10.36	11.70	14.35
批发和零售贸易、餐饮业	40.35	49.40	58.82	71.18	89.87
金融保险业	16.37	15.57	14.65	13.84	13.27
房地产业	26.94	27.44	28.19	28.47	30.63
其他服务业	45.40	55.99	67.37	84.79	100.19

*本表行业分类执行的是《GB/T4754—1994》标准。

3—11 地区生产总值指数修订数*

单位：%

指　　标	2000年	2001年	2002年	2003年	2004年
地区生产总值	110.2	110.0	111.4	113.1	114.0
第一产业	105.0	105.2	105.1	103.4	108.3
第二产业	111.8	112.6	115.2	119.4	117.3
工　业	112.0	113.0	115.2	118.5	117.6
建筑业	109.3	109.6	114.8	125.9	114.8
第三产业	114.1	111.4	112.4	113.3	114.2
交通运输、仓储业	107.8	105.1	106.4	109.2	111.9
邮电通信业	139.0	119.4	120.2	114.0	123.5
批发和零售贸易、餐饮业	109.8	113.8	112.4	113.8	113.8
金融保险业	102.3	95.3	96.5	95.7	102.4
房地产业	113.2	103.9	111.8	112.2	109.9
其他服务业	116.2	121.3	118.6	119.1	117.8

*本表行业分类执行的是《GB/T4754—1994》标准。

3—12 支出法地区生产总值修订数*

单位：亿元

指　　标	2000年	2001年	2002年	2003年	2004年
地区生产总值	529.48	574.00	627.13	695.72	820.87
最终消费支出	293.29	328.34	360.17	373.42	431.21
居民消费支出	250.56	275.66	297.06	311.95	357.99
农村居民消费支出	151.06	156.52	163.71	155.56	130.51
城镇居民消费支出	99.51	119.15	133.35	156.39	227.48
政府消费支出	42.73	52.68	63.11	61.47	73.22
资本形成总额	224.23	235.59	264.27	343.75	432.43
固定资本形成总额	153.68	172.22	201.21	291.03	390.96
存货增加	70.55	63.37	63.06	52.72	41.47
货物和服务净流出	11.96	10.07	2.69	－21.45	－42.77

3—13 支出法地区生产总值指数修订数

单位：%

指　　标	2000年	2001年	2002年	2003年	2004年
地区生产总值	105.8	108.4	109.3	110.9	118.0
最终消费支出	110.4	112.0	109.7	103.7	115.5
居民消费支出	109.5	110.0	107.8	105.0	114.8
农村居民消费支出	99.7	103.6	104.6	95.0	83.9
城镇居民消费支出	128.8	119.7	111.9	117.3	145.5
政府消费支出	116.1	123.3	119.8	97.4	119.1
资本形成总额	108.1	105.1	112.2	130.1	125.8
固定资本形成总额	109.5	112.1	116.8	144.6	134.3
存货增加	105.0	89.8	99.5	83.6	78.7
货物和服务净流出	44.2	84.2	26.7	－797.4	0.6

3—14 分地区生产总值修订数

单位：亿元

地　　区	2000年	2001年	2002年	2003年	2004年
市　　区	137.14	150.31	161.03	184.53	226.75
市直	45.84	54.15	58.56	67.10	92.08
亭湖	23.85	26.98	26.63	46.32	55.29
盐都	67.45	69.18	72.84	71.11	79.38
响水县	19.82	22.27	25.43	28.58	34.98
滨海县	39.77	40.16	45.78	52.63	63.15
阜宁县	48.18	50.43	54.49	59.38	68.99
射阳县	67.25	75.28	82.39	90.50	102.14
建湖县	55.93	61.75	67.99	75.26	80.16
东台市	89.58	96.30	108.81	117.55	141.03
大丰市	71.11	77.40	81.52	89.03	104.85

3—15 分地区生产总值指数修订数

单位：%

地　　区	2000年	2001年	2002年	2003年	2004年
市　　区	118.1	109.5	107.1	116.4	117.2
市直	119.2	107.8	109.7	124.7	127.0
亭湖	116.0	112.4	111.5	113.0	115.6
盐都	102.4	109.6	110.6	111.2	109.4
响水县	95.4	114.8	113.5	113.5	116.8
滨海县	110.8	102.3	114.4	114.9	115.9
阜宁县	111.4	110.2	111.4	111.8	110.8
射阳县	112.4	110.0	110.1	112.1	113.6
建湖县	110.5	110.3	111.2	110.4	108.5
东台市	113.1	113.1	112.4	113.0	113.7
大丰市	106.9	110.0	110.7	112.3	113.1

3—16 地区生产总值环比指数*

(1978—2005年)

单位:%

年份	地区生产总值	第一产业	第二产业	工业	第三产业	人均地区生产总值指数
1978年	100.0	100.0	100.0	100.0	100.0	100.0
1979年	101.8	95.9	110.4	108.5	109.3	101.6
1980年	101.9	88.3	124.5	127.3	108.2	101.9
1981年	116.3	124.0	108.9	110.0	110.4	115.3
1982年	104.6	98.0	111.4	109.4	110.9	103.1
1983年	111.8	109.7	113.4	115.6	114.2	110.4
1984年	116.1	110.0	123.4	125.2	118.1	115.0
1985年	112.6	102.3	119.1	118.1	123.1	111.7
1986年	112.0	105.7	120.2	118.9	109.5	111.3
1987年	111.9	106.2	120.3	121.1	106.0	110.9
1988年	114.4	109.9	124.2	126.1	101.4	112.9
1989年	101.6	105.0	100.1	100.7	98.8	100.1
1990年	108.3	95.4	113.9	115.2	119.2	107.2
1991年	111.2	112.4	108.0	108.2	113.7	109.9
1992年	112.7	109.1	117.0	118.2	113.7	111.9
1993年	110.0	114.8	100.8	100.3	114.4	110.3
1994年	109.3	99.0	121.2	122.6	113.8	108.6
1995年	121.6	116.8	127.7	128.1	119.3	121.2
1996年	112.1	111.9	110.6	110.3	115.4	112.0
1997年	111.1	104.6	113.8	114.3	116.3	110.5
1998年	111.4	105.8	114.8	115.0	113.8	111.1
1999年	110.9	106.0	112.6	112.9	114.6	110.5
2000年	110.2	105.0	111.8	112.0	114.1	109.4
2001年	110.0	105.2	112.6	113.0	111.4	109.9
2002年	111.4	105.1	115.2	115.2	112.6	111.5
2003年	113.1	103.4	119.3	118.5	112.9	113.0
2004年	114.0	108.3	117.3	117.6	114.2	113.8
2005年	114.3	106.8	118.6	118.7	114.2	115.1

* 地区生产总值指数为以上年为基数计算的环比指数。

3—17 地区生产总值定基指数*

(1978—2005年)　　单位:%

年份	地区生产总值指数	第一产业	第二产业	工业	第三产业	人均地区生产总值指数
1978年	100.0	100.0	100.0	100.0	100.0	100.0
1979年	101.8	95.9	110.4	108.5	109.3	101.6
1980年	103.7	84.7	137.4	138.1	118.3	103.5
1981年	120.6	105.0	149.6	151.9	130.6	119.4
1982年	126.1	102.9	166.7	166.2	144.8	123.0
1983年	141.0	112.9	189.1	192.2	165.4	135.8
1984年	163.7	124.2	233.3	240.7	195.3	156.2
1985年	184.3	127.1	277.9	284.3	240.5	174.5
1986年	206.4	134.4	334.0	338.1	263.4	194.2
1987年	231.0	142.7	401.8	409.5	279.1	215.4
1988年	264.2	156.8	499.1	516.5	283.0	243.3
1989年	268.3	164.6	499.8	520.0	279.5	243.5
1990年	290.5	157.0	569.5	599.2	333.3	260.9
1991年	323.1	176.4	615.0	648.3	379.0	286.7
1992年	364.1	192.4	719.6	766.3	430.9	320.8
1993年	400.5	220.9	725.3	768.6	493.0	353.8
1994年	437.8	218.7	879.1	942.3	561.0	384.4
1995年	532.4	255.4	1122.6	1207.0	669.3	465.8
1996年	596.8	285.8	1241.6	1331.4	772.4	521.7
1997年	663.0	298.9	1412.9	1521.8	898.3	576.5
1998年	738.6	316.2	1622.0	1750.1	1022.3	640.6
1999年	819.1	335.2	1826.4	1975.9	1171.6	708.0
2000年	902.7	352.0	2041.9	2213.0	1336.8	774.6
2001年	992.9	370.2	2299.2	2500.7	1489.2	851.2
2002年	1106.1	389.1	2646.3	2880.8	1673.8	949.1
2003年	1251.0	402.3	3162.5	3413.8	1896.5	1072.5
2004年	1426.6	435.8	3709.6	4014.6	2165.8	1220.5
2005年	1630.1	465.4	4399.6	4765.3	2473.3	1404.8

* 地区生产总值指数为以1978年为基数计算的定基指数。

主要统计指标解释

国内（地区）生产总值（GDP） 指一个国家（地区）所有常住单位在一定时期内生产活动的最终成果。对国家而言称国内生产总值，对地区而言称地区生产总值。GDP有三种表现形态，即价值形态、收入形态和产品形态。从价值形态看，它是所有常住单位在一定时期内生产的全部货物和服务价值超过同期中间投入的全部非固定资产货物和服务价值的差额，即所有常住单位的增加值之和；从收入形态看，它是所有常住单位在一定时期内创造并分配给常住单位和非常住单位的初次收入分配之和；从产品形态看，它是所有常住单位在一定时期内最终使用的货物和服务价值与货物和服务净出口价值之和。在实际核算中，GDP相应有三种计算方法，即生产法、收入法和支出法。

三次产业 是根据社会生产活动历史发展的顺序对产业结构的划分，产品直接取自自然界的部门称为第一产业，对初级产品进行再加工的部门称为第二产业，为生产和消费提供各种服务的部门称为第三产业。它是世界上较为通用的产业结构分类，但各国的划分不尽一致。

我国《GB/T4754－2002》标准规定的三次产业划分是：

第一产业：农业（包括农业、林业、牧业、渔业和农林牧渔服务业）。

第二产业：工业（包括采掘业，制造业，电力、煤气及水的生产和供应业）和建筑业。

第三产业：除第一、第二产业以外的其他各业。由于第三产业包括的行业多、范围广，根据我国的实际情况，第三产业可分为两大部分：一是流通部门，二是服务部门。具体又可分为四个层次：

第一层次：流通部门，包括交通运输、仓储及邮电通信业，批发和零售贸易、餐饮业。

第二层次：为生产和生活服务的部门，包括金融、保险业，地质勘查业、水利管理业，房地产业，社会服务业，交通运输辅助业，综合技术服务业等。

第三层次：为提高科学文化水平和居民素质服务的部门，包括教育、文化艺术及广播电影电视业，卫生、体育和社会福利业，科学研究业等。

第四层次：为社会公共需要服务的部门，包括国家机关、政党机关和社会团体以及军队、警察等。

支出法国内（地区）生产总值 指一个国家（或地区）所有常住单位在一定时期内用于最终消费、资本形成总额，以及货物和服务的净出口总额，它反映本期生产的国内生产总值的使用及构成。

最终消费 指常住单位在一定时期内对于货物和服务的全部最终消费支出，也就是常住单位为满足物质、文化和精神生活的需要，从本国经济领土和国外购买的货物和服务的支出；不包括非常住单位在本国经济领土内的消费支出。最终消费分为居民消费和政府消费。

居民消费 指常住住户对货物和服务的全部最终消费支出。居民消费按市场价格计算，即按居民支付的购买者价格计算。购买者价格是购买者取得货物所支付的价格，包括购买者支付的运输和商业费用。居民消费除了直接以货币形式购买货物和服务的消费之外，还包括以其他方式获得的货物和服务的消费支出，即所谓的虚拟消费支出。居民虚拟消费支出包括以下几种类型：单位以实物报酬及实物转移的形式提供给劳动者的货物和服务；住户生产并由本住户消费了的货物和服务，其中的服务仅指住户的自有住房服务；金融机构提供的金融媒介服务；保险公司提供的保险服务。

政府消费 指政府部门为全社会提供公共服务的消费支出和免费或以较低价格向住户提供的货物和服务的净支出。前者等于政府服务的产出价值减去政府单位所获得的经营收入的价值，政府服务的产出价值等于它的经常性业务支出加上固定资产折旧；后者等于政府部门免费或以较低价格向住户提供的货物和服务的市场价值减去向住户收取的价值。

资本形成总额 指常住单位在一定时期内获得的减去处置的固定资产加存货的变动，包括固定资本形成总额和存货增加。

固定资本形成总额 指常住单位购置、转入和自产自用的固定资产，扣除固定资产的销售和转出后的价值，分有形固定资产形成总额和无形固定资产形成总额。有形固定资产形成总额包括一定时期内完成的建筑工程、安装工程和设备工器具购置（减处置）价值，以及土地改良、新增役、种、奶、毛、娱乐用牲畜和新增经济林木价值。无形固定资产形成总额包括矿藏的勘探、计算机软件、娱乐和文学艺术品原件等获得减处置。

存货增加 指常住单位存货实物量变动的市场价值，即期末价值减期初价值的差额。存货增加可以是正值，也可以是负值；正值表示存货上升，负值表示存货下降。它包括生产单位购进的原材料、燃料和储备物资等存货，以及生产单位生产的产成品、在制品等存货等。

货物和服务净出口 指货物和服务出口减货物和服务进口的差额。出口包括常住单位向非常住单位出售或无偿转让的各种货物和服务的价值；进口包括常住单位从非常住单位购买或无偿得到的各种货物和服务的价值。由于服务活动的提供与使用同时发生，因此服务的进出口业务并不发生出入境现象，一般把常住单位从国外得到的服务作为进口，非常住单位从本国得到的服务作为出口。货物的出口和进口都按离岸价格计算。

劳动者报酬 指劳动者因从事生产活动所获得的全部报酬。包括劳动者获得的各种形式的工资、奖金和津贴，既包括货币形式的，也包括实物形式的；还包括劳动者所享受的公费医疗和医药卫生费、上下班交通补贴和单位支付的社会保险费等。对于个体经济来说，其所有者所获得的劳动报酬和经营利润不易区分，这两部分统一作为劳动者报酬处理。

生产税净额 指生产税减生产补贴后的余额。生产税指政府对生产单位生产、销售和从事经营活动以及因从事生产活动使用某些生产要素（如固定资产、土地、劳动力）所征收的各种税、附加费和规费。生产补贴与生产税相反，指政府对生产单位的单方面收入转移，因此视为负生产税，包括政策亏损补贴、粮食系统价格补贴、外贸企业出口退税收入等。

固定资产折旧 指一定时期内为弥补固定资产损耗按照核定的固定资产折旧率提取的固定资产折旧，或按国民经济核算统一规定的折旧率虚拟计算的固定资产折旧。它反映了固定资产在当期生产中的转移价值。各类企业和企业化管理的事业单位的固定资产折旧是指实际计提并计入成本费中的折旧费；不计提折旧的政府机关、非企业化管理的事业单位和居民住房的固定资产折旧是按照统一规定的折旧率和固定资产原值计算的虚拟折旧。原则上，固定资产折旧应按固定资产的重置价值计算，但是目前我国尚不具备对全社会固定资产进行重估价的基础，所以暂时只能采用上述办法。

营业盈余 指常住单位创造的增加值扣除劳动者报酬、生产税净额和固定资产折旧后的余额。它相当于企业的营业利润加上生产补贴，但要扣除从利润中开支的工资和福利等。

4

人口、劳动力

	2005 年	比上年±%
年末总人口（万人）	798.67	0.0
＃男性	409.99	0.1
＃非农业人口	285.84	−0.9
年末总户数（万户）	275.1	0.5
人口自然增长率（‰）	3.76	

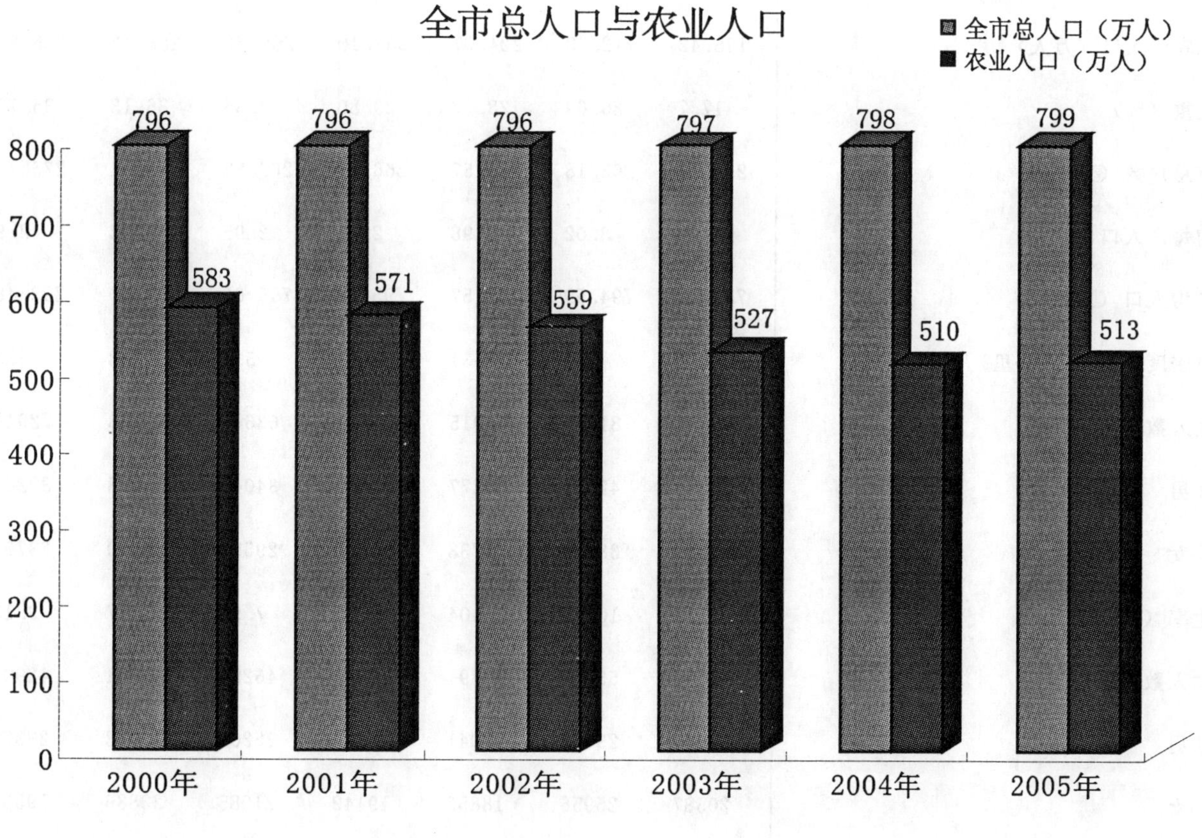

4—1　全市人口、户数及构成 *

（1995—2005 年）

指　　标	1995 年	2000 年	2001 年	2002 年	2003 年	2004 年	2005 年
全市总人口（万人）	**783.53**	**795.57**	**795.56**	**795.61**	**796.51**	**798.28**	**798.67**
按性别分：							
男（万人）	401.83	408.06	407.96	407.92	408.74	409.64	409.99
比重（%）	51.3	51.29	51.28	51.27	51.32	51.32	51.33
女（万人）	381.69	387.51	387.6	387.69	387.77	388.64	388.68
比重（%）	48.7	48.71	48.72	48.73	48.68	48.68	48.67
按户口性质分：							
农业人口（万人）	645.11	583.24	571.49	558.51	526.89	509.86	512.83
比重（%）	82.3	73.31	71.83	70.20	66.15	63.87	64.21
非农业人口（万人）	138.42	212.33	224.07	237.10	269.62	288.42	285.84
比重（%）	17.7	26.69	28.17	29.80	33.85	36.13	35.79
全市总户数（万户）	238.41	263.18	266.57	266.99	269.83	273.74	275.10
平均每户人口	3.29	3.02	2.98	2.98	2.95	2.92	2.9
年平均人口（万人）	782.14	794.59	795.57	795.59	796.06	797.40	798.48
人口密度（人/平方公里）	523	531	531	531	532	533	533
出生人数（人）	81813	81540	56015	56861	63640	70723	72914
# 男	45264	42971	30277	30782	34043	38073	39208
女	36549	38569	25738	26079	29597	32650	33706
出生率（‰）	10.46	10.26	7.04	7.15	7.99	8.87	9.13
死亡人数（人）	45231	55811	40894	42382	46294	51584	42904
# 男	24644	29855	22041	23240	25209	27698	23320
女	20587	25956	18853	19142	21085	23886	19584
死亡率（‰）	5.78	7.02	5.14	5.33	5.81	6.47	5.37
自然增长（人）	36582	25729	15121	14479	17346	19139	30010
自然增长率（‰）	4.68	3.24	1.9	1.82	2.18	2.40	3.76

* 本表数据为公安部门统计年报数。

4—2 分地区户数与人口数

（2005 年）

单位：万户、万人

地　区	总户数	总人口	按性别分		按农业、非农业人口分		年平均人口
			男	女	农业人口	非农业人口	
全　市	**275.10**	**798.67**	**409.99**	**388.68**	**512.83**	**285.84**	**798.48**
亭湖区	27.36	81.36	41.61	39.75	29.47	51.89	81.40
盐都区	26.23	70.64	36.42	34.22	46.00	24.64	70.62
响水县	16.56	57.76	30.07	27.69	43.32	14.44	57.65
滨海县	32.38	109.04	56.55	52.49	85.80	23.24	108.84
阜宁县	34.79	106.66	55.53	51.13	70.97	35.69	106.66
射阳县	36.10	104.37	53.36	51.01	61.07	43.30	104.36
建湖县	30.37	80.30	41.47	38.83	52.31	27.99	80.19
东台市	41.76	115.59	58.24	57.35	72.23	43.36	115.76
大丰市	29.55	72.95	36.74	36.21	51.66	21.29	73.00

4—3 分地区人口变动情况

（2005 年）

单位：人、‰

地　区	出　生		死　亡		自然增长		机械变动	
	人数	出生率	人数	死亡率	人数	自然增长率	迁入人数	迁出人数
全　市	**72914**	**9.13**	**42904**	**5.37**	**30010**	**3.76**	**73396**	**110994**
亭湖区	7848	9.64	2725	3.35	5123	6.29	17663	25180
盐都区	7603	10.77	4634	6.56	2969	4.21	6250	9315
响水县	6024	10.45	2371	4.11	3653	6.34	3046	4607
滨海县	9168	8.42	5489	5.04	3679	3.38	7474	10369
阜宁县	11700	10.97	5996	5.62	5704	5.35	7925	12912
射阳县	8876	8.51	4591	4.40	4285	4.11	10163	13709
建湖县	8785	10.96	4113	5.13	4672	5.83	7273	15479
东台市	8181	7.07	7939	6.86	242	0.21	6350	11136
大丰市	4729	6.48	5046	6.91	−317	−0.43	7252	8287

4—4 全市人口构成及人口密度*

(1949—2005 年)　　单位：万人、%

年 份	总人口	按户口性质分				人口密度（人/平方公里）
		农业人口		非农业人口		
		人口数	比 重	人口数	比 重	
1949 年	336.17	317.43	94.43	18.74	5.57	224
1950 年	348.20	325.37	93.44	22.83	6.56	232
1951 年	362.08	335.98	92.79	26.10	7.21	242
1952 年	382.68	352.70	92.17	29.98	7.83	255
1953 年	391.66	361.38	92.27	30.28	7.73	261
1954 年	408.28	375.41	91.95	32.87	8.05	272
1955 年	425.45	390.80	91.86	34.65	8.14	284
1956 年	441.74	402.70	91.16	39.04	8.84	295
1957 年	448.24	408.86	91.21	39.38	8.79	299
1958 年	461.99	414.61	89.74	47.38	10.26	308
1959 年	472.07	417.26	88.39	54.81	11.61	315
1960 年	467.76	419.46	89.67	48.30	10.33	312
1961 年	472.17	423.17	89.62	49.00	10.38	315
1962 年	481.28	438.59	91.13	42.69	8.87	321
1963 年	492.14	450.46	91.53	41.68	8.47	328
1964 年	500.14	460.53	92.09	39.58	7.91	334
1965 年	519.86	477.57	91.87	42.29	8.13	347
1966 年	535.02	491.96	91.95	43.06	8.05	357
1967 年	548.64	502.42	91.58	46.22	8.42	366
1968 年	565.77	522.73	92.39	43.04	7.61	378
1969 年	593.59	555.22	93.54	38.37	6.46	396
1970 年	615.23	576.75	93.75	38.48	6.25	411
1971 年	628.56	589.36	93.76	39.20	6.24	420
1972 年	637.40	598.40	93.88	39.00	6.12	425
1973 年	646.63	598.37	92.54	48.26	7.46	432
1974 年	655.05	610.28	93.17	44.77	6.83	437

* 人口数据来源于公安部门统计年报数。

4—4 续表

年　份	总人口	按户口性质分				人口密度（人/平方公里）
		农业人口		非农业人口		
		人口数	比　重	人口数	比　重	
1975年	664.76	620.42	93.33	44.34	6.67	444
1976年	673.36	628.56	93.35	44.80	6.65	449
1977年	682.14	636.45	93.30	45.69	6.70	455
1978年	688.30	641.66	93.22	46.64	6.78	459
1979年	684.69	632.22	92.34	52.47	7.66	457
1980年	687.90	633.85	92.14	54.05	7.86	459
1981年	696.57	641.50	92.09	55.07	7.91	465
1982年	707.46	649.49	91.81	57.97	8.19	472
1983年	714.93	655.23	91.65	59.70	8.35	477
1984年	721.20	629.95	87.35	91.25	12.65	481
1985年	725.63	622.08	85.73	103.55	14.27	484
1986年	730.65	645.49	88.34	85.16	11.66	488
1987年	739.01	649.29	87.86	89.72	12.14	493
1988年	749.92	650.08	86.69	99.84	13.31	501
1989年	760.53	644.84	84.79	115.69	15.21	508
1990年	771.93	654.49	84.79	117.44	15.21	515
1991年	777.33	656.53	84.46	120.80	15.54	519
1992年	779.20	653.41	83.86	125.79	16.14	520
1993年	779.89	650.71	83.44	129.18	16.56	521
1994年	780.74	646.28	82.78	134.46	17.22	521
1995年	783.53	645.10	82.33	138.43	17.67	523
1996年	786.12	642.19	81.69	143.93	18.31	525
1997年	789.11	637.80	80.83	151.31	19.17	527
1998年	791.64	635.58	80.29	156.06	19.71	528
1999年	793.60	622.47	78.44	171.13	21.56	530
2000年	795.57	583.24	73.31	212.33	26.69	531
2001年	795.56	571.49	71.83	224.07	28.17	531
2002年	795.61	558.51	70.20	237.10	29.80	531
2003年	796.51	526.89	66.15	269.62	33.85	532
2004年	798.28	509.86	63.87	288.42	36.13	533
2005年	798.67	512.83	64.21	285.84	35.79	533

4—5 全市人口自然变动

(1954—2005 年)　　单位：人、‰

年 份	出 生 人 口		死 亡 人 口		自 然 变 动	
	人 数	出生率	人 数	死亡率	人 数	自然增长率
1954 年	141744	35. 44	44063	11. 02	97681	24. 42
1955 年	131667	31. 59	39044	9. 37	92623	22. 22
1956 年	173970	40. 12	57093	13. 17	116877	26. 95
1957 年	135614	30. 48	34863	7. 83	100751	22. 65
1958 年	97083	21. 33	32735	7. 19	64348	14. 14
1959 年	98212	21. 03	46943	10. 05	51269	10. 98
1960 年	112695	23. 98	68060	14. 48	44635	9. 50
1961 年	109750	23. 35	61298	13. 04	48452	10. 31
1962 年	162656	34. 12	49307	10. 34	113349	23. 78
1963 年	169856	34. 90	46834	9. 62	123022	25. 28
1964 年	192470	38. 79	56820	11. 45	135650	27. 34
1965 年	216201	42. 39	61124	11. 99	155077	30. 40
1966 年	200362	37. 99	49630	9. 41	150732	28. 58
1967 年	218850	40. 39	49794	9. 19	169056	31. 20
1968 年	221856	39. 82	51992	9. 33	169864	30. 49
1969 年	216650	37. 37	48431	8. 35	168219	29. 02
1970 年	213052	35. 25	47846	7. 92	165206	27. 33
1971 年	180924	29. 09	51609	8. 30	129315	20. 79
1972 年	148266	23. 42	48066	7. 59	100200	15. 83
1973 年	132886	20. 70	45755	7. 13	87131	13. 57
1974 年	133355	20. 49	46533	7. 15	86822	13. 34
1975 年	134128	20. 33	45684	6. 92	88444	13. 41
1976 年	124928	18. 67	45820	6. 85	79108	11. 82
1977 年	120214	17. 74	45586	6. 73	74628	11. 01
1978 年	105551	15. 40	41993	6. 13	63558	9. 27
1979 年	91522	13.33	39181	5.71	52341	7.62

4—5 续表　　单位：人、‰

年份	出生人口		死亡人口		自然变动	
	人数	出生率	人数	死亡率	人数	自然增长率
1980年	79700	11.61	40102	5.84	39598	5.77
1981年	133367	19.27	43518	6.29	89849	12.98
1982年	125275	17.85	39912	5.69	85363	12.16
1983年	101824	14.32	40488	5.69	61336	8.63
1984年	92746	12.92	39749	5.54	52997	7.38
1985年	88598	12.25	40274	5.57	48324	6.68
1986年	98380	13.51	39028	5.36	59352	8.15
1987年	113760	15.48	37274	5.07	76486	10.41
1988年	119665	16.07	38624	5.19	81041	10.88
1989年	128871	17.06	37638	4.98	91233	12.08
1990年	175722	22.93	44706	5.83	131016	17.10
1991年	109502	14.14	43303	5.59	66199	8.55
1992年	82898	10.65	45852	5.89	37046	4.76
1993年	69660	8.94	43560	5.59	26100	3.35
1994年	66961	8.58	44022	5.64	22939	2.94
1995年	81813	10.46	45231	5.78	36582	4.68
1996年	78192	9.96	45259	5.77	32933	4.19
1997年	73086	9.28	46654	5.92	26432	3.36
1998年	79111	9.99	50472	6.37	28639	3.62
1999年	64784	8.16	44356	5.60	20428	2.56
2000年	81540	10.26	55811	7.02	25729	3.24
2001年	56015	7.04	40894	5.14	15121	1.90
2002年	56861	7.15	42382	5.33	14479	1.82
2003年	63640	7.99	46294	5.81	17346	2.18
2004年	70723	8.87	51584	6.47	19139	2.40
2005年	72914	9.13	42904	5.37	30010	3.76

4—6　全市历次人口普查基本情况

指　　　标	1953 年	1964 年	1982 年	1990 年	2000 年
总人口（万人）	389.15	497.73	702.24	774.22	794.65
男		253.06	357.24	394.91	405.99
女		244.67	345	379.31	388.66
户均规模（人/户）		4.27	4.11	3.68	3.27
各年龄组人口（万人）					
0—14 岁		206.05	220.57	202.13	157.85
15—64 岁		274.21	448.98	528.13	573.79
65 岁以上		17.47	32.69	43.96	63.01
民族人口（万人）					
汉族		495.57	701.99	773.88	793.3
占总人口比重（%）		99.57	99.96	99.96	99.83
少数民族		2.16	0.25	0.34	1.35
占总人口比重（%）		0.43	0.04	0.04	0.17
每十万人拥有的各种					
受教育程度人口（人）					
大专及以上		140	260	679	2283
高中和中专		910	7460	8484	13070
初　中		4110	18380	23925	38516
小　学		24900	33160	36671	32277
文盲人口及文盲率					
文盲人口（万人）		142.34	195.3	140.39	57.2
文盲率（%）		48.8	40.55	24.54	8.98
城乡人口（万人）					
城镇人口	27.77	37.2	45.36	190	282.98
乡村人口	361.38	460.53	656.88	584.22	511.67

4—7 全市从业人员基本情况

（2000—2005 年）

指　　标	2000 年	2001 年	2002 年	2003 年	2004 年	2005 年
从业人员合计（万人）	331.68	332.10	324.88	322.17	318.28	318.36
第一产业	179.91	159.08	145.92	130.75	117.86	116.14
第二产业	67.19	75.72	67.75	79.85	87.08	87.88
第三产业	84.58	97.30	111.21	111.57	113.34	114.34
从业人员构成（合计=100）						
第一产业	54.20	47.90	44.90	40.60	37.00	36.50
第二产业	20.30	22.80	20.90	24.80	27.40	27.60
第三产业	25.50	29.30	34.20	34.60	35.60	35.90
城镇从业人员（万人）						
总　　计	76.10	78.32	77.67	79.76	86.17	90.96
＃城镇单位就业人员	57.97	54.66	49.93	48.04	47.92	48.28
＃国有单位	35.40	33.94	28.59	26.01	24.79	24.53
城镇集体单位	12.65	10.03	5.83	3.56	2.84	2.44
其他单位	9.92	10.69	15.52	18.47	20.29	21.31
内资经济	8.50	9.19	14.12	16.64	16.62	16.79
股份合作单位	2.58	2.56	2.35	1.84	0.58	0.44
联营单位	0.11	0.15	0.12	0.05	0.01	0.01
有限责任公司	1.92	1.61	1.81	2.17	3.48	4.08
股份有限公司	3.89	4.79	8.83	9.83	9.54	9.04
其　　他		0.08	1.01	2.75	3.01	3.22
港澳台商投资单位	1.05	1.09	0.93	1.24	2.13	2.5
外商投资单位	0.37	0.41	0.47	0.59	1.54	2.02
＃城镇私营个体从业人员	18.11	23.66	27.74	29.86	34.47	37.53
＃公益岗位、灵活就业等其他从业人员	0.02			1.86	3.78	5.15
在岗职工人数（万人）	56.03	52.30	47.09	44.87	44.29	45.88
国有单位	34.08	32.21	26.69	24.41	22.89	22.79
城镇集体单位	12.30	9.59	5.83	3.32	2.62	2.37
其他单位	9.65	10.50	14.57	17.14	18.78	20.72
城镇单位女性就业人员（万人）	20.90	18.87	18.24	17.25	18.45	19.73

4—8 城　镇　就　业　人　数*

（1978—2005 年）　　　　单位：万人

年　份	就业人数	职工人数	国有单位	城　镇	其他单位	公益岗位灵活就业等其他就业人员	城镇私营个体就业人员
1978	38.18	38.18	20.99	17.19			
1980	46.37	46.37	27.85	18.52			
1985	56.94	55.94	30.10	25.80	0.04		1.00
1989	65.28	63.86	35.16	28.63	0.07		1.42
1990	66.84	64.98	36.23	28.59	0.16		1.86
1991	69.24	67.09	37.46	29.37	0.26		2.15
1992	70.75	68.59	39.15	28.99	0.45		2.16
1993	73.23	70.44	40.54	28.32	1.58	0.50	2.29
1994	76.29	71.28	42.03	27.12	2.13	0.39	4.62
1995	78.37	72.84	43.87	26.57	2.40	0.40	5.13
1996	80.06	73.99	44.80	25.98	3.21	0.81	5.26
1997	81.36	72.96	45.85	23.50	3.61	0.83	7.57
1998	80.11	71.16	44.33	20.59	6.24	1.05	7.90
1999	89.27	69.58	43.46	19.07	7.05	0.02	19.67
2000	76.10	57.97	35.40	12.65	9.92	0.02	18.11
2001	78.32	54.66	33.94	10.03	10.69		23.66
2002	77.67	49.93	28.59	5.83	15.52		27.74
2003	79.76	48.04	26.01	3.56	18.47	1.86	29.86
2004	86.17	47.92	24.79	2.84	20.29	3.78	34.47
2005	90.96	48.28	24.53	2.44	21.31	5.15	37.53

*1、2000 年起职工人数为单位从业人数；

2、其他就业人员指公益岗位、社区灵活就业与民办非企业单位人数等。

4—9 城镇单位（不含私营、个体）就业人数

（2005 年）

单位：万人

项目	就业人员 年末人数	在岗职工	其他就业人员	离开本单位仍保留劳动关系的职工
总计	**48.28**	**45.88**	**2.40**	**3.89**
按登记注册类型分				
国有单位	24.53	22.79	1.74	1.68
城镇集体单位	2.44	2.37	0.07	0.73
其他单位	21.31	20.72	0.59	1.48
内资	16.79	16.33	0.46	1.45
股份合作单位	0.44	0.44		0.08
联营单位	0.01	0.01		
有限责任公司	4.08	3.88	0.20	0.58
股份有限公司	9.04	8.80	0.24	0.51
其他	3.22	3.20	0.02	0.28
港、澳、台投资经济	2.5	2.47	0.03	0.02
外商投资经济	2.02	1.92	0.10	0.01
按企业、事业、机关分				
企业	31.40	29.55	1.85	3.48
事业	12.97	12.54	0.43	0.32
机关	3.91	3.79	0.12	0.09
按国民经济行业分				
农、林、牧、渔业	3.75	3.67	0.08	0.35
采掘业	0.74	0.72	0.02	0.50
制造业	13.69	13.49	0.20	1.00
电力、煤气及水的生产和供应业	0.90	0.88	0.02	0.04
建筑业	4.85	4.70	0.15	0.17
交通运输、仓储及邮电通信业	1.73	1.56	0.17	0.35
信息传输、计算机服务和软件业	0.58	0.49	0.09	0.03
批发和零售贸易、餐饮业	2.87	2.83	0.04	0.89
住宿和餐饮业	0.36	0.36		0.05
金融业	2.50	1.40	1.10	0.11
房地产业	0.20	0.20		0.01
租赁和商务服务业	0.55	0.52	0.03	0.05
科学研究、技术服务和地质勘查业	0.36	0.35	0.01	0.01
水利、环境和公共设施管理业	0.74	0.68	0.06	0.03
居民服务和其他服务业	0.07	0.07		
教育	7.48	7.28	0.20	0.13
卫生、社会保障和社会福利业	2.16	2.09	0.07	0.03
文化、体育和娱乐业	0.29	0.27	0.02	0.02
公共管理和社会组织	4.46	4.32	0.14	0.12

4—10 分行业在岗职工人数

（2005 年）　　单位：万人

项　　目	在岗职工	国有单位	城镇集体单位	其他单位
总　　计	**45.88**	**22.79**	**2.37**	**20.72**
按企业、事业、机关分				
企　　业	29.55	7.35	1.66	20.53
事　　业	12.54	11.67	0.69	0.19
机　　关	3.79	3.77	0.02	
按国民经济行业分				
农、林、牧、渔业	3.67	3.36	0.10	0.21
采矿业	0.72	0.55	0.03	0.14
制造业	13.49	0.56	0.15	12.78
电力、燃气及水的生产和供应业	0.88	0.66	0.03	0.19
建筑业	4.70	0.41	0.22	4.07
交通运输、仓储和邮政业	1.56	0.74	0.16	0.66
信息传输、计算机服务和软件业	0.49	0.37		0.12
批发和零售业	2.83	0.68	0.62	1.53
住宿和餐饮业	0.36	0.17	0.03	0.16
金融业	1.40	0.77	0.30	0.33
房地产业	0.20	0.07	0.01	0.12
租赁和商务服务业	0.52	0.41	0.01	0.10
科学研究、技术服务和地质勘查业	0.35	0.27	0.01	0.07
水利、环境和公共设施管理业	0.68	0.53	0.13	0.02
居民服务和其他服务业	0.07	0.05	0.01	0.01
教　　育	7.28	7.17	0.07	0.04
卫生、社会保障和社会福利业	2.09	1.47	0.45	0.17
文化、体育和娱乐业	0.27	0.25	0.02	
公共管理和社会组织	4.32	4.30	0.02	

4—11 女性从业人员分行业人数

(2005 年)

单位：万人

行业	女性从业人数	国有单位	城镇集体单位	其他单位
总计	**19.73**	**8.59**	**0.92**	**10.22**
农、林、牧、渔业	1.59	1.46	0.05	0.08
采矿业	0.19	0.13	0.01	0.05
制造业	7.59	0.27	0.07	7.25
电力、燃气及水的生产和供应业	0.20	0.15	0.01	0.04
建筑业	1.02	0.06	0.06	0.90
交通运输、仓储和邮政业	0.56	0.23	0.05	0.28
信息传输、计算机服务和软件业	0.19	0.12		0.07
批发和零售业	1.36	0.24	0.18	0.94
住宿和餐饮业	0.21	0.10	0.02	0.09
金融业	1.19	0.82	0.13	0.24
房地产业	0.10	0.03	0.01	0.06
租赁和商务服务业	0.13	0.09	0.01	0.03
科学研究、技术服务和地质勘查业	0.11	0.07	0.01	0.03
水利、环境和公共设施管理业	0.29	0.21	0.06	0.02
居民服务和其他服务业	0.02	0.02		
教育	2.83	2.78	0.02	0.03
卫生、社会保障和社会福利业	1.15	0.81	0.23	0.11
文化、体育和娱乐业	0.10	0.10		
公共管理和社会组织	0.90	0.90		

4—12 制造业在岗职工人数

(2005 年)　　　　单位：万人

行业	在岗职工	国有单位	城镇集体单位	其他单位
制造业总计	**13.49**	**0.56**	**0.15**	**12.78**
食品加工业	0.68	0.08		0.60
食品制造业	0.08	0.03		0.05
饮料制造业	0.17			0.17
烟草加工业				
纺织业	4.06	0.10	0.01	3.95
服装及其他纤维制造业	1.80	0.20	0.03	1.57
皮革、毛皮、羽绒及其制品业	0.04		0.01	0.03
木材加工及竹、藤、棕、草制造业	0.04			0.04
家具制造业	0.02	0.01		0.01
造纸及纸制品业	0.27			0.27
印刷业、记录媒介的复制	0.16			0.16
文教体育用品制造业	0.28			0.28
石油加工及炼焦业	0.12			0.12
化学原料及化学制品制造业	1.40		0.01	1.39
医药制造业	0.29	0.03		0.26
化学纤维制造业	0.02			0.02
橡胶制品业	0.15			0.15
塑料制品业	0.04			0.04
非金属矿物制品业	0.52		0.02	0.50
黑色金属冶炼及压延加工业	0.01			0.01
有色金属冶炼及压延加工业	0.01			0.01
金属制品业	0.11	0.01	0.01	0.09
通用设备制造业	1.54	0.08	0.04	1.42
专用设备制造业	0.74			0.74
交通运输设备制造业	0.39	0.02		0.37
电气机械及器材制造业	0.29		0.02	0.27
电子及通信设备制造业	0.07			0.07
仪器仪表及文化、办公用机械制造业	0.01			0.01
工艺品及其他制造业	0.18			0.18
废弃资源和废旧材料回收加工业				

主要统计指标解释

人口数 指一定时点、一定地区范围内的有生命的个人的总和。年度统计的年末人口数是指每年12月31日24时的人口数。

年平均人数 年初、年底人口数的平均数，也可用年中人口数代替。

常住人口 指经常或久居本地的人口。

人口密度 指一定时点一定地区的人口数与该地区的土地面积之比，通常以每平方公里的居民人数来表示。

人口出生率 指在一定时期内（通常为一年）出生人数与同期平均人数（或期中人数）的比率，一般用千分率表示。计算公式：出生率＝年出生人数/年平均人数×1000‰

死亡率 指在一定时期内（通常为一年）一定地区的死亡人数与同期平均人数（或期中人数）之比，一般用千分率表示。计算公式：死亡率＝年死亡人数/年平均人数×1000‰

人口自然增长率 指在一定时期内（通常为一年）人口自然增长数（出生人数减死亡人数）与该时期内平均人数（或期中人数）之比，一般用千分率表示。计算公式：人口自然增长率＝人口出生率－人口死亡率

从业人员 指从事一定社会经济活动并取得劳动报酬或经营收入的人员。从就业身份看包括：在岗职工、单位其他从业人员、私营业主、个体户主、私营企业雇工和个体户帮工、乡镇企业从业人员、农村从业人员等。

单位从业人员 指在各级国家机关、政党机关、社会团体及企业、事业单位中工作并取得劳动报酬的全部人员。包括在岗职工和再就业的离退休人员、民办教师，以及在单位中工作的外方人员和港澳台方人员等单位其他从业人员。

在岗职工 指在本单位工作并由单位支付工资的人员，以及有工作岗位，但由于学习、病伤产假等原因暂未工作仍由单位支付工资的人员。

离开本单位仍保留劳动关系的职工（不在岗职工） 指由于各种原因，已经离开本人的生产或工作岗位，并已不在本单位从事其他工作，但仍与用人单位保留劳动关系的职工。

其他就业人员 各单位其他就业人员是指劳动统计制度规定不作在岗职工统计，但实际参加各单位生产或工作并取得劳动报酬的人员。包括：再就业的离退休人员、民办教师以及在各单位中工作的外方人员和港、澳、台方人员。但不包括在各单位中工作并领取劳动报酬的在校学生。单位其他就业人员与在岗职工之和为该单位全部单位就业人员。

实行统计人员持证上岗制度。各部门、各单位根据统计工作配备的专兼职统计人员，必须经过县级以上政府统计机构培训、考核，取得《统计上岗合格证书》后方可从事统计工作。

基本统计单位应办理统计行政登记，领取《统计行政登记证》。办理登记时，应向所在地人民政府统计机构提供下列有关证件和资料：

（一）有关部门批准成立的文件或者营业执照；

（二）法定代表人的居民身份证、护照或者其他合法证件；

（三）人民政府统计机构要求提供的其他有关证件和资料。

摘自《盐城市统计管理办法》第十条、第十二条

5

人民生活、物价

五、人民生活

	2005 年	比上年±%
在岗职工平均工资（元）	13648	14.2
城镇居民人均可支配收入（元）	10580	13.0
农民人均纯收入（元）	4893	10.8
城乡居民储蓄存款余额（亿元）	593.4	—
人均储蓄存款（元）	7429	—
城镇居民人均使用面积（平方米）	18.76	3.4
农村居民人均住房面积（平方米）	32.94	8.1

城乡居民收入

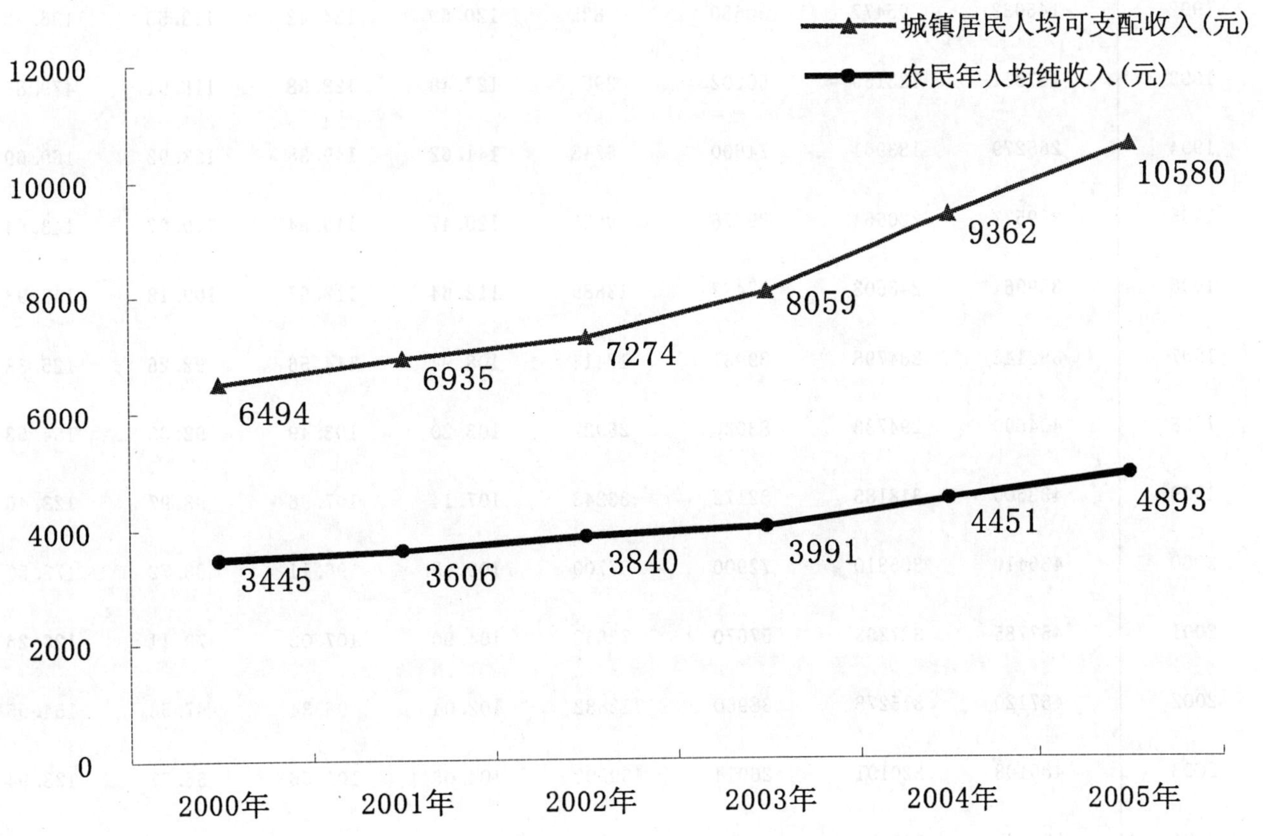

5—1 职工工资总额及指数*

（1978—2005年）

年份	绝对数（万元）				指数（上年=100）			
	全部职工	国有单位	城镇集体单位	其他单位	全部职工	国有单位	城镇集体单位	其他单位
1978	17861	10770	7091					
1979	19058	11671	7387		106.70	108.37	104.17	
1980	26189	17327	8862		137.42	148.46	119.97	
1984	40692	24365	16327		155.38	140.62	184.24	
1985	47487	28611	18876		116.70	117.43	115.61	
1988	85159	52897	32262		179.33	184.88	170.92	
1989	100769	62810	37851	108	118.33	118.74	117.32	
1990	111472	70502	40469	501	110.62	112.25	106.92	463.89
1991	121742	76739	44583	420	109.21	108.85	110.17	83.83
1992	146932	95477	50630	825	120.69	124.42	113.56	196.43
1993	187311	123150	60202	3959	127.48	128.98	118.91	479.88
1994	265279	183961	74600	6718	141.62	149.38	123.92	169.69
1995	319577	220651	89276	9650	120.47	119.94	119.67	143.64
1996	359964	248603	97472	13889	112.64	112.67	109.18	143.93
1997	392143	284798	89931	17414	108.94	114.56	92.26	125.38
1998	404690	294733	83030	26927	103.20	103.49	92.33	154.63
1999	433600	318185	82172	33243	107.14	107.96	98.97	123.46
2000	436410	305810	72900	57700	100.65	96.11	88.72	173.57
2001	457785	327263	57670	72852	104.90	107.02	79.11	126.26
2002	467120	315278	38960	112882	102.04	96.34	67.56	154.95
2003	486108	320191	26014	139903	104.06	101.56	66.77	123.94
2004	536367	345059	24453	166855	110.34	107.77	94.00	119.26
2005	626341	391842	25791	208708	116.77	113.56	105.47	125.08

*2000年起职工工资为在岗职工工资，不包括离开本单位仍保留劳动关系的职工的生活补助费（下同）。

5—2 城镇单位就业人员劳动报酬 *

(2005 年) 单位：万元

项　目	就业人员全年劳动报酬	在岗职工工资总额	其他就业人员劳动报酬	离开本单位仍保留劳动关系职工生活费
总　计	**650791**	**626341**	**24450**	**15670**
按登记注册类型分				
国有单位	409463	391842	17621	8664
城镇集体单位	26773	25791	982	1199
其他单位	214555	208708	5847	5807
内　资	168441	164383	4058	5676
外商投资	22230	20800	1430	41
港、澳、台投资	23884	23525	359	90
按企业、事业、机关分				
企　业	344856	325236	19620	11982
事　业	223062	219135	3927	2887
机　关	82873	81970	903	801
按国民经济行业分				
农、林、牧、渔业	29496	29175	321	1351
采矿业	7866	7725	141	972
制造业	132126	129926	2200	3367
电力、燃气及水的生产和供应业	29860	29815	45	715
建筑业	41982	41065	917	457
交通运输、仓储和邮政业	22282	20990	1292	1533
信息传输、计算机服务和软件业	13958	12645	1313	448
批发和零售业	26545	26085	460	1723
住宿和餐饮业	3640	3626	14	192
金融业	42332	29449	12883	1466
房地产业	3004	2973	31	22
租赁和商务服务业	9285	9067	218	220
科学研究、技术服务和地质勘查业	7818	7642	176	80
水利、环境和公共设施管理业	8552	8204	348	202
居民服务和其他服务业	926	913	13	15
教　育	135549	134185	1364	1764
卫生、社会保障和社会福利业	38758	37293	1465	167
文化、体育和娱乐业	4223	4078	145	27
公共管理和社会组织	92589	91485	1104	949

* 本表不含城镇私营和个体。

5—3 城镇单位在岗职工工资总额*

（2005 年）　　单位：万元

项　　目	在岗职工工资总额	国有单位	城镇集体单位	其他单位
总　计	**626341**	**391842**	**25791**	**208708**
按企业、事业、机关分				
企　业	325236	103377	15937	205922
事　业	219135	206927	9422	2786
机　关	81970	81538	432	
按国民经济行业分				
农、林、牧、渔业	29175	26977	735	1463
采矿业	7725	6323	281	1121
制造业	129926	5006	1154	123766
电力、燃气及水的生产和供应业	29815	24089	338	5388
建筑业	41065	3976	1971	35118
交通运输、仓储和邮政业	20990	11806	1022	8162
信息传输、计算机服务和软件业	12645	10060		2585
批发和零售业	26085	7630	3323	15132
住宿和餐饮业	3626	1843	433	1350
金融业	29449	17998	6421	5030
房地产业	2973	1259	98	1616
租赁和商务服务业	9067	6058	311	2698
科学研究、技术服务和地质勘查业	7642	5752	161	1729
水利、环境和公共设施管理业	8204	6783	1128	293
居民服务和其他服务业	913	758	66	89
教　育	134185	132468	1004	713
卫生、社会保障和社会福利业	37293	28122	6716	2455
文化、体育和娱乐业	4078	3840	238	
公共管理和社会组织	91485	91094	391	

*本表不含城镇私营和个体。

5—4 制造业在岗职工工资总额

(2005 年)　　　　单位：万元

项　　目	全　年 工资总额	国有单位	城镇集体单位	其他单位
制造业总计	**129926**	**5006**	**1154**	**123766**
农副食品加工业	5718	602	15	5101
食品制造业	487	103		384
饮料制造业	1337			1337
烟草加工业				
纺织业	35633	1019	29	34585
纺织服装、鞋、帽制造业	15880	1556	150	14174
皮革、毛皮、羽毛（绒）及其制品业	349		24	325
木材加工及木、竹、藤、棕、草制造业	392	23		369
家具制造业	262		7	255
造纸及纸制品业	2363	153		2210
印刷业和记录媒介的复制	1784	14	13	1757
文教体育用品制造业	2599		14	2585
石油加工、炼焦及核燃料加工	1602			1602
化学原料及化学制品制造业	13563		128	13435
医药制造业	2724	345		2379
化学纤维制造业	226			226
橡胶制品业	1394		3	1391
塑料制品业	436		3	433
非金属矿物制品业	4419	20	235	4164
黑色金属冶炼及压延加工业	48			48
有色金属冶炼及压延加工业	61			61
金属制品业	1423	86	46	1291
通用设备制造业	18483	817	305	17361
专用设备制造业	7343	35	16	7292
交通运输设备制造业	6161	233		5928
电气机械及器材制造业	2565		166	2399
通信设备、计算机及其他电子设备制造业	575			575
仪器仪表及文化、办公用机械制造业	182			182
工艺品及其他制造业	1917			1917
废弃资源和废旧材料回收加工				

5—5 分行业城镇单位就业人员平均劳动报酬 *

（2005 年） 单位：元

项目	从业人员平均报酬	在岗职工平均工资	其他从业人员平均报酬	离岗职工平均生活费
总计	**13448**	**13648**	**9770**	**4051**
农、林、牧、渔业	7851	7930	4105	3809
采矿业	10453	10511	8029	1959
制造业	9664	9651	10511	3451
电力、燃气及水的生产和供应业	33145	33603	9352	16669
建筑业	8665	8767	5696	2588
交通运输、仓储及邮政业	12565	13001	8130	4359
信息传输、计算机服务和软件业	25438	27537	14667	14277
批发和零售业	9102	9123	8049	1932
住宿和餐饮业	10084	10080	11417	3832
金融业	16017	20470	10698	13076
房地产业	14662	14686	12720	5116
租赁和商务服务业	16839	16967	12835	7058
科学研究、技术服务和地质勘查业	21740	21922	15973	6731
水利、环境和公共设施管理业	11482	12024	5573	6537
居民服务和其他服务业	13472	13460	14333	10067
教育	18325	18593	7587	13568
卫生、社会保障和社会福利业	18027	17879	22826	5766
文化、体育和娱乐业	14699	15217	7513	1569
公共管理和社会组织	20757	21247	7126	7381

* 本表不含城镇私营和个体。

5—6—1 在岗职工平均工资及指数*

（1978—2005 年）

单位：元

年份	绝对数（元）				指数（上年=100）			
	全部职工	国有单位	城镇集体单位	其他单位	全部职工	国有单位	城镇集体单位	其他单位
1978	463	531	386					
1979	503	568	426		108.64	106.97	110.36	
1980	579	656	479		115.11	115.49	112.44	
1984	794	879	694		137.13	133.99	144.89	
1985	882	983	763		111.08	111.83	109.94	
1989	1603	1801	1355	1615	181.75	183.21	177.59	
1990	1754	1991	1453	3131	109.42	110.55	107.23	193.87
1991	1856	2085	1560	1615	105.82	104.72	107.36	51.58
1992	2186	2485	1781	1816	117.78	119.18	114.17	112.45
1993	2708	3089	2160	2510	123.88	124.31	121.28	138.22
1994	3767	4422	2779	3162	139.11	143.15	128.66	125.98
1995	4428	5092	3357	4319	117.55	115.15	120.80	136.59
1996	4922	5620	3780	4468	111.16	110.37	112.60	103.45
1997	5395	6249	3823	4850	109.61	111.19	101.14	108.55
1998	5722	6691	4046	4376	106.06	107.07	105.83	90.23
1999	6251	7349	4320	4718	109.25	109.83	106.77	107.82
2000	7739	8915	5849	5996	123.80	121.31	135.39	127.09
2001	8610	10011	5838	6872	111.25	112.29	99.81	114.61
2002	9692	11671	6777	7315	112.57	116.58	116.08	106.45
2003	10618	12899	7469	8005	109.55	110.52	110.21	109.43
2004	11952	14976	8925	8738	112.56	116.10	119.49	109.16
2005	13648	17221	10643	10076	114.19	114.99	119.25	115.31

* 从 2000 年起职工平均工资为在岗职工平均工资。

5—6—2 2005年分县（市、区）在岗职工平均工资情况

（2005年） 单位：元

	2005年	2004年	2005年比2004年增长（%）
盐城市	13648	11952	14.2
市　直	19203	16508	16.3
亭湖区	14162	12404	14.2
盐都区	12473	10837	15.1
响水县	11231	9780	14.8
滨海县	11559	10347	11.7
阜宁县	11581	10119	14.4
射阳县	11499	10388	10.7
建湖县	12535	10822	15.8
东台市	13603	11937	14
大丰市	13050	11248	16

5—7 按调查年度分组的市区居民家庭人口、就业与住房情况

（2000—2005 年）

指　　标	2000 年	2001 年	2002 年	2003 年	2004 年	2005 年
调查户数（户）	200	200	200	200	200	200
人口情况（每户平均）						
家庭人口数（人）	3.02	3.00	3.01	3.16	3.12	2.93
＃有收入者人数	2.20	2.17	2.08	2.05	2.06	1.92
＃就业人口数	1.78	1.73	1.65	1.41	1.41	1.46
＃国有职工人数	1.25	1.18	0.95	0.75	0.67	0.48
集体职工人数	0.22	0.19	0.14	0.05	0.04	0.01
其他职工人数	0.08	0.09	0.20	0.13	0.19	0.49
个体经营者人数	0.14	0.18	0.22	0.31	0.30	0.23
个体被雇者人数	0.02	0.06	0.13	0.14	0.17	0.22
离退休再就业人数	0.04	0.03	0.02	0.03	0.03	0.04
其他就业者人数				0.01	0.01	0.01
＃离退休人数	0.41	0.43	0.37	0.61	0.63	0.41
每一有收入者负担人数（人）	1.38	1.39	1.45	1.54	1.51	1.53
每一有就业者负担人数（人）	1.70	1.73	1.82	2.24	2.21	2.01
年末居住情况						
现住房人均建筑面积（m^2）			22.37	23.72	24.09	24.98
现住房人均使用面积（m^2）	17.04	17.16	16.76	17.89	18.15	18.76
居住公房户（%）	22.00	22.50	22.60	15.50	12.50	16.50
租赁私房户（%）	0.50	1.00	0.50	2.00	1.50	2.00
居住自有房户（%）	77.50	76.50	76.90	82.50	86.00	81.50
单栋住宅（%）						1.50
配套住宅户（%）	66.00	66.00	64.00	68.00	70.00	62.50
普通楼房（%）	14.00	13.50	15.50	15.50	14.00	15.00
平房及其他（%）	20.00	20.50	20.50	16.50	16.00	21.00
有取暖设备户（%）	24.50	27.50	31.50	45.00	49.50	59.00
管道煤气用户（%）		1.50	1.00	0.50	1.50	10.00
液化石油气用户（%）	93.50	91.50	96.00	99.00	98.00	89.00
独用自来水户（%）	96.50	96.00	97.00	99.00	99.00	99.00
室内有卫生设备户（%）	70.50	71.00	70.50	75.00	76.00	74.00

5—8 按收入层次分组的市区居民家庭人口、就业与住房情况

（2005 年）

指　　标	合　计	最低 20%	# 更低 5%	较低 20%	中间 20%	较高 20%	最高 20%
家庭人口数（人）	2.93	3.10	3.47	3.10	2.96	2.67	2.82
＃有收入者人数	1.92	1.58	1.31	1.87	2.05	2.00	2.09
＃就业人口数	1.46	1.16	1.13	1.45	1.48	1.61	1.62
＃国有职工人数	0.48	0.12	0.20	0.31	0.35	0.79	0.82
集体职工人数	0.01					0.04	
其他职工人数	0.49	0.35	0.22	0.64	0.59	0.45	0.40
个体经营者人数	0.23	0.20	0.31	0.15	0.34	0.21	0.24
个体被雇者人数	0.22	0.44	0.35	0.31	0.17	0.05	0.11
离退休再就业人数	0.04	0.03		0.04	0.03	0.05	0.05
其他就业者人数	0.01	0.02	0.06			0.02	
＃离退休人数	0.41	0.33	0.10	0.36	0.57	0.34	0.46
每一有收入者负担人数（人）	1.53	1.96	2.65	1.66	1.44	1.34	1.35
每一有就业者负担人数（人）	2.01	2.67	3.07	2.14	2.00	1.66	1.74
年末居住情况							
现住房人均建筑面积（m^2）	24.98	17.83	13.07	19.35	24.52	30.63	34.35
现住房人均使用面积（m^2）	18.76	13.36	9.82	14.55	18.42	22.99	25.83
居住公房户（%）	16.50	30.00	50.00	27.50	12.50	4.88	7.69
租赁私房户（%）	2.00	2.50		2.50	2.50	2.44	
居住自有房户（%）	81.50	67.50	50.00	70.00	85.00	92.68	92.31
单栋住宅（%）	1.50	2.50			2.50		2.56
配套住宅户（%）	62.50	37.50	40.00	47.50	55.00	85.36	87.18
普通楼房（%）	15.00	30.00	10.00	17.50	20.00	7.32	
平房及其他（%）	21.00	30.00	50.00	35.00	22.50	7.32	10.26
有取暖设备户（%）	59.00	17.50	10.00	42.50	67.50	80.49	87.18
管道煤气用户（%）	10.00			5.00	5.00	17.07	23.08
液化石油气用户（%）	89.00	97.50	100.00	92.50	95.00	82.93	76.92
独用自来水户（%）	99.00	95.00	90.00	100.00	100.00	100.00	100.00
室内有卫生设备户（%）	74.00	60.00	50.00	55.00	72.50	87.80	94.87

5—9 按调查年度分组的市区居民家庭主要耐用品年末每百户拥有量

（2000—2005年）

指　　标	2000年	2001年	2002年	2003年	2004年	2005年
成套家具（套）	68.0	66.5	68.5	59.0	62.0	58.0
摩托车（辆）	13.5	13.0	18.5	18.5	19.0	15.5
自行车（辆）	211.5	216.5	213.0	195.0	199.0	179.0
助力车（辆）			8.0	20.0	24.0	43.5
家用汽车（辆）		0.5			0.5	0.5
洗衣机（台）	97.5	98.0	98.0	95.5	96.5	101.0
电风扇（台）	207.0	214.5	218.0	199.0	210.5	193.0
电冰箱（台）	78.0	80.5	85.5	84.5	85.5	91.5
冰　柜（台）	7.5	7.0	10.0	6.0	6.5	6.0
彩色电视机（台）	117.0	122.0	134.5	135.0	144.5	136.0
影碟机（台）	43.0	49.0	62.0	56.0	59.0	68.5
录音机（台）	45.0	49.5	42.5	29.0	34.0	38.5
录放像机（台）	12.0	12.5	9.5	5.5	4.0	8.0
家用电脑（台）	8.0	10.0	13.0	16.0	19.0	35.0
组合音响（套）	23.5	24.5	24.0	20.5	22.0	19.0
摄像机（架）	1.0	1.0	1.0	4.0	4.0	2.0
照相机（架）	32.0	33.0	31.0	24.5	25.5	21.5
钢　琴（架）	1.0	0.5	0.5	1.5	1.5	2.5
其他中高档乐器（件）	2.5	3.0	2.0	3.0	3.5	4.0
微波炉（台）	27.5	36.5	50.0	63.5	67.0	81.5
空调器（台）	26.0	31.5	40.0	56.5	63.0	76.0
取暖器（台）			17.5	22.5	25.0	29.5
电炊具（台）	127.5	31.0	112.5	97.5	114.0	126.0
淋浴热水器（台）	38.5	38.0	51.0	52.5	56.0	64.5
排油烟机（台）	61.0	60.5	62.0	63.5	62.0	71.5
消毒碗柜（台）			1.5	3.0	2.5	3.5
饮水机（台）			27.0	29.0	29.0	32.0
吸尘器（台）	11.5	11.0	8.5	4.5	5.5	6.5
健身器材（台）	5.0	5.0	4.0	3.5	3.0	2.0
普通电话（部）	79.5	84.0	91.0	97.0	110.5	141.5
移动电话（部）	32.5	42.5	65.0	87.5	94.5	100.0
传真机（部）			0.5		0.5	1.5
接入有线电视电视机（台）						124.5
接入互连网计算机（台）						25.5

5—10 按收入层次分组的市区居民家庭主要耐用品年末每百户拥有量

(2005 年)

指　　标	合　计	最低 20%		较低 20%	中间 20%	较高 20%	最高 20%
			# 更低 5%				
成套家具（套）	58.0	47.5	30.0	60.0	57.5	56.1	69.2
摩托车（辆）	15.5	2.5		15.0	12.5	26.8	20.5
自行车（辆）	179.0	177.5	180.0	172.5	190.0	187.8	166.7
助力车（辆）	43.5	22.5		45.0	50.0	36.6	64.1
家用汽车（辆）	0.5					2.4	
洗衣机（台）	101.0	100.0	100.0	100.0	102.5	102.4	100.0
电风扇（台）	193.0	177.5	160.0	197.5	202.5	197.6	189.7
电冰箱（台）	91.5	80.0	100.0	85.0	92.5	100.0	100.0
冰　柜（台）	6.0	5.0		2.5	5.0	9.8	7.7
彩色电视机（台）	136.0	107.5	100.0	122.5	145.0	131.7	174.4
影碟机（台）	68.5	40.0	50.0	70.0	77.5	73.2	82.1
录音机（台）	38.5	32.5	20.0	40.0	47.5	51.2	20.5
录放像机（台）	8.0	2.5		5.0	7.5	9.8	15.4
家用电脑（台）	35.0	7.5		20.0	32.5	58.5	56.4
组合音响（套）	19.0	7.5		15.0	15.0	19.5	38.5
摄像机（架）	2.0					2.4	7.7
照相机（架）	21.5	10.0		12.5	20.0	39.0	25.6
钢　琴（架）	2.5	2.5				2.4	7.7
其他中高档乐器（件）	4.0			5.0	5.0	7.3	2.6
微波炉（台）	81.5	62.5	60.0	72.5	80.0	95.1	97.4
空调器（台）	76.0	20.0	10.0	50.0	72.5	100.0	138.5
取暖器（台）	29.5	15.0		12.5	25.0	53.7	41.0
电炊具（台）	126.0	100.0	90.0	127.5	115.0	136.6	151.3
淋浴热水器（台）	64.5	35.0	30.0	37.5	62.5	85.4	102.6
排油烟机（台）	71.5	50.0	30.0	60.0	65.0	85.4	97.4
消毒碗柜（台）	3.5				2.5	4.9	10.3
饮水机（台）	32.0	22.5	20.0	27.5	37.5	36.6	35.9
吸尘器（台）	6.5	2.5			2.5	12.2	15.4
健身器材（台）	2.0					4.9	5.1
普通电话（部）	141.5	102.5	100.0	125.0	150.0	161.0	169.2
移动电话（部）	100.0	57.5	40.0	92.5	102.5	112.2	135.9
传真机（部）	1.5					4.9	2.6
接入有线电视电视机（台）	124.5	85.5	80.0	112.5	132.5	129.3	164.1
接入互连网计算机（台）	25.5	2.5		10.0	30.0	41.5	43.6

5—11 按调查年度分组的市区居民主要消费品人均购买量

（2000—2005 年）

指 标	2000 年	2001 年	2002 年	2003 年	2004 年	2005 年
粮 食（千克）	70.5	72.6	69.7	79.2	81.6	68.0
油 脂（千克）	7.4	8.0	7.9	8.9	9.4	7.9
植物油（千克）	7.3	7.9	7.8	8.8	9.4	7.9
肉 类（千克）	27.5	28.2	31.6	31.7	29.0	30.5
猪 肉（千克）	23.0	22.0	26.3	27.4	24.4	25.6
禽 类（千克）	8.3	8.5	9.4	8.7	9.5	9.1
蛋 类（千克）	12.4	11.8	11.2	12.5	12.2	11.6
鱼（千克）	14.9	15.1	15.6	15.1	13.9	13.8
鲜 菜（千克）	111.2	115.8	118.2	116.8	118.9	107.5
干 菜（千克）	0.2	0.1	0.2	0.2	0.2	0.2
食 糖（千克）	2.1	2.6	2.5	2.0	1.9	1.5
糖 果（千克）	0.9	0.9	0.8	0.9	0.7	0.8
卷 烟（盒）	28.2	29.3	23.0	22.0	20.4	18.6
酒 类（千克）	7.6	6.1	6.4	5.8	5.5	4.9
白 酒（千克）	3.1	2.6	2.6	2.3	2.2	2.2
啤 酒（千克）	4.0	3.3	3.5	3.0	2.6	2.5
茶 叶（千克）	0.1	0.1	0.1	0.1	0.1	0.1
干鲜瓜果（千克）	42.4	55.6	52.9	35.9	43.7	42.9
坚果及果仁（千克）	3.1	2.9	2.8	2.4	2.7	2.9
糕 点（千克）	2.9	3.4	3.7	3.5	3.4	3.7
鲜乳品（千克）	7.4	9.3	14.3	16.0	16.4	15.8
服 装（件）	7.1	7.8	8.6	6.9	6.6	7.8
鞋（双）	2.6	2.8	2.6	2.3	2.4	2.7
水（吨）	30.9	26.9	22.9	21.9	24.1	25.6
电（度）	195.2	238.4	250.2	263.6	283.8	329.2
煤 炭（千克）	33.3	52.6	29.5	34.3	26.4	15.0
液化石油气（千克）	25.9	25.8	23.2	25.3	25.1	21.4

5—12　按收入层次分组的市区居民主要消费品人均购买量

(2005 年)

指　　标	合　计	最低 20%	#更低 5%	较低 20%	中间 20%	较高 20%	最高 20%
粮　食（千克）	68.0	67.6	63.6	65.5	69.4	75.1	62.9
油　脂（千克）	7.9	7.5	5.1	7.9	8.6	7.5	8.1
植物油（千克）	7.8	7.4	4.9	7.8	8.3	7.5	8.0
肉　类（千克）	30.5	24.8	17.8	28.8	33.4	34.6	31.5
猪　肉（千克）	25.6	22.2	15.8	24.1	28.2	28.1	25.8
禽　类（千克）	9.1	6.7	4.9	7.6	9.2	11.9	10.6
蛋　类（千克）	11.6	10.0	7.5	10.8	10.9	14.9	11.7
鱼（千克）	13.8	12.3	7.2	13.3	13.8	15.4	14.5
鲜　菜（千克）	107.5	112.6	91.0	95.9	104.7	111.8	113.6
干　菜（千克）	0.2	0.0	0.0	0.1	0.2	0.2	0.3
食　糖（千克）	1.5	1.4	1.3	1.8	1.5	1.6	1.4
糖　果（千克）	0.8	0.3	0.3	0.8	0.8	1.1	1.0
卷　烟（盒）	18.6	9.0	8.9	18.1	29.2	19.6	17.9
酒　类（千克）	4.9	3.0	1.3	5.2	6.3	5.4	4.5
白　酒（千克）	2.2	1.8	0.4	2.1	3.3	1.9	1.9
啤　酒（千克）	2.5	1.2	0.9	3.0	2.8	3.1	2.4
茶　叶（千克）	0.1	0.0		0.1	0.1	0.1	0.1
干鲜瓜果（千克）	42.9	26.1	11.1	37.6	45.9	51.6	55.9
坚果及果仁（千克）	2.9	2.2	1.4	2.5	3.2	3.1	3.4
糕　点（千克）	3.7	1.7	1.6	3.7	3.8	4.5	4.7
鲜乳品（千克）	15.8	7.4	5.9	15.0	16.7	20.9	20.1
服　装（件）	7.8	3.9	2.9	6.4	8.1	9.9	11.3
鞋（双）	2.7	1.4	0.9	2.7	2.7	3.3	3.6
水（吨）	25.6	17.7	9.8	16.3	25.2	35.1	36.1
电（度）	329.2	205.6	193.7	225.4	329.4	391.4	520.4
煤　炭（千克）	15.0	20.2	5.8	19.2	19.3	3.2	11.7
液化石油气（千克）	21.4	23.6	18.6	20.2	19.7	21.3	22.3

5—13 按收入层次分组的市区居民人均现金收支情况

（2005 年）

单位：元

指　　标	合 计	最低 20%	# 更低 5%	较低 20%	中间 20%	较高 20%	最高 20%
可支配收入	**10580.40**	**3735.43**	**2698.05**	**5881.03**	**8341.29**	**12452.47**	**23905.41**
一、期初手存现金	10057.04	6313.39	6743.76	6379.47	9967.07	12452.00	16047.28
二、家庭总收入	11382.46	3949.16	2911.69	6485.71	8949.97	13759.58	25286.63
(一)工薪收入	6341.24	2132.41	1423.14	4138.04	4595.47	9168.50	12512.86
1.工资及补贴收入	6287.20	2107.45	1392.85	4095.82	4564.70	9034.15	12467.88
2.其他劳动收入	54.03	24.95	30.29	42.22	30.76	134.35	44.99
(二)经营净收入	1468.49	390.52	586.19	449.98	1393.71	1240.76	4098.89
(三)财产性收入	416.04	15.51		60.32	100.97	201.05	1795.91
1.利息收入	3.25	1.13		1.26		0.88	13.55
2.股息与红利收入	40.24			5.91	7.54	63.98	133.97
3.保险收益	0.85					4.57	
4.其它投资收入	272.28						1428.55
5.出租房屋收入	99.31	14.37		53.14	93.43	131.61	219.39
6.知识产权收入							
7.其他财产性收入	0.09					0.02	0.45
(四)转移性收入	3156.71	1410.73	902.36	1837.37	2859.82	3149.27	6878.97
1.养老金或离退休金	1713.89	694.39	176.88	1090.35	1871.41	1960.89	3132.13
2.社会救济收入	61.12	174.23	280.96	88.76	9.41	19.14	
3.辞退金	25.69				55.79	78.06	
4.赔偿收入							
5.保险收入	48.59	29.76		42.21	22.19	149.39	5.32
其中：失业保险金	46.54	29.76		42.21	22.19	138.42	5.32
6.赡养收入	608.42	234.11	97.21	207.41	532.62	385.75	1767.32
7.捐赠收入	420.93	174.83	278.07	293.91	251.82	391.12	1041.13
8.亲友搭伙费	20.41	4.85		5.64		70.83	25.99
9.提取住房公积金	52.16						273.66
10.记帐补贴	81.99	77.52	69.23	77.37	81.20	89.93	85.14
11.其他转移性收入	123.50	21.04		31.72	35.37	4.17	548.28
三、出售财物收入	86.69	1.18		11.36	0.32	1.79	438.81
1.出售住房收入	83.02						435.56
2.出售其他物品收入	3.68	1.18		11.36	0.32	1.79	3.25

5—13 续表 1 单位：元

指 标	合 计	最低 20%	#更低 5%	较低 20%	中间 20%	较高 20%	最高 20%
四、借贷收入	4079.13	670.42	297.11	1197.53	1699.40	2690.53	14913.04
1.提取储蓄存款	2665.54	350.64	201.92	1048.84	1373.22	1662.44	9365.52
2.借入款	1049.96	319.79	95.19	137.00	326.18	1015.11	3665.48
3.收回借出款	20.41			11.69		4.57	89.62
4.收回储蓄性保险本							
5.兑售有价证券							
6.收回投资本金							
7.住房贷款	343.21					8.41	1792.41
8.汽车贷款							
9.教育贷款							
10.其他贷款							
11.其他借贷收入							
五、家庭总支出	11729.03	4029.70	3014.29	6379.64	8289.39	12202.92	29349.63
(一)消费支出	7293.31	3573.48	2735.17	5285.15	6643.34	8952.15	12707.06
(二)购房与建房支出	2361.40	34.09		35.81	65.00	8.36	12235.54
1.购房	2361.40	34.09		35.81	65.00	8.36	12235.54
2.建房							
(三)转移性支出	1351.88	285.93	134.71	541.74	1082.60	2089.48	2993.73
1.交纳的个人收入税	50.41			10.37	29.03	64.25	159.62
2.捐赠支出	770.56	270.79	110.74	377.61	586.27	1041.51	1688.92
3.购买彩票	2.60	0.19		2.55	5.15	1.61	3.63
4.赡养支出	362.37	6.15	15.00	134.94	430.46	903.11	409.30
#在外就学子女费用	345.08			122.61	416.72	872.67	383.31
5.各种非储蓄性保险支出	12.27	2.08	1.73	3.55	0.86	53.72	4.55
#车辆保险支出	3.10					15.70	0.90
6.其他转移性支出	153.68	6.72	7.24	12.72	30.84	25.28	727.71
(四)财产性支出	52.77						276.84
1.非生产性利息支出							
2.其他	52.77						276.84
(五)社会保障支出	669.67	136.20	144.41	516.94	498.45	1152.93	1136.46
1.个人交纳的养老基金	253.04	74.88	92.33	270.35	226.77	423.21	292.08
2.个人交纳的住房公积金	279.03	30.85	28.82	130.14	170.97	480.30	635.53

5—13 续表 2　　　　　　　　　　　　　　　　　　　　　　　　　　　　单位：元

指　　标	合　计	最低 20%	#更低 5%	较低 20%	中间 20%	较高 20%	最高 20%
3.个人交纳的医疗基金	94.60	23.70	20.15	82.25	73.34	180.29	125.18
4.个人交纳的失业基金	26.16	6.77	3.12	20.70	20.94	46.19	39.57
5.其他社会保障支出	16.84			13.50	6.44	22.93	44.10
六、借贷支出	3255.48	201.82	299.77	832.67	1871.42	3489.97	10554.00
1.存入储蓄款	2554.41	165.55	288.46	787.24	1601.82	2586.58	8133.88
2.借出款	23.54			2.28		27.42	94.10
3.归还借款	159.47	1.62	5.77		68.70	132.52	633.21
4.储蓄性保险支出	111.68	34.66	5.54	42.67	112.41	107.93	276.83
5.购买有价证券	34.01				1.29	2.38	174.76
6.其他投资支出	72.87						382.32
7.归还住房贷款	151.79				85.84	441.17	274.12
8.归还汽车贷款							
9.归还教育贷款							
10.归还其他贷款	125.14					155.92	503.67
11.其他借贷支出	22.57			0.48	1.37	36.06	81.11
七、期末手存现金	10620.81	6702.63	6638.50	6861.77	10455.95	13211.02	16782.12
消费支出	7293.31	3573.48	2735.17	5285.15	6643.34	8952.15	12707.06
#服务性消费支出	1874.35	772.09	689.05	1534.68	1504.19	2296.37	3448.12
一、食品	2708.30	1665.68	1293.73	2286.77	2731.82	3337.63	3692.63
㈠粮油类	378.73	363.86	310.08	364.96	380.26	408.22	380.03
㈡肉禽蛋水产品类	901.56	677.92	445.84	831.20	935.54	1075.99	1021.55
㈢蔬菜类	224.73	207.90	153.62	195.14	227.27	241.35	257.38
㈣调味品	30.55	21.89	12.63	29.65	33.10	34.12	34.98
㈤糖烟酒饮料类	291.18	98.90	50.73	218.38	340.48	365.79	460.89
㈥干鲜瓜果类	146.01	79.71	31.87	121.38	155.27	177.99	205.96
㈦糕点、奶及奶制品	181.27	92.15	119.73	155.06	175.92	240.86	256.49
㈧其他食品	41.61	16.26	10.31	41.87	41.92	54.87	56.12
㈨饮食服务	512.67	107.08	158.92	329.14	442.07	728.44	1019.24
二、衣着	819.12	273.02	115.81	515.57	659.19	1127.24	1627.61
㈠服装．金额	601.86	205.88	84.86	355.62	484.47	825.88	1218.08
㈡衣着材料	11.19	2.90		8.46	12.00	20.54	13.42

5—13 续表3

单位：元

指标	合计	最低20%	#更低5%	较低20%	中间20%	较高20%	最高20%
(三)鞋类	161.25	47.76	24.29	119.38	126.58	223.22	309.18
(四)其他衣着用品	35.45	13.41	6.42	25.40	29.58	43.78	69.05
(五)衣着加工服务费	9.37	3.06	0.24	6.72	6.55	13.83	17.89
三、家庭设备用品及服务	497.92	123.43	41.62	231.39	471.60	504.16	1231.28
(一)耐用消费品	287.86	60.77	2.16	90.94	315.93	198.74	816.97
(二)室内装饰品	15.34	0.10		2.61	15.19	10.64	51.18
(三)床上用品	49.25	9.79	0.87	24.54	25.50	88.08	107.25
(四)家庭日用杂品	121.08	48.17	35.33	103.12	95.80	165.50	204.83
(五)家具材料	0.03				0.02		0.15
(六)家庭服务	24.35	4.60	3.26	10.19	19.16	41.20	50.90
四、医疗保健	290.07	177.79	372.73	256.63	206.16	452.08	380.62
(一)医疗器具	2.95	0.03	0.09	0.38	0.37	10.82	4.03
(二)保健器具	0.65				3.09	0.19	
(三)药品费	176.89	134.56	308.89	126.80	129.21	276.64	231.54
(四)滋补保健品	28.72	4.44	4.99	20.18	21.24	33.85	67.91
(五)医疗费	76.43	38.16	58.76	97.95	50.89	123.09	75.90
(六)其他	4.43	0.60		11.31	1.35	7.49	1.24
五、交通和通讯	724.34	201.94	115.07	479.19	716.01	1233.65	1085.99
(一)交通	315.49	50.67	32.68	161.68	321.78	705.67	391.28
(二)通信	408.84	151.26	82.39	317.51	394.24	527.98	694.71
六、教育文化娱乐服务	1002.02	441.81	347.48	938.89	727.46	1263.38	1724.34
(一)文化娱乐用品	289.08	77.41	9.46	123.48	285.23	408.50	595.08
(二)文化娱乐服务	200.35	30.52	24.43	101.24	93.78	220.48	590.58
(三)教育	512.59	333.89	313.58	714.17	348.45	634.40	538.68
七、居住	940.49	573.88	370.83	386.37	755.72	693.24	2399.01
(一)住房	528.99	301.08	146.71	80.95	369.41	153.83	1814.67
(二)水电燃料及其他	396.72	269.86	221.23	285.70	383.04	508.89	565.27
(三)居住服务费	14.79	2.94	2.88	19.72	3.26	30.52	19.07
八、杂项商品和服务	311.05	115.93	77.91	190.33	375.38	340.75	565.57
(一)杂项商品	174.94	57.12	15.16	95.30	183.35	188.71	371.99
(二)服务	136.11	58.81	62.75	95.03	192.03	152.05	193.59

5—14 市区城市居民人均可支配收入与消费支出

（1983—2005年）

单位：元

年份	可支配收入		消费支出	
	实绩	比上年±%	实绩	比上年±%
1983	429		391	
1984	546	27.3	462	18.1
1985	712	30.4	609	31.8
1986	909	27.7	806	32.4
1987	1016	11.8	888	10.2
1988	1311	29.0	1215	36.7
1989	1622	23.7	1362	12.2
1990	1488	−8.3	1245	−8.6
1991	1651	11.0	1423	14.3
1992	1942	17.6	1612	13.3
1993	2664	37.2	2141	32.9
1994	3556	33.5	2968	38.6
1995	4303	21.0	3394	14.3
1996	4736	10.1	3725	9.8
1997	5359	13.2	3891	4.4
1998	5173	−3.5	4131	6.2
1999	5721	10.6	4114	−0.4
2000	6494	13.5	5245	27.5
2001	6935	6.8	5488	4.6
2002（旧口径）	7942	14.5	5507	0.3
2002（新口径）	7274			
2003	8059	10.8	5580	1.3
2004	9362	16.2	6566	17.7
2005	10580	13.0	7293	11.1

5—15 市区城市居民恩格尔系数与教育文化娱乐支出占消费支出比重

（1983—2005 年）

年份	恩格尔系数		教育文化娱乐支出占消费支出比重（%）	
	实绩	比上年±百分点	实绩	比上年±百分点
1983	55.0		7.7	
1984	52.5	−2.5	9.4	1.7
1985	50.9	−1.6	8.8	−0.7
1986	47.7	−3.2	8.2	−0.5
1987	50.2	2.5	8.8	0.6
1988	50.9	0.7	9.1	0.2
1989	52.2	1.3	7.4	−1.6
1990	52.1	−0.1	10.6	3.2
1991	52.5	0.4	5.8	−4.8
1992	50.8	−1.7	9.6	3.8
1993	46.1	−4.7	11.5	1.9
1994	50.6	4.5	7.0	−4.5
1995	54.3	3.7	6.6	−0.3
1996	51.0	−3.3	9.3	2.7
1997	52.3	1.3	8.7	−0.7
1998	48.4	−3.9	10.4	1.7
1999	44.9	−3.5	11.2	0.8
2000	38.7	−6.2	10.1	−1.2
2001	37.4	−1.3	12.4	2.3
2002	38.0	0.6	15.4	3.1
2003	38.6	0.6	14.6	−0.8
2004	37.7	−0.9	16.6	2.0
2005	37.1	−0.6	13.7	−2.9

5—16 市区城市居民人均住房使用面积和建筑面积

(1983—2005年)　　　　单位：平方米

年　份	使用面积		建筑面积	
	实绩	比上年±%	实绩	比上年±%
1983	9.84			
1984	10.22	3.9		
1985	11.16	9.2		
1986	12.11	8.5		
1987	12.62	4.2		
1988	13.04	3.3		
1989	13.24	1.5		
1990	13.12	−0.9		
1991	13.07	−0.4		
1992	13.78	5.4		
1993	14.17	2.8		
1994	15.51	9.5		
1995	16.30	5.1		
1996	15.83	−2.9		
1997	20.38	28.7		
1998	18.95	−7.0		
1999	18.43	−2.7		
2000	17.04	−7.5		
2001	17.16	0.7		
2002	16.76	−2.3	22.37	
2003	17.89	6.7	23.72	6.0
2004	18.15	1.5	24.09	1.6
2005	18.76	3.4	24.98	3.7

5—17　滨海县城镇居民住户调查主要指标

（2000—2005 年）

指　　标	2000 年	2001 年	2002 年	2003 年	2004 年	2005 年
家庭总收入（元）	4292	4474	4694	5344	6134	7167
人均可支配收入	4249	4430	4649	5186	5978	6950
(一)工薪收入	2053	2165	2721	2910	3564	3604
(二)经营净收入	1144	1287	1235	940	995	1593
(三)财产性收入	42	60	62	122	94	25
(四)转移性收入	661	610	676	1371	1481	1945
家庭总支出	3697	3861	4142	4877	5544	6603
(一)消费支出	3188	3294	3380	3805	4778	5154
1.食品	1497	1639	1663	1767	2155	2308
2.衣着	296	315	329	379	437	549
3.家庭设备用品及服务	101	163	154	181	239	301
4.医疗保健	119	73	82	233	241	200
5.交通和通信	247	225	242	335	445	384
6.教育文化娱乐服务	534	490	498	498	729	771
7.居住	294	248	352	297	395	456
8.杂项商品和服务	99	141	60	116	137	177
(二)购房与建房支出			47	223		438
(三)转移性支出	477	565	655	734	654	872
(四)财产性支出	4	1		5	4	
(五)社会保障支出	1		60	111	108	148
百户家庭电脑拥有量（台）	2	2	2	9	12	21
百户家庭普通电话拥有量（部）	84	84	94	100	100	104
百户家庭移动电话拥有量（部）	20	26	28	67	94	115
人均现住房屋建筑面积（平方米）	25.6	26.3	26.6	31.1	31.3	26.6
人均现住房屋使用面积（平方米）	17.9	18.4	18.6	22.2	22.4	20.6

5—18 大丰市城镇居民住户调查主要指标

（2000—2005 年）

指　　标	2000 年	2001 年	2002 年	2003 年	2004 年	2005 年
家庭总收入（元）	5620	5806	6653	7099	7648	8874
人均可支配收入	5578	5772	6225	6643	7118	8264
㈠工薪收入	4231	4051	4276	4686	4888	5961
㈡经营净收入	219	236	374	564	691	447
㈢财产性收入	52	57	362	62	71	97
㈣转移性收入	1118	1462	1641	1787	1998	2369
家庭总支出	6382	5063	6156	8939	8397	8882
㈠消费支出	4831	4335	4554	5779	5795	6951
1.食品	1882	1669	1553	1931	2047	2505
2.衣着	433	400	399	612	655	687
3.家庭设备用品及服务	872	406	276	455	357	353
4.医疗保健	200	138	373	450	320	379
5.交通和通信	349	342	494	474	740	1202
6.教育文化娱乐服务	480	720	737	1055	819	1075
7.居住	344	378	513	566	642	508
8.杂项商品和服务	271	282	209	236	215	243
㈡购房与建房支出			234	1818	979	70
㈢转移性支出			995	950	1210	1342
㈣财产性支出			1			
㈤社会保障支出			372	390	413	519
百户家庭电脑拥有量（台）	1	2	5	8	10	31
百户家庭普通电话拥有量（部）	54	72	84	108	124	152
百户家庭移动电话拥有量（部）	7	10	25	94	102	127
人均现住房屋建筑面积（平方米）				30.8	32.0	32.0
人均现住房屋使用面积（平方米）	17.0	17.3	18.2	23.3	24.2	24.2

5—19 农民家庭基本情况

（2000—2005 年）

指　　标	2000 年	2001 年	2002 年	2003 年	2004 年	2005 年
调查户数（户）	800	800	800	800	800	800
调查户人口（人）						
常住人口	2891	2850	2840	2850	2831	2927
平均每户常住人口	3.61	3.56	3.55	3.56	3.54	3.66
平均每户整、半劳动力	2.58	2.55	2.59	2.63	2.62	2.67
平均每个劳动力负担人口（包括劳动力本人）	1.4	1.40	1.37	1.35	1.35	1.37
平均每人全年收入（元）						
总收入	4833.5	5019.7	5692.5	5981.07	6810.69	7599.24
纯收入	3444.6	3606.1	3840.3	3991.03	4451.03	4893.06
现金收入	3552	3830	4670.5	5300.41	5901.22	6725.84
平均每人全年支出（元）						
总支出	3716.4	3786.1	4213.2	4550.4	5150.72	5967.82
#家庭经营性费用支出	1014.4	1081.5	1484.3	1648.05	2126.74	2473.24
购置生产性固定资产支出	34.6	71.8	46.6	119.78	106.71	181.54
生活消费支出	2256.7	2172.7	2244.3	2411.64	2589.4	3016.46
财产性支出	62.36	45.59	12.66	10.01	13.72	6.81
转移性支出	195.21	244.03	268.56	210.68	218.64	252.2
现金支出	3113.8	3211.7	3704.7	4011.92	4530.32	5415.75
#生产费用	1017.8	1095.3	1520	1704.73	2170.16	2522.76
税费支出	150.65	168.1	156.76	147.58	93.45	36.64
生活消费支出	1742.4	1680.4	1750.2	1960.51	2039.14	2604.78
非消费性现金支出	460.22	421.95	713.84	779.69	907.83	849.68

5—20 不同收入组农户家庭基本情况

（2005 年）

指　　标	低收入户	中低收入户	中等收入户	中高收入户	高收入户
平均每户常住人口（人）	4.02	3.97	3.72	3.54	3.05
平均每户整、半劳动力（人）	2.83	2.84	2.65	2.71	2.32
平均每个劳动力负担人口（人）	1.42	1.40	1.40	1.31	1.31
平均每人总收入（元）	4642.86	5373.87	6147.48	7986.94	15710.30
＃现金收入	3960.60	4728.60	5268.35	7049.61	14317.85
平均每人总支出（元）	5023.31	4645.10	4995.85	5406.52	10703.70
＃现金支出	4469.86	4130.83	4476.02	4867.78	10036.45
平均每人纯收入（元）	2112.79	3492.34	4551.38	5880.24	9714.60
工资性收入	780.32	1310.68	1756.12	2228.60	2757.53
家庭经营收入	1192.69	2071.10	2656.53	3414.42	6690.28
转移性收入	100.05	76.90	90.25	169.53	193.85
财产性收入	39.73	33.66	48.48	67.69	72.95

5—21 农民家庭平均每人总收入和纯收入

（2000—2005 年）　　单位：元

指　　标	2000 年	2001 年	2002 年	2003 年	2004 年	2005 年
全年总收入	**4833.5**	**5019.7**	**5692.5**	**5981.1**	**6810.69**	**7599.24**
工资性收入	919.4	990.7	1132.5	1224.8	1344.5	1705.35
家庭经营收入	3686.1	3830.8	4337.1	4578.7	5251.63	5653.39
#农业收入	3102.3	3316.8	3882.6	4068.0	4741.04	4991.89
工业收入	143.4	108.6	78.7	76.8	64.02	108.29
建筑业收入	91.8	89.4	85.6	99.0	112.7	80.70
运输业收入	94.3	82.4	71.5	80.4	95.17	204.69
商业收入	83.6	60.7	68.8	74.7	74.06	88.48
其他服务业收入	75.2	94.0	150.0	179.8	164.6	179.35
转移性收入	202.13	170.46	200.64	160.16	168.24	188.52
财产性收入	25.86	27.67	22.21	17.46	46.31	51.98
全年纯收入	3444.6	3606.1	3840.3	3991.0	4451.03	4893.06
全年总支出	3716.4	3786.1	4213.2	4550.1	5150.72	5967.82
家庭经营费用支出	1014.4	1081.5	1484.3	1648.1	2126.74	2473.24
购置生产性固定资产支出	34.6	71.8	46.6	119.8	106.71	181.54
税费支出	153.2	170.44	156.76	148.07	93.45	36.64
生活消费支出	2256.7	2172.7	2244.3	2411.6	2589.4	3016.46

5—22 农民家庭房屋情况

（2000—2005 年）

指　　标	2000 年	2001 年	2002 年	2003 年	2004 年	2005 年
平均每人住房						
人均住房价值（元）	5665	6115	6679	7428	7464	10374
人均住房面积（平方米）	26.82	27.96	29.56	30.07	30.48	32.94
按住房类型分						
#楼房面积	5.72	6.27	7.66	8.35	9.25	11.8
砖瓦平房面积	20.63	21.25	21.82	21.56	21.08	20.75
按住房结构分						
#砖木结构	22.01	21.73	22.44	22.82	22.1	20.95
钢筋混凝土结构	4.44	4.91	6.85	7.17	8.28	11.93
平均每人本年新建房屋						
新建住房每平方米价值（元）	349	564	432	359	374	492
人均新建住房面积（平方米）	0.69	0.52	0.46	1.17	0.43	0.62
#砖木结构	0.21	0.28	0.15	0.31	0.08	0.16
钢筋混凝土结构	0.48	0.25	0.31	0.85	0.36	0.46
#楼房	0.59	0.35	0.34	0.85	0.38	0.38

5—23　农民家庭平均每人生活消费支出

（2000—2005 年）

单位：元

指　　标	2000 年	2001 年	2002 年	2003 年	2004 年	2005 年
生活消费支出	**2256.7**	**2172.7**	**2244.3**	**2411.64**	**2589.4**	**3016.46**
食　　品	1093.4	965.7	939.1	1016.9	1193.14	1311.19
衣　　着	109.4	95.1	102.3	98.92	113.26	161.81
居　　住	293.3	412.1	379.1	357.76	264.01	329.85
家庭设备用品及服务	107	92.7	100.2	105.53	115.06	168.94
医疗保健	127.5	122.5	128.4	143.25	156.08	191.65
交通和通讯	128.9	137.6	163.9	199.78	246.99	311.7
文化教育娱乐用品及服务	302.7	288.4	332.2	401.96	432.86	475.97
其他商品和服务	94.6	58.8	99.2	87.55	67.99	65.36

5—24　农民家庭年末平均每百户耐用消费品拥有量

（2005 年）

指　　标	全　市	盐都区	响水县	滨海县	阜宁县	射阳县	建湖县	东台市	大丰市
电视机（台）	130	124	123	122	106	124	142	163	127
#彩色电视机	87	89	81	66	79	80	94	100	112
影碟机（台）	39	64	24	15	35	51	48	34	48
收录机（台）	13	14	7	1	11	14	20	18	16
电话机（部）	86	88	82	60	95	83	88	95	101
移动电话（部）	67	58	53	46	47	63	94	90	80
洗衣机（台）	69	87	52	41	78	69	84	66	84
电风扇（台）	223	183	221	205	180	203	231	293	260
电冰箱（台）	31	34	8	18	18	36	35	44	46
抽油烟机（台）	9	30	0	9	5	1	23	1	7
自行车（辆）	155	147	140	129	148	130	172	195	171
摩托车（辆）	55	36	51	33	47	70	30	72	96
空调机（台）	12	20	7	11	10	6	16	12	18
照相机（架）	3	6	4	0	3	3	3	0	3
热水器（台）	22	26	5	18	12	12	13	41	45
计算机（台）	3	1	1	3	5	0	1	5	1

5—25 农民家庭年末平均每百户耐用消费品拥有量

(2000—2005 年)

指　　标	2000 年	2001 年	2002 年	2003 年	2004 年	2005 年
电视机（台）	109	114	116	125	132	130
#彩色电视机	40	43	48	63	73	87
影碟机（台）	8	13	17	23	30	39
收录机（台）	13	14	14	18	19	13
电话机（部）	36	51	58	74	83	86
移动电话（部）	4	7	13	35	49	67
洗衣机（台）	36	40	45	46	55	69
电风扇（台）	178	195	204	218	214	223
电冰箱（台）	9	12	12	15	17	31
抽油烟机（台）	1	1	1	3	3	9
自行车（辆）	158	169	175	170	168	155
摩托车（辆）	21	25	28	34	43	55
空调机（台）				1	2	12
照相机（架）	1	2	2	3	3	3
热水器（台）	3	4	4	9	10	22
计算机（台）	3	1	1	2	4	3

5—26 农民家庭平均每人主要消费品消费量

(2000—2005 年)　　单位：千克

指　　标	2000 年	2001 年	2002 年	2003 年	2004 年	2005 年
粮　食	367.0	358.1	297.3	272.0	259.14	230.1
豆　类	12.8	12.9	12.5	8.5	9.17	8.5
蔬　菜	126.6	113.8	106.1	131.1	130.87	99.1
植物油	10.4	9.6	10.4	7.1	2.56	6.9
猪　肉	11.1	10.2	10.6	10.7	10.12	12.4
禽　肉	4.4	3.7	3.6	3.8	3.76	4
鲜　蛋	11.0	7.8	8.6	9.9	9.03	7.2
鱼　虾	9.1	7.9	9.2	9.9	8.35	9.2
酒　类	6.5	7.1	8.1	6.6	6.75	8.1
水　果	19.8	19.3	14.7	15.1	14.51	11.8

5—27 分地区农民家庭平均每人主要消费品消费量

（2005 年）

单位：千克

指标	全市	盐都区	响水县	滨海县	阜宁县	射阳县	建湖县	东台市	大丰市
粮食	230.1	276.4	209	216	295.7	265.4	230.3	236.9	224
豆类	8.5	5.5	3.2	16.5	16.8	7.9	0.9	5.6	6.2
蔬菜	99.1	119.3	27.8	45.7	92.5	105.3	134.4	110	160.1
植物油	6.9	1.8	3.8	2.4	9.1	8.2	9.4	12.5	5.4
猪肉	12.4	12.5	7.1	12.2	16.2	13.7	11.4	10.7	13.9
禽肉	4	3.6	2.5	3.4	4.8	5.5	5.4	3	3.1
鲜蛋	7.2	5.9	4.2	7	5.5	12.5	10.5	3.3	7.9
鱼虾	9.2	11.5	5.1	9.5	9.3	7.1	7.4	10.9	11.5
酒类	8.1	7.6	5.3	6.9	7.4	8	2.9	10.6	15.8
水果	11.8	7	8.3	13.8	9.3	10.4	14.9	14.1	14

5—28 不同收入组农户平均每人生活消费支出

（2005 年）

单位：元

指标	低收入户	中低收入户	中等收入户	中高收入户	高收入户
生活消费支出	2450.61	2609.76	3031.51	3168.58	4111.13
食品	1090.69	1161.45	1299.33	1361.85	1765.58
衣着	95.36	139.79	169.79	165.41	264.26
居住	335.40	231.15	393.95	357.97	332.46
家庭设备用品及服务	98.80	143.85	155.45	216.63	258.20
医疗保健	264.07	185.12	153.46	151.56	193.61
交通和通讯	169.97	298.09	275.71	413.36	436.23
文化教育娱乐用品及服务	327.94	403.03	534.57	440.07	748.57
其他商品和服务	68.37	47.28	49.24	61.73	112.22
生活消费现金支出	2054.63	2218.06	2631.27	2734.56	3657.47
食品	707.50	780.95	920.88	940.49	1335.15
衣着	95.36	139.79	169.79	165.41	264.26
居住	322.61	219.98	372.18	345.31	309.23
家庭设备用品及服务	98.80	143.85	155.45	216.63	258.20
医疗保健	264.07	185.12	153.46	151.56	193.61
交通和通讯	169.97	298.09	275.71	413.36	436.23
文化教育娱乐用品及服务	327.94	403.03	534.57	440.07	748.57
其他商品和服务	68.37	47.25	49.23	61.73	112.22

5—29 分地区农村居民人均收入与支出情况

（2005 年）　　　　　　　　　　　　　　　　　　单位：元

指　　标	全　市	盐都区	响水县	滨海县	阜宁县	射阳县	建湖县	东台市	大丰市
全年总收入	**7599.24**	**8530.28**	**5817.26**	**6331.49**	**5902.52**	**6816.82**	**6010.76**	**10926.08**	**9740.31**
工资性收入	1705.35	1698.12	1540.64	1514.31	1563.87	978.37	2599.32	2233.07	1515.81
家庭经营收入	5653.39	6593.55	4087.17	4449.86	4157.81	5742.47	3137.10	8481.47	7831.16
#农业收入	4991.89	5355.21	3508.51	3771.66	3580.22	5334.97	2430.34	7774.43	7380.58
工业收入	108.29	307.91	134.91	123.54	6.42		58.69	197.07	58.70
建筑业收入	80.70	185.89	92.41	72.32	13.79	43.66	144.47	42.42	111.61
交通运输业收入	204.69	104.08	128.23	344.16	103.99	255.77	246.36	242.69	95.21
批零贸易餐饮业	88.48	131.44	144.74	55.92	116.05	26.31	200.05	66.72	14.51
社会服务业	113.20	371.85	68.64	74.87	200.08	11.56	32.69	80.93	116.33
文教卫生业	11.58	25.84			50.53		16.53	1.29	
其他家庭经营	54.57	111.34	9.74	7.39	86.72	70.21	7.98	75.93	54.23
财产性收入	51.98	41.86	57.74	96.65	11.30	17.30	48.17	29.68	138.56
转移性收入	188.52	196.75	131.71	270.67	169.54	78.68	226.17	181.85	254.78
全年总支出	**5967.82**	**6143.12**	**4219.71**	**4598.00**	**4282.89**	**4843.56**	**4251.34**	**9836.62**	**8794.96**
#家庭经营费用支出	2473.24	2990.99	1648.69	1876.21	1321.50	1702.71	1007.43	4912.10	3829.59
购置生产性固定资产	181.54	49.39	94.41	27.09	70.88	24.03	15.76	840.26	100.31
税费支出	36.64	58.89	4.74	19.12	69.87	24.34	26.86	35.04	53.51
生活消费支出	3016.46	2819.05	2425.45	2486.49	2714.79	2917.39	3035.93	3552.87	4181.75
#食　　品	1311.19	1314.91	1174.52	1144.99	1276.51	1261.10	1385.37	1352.14	1652.64
衣　　着	161.81	145.24	131.26	149.56	163.04	132.62	224.97	147.41	218.05
居　　住	329.85	200.59	195.99	193.70	202.35	264.26	293.07	641.10	581.56
家庭用品及服务	168.94	126.08	86.52	120.59	213.73	172.63	82.05	274.83	211.12
医疗保健	191.65	200.09	107.28	114.79	194.82	202.04	173.44	291.69	202.69
交通和通讯	311.70	233.06	260.75	250.06	262.86	388.82	272.00	308.09	538.43
文教用品及服务	475.97	457.32	420.45	452.92	376.58	471.56	508.13	462.19	707.75
其他商品及服务	65.36	141.75	48.67	59.87	24.90	24.36	96.89	75.41	69.50
财产性支出	6.81	1.92	0.22	4.78	0.57	13.08		20.57	3.87
转移性支出	252.20	222.16	44.00	184.30	105.15	162.01	165.37	471.99	625.65
全年纯收入	**4893.06**	**5270.30**	**3995.25**	**4260.40**	**4420.01**	**4965.46**	**4833.00**	**5665.09**	**5505.00**

5—30 分地区农村居民人均现金收入与支出情况

（2005 年）

单位：元

指标	全市	盐都区	响水县	滨海县	阜宁县	射阳县	建湖县	东台市	大丰市
年内现金收入	6725.84	7487.63	4932.10	5946.97	4803.81	4912.55	5235.11	10226.98	9754.71
工资性收入	1698.45	1698.12	1540.64	1514.31	1522.40	977.47	2596.37	2232.78	1507.27
家庭经营收入	4823.61	5570.59	3203.11	4110.82	3133.07	3839.09	2400.92	7798.94	8021.20
财产性收入	26.86	22.17	56.64	51.17	11.30	17.30	27.80	21.44	13.43
转移性收入	176.92	196.75	131.71	270.67	137.05	78.68	210.02	173.82	212.81
非收入现金所得	829.85	1345.91	224.19	338.31	97.55	565.92	525.85	1795.95	1658.32
年内现金支出	5415.75	5533.44	3629.23	4379.65	3397.95	4325.98	3556.00	9321.27	8306.92
生产费用支出	2522.76	2954.59	1467.38	1816.38	1025.88	1676.38	947.41	5659.79	3853.27
税费支出	36.64	58.89	4.74	19.12	69.85	24.34	26.86	35.04	53.51
生活消费支出	2604.78	2302.94	2120.80	2356.22	2198.54	2453.91	2426.92	3139.68	3800.50
财产性支出	6.81	1.92	0.22	4.78	0.57	13.08		20.57	3.87
转移性支出	244.76	215.09	36.09	183.14	103.10	158.28	154.80	466.18	595.77
非消费性现金支出	849.68	1833.22	348.42	446.75	371.33	339.49	1067.82	1127.65	1546.68
期末金融资产余额	4759.07	3562.63	1925.68	2783.79	2667.69	4462.02	5588.45	6741.91	10470.80
#年末手存现金	617.99	992.69	323.26	218.79	302.18	449.54	586.36	885.92	1363.54

5—31 市区居民消费价格总指数

（2000—2005年）

类别	以上年价格为100					
	2000年	2001年	2002年	2003年	2004年	2005年
居民消费价格总指数	**101.0**	**100.5**	**97.5**	**102.1**	**103.6**	**101.4**
一、食品	98.0	100.1	100.1	105.4	110.5	104.0
1. 粮食	86.8	117.9	92.7	103.5	145.4	98.7
2. 淀粉及薯类	93.9	98.4	99.1	104.5	117.9	103.4
3. 干豆类及豆制品	95.0	97.5	98.6	109.6	129.1	100.7
4. 油脂类	89.1	95.9	93.2	105.7	113.1	95.8
5. 肉禽及其制品	101.2	102.5	96.6	108.6	122.4	104.7
6. 蛋　类	83.8	104.3	108.7	101.6	123.1	102.7
7. 水产品类	97.8	96.7	88.4	104.7	120.4	105.8
8. 菜　类	109.1	90.0	120.7	113.5	79.6	120.1
＃鲜　菜	109.6	89.4	121.8	114.5	78.5	121.3
9. 调味品	105.4	102.5	100.2	107.6	101.2	100.2
10. 糖类	107.5	102.5	93.6	106.9	98.5	102.2
11. 茶及饮料		99.2	98.8	102.0	99.6	101.1
12. 干鲜瓜果类	97.5	90.1	136.0	96.1	93.4	96.5
＃鲜果	93.1	85.6	164.4	91.7	86.8	94.8
13. 糕点饼干面包	100.0	98.6	98.9	99.9	101.1	101.8
14. 奶及奶制品	100.0	100.2	100.8	100.2	99.9	100.2
15. 在外用膳食品	100.0	100.0	100.0	100.8	102.8	103.3
16. 其他食品及食品加工服务		100.9	105.6	101.3	103.1	100.0
二、烟酒及用品		99.7	98.9	100.0	103.0	100.1
1. 烟　草	98.0	99.5	98.9	100.2	104.5	100.1
2. 酒		99.9	98.1	99.5	100.7	99.9
3. 吸烟饮酒用品		100.6	104.4	100.0	100.0	100.0
三、衣　着	99.7	94.3	82.7	93.0	91.9	97.8
1. 服　装	100.2	94.2	80.7	92.9	91.0	97.0
2. 衣着材料	99.5	95.2	84.8	94.7	97.1	99.2
3. 鞋袜帽	98.7	92.9	83.1	92.4	92.5	98.4

5—31 续表

类别	以上年价格为100					
	2000年	2001年	2002年	2003年	2004年	2005年
4. 衣着加工服务		98.5	100.0	99.2	98.1	105.2
四、家庭设备用品及维修服务	98.3	96.6	92.9	96.0	96.8	99.9
1. 耐用消费品	96.6	95.6	91.1	94.1	93.2	99.8
2. 室内装饰品	100.0	105.1	91.5	93.8	96.5	100.3
3. 床上用品	100.0	100.0	96.7	93.9	97.5	101.1
4. 家庭日用杂品	100.2	93.8	90.0	98.0	103.5	99.8
5. 家庭服务及加工维修服务		99.3	101.1	100.3	100.0	100.0
五、医疗保健和个人用品		102.6	99.5	97.6	97.0	101.9
1. 医疗保健	103.0	105.5	101.3	96.0	94.5	103.0
2. 个人用品及服务		96.1	94.7	101.2	102.4	99.6
六、交通和通讯	99.0	95.8	94.3	93.0	95.1	94.6
1. 交　　通	100.0	94.0	96.5	99.6	100.0	100.9
2. 通　　信	97.4	97.0	93.0	89.3	92.3	91.0
七、娱乐教育文化用品及服务	95.1	107.1	101.8	109.4	99.7	98.3
1. 文娱用耐用消费品及服务	88.4	91.1	83.4	81.8	75.7	85.0
2. 教　　育		120.8	113.1	125.8	110.1	104.5
3. 文化娱乐用品	99.9	98.5	97.8	98.8	103.5	99.3
4. 旅游及外出		98.7	97.3	102.7	94.6	95.7
八、居　　住	108.2	103.7	96.8	102.1	105.4	104.2
1. 建房及装修材料		101.1	93.9	97.1	100.1	100.4
2. 租　　房		114.3	107.2	107.6	100.0	100.0
3. 自有住房	104.1	99.6	93.1	99.4	100.8	108.7
4. 水、电、燃料	111.6	105.4	98.3	104.6	110.2	105.4

5—32 市区商品零售价格总指数

（2000—2005 年）　　单位：%

类　　别	以上年价格为 100					
	2000 年	2001 年	2002 年	2003 年	2004 年	2005 年
商品零售价格总指数	**99.1**	**99.1**	**93.6**	**98.6**	**100.2**	**100.2**
一、食品类	97.5	100.8	100.2	104.7	108.4	104.6
二、饮料、烟酒类	98.3	99.6	98.7	100.0	102.4	100.2
三、服装、鞋帽类	100.1	96.5	83.4	94.1	93.3	96.1
四、纺织品类	99.4	98.3	95.6	94.5	97.0	99.9
五、家用电器及音像器材类	93.6	96.9	91.8	89.3	84.2	94.9
六、文化办公用品类				86.6	87.8	93.0
七、日用品类	99.7	96.7	94.0	98.1	98.2	98.5
八、体育娱乐用品类				96.9	99.1	95.5
九、交通、通信用品类				82.6	86.6	85.2
十、家具类				98.2	94.7	95.7
十一、化妆品类	100.1	97.6	94.9	97.8	99.1	101.6
十二、金银珠宝类	101.3	85.7	94.9	110.3	113.9	103.6
十三、中西药品及医疗保健用品类	101.9	102.0	104.1	97.5	94.2	100.3
十四、书报杂志及电子出版物类	106.6	120.1	95.2	102.4	103.1	100.1
十五、燃料类	127.3	104.7	107.9	109.0	113.0	112.3
十六、建筑材料及五金电料类	97.3	97.4	95.6	99.1	101.0	99.6

5—33 市区分年份物价指数

以上年价格为 100　　（1990—2005）　　单位：%

年　份	居民消费价格总指数	商品零售价格总指数
1990	104.4	103.2
1991	105.5	105.6
1992	109.7	107.6
1993	116.5	114.5
1994	124.6	120.2
1995	117.4	114.6
1996	112.1	107.0
1997	101.9	99.0
1998	98.0	96.4
1999	98.6	96.1
2000	101.0	99.1
2001	100.5	99.1
2002	97.5	93.6
2003	102.1	98.6
2004	103.6	100.2
2005	101.4	100.2

5—34　滨海县分年份物价指数

（2000—2005 年）　　单位：%

类　　别	以上年价格为 100					
	2000 年	2001 年	2002 年	2003 年	2004 年	2005 年
居民消费价格总指数	**99.3**	**101.0**	**100.1**	**102.2**	**104.9**	**102.3**
一、食品类	100.0	100.1	99.9	103.3	109.5	103.1
二、烟酒及用品类		99.7	98.7	101.5	100.1	99.5
三、衣着类	100.4	101.2	103.4	100.6	98.0	98.3
四、家庭设备用品及维修服务类	98.6	98.7	97.4	97.6	99.5	100.0
五、医疗保健和个人用品类	102.5	98.7	97.2	102.8	101.3	100.9
六、交通和通讯类	88.3	96.0	96.9	96.1	98.6	96.6
七、娱乐教育文化用品及服务类	89.1	108.0	105.2	105.1	105.4	107.2
八、居住类	98.1	101.2	98.0	101.2	106.5	103.0
商品零售价格总指数	**99.2**	**99.6**	**97.4**	**100.8**	**103.9**	**100.6**
一、食品类	100.1	99.2	98.4	103.3	109.6	103.0
二、饮料、烟酒类	96.8	101.3	98.9	100.7	100.1	99.4
三、服装、鞋帽类	99.1	103.9	103.3	98.0	97.5	98.3
四、纺织品类	101.0	100.3	102.0	101.8	99.2	99.8
五、家用电器及音像器材类	90.1	93.1	91.7	95.7	99.0	100.9
六、文化办公用品类				92.9	97.2	99.0
七、日用品类				97.5	99.7	100.3
八、体育娱乐用品类				97.8	99.8	100.0
九、交通、通信用品类				86.3	87.0	87.0
十、家具类				102.5	100.0	98.5
十一、化妆品类	98.6	94.5	93.5	103.3	101.0	100.4
十二、金银珠宝类	94.7	87.2	91.1	109.8	119.1	105.7
十三、中西药品及医疗保健用品类	102.8	95.9	93.5	103.5	101.3	91.7
十四、书报杂志及电子出版物类	106.6	116.7	98.3	99.6	100.9	101.1
十五、燃料类	119.9	99.9	101.9	112.5	120.9	116.5
十六、建筑材料及五金电料类	92.4	101.3	95.0	100.5	104.6	101.1

5—35 大丰市分年份物价指数

（2000—2005 年） 单位：%

类别	以上年价格为 100					
	2000 年	2001 年	2002 年	2003 年	2004 年	2005 年
居民消费价格总指数	**100.1**	**100.5**	**99.6**	**101.0**	**106.0**	**102.5**
一、食品类	96.7	100.8	98.0	101.7	113.6	103.0
二、烟酒及用品类		97.2	98.6	100.7	100.0	103.8
三、衣着类	95.9	96.2	105.2	102.5	102.1	101.3
四、家庭设备用品及维修服务类	98.4	96.2	99.9	98.8	105.6	103.0
五、医疗保健和个人用品类	100.1	104.0	100.0	100.7	96.7	99.7
六、交通和通讯类	95.1	97.0	96.5	98.1	99.0	98.0
七、娱乐教育文化用品及服务类	95.0	108.4	105.4	103.4	105.3	101.3
八、居住类	104.2	97.5	96.4	99.9	106.8	106.4
商品零售价格总指数	**96.9**	**98.4**	**98.4**	**99.9**	**104.3**	**100.5**
一、食品类	95.9	101.5	99.9	103.4	114.3	102.3
二、饮料、烟酒类	96.3	95.9	100.5	100.1	100.1	103.4
三、服装、鞋帽类	97.5	93.6	98.4	103.9	103.3	101.4
四、纺织品类	92.7	99.6	98.0	96.2	94.8	98.9
五、家用电器及音像器材类	93.9	93.1	95.6	94.6	97.8	97.7
六、文化办公用品类				95.3	98.4	95.2
七、日用品类				98.2	97.8	99.6
八、体育娱乐用品类				100.3	100.2	97.4
九、交通、通信用品类				91.5	90.4	89.5
十、家具类	95.4	91.0	100.3	91.3	95.6	101.1
十一、化妆品类	99.5	100.5	94.7	99.6	98.1	96.6
十二、金银珠宝类	99.4	87.9	94.3	109.6	118.9	99.8
十三、中西药品及医疗保健用品类	99.2	103.7	100.2	100.3	92.5	96.7
十四、书报杂志及电子出版物类	105.2	114.5	96.7	98.5	103.1	101.1
十五、燃料类	127.8	95.2	90.7	112.0	111.7	116.2
十六、建筑材料及五金电料类	97.5	97.9	95.4	97.3	108.3	107.2

5—36 全市工业品出厂价格指数 *

（2004—2005 年）

指　　标	2004 年	2005 年
全部工业品	**105.84**	**102.00**
#轻　工　业	106.65	101.63
以农产品为原料	109.42	101.27
以非农产品为原料	102.38	102.20
重　工　业	105.03	102.63
采　　掘	146.48	143.26
原　　料	104.65	105.96
加　　工	104.03	100.26
#生产资料	107.10	102.43
采　　掘	146.48	143.26
原　　料	108.10	108.86
加　　工	106.55	100.48
生活资料	103.28	101.21
食　　品	112.66	100.41
衣　　着	99.79	104.38
一般日用品	102.22	103.47
耐用消费品	94.28	93.90
按工业行业大、中类分		
煤炭开采和洗选业	144.78	132.90
非金属矿采选业	146.37	152.07
农副食品加工业	117.61	101.63
食品制造业	107.69	118.96
饮料制造业	101.05	99.64
纺织业	109.78	100.12
纺织服装、鞋、帽制造业	97.48	108.92

* 本资料为试算指数，仅供参考。

5—36 附表

指　　标	2004 年	2005 年
皮革、毛皮、羽毛（绒）及其制品业	101.12	102.48
木材加工及木、竹、藤、棕、草制品业	94.20	101.30
家具制造业	99.28	99.78
造纸及纸制品业	106.82	116.20
印刷业和记录媒介的复制	100.41	100.17
文教体育用品制造业	102.17	109.49
石油加工、炼焦及核燃料加工业	115.54	117.97
化学原料及化学制品制造业	105.13	105.15
医药制造业	88.88	98.29
化学纤维制造业	115.01	112.48
橡胶制品业	100.81	104.52
塑料制品业	104.62	106.00
非金属矿物制品业	108.93	95.27
黑色金属冶炼及压延加工业	139.05	107.93
有色金属冶炼及压延加工业	122.42	124.82
金属制品业	101.68	100.11
通用设备制造业	104.75	102.32
专用设备制造业	107.86	94.21
交通运输设备制造业	96.89	95.80
电气机构及器材制造业	99.77	104.96
通信设备、计算机及其他电子设备制造业	104.72	99.63
仪器仪表及文化、办公用机械制造业	100.00	100.00
工艺品及其他制造业	97.91	99.42
电力、热力的生产和供应业	99.00	104.16
水的生产和供应业	130.22	103.51

5—37 全市原材料、燃料、动力购进价格指数*

(2004—2005 年)

指　　标	2004 年	2005 年
全部原材料	**120.2**	**108.86**
燃料、动力类	111.1	110.95
黑色金属材料类	130.1	112.67
其中：钢材	128.9	106.47
其它	136.3	144.65
有色金属材料和电线类	134.7	117.00
化工原料类	110.8	106.73
木材及纸浆类	101.3	104.43
建筑材料及非金属矿类	125.1	103.14
其它工业原材料及半成品类	112.8	104.41
农副产品类	134.0	94.25
纺织原料类	100.5	118.75
按行业分（企业法）：		
煤炭开采和洗选业	102.4	101.41
非金属矿采选业	121.8	108.34
农副食品加工业	119.0	92.68
食品制造业	114.2	105.61
饮料制造业	135.6	109.36
纺织业	118.9	107.77
纺织服装、鞋、帽制造业	115.4	111.82
皮革、毛皮、羽毛（绒）及其制品业	100.0	100.00
木材加工及木、竹、藤、棕、草制品业	101.4	99.65
印刷业和记录媒介的复制	105.0	101.19
石油加工、炼焦及核燃料加工业	142.1	126.17
化学原料及化学制品制造业	113.6	119.18
医药制造业	92.1	108.08
化学纤维制造业	96.2	152.20
橡胶制品业	107.8	130.84
塑料制品业	134.4	123.33
非金属矿物制品业	126.8	109.70
有色金属冶炼及压延加工业	122.0	136.91
金属制品业	127.7	94.27
通用设备制造业	129.1	112.14
专用设备制造业	121.3	114.29
交通运输设备制造业	117.6	99.57
通信设备、计算机及其他电子设备制造业	113.4	111.03
仪器仪表及文化、办公用机械制造业	123.9	135.94
工艺品及其他制造业	122.8	104.42
电力、热力的生产和供应业	129.7	117.18
水的生产和供应业	104.9	107.80

*本资料为试算指数，仅供参考。

主要统计指标解释

城镇居民家庭人口数 指居住在一起，经济上合在一起共同生活的家庭成员，它同户籍管理部门的“常住人口”的含义不尽一致。凡计算为家庭人口的成员其全部收支都应包括在调查表中。

城镇居民可支配收入 指居民家庭可以用来自由支配的收入。它是家庭总收入扣除缴纳的所得税、个人交纳的社会保障费以及调查户的记账补贴后的收入。计算公式为：可支配收入＝家庭总收入－个人所得税－个人交纳的社会保障支出－记账补贴

消费性支出 指调查户用于日常生活的全部支出，包括食品、衣着、家庭设备用品及服务、医疗保健、交通和通讯、娱乐教育文化服务、居住、杂项商品和服务等八大类支出，均按用途划分归类。现住房建筑面积、使用面积 指抽取样本时所抽中的那套经常居住的住房的建筑面积、使用面积。不包括其它住房的面积，不管其产权状况如何。

农民总收入 是指农村住户年内从各种来源中得到的全部实际收入。包括工资性收入、家庭经营收入、转移性收入和财产性收入。

农民纯收入 是总收入扣除相对应的各项费用支出后，归农民所有的收入。它可用于生产、非生产投资，改善物质和文化生活，以及用于再分配的支出和结余的收入，其中既包括了农民获得的现金纯收入也包括农民实物产品的折价纯收入。用农民纯收入除以相同口径的常住人口，即得到农民人均纯收入。

农民全年总支出 是指农村住户全年用于生产、生活和再分配等方面的全部实际支出。包括家庭经营费用支出、购置生产性固定资产支出、缴纳税款、上交集体的承包任务、集体提留和摊派、生活消费支出和其他非借款性支出。借贷性支出不包括在内。

农民家庭经营费用支出 是指农村住户以家庭为基本生产经营单位从事生产经营活动而消费的商品和服务、自产自用产品。

农民生活消费支出 是指农村居民家庭年内用于日常生活的全部开支。农民生活消费支出，包括用于吃、穿、住、烧、用等生活消费品开支和文化、生活服务费用开支两大部分。

物价指数 是说明两个时期商品价格水平变动趋热和程度的相对数指标。它是以报告期的价格水平与基期的价格水平进行直接对比计算的。当物价指数大于100时，说明价格水平上涨，反之则说明价格水平下跌。编制物价指数的目的，是为了反映市场物价水平的变化情况，分析和研究物价变动对城乡人民生活和国家财政支出的影响程度。

居民消费价格指数 是反映一定时期内城乡居民所购买的生活消费品价格和服务性项目支出价格变动趋势和程度的相对数。利用居民消费价格指数，可以观察和分析价格变动对城乡居民实际生活费用支出的影响程度。

商品零售价格总指数 是全面反映市场商品零售价格总水平变动趋势和程度的相对数。通过它可以观察市场商品总体价格水平升降程度，以及物价变动对城乡人民生活支出的总影响。

企业事业组织有《统计法》第二十七条第一款所列违法行为之一的，由县级以上人民政府统计机构予以警告，并可以处5万元以下的罚款。

个体工商户有《统计法》第二十七条第一款所列违法行为之一的，由县级以上人民政府统计机构予以警告，并可以处1万元以下的罚款。

摘自《中华人民共和国统计法实施细则》第三十三条

6

固定资产投资

六、固定资产投资

	2005年	比上年±%
全社会固定资产投资完成额（亿元）	500	35.0
＃城镇固定资产投资（亿元）	265.06	40.8
＃房地产开发（亿元）	52.24	68.0
房屋施工面积（万平方米）	1182.9	37.1
房屋竣工面积（万平方米）	520.2	37.1

全社会固定资产投资完成额

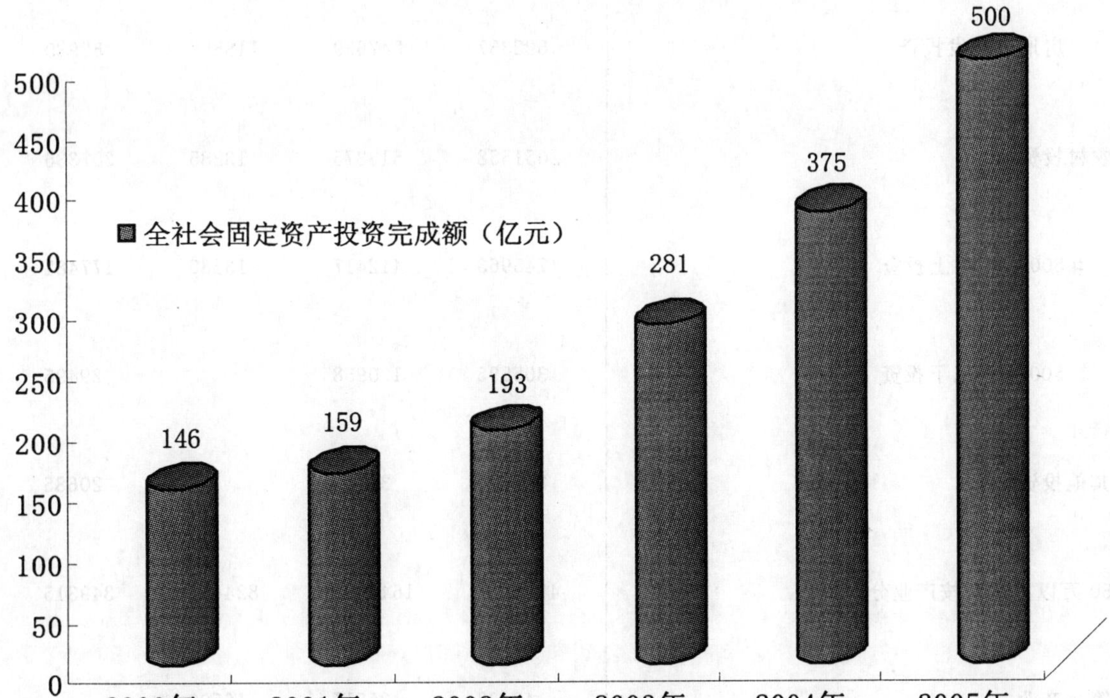

6—1 全 社 会

(20

投 资 种 类	合 计	市区	市 直	亭湖区	盐都区
全社会固定资产投资	5000000	1685000	815000	370000	500000
#工业技改	2701882	600760	139000	170548	291212
#私营个体投资	2872819	627495	21117	309620	296758
1、全社会投资按城乡分					
城镇投资	2650550	1132490	801715	141979	188796
#50万元以上投资	2128193	884831	683165	88999	112667
房地产开发投资	522357	247659	118550	52980	76129
农村投资	2051558	513375	13285	207336	283293
#500万元以上投资	1745963	412417	13285	177481	211830
500万元以下投资	305595	100958		29495	71463
其他投资	297892	39135		20685	27911
2、50万以上投资按产业分	4702108	1645865	824461	349315	472089
第一产业	48437	25315	16500		8815
第二产业	3032885	643086	137305	235211	270570
第三产业	1620786	977464	670656	114104	192704

固定资产投资额

05）

单位：万元

响水县	滨海县	阜宁县	射阳县	建湖县	东台市	大丰市
320000	470000	365000	490000	470000	700000	500000
232769	270000	239121	308955	327452	397704	325121
181512	334237	176982	370412	232650	622481	327050
218344	79318	187690	202675	199683	350092	280258
207004	43688	154049	176505	163960	253375	244781
11340	35630	33641	26170	35723	96717	35477
85252	325952	162857	274886	224673	270094	194469
83056	320737	127572	258243	215553	193002	135383
2196	5215	35285	16643	9120	77092	59086
16404	64730	14453	12439	45644	79814	25273
303596	405270	350547	477561	424356	620186	474727
3400	5583	1906	4270	1350		6613
246965	324089	271463	415241	338723	449026	344292
53231	75598	77178	58050	84283	171160	123822

6—2 分地区全社会固定

(20

年份	合计	市区	市 直	亭湖区	盐都区	响水县
1949	189	27			27	
1952	612	77			77	
1957	2959	2526	2489		37	
1962	884	483	436		47	
1965	1994	851	643		208	
1970	2810	660	467		193	159
1975	2533	1029	898		131	169
1978	6528	2476	1929		547	362
1979	11094	4616	3601		1015	383
1980	13488	5641	4137		1504	1141
1981	10781	3996	2793		1203	998
1982	14094	4613	3061		1552	656
1983	13770	4986	3566	86	1334	616
1984	17861	7021	4823	314	1884	1009
1985	37274	14284	9815	841	3628	3280
1986	107625	25151	13880	711	10560	5963
1987	168577	36830	23188	1415	12227	8040
1988	195571	49398	32340	1960	15098	10114
1989	185299	38407	19020	3811	15576	7309
1990	174472	41990	24255	1926	15809	5912
1991	232993	67040	38159	4381	24500	10545
1992	353046	114145	63301	10807	40037	13649
1993	548915	189501	108566	17923	63012	17350
1994	808494	254677	148926	27349	78402	23772
1995	1023487	278113	157806	26340	93967	24013
1996	1060486	318597	274267	31660	112670	26127
1997	961378	317641	162537	42804	112300	31738
1998	1126038	357236	181478	51724	124034	60210
1999	1318246	466020	241906	85185	138929	57495
2000	1458815	600177	363252	96400	140525	62406
2001	1588189	577075	300426	113299	163350	76983
2002	1934880	643411	290814	136069	216528	99000
2003	2806381	984228	526590	167579	290059	155043
2004	3749071	1288392	664610	265200	358582	230000
2005	5000000	1685000	815000	370000	500000	320000

资产投资额

05）　　　　　　　　　　　　　　　　　　　　　　　　　　单位：万元

滨海县	阜宁县	射阳县	建湖县	东台市	大丰市
13	49	37	4	3	56
102	90	186	20	61	76
105	55	75	42	73	83
113	49	183	6	34	16
232	117	277	241	187	89
224	106	573	217	675	196
72	343	280	114	193	333
553	645	510	437	919	626
1308	1625	578	700	1084	800
945	1131	888	765	1513	1464
842	978	498	689	1624	1156
1074	996	1550	846	2363	1996
1017	918	1399	855	2471	1508
975	1487	2064	1124	2110	2071
2995	2388	3702	2516	4170	3939
9565	8573	8601	7247	11014	31511
9479	10013	10168	9925	47030	37092
13361	14419	18373	13654	37183	39069
13096	13379	14182	11405	48051	39470
12023	13407	16738	12326	33886	38190
12429	15664	22545	18940	32197	53633
16175	23042	35179	25336	65255	60265
21685	30706	49355	49158	107020	84140
26635	45166	62296	60783	241149	94016
43403	66307	90245	79797	322713	118896
44778	86178	99378	98470	257240	129718
72819	103942	80152	89506	160608	104972
77534	128445	102692	89007	177678	133236
82584	134234	106365	111691	221067	138790
71937	118046	117466	125535	227139	136109
79686	120912	142609	156268	268762	165894
131365	153106	180347	201176	315275	211200
230124	209247	241975	284503	418910	282351
341290	260261	358673	352710	550348	367397
470000	365000	490000	470000	700000	500000

6—3 规模以上固定资产投资*

(2000—2005 年)

单位：万元、万平方米

指　　标	2000	2001	2002	2003	2004	2005
一、投资完成额	**980737**	**1016591**	**1331462**	**2197159**	**3090144**	**4396513**
按报表种类分						
城镇投资	606006	619807	732492	1226994	1570763	2128193
房地产开发	118941	133972	173040	231264	311441	522357
农村投资	255790	262812	425930	738901	1207940	1745963
按构成分						
建筑安装工程	623185	631774	772927	1239715	1591523	2348369
设备工器具购置	291952	306152	446764	707049	1023345	1555419
其他费用	65600	78665	111771	250395	475276	492725
二、投资资金来源	**958075**	**1027089**	**1353645**	**2193605**	**3097402**	**4562316**
国家预算内资金	10887	9914	12027	8636	17544	8662
国内贷款	188829	153250	138643	117761	99588	112950
债　　券	4330	500				
利用外资	12205	32235	55491	59531	36580	78971
自筹资金	521647	588953	959851	1778471	2653835	4034571
其他资金	220177	242237	187633	229206	289856	327162
三、本年新增固定资产	**883883**	**799698**	**522984**	**1042482**	**1853264**	**3373347**
四、本年施工房屋面积	**488.09**	**457.61**	**584.23**	**831.72**	**862.88**	**1152.91**
#住宅	222.83	218.08	223.94	316.98	306.44	490.69
五、本年竣工房屋面积	**344.01**	**304.40**	**386.45**	**384.55**	**379.40**	**520.23**
#住宅	154.18	137.96	148.96	180.53	144.74	230.14

*规模以上投资是指城镇 50 万元以上投资、农村 500 万元以上投资和房地产投资。

6—4 规模以上分项固定资产投资

（2005 年）　　单位：万元、万平方米

指　　标	总　计	城镇投资	房地产开发	农村投资
一、投资完成额	**4396513**	**2128193**	**522357**	**1745963**
按登记注册类型				
国有经济	954843	903336	12667	38840
集体经济	57204	11629	16100	29475
联营经济	701256	473585		227671
股份制经济	252106	8500	243056	550
外商投资经济	145781	133981		11800
港澳台商投资经济	48618	29570	15127	3921
私营个体经济	2227254	567092	231907	1428255
其他经济	9451	500	3500	5451
按构成分				
建筑工程	2092605	1125922	402170	564513
安装工程	255764	146144	15426	94194
设备工器具购置	1555419	608122	409	946888
其他费用	492725	248005	104352	140368
二、本年资金来源合计	**4562316**	**2165866**	**552607**	**1843843**
国家预算内资金	8662	2530		6132
国内贷款	112950	57087	42658	13205
利用外资	78971	63871		15100
自筹资金	4034571	1961192	329394	1743985
其他资金来源	327162	81186	180555	65421
三、本年新增固定资产	**3373347**	**1429736**	**333683**	**1609928**
四、本年施工房屋面积	**1152.91**	**260.02**	**561.33**	**331.55**
#住宅	490.69	3.91	465.13	21.66
五、本年竣工房屋面积	**520.23**	**80.14**	**249.49**	**190.60**
#住宅	230.14	2.53	210.61	17.00

6—5　分地区规模以上

（20

投 资 种 类	合 计	市 区			
			市 直	亭湖区	盐都区
一、投资额	**4396513**	**1544907**	**824461**	**319820**	**400626**
按报表种类分					
城镇投资	2128193	884831	683165	88999	112667
房地产开发投资	522357	247659	118550	52980	76129
农村投资	1745963	412417	22746	177841	211830
按构成分					
建筑工程	2092605	959159	587844	147356	223959
安装工程	255764	109193	37257	37020	34916
设备工器具购置	1555419	269580	75565	95260	98755
其他费用	492725	206975	123795	40184	42996
按国民经济行业分					
1.农、林、牧、渔业	42347	24120	16500		7620
2.采掘业	1485	165	165		
3.制造业	2545948	473061	74549	195120	203392
4.电力、煤气及水的生产和供应业	151183	67691	62591	500	4600
5.建筑业	73227	25696		11896	13800
6.交通运输、仓储及邮电通信业	508871	396709	377484	3200	16025
7.信息传输、计算机服务和软件业	57803	32891	31391		1500
8.批发和零售贸易、餐饮业	73563	47623	709	21134	25780
9.住宿和餐饮业	43910	22310		12350	9960
10.金融业	1000	1000		1000	
11.房地产业	540912	261294	118550	59980	82764
12.租赁和商务服务业	15756	13720	13520		200
13.科学研究、技术服务和地质勘探业	700	600		600	
14.水利、环境和公共设施管理业	163846	87224	71314	4550	11360
15.居民服务和其他服务业	14155	11335		1300	10035
16.教育	42091	18078	14188	3140	750
17.卫生、社会保障和社会福利业	4970	2150		1050	1100
18.文化、体育和娱乐业	46071	20690	13500	2600	4590
19.公共管理和社会组织	68675	38550	30000	1400	7150
二、本年新增固定资产	**3373347**	**1056473**	**494560**	**335828**	**226085**
三、本年施工房屋面积	**1152.91**	**382.17**	**134.02**	**123.17**	**124.98**
#住宅	490.69	190.29	97.39	32.85	60.05
四、本年竣工房屋面积	**520.23**	**202.94**	**62.36**	**83.71**	**56.88**
#住宅	230.14	99.68	42.73	21.96	34.99

* 规模以上投资是指城镇 50 万元以上投资、农村 500 万元以上投资和房地产投资。

固定资产投资

05）　　　　单位：万元、万平方米

响水县	滨海县	阜宁县	射阳县	建湖县	东台市	大丰市
301400	**400055**	**315262**	**460918**	**415236**	**543094**	**415641**
207004	43688	154049	176505	163960	253375	244781
11340	35630	33641	26170	35723	96717	35477
83056	320737	127572	258243	215553	193002	135383
126246	115333	136331	166454	167293	206835	214954
11671	18791	25763	22471	10970	22463	34442
139903	235807	134449	243698	185141	225673	121168
23580	30124	18719	28295	51832	88123	45077
3400	5583	1856	2600	1350		3438
1320						
222766	305854	223652	355016	326623	360895	278081
20083	11000	5901	18982	4300	11039	12187
600	2500	9090	29960			5381
23781	7470		1000	1100	47343	31468
2640	1000	6180		9300		5792
1650	7140	3800	5450		6000	1900
2400	2060	1440	7900	1000		6800
11340	40550	33641	26170	35723	96717	35477
		1450	586			
					100	
5960	11936	15862	3014	14500	1900	23450
	1000	1320	500			
4960	2100	6289	3040	740	6500	384
	1020	1800				
	700	1981	1500		12600	8600
500	142	1000	5200	20600		2683
273832	**343419**	**260845**	**311748**	**330268**	**482589**	**314173**
47.52	**145.76**	**100.76**	**113.97**	**108.11**	**178.81**	**75.81**
12.29	42.51	27.06	106.86	29.49	47.53	34.65
35.99	**87.29**	**65.69**	**51.47**	**22.36**	**26.39**	**28.10**
4.80	21.31	22.87	45.74	15.77	17.80	2.16

6—6 分地区城镇固

（20

投资种类	合计	市区			
			市直	亭湖区	盐都区
一、项目个数（个）					
施工项目个数	1033	292	79	102	111
#本年新开工	854	233	47	97	89
本年投产项目个数	616	164	26	82	56
二、投资额					
计划总投资	5355533	2793831	2224272	129769	439790
自开始至本年底累计完成投资	3249604	1684903	1409869	88999	186035
本年计划投资	2950546	1060053	678064	94069	287920
本年完成投资	2128193	884831	683165	88999	112667
按构成分					
建筑工程	1125922	571515	479844	26590	65081
安装工程	146144	63687	31571	17190	14926
设备工器具购置	608122	132795	75395	33170	24230
其他费用	248005	116834	96355	12049	8430
按经济类型分					
国有经济	903336	601410	581118		20292
集体经济	11629	8490		500	7990
股份制经济	473585	144118	56999	59829	27290
联营经济	8500				
外商投资经济	133981	23465	21345		2120
港澳台商投资经济	29570	2586	2586		
私营个体经济	567092	104262	21117	28170	54975
其他	500	500		500	
三、本年新增固定资产	**1429736**	**453511**	**337402**	**83469**	**32640**
四、房屋建筑面积（万平方米）					
本年施工房屋面积	260.0	65.4	16.4	13.1	36.0
本年竣工房屋面积	80.1	26.0	8.6	12.0	5.4
本年竣工房屋价值	93543	34281	13600	13001	7680
五、固定资产投资资金来源					
本年资金来源合计	2173272	902002	659958	89149	152895
1. 上年末结余资金	7406	6106	6106		
2. 本年资金来源小计	2165866	895896	653852	89149	152895
#国家预算内资金	2530	2300	2300		
国内贷款	57087	12420	10850	800	770
利用外资	63871	21811	19191		2620
自筹资金	1961192	858865	621511	87849	149505
其他资金来源	81186	500		500	
六、本年各项应付款合计	**76775**	**60888**	**33418**		**27470**
#工程款	68395	53808	33418		20390

* 此表不包括房地产投资。

定资产投资主要指标*

05）

单位：万元

	响水县	滨海县	阜宁县	射阳县	建湖县	东台市	大丰市
	78	49	89	69	81	282	93
	70	46	82	41	70	259	53
	72	39	73	39	1	163	65
	372808	71294	276538	368589	296170	556252	620051
	256109	60288	191859	256417	182480	253375	364173
	277564	65915	155073	299677	229606	549252	313406
	207004	43688	154049	176505	163960	253375	244781
	101651	17522	68785	72189	56670	97485	140105
	8330	1069	14538	11869	4630	17782	24239
	81747	20048	67384	81135	78280	85836	60897
	15276	5049	3342	11312	24380	52272	19540
	42944	16318	46000	22326	38820	81388	54130
		1036	1003	1100			
	28600		63890	35987	97980	6000	97010
							8500
	55800		15000	12166	1500		26050
	6560		10900		100		9424
	73100	26334	17256	104926	25560	165987	49667
	186939	**33687**	**112795**	**115708**	**123609**	**231736**	**171751**
	25.5	18.2	49.3		25.2	71.1	5.3
	22.4	6.1	20.4		0.3		4.9
	29735	5009	17675		220		6623
	225714	43688	150847	191505	163660	253375	242781
						1017	283
	225714	43688	150847	191505	163660	252358	242498
							230
	9472	2700	3245	1470	15100	9280	3400
	38000						4060
	177042	40988	114472	181165	148560	243036	196794
	1200		32860	8870		42	37714
	9290		**3202**		**300**		**3095**
	9290		3202				2095

6—7　城镇固定资产投资额构成与新增固定资产 *

（2005 年）　　　　单位：万元

类　　别	本年完成					本年新增
	投资额	建筑工程	安装工程	设备购置	其它费用	固定资产
总　　计	**2128193**	**1125922**	**146144**	**608122**	**248005**	**1429736**
一、按经济类型分						
1.国有经济	903336	605860	39512	97174	160790	539773
2.集体经济	11629	9029	1600	800	200	11026
3.股份制经济	473585	186350	57753	187383	42099	302454
4.联营经济	8500	5500		2500	500	
5.外商投资经济	133981	76278	9403	43350	4950	126506
6.港澳台商投资经济	29570	8977	3363	15462	1768	23334
7.私营个体经济	567092	233828	34313	261353	37598	426143
8.其　　他	500	100	200	100	100	500
二、按隶属关系分						
1.中央	22090	1200	3330	17460	100	21029
2.省	58147	9068	28910	17221	2948	33348
3.市	578403	416476	14761	63244	83922	304436
4.县	457074	276830	20055	76217	83972	307737
5.其他	1012479	422348	79088	433980	77063	763186
三、按建设性质分						
1.新建	1462000	715946	106427	470787	168840	924458
2.扩建	555212	355244	23772	105025	71171	435738
3.改建	99749	54182	15945	26128	3494	62884
4.单纯建造生活设施	4500				4500	2795
5.迁建	891	550		341		200
6.单纯购置	5841			5841		3661
四、按项目规模分						
1.50—500 万元	129835	55194	6184	61756	6701	126053
2.500—1000 万元	139868	12419	53545	12937	123541	
3.1000—3000 万元	368544	172662	32940	133681	29261	256011
4.3000—5000 万元	226873	96427	17598	80916	31932	150978
5.5000 万元—1 亿元	389215	214221	35308	116465	23221	242829
6.1 亿元—5 亿元	508061	237875	38695	150759	80732	336728
7.5 亿元—10 亿元	104110	80428	3000	11000	9682	54000
8.10 亿元以上	261687	208148			53539	139596

* 此表不包括房地产投资。

6—8　分行业城镇固定资产投资额构成与新增固定资产 *

（2005 年）　　单位：万元

类别	本年完成投资额	建筑工程	安装工程	设备购置	其它费用	本年新增固定资产
总计	**2128193**	**1125922**	**146144**	**608122**	**248005**	**1429736**
1. 农、林、牧、渔业	8362	3930	205	3612	615	6164
2. 采掘业	1485	925	330	230		1320
3. 制造业	1030882	412928	72103	470722	75129	746207
农副食品加工业	54119	17630	6536	28225	1728	43519
食品制造业	3535	1500	25	1830	180	3687
饮料制造业	7355	3515	940	1800	1100	2600
纺织业	221786	81082	11735	108849	210120	130350
纺织服装、鞋、帽制造业	64451	30712	3735	22316	7688	44776
皮革、毛皮、羽毛及其制品业	3356	1110	520	1506	220	520
木材加工及木、竹、藤、棕、草制品业	5158	2295	300	2363	200	4000
家具制造业	830	478		352		830
造纸及纸制品业	14060	3255	1905	8800	100	10940
印刷业和记录媒介的复制	4788	1448	440	2540	360	5076
文教体育用品制造业	4665	2065	400	2100	100	1429
化学原料及化学制品制造业	137998	68709	7676	49642	11971	124535
医药制造业	59265	23893	2654	27563	5155	40749
化学纤维制造业	4400	730	150	3350	170	4400
橡胶制品业	19514	4050	2570	12894		3814
塑料制品业	14042	5155	920	7497	470	10948
非金属矿物制品业	25970	11965	4310	7365	2330	16850
黑色金属冶炼及压延加工业	7700	2100	600	5000		2100
有色金属冶炼及压延加工业	4070	2130		1800	140	2870
金属制品业	44140	14736	4875	21579	2950	37696

* 此表不包括房地产投资。

6—8 续表

单位：万元

类　　　别	本年完成投资额	建筑工程	安装工程	设备购置	其它费用	本年新增固定资产
通用设备制造业	129452	62179	7973	50884	8416	83769
专用设备制造业	92025	26934	4833	57805	2453	89370
交通运输设备制造业	48783	24090	3903	19490	1300	43530
电气机械及器材制造业	24327	9915	1953	10248	2211	18745
通信设备、计算机及其他电子设备	9864	2650	370	2850	3994	6100
仪器仪表及文化、办公用机械	950	520	50	350	30	650
工艺品及其他制造业	22113	8082	2730	9558	1743	10188
废弃资源和废旧材料回收加工业	2166			2166		2166
4. 电力、煤气及水的生产和供应业	124721	25630	21590	71257	6244	110991
5. 建筑业	32240	27990	3020	1150	80	10590
6. 交通运输、仓储及邮电通信业	476958	352032	300	3411	121215	236070
7. 信息传输、计算机服务和软件业	56303	3374	26530	25899	500	35504
8. 批发和零售贸易、餐饮业	42023	24019	4510	8290	5204	30334
9. 住宿和餐饮业	35010	19220	4900	7530	3360	18610
10. 金融业	1000	200	300	500		1000
11. 房地产业	4010	3010	400		600	4010
12. 租赁和商务服务业	14306	9750	50	250	4256	14815
13. 科学研究、技术服务和地质勘探业	700	50	20	630		700
14. 水利、环境和公共设施管理业	154736	122478	8527	5331	18400	132117
15. 居民服务和其他服务业	1960	1540	70	250	100	2260
16. 教　育	35031	29500	351	1790	3390	25273
17. 卫生、社会保障和社会福利业	4470	3800	140	350	180	1050
18. 文化、体育和娱乐业	42971	33251	2000	4320	3400	32520
19. 公共管理和社会组织	61025	52295	798	2600	5332	20201

6—9 施工规模与新增生产能力（或效益）

（2005 年）

能力名称	建设规模	本年施工规模		新增生产能力	
			本年新开工		本年
原煤开采（万吨/年）	45	45		45	45
焦炭（万吨/年）40	40		40	40	
火力发电（万千瓦）	74	74	0.4	67	67
其他发电（万千瓦）	3	3		3	3
硫酸（吨/年）	450	450	150	450	450
丙烯（吨/年）	20	20			
染料（吨/年）	600	600	600		
轿车制造（辆）	50000	50000		50000	50000
棉纺锭（锭）	445200	445200	267000	274000	274000
新建公路（公里）	384.86	384.86	91.22	206.04	206.04
＃高速公路（公里）	267.24	267.24		95.64	95.64
新建二级公路（公里）	48.4	48.4	22	48.4	48.4
新建一级公路（公里）	19.22	19.22	19.22	12	12
改建公路（公里）	1300.2	1251.2	959	1163	1163
改建一级公路（公里）	47	35.5			
改建二级公路（公里）	463.95	426.45	169.75	373.75	373.75
新建公路客、货运站（个）	1	1			
新建公路客、货运站（平方米）	4600	4600			
中学学生席位（个）	6550	6550	6550	6550	6550
建筑面积（平方米）	37665	37665	37665	37665	37665
小学学生席位（个）	6100	6100	5700	6100	6100
建筑面积（平方米）	27283	27283	26653	27283	27283
其他学校学生席位（个）	800	800	800	800	800
建筑面积（平方米）	4000	4000	4000	4000	4000
医院病床（张）	360	360	160	160	160
城市公共交通车辆购置（辆）	39	39	39	39	39
城市道路扩建长度（公里）	30	30	30	30	30
变电设备能力（万千伏安）	18	18	18	18	18
城市道路扩建面积（平方米）	16	16	16	16	16
城市污水处理能力（万吨/日）	6	6	3	6	6
城市自来水管道长度（公里）	25	25	25	25	25
程控交换机（万线/年）	2.89	2.89	2.89	2.89	2.89
化学农药原药	2700	2700	2700	2700	2700
机制纸板（万吨/年）	1	1	1	1	1
挤压钢材（万吨/年）	1.5	1.5		1.5	1.5
客房（平方米）	1500	1500	1500	1500	1500
客房数（间）	55	55	55	55	55
磷肥	1000	1000	1000	1000	1000
轮胎内胎（万条/年）	100	100	100	100	100
轮胎外胎（万条/年）	5	5	5	5	5
啤酒（万吨/年）	1.5	1.5		1.5	1.5
水泥（万吨/年）	145	145	45	130	130
新建独立公路桥梁（延长米）	1000	1000		1000	1000
新建独立公路桥梁（座）	1	1		1	1
中成药（吨/年）	25	25	25	25	25

6—10 房 地 产 开 发

（2000—2005年）

指 标	2000年	2001年	2002年	2003年	2004年＊	2005年
一、单位个数（个）	**87**	**81**	**83**	**109**	**175**	**163**
二、本年完成投资（万元）	118431	133972	173040	231264	425914	522357
＃商品房建设投资	115634	121539	143907	184419	257703	410951
土地开发投资	3307	12433	26533	34689	72314	65234
按构成分						
建筑安装工程（万元）	111207	107351	135066	182744	250946	417596
设备工器具购置（万元）	234	37	524		903	409
其他费用（万元）	7500	26584	37450	48520	172265	104352
按工程用途分						
住 宅（万元）	82170	95176	128994	181822	248760	375668
办公楼（万元）	5696	5589	2937	2594	5340	12643
商业营业用房（万元）	27405	23074	18779	37634	49886	115075
其 他（万元）	3670	10133	22330	9214	121928	18971
三、本年施工房屋面积（万平方米）	202.44	191.59	208.63	271.89	388.89	561.33
＃住宅	157.59	160.85	180.44	243.32	314.12	465.13
本年竣工房屋面积（万平方米）	126.80	108.00	123.37	134.08	196.02	249.49
＃住宅	100.22	93.18	109.95	127.47	165.30	210.61
竣工房屋价值（万元）	113042	95906	118101	130188	219251	264074
＃住宅	81902	78088	95465	120479	182903	214146
商品房销售面积（万平方米）	117.17	80.73	96.81	144.3	180.03	178.12
＃住宅	102.28	70.3	88.99	137.19	157.20	159.63
商品房销售额（万元）	131544	100230	116885	161130	293413	338370
＃住宅	108148	79011	99925	144085	231614	268160
四、本年经营收入总计（万元）	143784	110647	122653	174015	277992	388693
土地转让收入	2298	3648	2357	170	1714	31
商品房屋销售收入	140740	102882	119944	166603	258024	364130
房屋出租收入	117	65	29		328	589
其他经营收入	629	4052	323	7242	2502	23192
五、其他指标						
利税总额（万元）	7227	5449	12880	17048	24524	28555
资产总额（万元）	280805	273041	311732	471295	744323	876697
负债总计（万元）	248518	217574	243843	390277	571840	652252
所有者权益总计（万元）	32287	55467	67889	81018	172483	224445
年末职工人数（人）	5245	3173	4227	5990	5612	4894
全年工资总额（万元）	4127	3068	4719	7000	5427	6668

＊2004年资料为经济普查数。

6—11 分经济类型房地产开发

(2005年)

指　　标	合　计	国有经济	集体经济	股份制经济	港澳台经济	私营经济	其　他
一、企业个数（个）	**163**	**5**	**6**	**65**	**4**	**82**	**1**
二、投资额							
计划总投资	1240027	16500	18000	628201	29700	539626	8000
自开始建设累计完成投资	754887	13997	17800	384777	16327	314486	7500
本年计划投资	652700	13300	17300	304630	19700	292770	5000
本年完成投资	522357	12667	16100	243056	15127	231907	3500
＃商品房建设投资额	410951	12667	16100	186868	9230	182586	3500
土地开发投资额	65234			47251	1000	16983	
按构成分：							
建筑工程	402170	11913	15100	169540	7398	194719	3500
安装工程	15426	240	400	7602	1124	6060	
购置工器具	409			50		359	
其他费用	104352	514	600	65864	6605	30769	
按工程用途分							
住　宅	375668	3410	4000	172894	10265	182999	2100
办公楼	12643			2053	1723	8867	
商业营业用房	115075	9257	12100	52346	3139	36833	1400
其　他	18971			15763		3208	
三、本年新增固定资产	333683	4900	4000	164088	11000	148095	1600
四、土地开发（万平方米）							
本年完成开发土地面积	59.88			33.75	3.07	23.07	
待开发土地面积	106.76			53.78	4.70	48.29	
本年购置土地面积	10.18			6.72	0.55	2.91	
五、房地产开发资金来源							
本年资金来源合计	602911	12727	17300	278348	15360	275676	3500
1、上年末结余资金	50304	650		23512	4200	21942	
2、本年资金来源	552607	12077	17300	254836	11160	253734	3500
(1)国内贷款	42658			12505	600	28953	600
(2)自筹资金	329394	5847	5900	184718	860	130069	2000
＃自有资金	110385	3237	600	37411	860	66277	2000
(3)其他资金来源	180555	6230	11400	57613	9700	94712	900
＃定金及预收款	155668	3730	3400	48179	9700	89759	900
六、本年各项应付款合计	56958	2700		23895	1776	28587	
＃工程款	34988	700		18482	680	15126	

6—12 分经济类型房屋建设与销售

（2005 年） 单位：万元、万平方米

指　　标	合　计	国有经济	集体经济	股份制经济	港澳台经济	私营经济	其　他
一、全部房屋建设							
施工面积	561.33	2.66	6.23	213.51	12.09	323.55	3.30
#新开工	313.67	2.20	2.50	120.86	10.75	177.36	
竣工面积	249.49	0.46	1.30	93.70	6.59	144.64	2.80
竣工房屋价值	264074	800	2950	122194	7627	128948	1555
二、全部住宅建设							
施工面积	465.13	2.62	2.50	165.90	9.92	282.22	1.98
#新开工	266.35	2.20	2.50	94.41	9.28	157.97	
竣工面积	210.61	0.42	1.30	68.19	4.62	134.41	1.68
竣工房屋价值	214146	700	2950	88660	4006	116975	855
竣工房屋住宅套数	20790	42	104	5634	462	14364	184
三、商品房屋销售							
商品房销售面积	178.12	0.27	1.30	64.38	6.64	102.73	2.80
#现房销售	128.40	0.27	1.30	46.21	4.81	75.82	
期房销售	49.71			18.17	1.83	26.91	2.80
空置面积	20.14			7.86		12.28	
商品房销售额	338370	405	3224	137356	14515	178995	3875
#现房销售	233551	405	3224	93429	12332	124161	
期房销售	104819			43927	2183	54834	3875
四、商品住宅销售							
商品房销售面积	159.63	0.27	1.30	54.12	5.99	96.28	1.68
#现房销售	119.58	0.27	1.30	40.88	4.30	72.83	
期房销售	40.05			13.23	1.69	23.45	1.68
空置面积	13.85			2.79		11.06	
商品房销售额	268160	405	3224	97097	11842	153848	1744
#现房销售	205702	405	3224	77819	9981	114273	
期房销售	62458			19278	1861	39575	1744

6—13 城镇私人建房

（2005 年） 单位：万元、平方米

分类	建房户数	本年房屋面积	住宅	本年竣工房屋价值	住宅
总计	**8352**	**1737328**	**1574291**	**86533**	**79851**
一、按城镇类别分					
（一）县城	803	133190	127215	5185	4628
（二）镇	7519	1598477	1441415	81213	75088
（三）工矿区	30	5661	5661	135	135
二、按地区分					
市区	2812	519605	463349	26946	24892
响水县	55	5441	4627	264	220
滨海县	821	89765	83255	4393	3654
阜宁县	522	44765	43378	2014	1861
射阳县	830	158270	150120	6242	5740
建湖县	1202	158660	143499	8900	8181
东台市	1689	681798	616311	33819	32294
大丰市	421	79084	69752	3955	3009
农业户建房合计	5822	1224940	1134071	63747	59345
一、按城镇类别分					
（一）县城	396	70775	63293	3253	2732
（二）镇	5421	1153865	1071478	60464	56583
（三）工矿区	5	300	300	30	30
二、按地区分					
市区	2265	385893	331842	22486	20359
响水县					
滨海县	387	40540	35530	2143	1545
阜宁县	221	19753	19144	814	770
射阳县	370	92450	86750	3490	3490
建湖县	987	139050	133868	6800	6440
东台市	1196	483204	466437	25068	23891
大丰市	396	64050	60500	2946	2850

6—14 分地区

(20

投资种类	合计	市区			
			市直	亭湖区	盐都区
一、企业个数（个）	163	68	37	14	17
二、投资额（万元）					
计划总投资	1240027	638121	320320	173600	144201
自开始建设累计完成投资	754884	396736	165425	116180	115131
本年计划投资	652700	315722	161621	67100	87001
本年完成投资	522357	247659	118550	52980	76129
＃商品房建设投资额	410951	199461	87662	50580	61219
＃土地开发投资额	65234	15430	1930	2300	11200
按构成分：					
建筑工程	402170	207550	101754	48480	57316
安装工程	15426	11526	5686	1600	4240
购置工器具	409	220	170	50	
其他费用	104352	28363	10940	2850	14573
按工程用途分：					
住宅	375668	177338	63512	49060	64766
办公楼	12643	3451	3451		
商业营业用房	115075	54247	50527	2420	1300
其他	18971	12623	1060	1500	10063
三、本年新增固定资产（万元）	333683	162798	65950	66908	29940
四、土地开发（万平方米）					
本年完成开发土地面积	59.88	27.26	21.25	1.53	4.49
待开发土地面积	106.76	27.18	11.74		15.44
本年购置土地面积	10.18	4.10	1.06		3.05
五、房地产开发资金来源					
本年资金来源合计	602911	317453	170797	63637	83019
1、上年末结余资金	50304	34412	14904	1688	17820
2、本年资金来源	552607	283041	155893	61949	65199
(1)国内贷款	42658	38443	26060	1300	11085
(2)自筹资金	329394	135235	63990	30444	40801
自有资金	110385	52953	16772	20300	15881
(3)其他资金来源	180555	109361	65843	30205	13313
＃定金及预收款	155668	93351	54933	30205	8213
六、本年各项应付款合计	56958	32024	13593	7651	10780
＃工程款	34988	22060	5617	7591	8852

房地产开发情况

05年）

响水县	滨海县	阜宁县	射阳县	建湖县	东台市	大丰市
4	**9**	**8**	**11**	**13**	**29**	**21**
24700	112375	44961	54800	70536	163450	131084
16830	47987	44091	37770	54693	101202	55578
14880	42800	36341	32400	43840	123272	43445
11340	35630	33641	26170	35723	96717	35477
11340	34863	31481	24500	34233	61386	13687
		1160	385	1020	35031	12208
8700	26073	27701	23700	30294	59866	18286
		900		250	1000	1750
						189
2640	9557	5040	2470	5179	35851	15252
9136	24135	32101	21800	20326	67115	23717
		100			2353	6739
2204	9695	1440	2500	15397	24849	4743
	1800		1870		2400	278
3465	5150	32592	22400	33752	58251	15275
		17.62	1.99	1.66	3.07	8.29
8.50	9.62	26.72	2.96	3.38	24.92	3.48
0.26	0.63	2.38	0.20	0.37	1.97	0.28
12300	31505	40136	26170	34248	96717	44382
150	2885	1765	800	1564	5600	3128
12150	28620	38371	25370	32684	91117	41254
600		700		40		2873
5816	19530	8969	22270	12147	91117	34310
2860	14530	2901	21500	10207	2400	3034
5734	9090	28702	3100	20497		4071
5261	7906	24852	3100	17677		3521
729	7400	5380	71	6095		5259
120	7400	2202	60	1200		1946

6—15 分地区房地

（20

投资种类	合计	市区			
			市直	亭湖区	盐都区
一、年初存货	312417	151441	112015	15687	23739
二、年末资产负债					
流动资金合计	766955	408872	241985	78688	88289
其中：存货	433184	223137	126445	50330	46362
固定资产原价	54123	15890	8418	3323	4149
累计折旧	10778	6006	4090	797	1119
其中：本年折旧	1854	1035	712	164	159
资产总计	876697	466989	275085	90327	101577
负债合计	652252	364384	226263	73639	64482
所有者权益合计	224445	102605	48822	16688	37095
其中：实收资本	188283	86335	40164	12426	33745
国家资本	8510	6410	4410		2000
集体资本	1736	586		586	
法人资本	65796	25950	12160	87	13703
个人资本	106903	52159	22364	11753	18042
港澳台资本	5339	1230	1230		
三、损益及分配					
主营业务收入	387942	220888	96519	59138	65231
土地转让收入	31				
商品房屋销售收入	364130	205981	96451	44299	65231
房屋出租收入	589				
其他收入	23192	14907	68	14839	
主营业务成本	299807	171563	69161	52130	50272
主营业务税金及附加	24555	14134	6489	2229	5416
主营业务利润	54616	28762	16752	3461	8369
其他业务收入	751	464	78	300	86
其他业务利润	623	399	156	72	171
销售费用	8964	6429	4117	1138	1174
管理费用	16626	9901	4803	2244	2854
其中：税　金	830	659	387	36	236
差旅费	1345	662	287	31	344
工会经费	116	65	32	8	25
财务费用	9502	7062	4953	536	1573
其中：利息支出	3397	2146	943	321	882
营业利润	29111	12198	7152	933	4113
投资收益	289	264	—17		281
营业外收入	181	151	55	84	12
营业外支出	1026	537	240	212	85
利润总额	28555	12076	6950	805	4321
应交所得税	6660	3524	2305	418	801
劳动、失业保险费	419	260	153	16	91
住房公积金及住房补贴	263	183	49	2	132
四、工资、福利费					
本年应付工资总额	6668	2664	1388	684	592
本年应付福利费总额	1036	465	226	87	152
五、全部从业人员年平均人数（人）	4894	1156	452	322	382

产财务情况

05 年） 单位：万元

响水县	滨海县	阜宁县	射阳县	建湖县	东台市	大丰市
153	19461	4903	1625	54165	25803	54866
8752	60279	39020	11030	91269	65100	82633
3210	34101	12998	3496	59342	43361	53539
1136	237	4255	23257	1390	1994	5964
136	50	1540	1886	149	321	690
24	30	243	196	22	111	193
10234	64223	43106	34799	95310	68585	93451
7725	47550	29621	10731	69912	58240	64089
2509	16673	13485	24068	25398	10345	29362
2434	8667	9596	17515	24973	9401	29362
						2100
		710			440	
	5480	3608		21449	3958	5350
2434	3187	5278	17515	3524	5003	17803
						4109
6121	21228	27879	21351	36212	34173	20090
					31	
6119	21228	27779	21351	28190	33843	19639
		90			48	451
2		10		8022	251	
7180	11491	23619	14424	30432	24882	16216
415	1442	1802	921	2866	1843	1132
−1572	7915	2290	5886	1865	7027	2443
	8			35	19	225
	7			20	12	185
98	380	168	120	1049	421	299
235	899	824	161	1721	1151	1734
2	43	27	1	15	61	22
14	34	78	6	396	55	100
		12	1	21	9	8
22	368	625	110	121	−29	1223
22	367	623	110	−2	−35	166
−1829	6655	841	5615	43	5917	−329
						25
1	9	1			5	14
1	414	18		3	46	7
−1829	6250	824	5615	40	5876	−297
40	1213	248	150	162	745	578
	15	65	8	21	11	39
17	9	27		15		12
96	403	404	431	1201	946	523
23	54	56	109	121	120	88
97	160	377	305	1763	571	465

6—16 分地区农村固定资产

（20

投资种类	合计	市区			
			市直	亭湖区	盐都区
一、项目个数（个）					
施工项目个数	1678	361	2	167	192
#本年新开工	1378	341	1	152	188
本年投产项目个数	986	269	1	135	133
二、投资额					
计划总投资	3203022	638124	107708	219301	311115
自开始建设至本年底累计完成投资	2170130	552349	107708	215301	229340
本年计划投资	2585172	489432	22746	181491	285195
本年完成投资	1745963	412417	22746	177841	211830
按构成分：					
1.建筑工程	564513	180094	6246	72286	101562
2.安装工程	94194	33980		18230	15750
3.设备工器具购置	946888	136565		62040	74525
4.其他费用	140368	61778	16500	25285	19993
按经济类型分					
1.国有经济	38840	25886	22746	3140	
2.集体经济	29475	28075		21175	6900
3.股份制经济	227671	87930		46050	41880
4.联营经济	550				
5.外商投资经济 11800					
6.港澳台商投资经济	3921	1400			1400
7.私营个体经济	1428255	267051		107476	159575
8.其　　他	5451	2075			2075
按建设性质分					
1.新　　建	1304812	226217	22746	140806	62665
2.扩　　建	322919	134950		28565	106385
3.改　　建	113232	46250		3470	42780
4.单纯购置	5000	5000		5000	
三、本年新增固定资产	1609928	440164	91208	185451	163505
四、房屋建筑面积（万平方米）					
本年施工房屋面积	331.55	106.31		72.29	34.02
本年竣工房屋面积	190.60	71.75		49.73	22.02
本年竣工房屋价值	149736	75006		45516	29490
五、房地产开发资金来源					
本年资金来源合计	1843843	419377	6246	203891	209240
(1)国家预算内资金	6132				
(2)国内贷款	13205	1530		500	1030
(3)利用外资	15100	1400			1400
(4)自筹资金	1743985	396267	6246	197191	192830
(5)其他资金来源	65421	20180		6200	13980
六、本年各项应付款合计	39970	38090	16500		21590
#工程款	17840	17360			17360

*本表为500万元以上项目投资额。

投资主要指标*

05 年）　　　　　　　　　　　　　　　　　　　　　　　　　　单位：万元

响水县	滨海县	阜宁县	射阳县	建湖县	东台市	大丰市
88	254	147	179	224	260	165
85	193	147	158	167	166	121
87	201	139	119	1	56	114
135250	498517	163339	501340	513830	399792	352830
89598	393618	128267	338097	291858	193002	183341
125710	405177	153839	428560	389269	399792	193393
83056	320737	127572	258243	215553	193002	135383
15895	71738	39845	70565	80329	49484	56563
3341	17722	10325	10602	6090	3681	8453
58156	215759	67065	162563	106861	139837	60082
5664	15518	10337	14513	22273		10285
			5660	520		6774
	800	600				
		22895	14800	75400	12255	14391
						550
		1900	8400	500		1000
		1080		1441		
83056	319937	100097	229383	137692	180747	110292
		1000				2376
53436	320737	45643	239843	138311	193002	87623
29620		35991	18400	77242		26716
		45938				21044
83428	304582	115458	173640	172907	192602	127147
9.50	78.51	26.67	3.97	35.63	48.71	22.25
9.04	62.72	23.42	3.97	1.11		18.59
6313	35074	14645	2650	893		15155
83056	322537	126692	288243	250553	193002	160383
					400	5732
3485	400	1800		2800		3190
			11000			2700
75796	321896	87547	277243	247753	192602	144881
3775	241	37345				3880
		880				1000
		480				

6—17 农村固定资产投资构成与新增固定资产*

(2005年)　　单位：万元

类别	本年完成投资额	建筑工程	安装工程	设备购置	其它费用	本年新增固定资产
总计	**1745963**	**564513**	**94149**	**946888**	**140368**	**1609928**
一、按经济类型分						
1.国有经济	38840	17500	33	1307	20000	102342
2.集体经济	29475	13551	1085	1600	13239	29065
3.股份制经济	227671	93886	12208	105010	16567	199888
4.联营经济	550	550				550
5.外商投资经济	11800	3290	350	7430	730	3211
6.港澳台商投资经济	3921	1620	630	1471	200	2123
7.私营个体经济	1428255	430250	79588	829800	88617	1267648
8.其　他	5451	3866	300	270	1015	5101
二、按隶属关系分						
1.市	22746	6246			16500	91208
2.县	20505	13239	1305	5221	740	20646
3.其他	1702712	545028	92889	941667	123128	1498074
三、按建设性质分						
1.新建	1304812	411078	60157	724571	109006	1220260
2.扩建	322919	119214	20735	160193	22777	273770
3.改建	113232	34221	13302	57124	8585	110898
4.单纯购置	5000			5000		5000
四、按项目规模分						
1.50—500万元	228174	77375	9786	122905	18108	233924
2.500—1000万元	459295	150391	27895	246086	34923	412448
3.1000—3000万元	781353	265501	47527	406751	61574	669766
4.3000—5000万元	180235	51701	6980	113719	7835	154448
5.5000万元—1亿元	80406	19545	2006	57427	1428	139342
6.1—5亿元	16500				16500	

*本表为500万元以上项目投资。

6—18 分行业农村固定资产投资构成与新增固定资产

（2005年）　　　　　　　　　　　　　　　　　　　　单位：万元

行业	本年完成投资额	建筑工程	安装工程	设备购置	其它费用	本年新增固定资产
总　　计	**1745963**	**564513**	**94194**	**946888**	**140368**	**1609928**
1. 农、林、牧、渔业	33985	4860	870	9535	18720	16974
2. 制造业	1515066	452645	84993	884359	93069	1308054
农副食品加工业	74449	26506	3565	39254	5124	66379
食品制造业	19893	7734	580	8985	2594	18660
饮料制造业	8750	1070	770	6810	100	9800
纺织业	307513	89836	13845	187689	16143	267364
纺织服装、鞋、帽制造业	68793	21045	4484	37741	5523	61363
皮革、毛皮、羽毛及其制品业	7040	3200	100	2880	860	4960
木材加工及木、竹、藤、棕、草制品业	15753	4006	2011	8706	1030	16070
家具制造业	3800	1640	200	1500	460	2800
造纸及纸制品业	24046	5433	2328	14855	1430	23050
印刷业和记录媒介的复制	10120	2963	191	6966		9908
文教体育用品制造业	11310	4152	250	6698	210	9893
石油加工、炼焦及核燃料加工业	2500	830	60	1610		2500
化学原料及化学制品制造业	163565	48969	11815	93465	9316	124952
医药制造业	183622	38541	9010	128699	7372	151384
化学纤维制造业	8900	2330	960	5210	400	6000
橡胶制品业	18443	4185	475	13265	518	12320
塑料制品业	39675	12033	1592	23174	2876	35614
非金属矿物制品业	66209	21444	3384	38171	3210	64951
黑色金属冶炼及压延加工法	6654	935	434	4996	289	5400
有色金属冶炼及压延加工法	1260	760		450	50	1260
金属制品业	43160	11783	3504	24865	3008	35463
通用设备制造业	226571	79006	12066	118721	16778	201571
专用设备制造业	69836	21480	5756	36347	6253	53824
交通运输设备制造业	43152	15634	3035	21853	2630	38263
电气机械及器材制造业	54964	15762	3028	31774	4400	52191
通信设备、计算机及其他电子设备	8520	2260	390	5380	490	8124
仪器仪表及文化、办公用机械	2105	850		1050	250	842
工艺品及其他制造业	24368	8258	1160	13245	1705	23148
废弃资源和废旧材料回收加工业	50				50	
3. 电力、煤气及水的生产和供应业	26462	11096	1865	13221	280	142108
4. 建筑业	40987	9897	2098	13007	15985	36827
5. 交通运输、仓储及邮电通信业	31913	16994	450	11614	2855	31365
6. 信息传输、计算机服务和软件业	1500	800		200	500	
7. 批发和零售贸易、餐饮业	31540	21818	1562	5592	2568	27100
8. 住宿和餐饮业	8900	4500	530	2720	1150	8800
9. 房地产业	14545	12305	620	1350	270	6595
10. 租赁和商务服务业	1450	950	20	280	200	1000
11. 水利、环境和公共设施管理业	9110	4030	450	1650	2980	5410
12. 居民服务和其他服务业	12195	10087	321	1290	497	9095
13. 教　　育	7060	5580		1350	130	6850
14. 卫生、社会保障和社会福利业	500	455	5		40	500
15. 文化、体育和娱乐业	3100	1820	130	450	700	1900
16. 公共管理和社会组织	7650	6676	280	270	424	7350

主要统计指标解释

1、**全社会固定资产投资**：是以货币表示的建造和购置固定资产活动的工作量，它是反映固定资产投资规模、速度、比例关系和使用方向的综合性指标。包括实际完成的建筑安装工程价值，设备、工具、器具的购置费，以及实际发生的其他费用。建筑工程（建筑工作量）：指各种房屋、建筑物的建造工程，又称建筑工作量。

安装工程（安装工作量）：指各种设备、装置的安装工程，又称安装工作量。

设备、工具、器具购置：指把工业企业生产的产品转为固定资产的购置活动，包括建设单位或企业、事业单位购置或自制达到固定资产标准的设备、工具、器具的价值。

2、**计划总投资**：指建设项目或企业、事业单位中的建设工程，按照总体设计规定的内容全部建成计划（或按设计概算或预算）需要的总投资。

3、**实际需要的总投资**：指在累计完成投资额已超过计划总投资的情况下，建设项目按总体设计规定的内容全部建成所需的投资。

4、**自开始建设至本年底累计完成投资**：指建设项目从开始建设到本年底止累计完成的全部投资。

5、**自开始建设至本年底累计新增固定资产**：指在“自开始建设至本年底累计完成投资”中已交付使用的固定资产价值，包括已经建成投产或交付使用的工程投资和达到固定资产标准的设备、工具、器具的投资，以及应摊入固定资产的费用。

6、**本年底未完工程累计投资**：指已经开始施工至本年底尚未建成交付使用的工程自开始建设至本年底累计完成的投资额。

7、**规模以上投资**：是指城镇投资 50 万元以上、农村投资 500 万元以上投资项目的投资完成额。

8、**本年新增固定资产**：指报告期内交付使用的固定资产价值。包括本年内建成投入生产或交付使用的工程投资和达到固定资产标准的设备、工具、器具的投资及有关应摊入的费用。

9、**房屋建筑面积及价值**

（1）本年施工房屋面积：指报告期内施工的全部房屋建筑面积。包括本期新开工的面积和上期开工跨入本期继续施工的房屋面积，以及上期已停建在本期复工的房屋面积。

（2）房屋新开工面积：指报告期内新开工的全部房屋建筑面积，以单位工程为核算对象。

（3）本年竣工房屋面积：指在报告期内房屋建筑按照设计要求已全部完工，达到住人和使用条件，经验收鉴定合格（或达到竣工验收标准），可正式移交使用的各栋房屋建筑面积的总和。

（4）本年竣工房屋价值：指在报告期内竣工房屋本身的建造价值。竣工房屋价值按房屋设计和预算规定的内容计算。

10、**资金来源**

（1）本年资金来源合计：指固定资产投资单位在本年内收到的可用于固定资产建造和购置的各种资金，包括上年末结余资金、本年度内拨入或借入的资金及以各种方式筹集的资金。

（2）上年末结余资金：指上年资金来源中没有形成固定资产投资额而结余的资金。包括尚未用到工程上的材料价值、未开始安装的需要安装设备价值及结存的现金和银行存款等。

（3）本年资金来源小计：指固定资产投资单位在报告期收到的，用于固定资产投资的各种货币资金。包括国家预算内资金、国内贷款、债券、利用外资、自筹资金和其他资金。

（4）国家预算内资金：分为财政拨款和财政安排的贷款两部分。

（5）国内贷款：指报告期固定资产投资单位向银行及非银行金融机构借入的用于固定资产投资的各种国内借款。

（6）债券：指企业（公司）或金融机构通过发行各种债券，筹集用于固定资产投资的资金。包括由银行代理国家专业投资公司发行的重点企业债券和基本建设债券。

（7）利用外资：指报告期收到的用于固定资产建造和购置投资的境外资金（包括设备、材料、技术在内）。

（8）自筹资金：指固定资产投资单位报告期收到的，由各地区、各部门及企业、事业单位筹集用于固定资产投资的预算外资金，包括中央各部门、各级地方和企业、事业单位的自有资金。

（9）其他资金来源：指在报告期收到的除以上各种资金之外其他用于固定资产投资的资金。包括社会集资、个人资金、无偿捐赠的资金及其他单位拨入的资金等。

11、**房地产开发投资**：是指房地产开发公司以及其他实际从事房地产开发活动的单位全部用于房屋建设工程、土地开发工程的投资额以及公益性建筑和土地购置费等的投资。

12、**商品房建设投资额**：指房地产开发企业（单位）开发建设的供出售、出租用的商品住宅、厂房、仓库、饭店、度假村、写字楼、办公楼等房屋工程及其配套的服务设施所完成的投资额（含拆迁、回迁还建用房）。

13、**土地开发投资额**：指房地产开发企业完成的前期工程投资，即路通、水通、电通、场地平整等（也称七通一平）所完成的投资。一般指生地开发成熟地的投资。未进行开发工程、只进行单纯的土地交易活动不作为土地开发投资统计。

实行统计人员持证上岗制度。各部门、各单位根据统计工作配备的专兼职统计人员，必须经过县级以上政府统计机构培训、考核，取得《统计上岗合格证书》后方可从事统计工作。

基本统计单位应办理统计行政登记，领取《统计行政登记证》。办理登记时，应向所在地人民政府统计机构提供下列有关证件和资料：

（一）有关部门批准成立的文件或者营业执照；

（二）法定代表人的居民身份证、护照或者其他合法证件；

（三）人民政府统计机构要求提供的其他有关证件和资料。

摘自《盐城市统计管理办法》第十条、第十二条

7

农　　村

七、农　　村

	2005 年	比上年±%
乡村劳动力（万人）	275.63	0.8
农林牧渔业总产值（现价）（亿元）	511.83	11.2
农村非农产业总值（亿元）	1485.38	16.4
农作物播种面积（千公顷）	1362.59	0.8
粮食产量（万吨）	483.96	4.6
棉花产量（万吨）	17.19	−38.1
油料产量（万吨）	44.37	−2.5
农用机械总动力（万千瓦）	413.4	3.1

农林牧渔业总产值

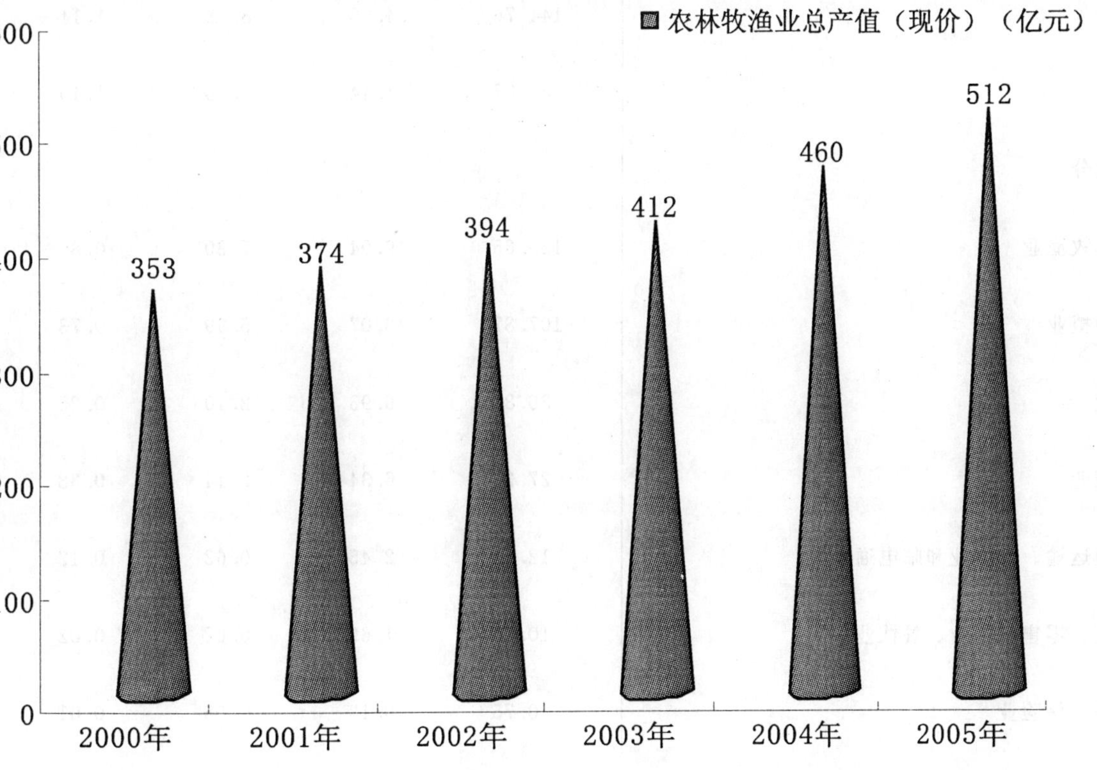

7—1 分地区农

（20

指　　标	全　市	市　区			
			亭湖区	开发区	盐都区
农村组织情况（个）					
乡	9				
镇	129	20	7		13
村委会	1954	290	96	12	182
村民小组	14934	1806	720	73	1013
乡村户数、人口					
乡村户数（万户）	184.25	29.46	10.93	1.52	17.01
乡村人口（万人）	602.18	95.38	34.61	4.48	56.29
乡村劳动力合计（万人）	275.63	45.50	16.14	2.24	27.12
按性别分					
男	144.76	24.06	8.38	1.14	14.54
女	130.87	21.44	7.76	1.10	12.58
按行业分					
农林牧渔业	129.65	19.94	7.30	0.85	11.79
＃种植业	107.87	16.07	5.99	0.73	9.35
工业	36.89	6.93	2.10	0.25	4.58
建筑业	27.23	6.34	2.14	0.38	3.82
交通运输、仓储业和邮电通讯业	12.20	2.45	0.62	0.12	1.71
批发、零售贸易业、餐饮业	10.54	1.69	0.62	0.02	1.05
金融、保险业	0.75	0.13	0.05	0.01	0.07
其它	58.37	8.02	3.31	0.61	4.10

村基本情况

05年)

响水县	滨海县	阜宁县	射阳县	建湖县	东台市	大丰市
4	5					
8	10	20	19	15	23	14
118	270	285	184	199	394	214
1324	2205	2123	1347	1342	3492	1295
11.50	23.67	20.43	25.78	19.11	33.17	21.13
44.45	89.01	76.58	85.30	64.30	92.62	54.54
19.24	37.60	33.65	33.53	28.07	46.84	31.20
10.16	19.74	17.51	17.94	15.27	24.18	15.90
9.08	17.86	16.14	15.59	12.80	22.66	15.30
8.06	18.37	16.50	17.78	11.58	22.16	15.26
7.16	15.72	14.18	15.28	9.23	17.07	13.16
3.08	3.18	2.40	3.19	5.43	7.81	4.87
1.13	2.72	3.30	2.65	3.58	5.32	2.19
0.58	2.00	0.91	1.40	1.32	2.34	1.20
0.53	1.33	0.94	1.59	1.36	1.84	1.26
0.03	0.08	0.04	0.12	0.07	0.15	0.13
5.83	9.92	9.56	6.80	4.73	7.22	6.29

7—2 农村基层组织和农业基本情况

（2000—2005 年）

指标	2000 年	2001 年	2002 年	2003 年	2004 年	2005 年
农村组织情况（个）						
乡	40	12	9	9	9	9
镇	146	130	133	130	130	129
村委会	3990	2215	2188	2191	2202	1954
村民小组	31150	16220	16052	15984	16069	14934
乡村户数、人口						
乡村户数（万户）	184.15	186.22	186.44	184.52	185.29	184.25
乡村人口（万人）	623.46	620.58	618.38	613.87	607.94	602.18
乡村劳动力合计（万人）	274.58	273.66	271.64	272.02	273.55	275.63
按性别分						
男	140.97	141.37	140.44	141.27	143.53	144.76
女	133.61	132.29	131.2	130.75	130.02	130.87
按行业分						
农林牧渔业	175.83	174.18	166.51	156.53	135.45	129.65
＃种植业	139.75	136.42	129.4	126.35	109.7	107.87
工　业	22.63	22.34	22.93	25.26	28.37	36.89
建筑业	20.81	20.89	21.98	23.49	25.17	27.23
交通运输、仓储业和邮电通讯业	10.65	10.47	10.54	11.1	11.39	12.2
批发、零售贸易业、餐饮业	8.9	9.05	9.74	10.39	10.31	10.54
金融、保险业	0.31	0.36	0.45	0.46	0.62	0.75
其　他	35.45	36.37	39.49	44.77	59.93	58.37

7—3 年末耕地面积

(2000—2005 年)

单位：千公顷

地区	2000 年＊	2001 年	2002 年	2003 年	2004 年	2005 年
全市	**779**	**778.35**	**775.05**	**773.66**	**775.68**	**776.59**
市区	99.84	99.72	99.63	99.36	100.57	100.47
开发区	0.43	0.43	0.39	0.31	2.13	1.99
亭湖区	17.4	17.35	17.31	17.19	35.9	35.9
盐都区	82.01	81.94	81.93	81.86	62.54	62.58
响水县	64.34	64.39	62.78	62.1	61.63	61.78
滨海县	97.13	97.2	96.56	96.25	95.85	95.34
阜宁县	88.71	88.64	88.62	88.1	86.65	86.6
射阳县	136.81	137	136.88	138.86	140.18	140.65
建湖县	64.67	64.7	64.95	64.47	64.93	64.88
东台市	122.89	122.22	121.46	120.89	122.32	123.43
大丰市	104.57	104.49	104.18	103.62	103.55	103.44

＊2000 年以后耕地面积根据省要求和农普数接轨。

7—4 年末耕地面积增减变化情况

2005 年

单位：公顷

地区	上年末耕地面积	当年增加耕地	当年减少耕地	国家基建占地	年末耕地面积
全市	**775680**	**2905**	**1995**	**1403**	**776590**
市区	100574	225	327	215	100472
开发区	2126		133	133	1993
亭湖区	35904	188	194	82	35898
盐都区	62544	37			62581
响水县	61625	247	89	42	61783
滨海县	95851		508	498	95343
阜宁县	86648	17	67	40	86598
射阳县	140183	728	260	161	140651
建湖县	64929	291	344	281	64876
东台市	122321	1334	224	47	123431
大丰市	103549	63	176	119	103436

7—5 主要年份耕地面积

(1949—2005年)

单位：千公顷

年份	年末实有耕地面积	水田	旱地
1949年	603.13	207.74	395.39
1952年	665.39	232.50	432.89
1957年	724.09	318.21	405.87
1962年	678.92	276.08	402.84
1965年	673.73	271.45	402.28
1970年	657.03	296.63	360.28
1975年	652.61	317.36	334.48
1976年	651.75	313.40	337.66
1977年	650.41	304.31	345.23
1978年	649.11	303.28	342.29
1979年	649.33	309.43	339.38
1980年	648.54	304.47	344.07
1981年	650.96	307.47	343.49
1982年	653.08	309.31	343.77
1983年	654.07	314.63	343.77
1984年	655.49	330.09	339.44
1985年	655.21	328.87	326.34
1986年	653.63	328.86	324.77
1987年	653.21	334.17	319.04
1988年	652.48	339.33	313.15
1989年	652.39	342.55	309.84
1990年	653.32	339.25	314.07
1991年	654.27	342.83	311.43
1992年	653.24	333.09	320.15
1993年	651.68	324.46	327.22
1994年	650.4	320.66	329.74
1995年	651.42	325.52	325.90
1996年	651.00	325.72	325.28
1997年	649.18	332.01	317.17
1998年	647.38	324.9	322.48
1999年	644.89	323.75	321.14
2000年*	779.00	404.04	374.96
2001年	778.35	403.71	374.64
2002年	775.05	382.95	392.10
2003年	773.66	377.19	396.47
2004年	775.68	367.32	408.36
2005年	776.59	377.5	399.09

*2000年及以后为农业普查接轨数。

7—6　主要年份农林牧渔业总产值（不变价格）*

（1949—2005 年）　　　　单位：万元

年　份	农林牧渔业总产值	农　业	林　业	畜牧业	渔　业	农林牧渔服务业
1949 年	40082	29755	437	5971	1075	2844
1952 年	54457	41210	408	7349	2168	3322
1957 年	69612	52596	584	10047	2275	3086
1962 年	55123	42830	555	8011	2275	1453
1965 年	87651	65156	1491	16006	2931	2067
1970 年	130414	104319	2454	20426	2391	824
1975 年	170299	138870	2626	24553	3481	769
1976 年	173771	141656	3061	25424	2766	864
1977 年	161340	133166	3042	20942	3165	1025
1978 年	179778	148048	2410	24860	3510	950
1979 年	214738	176389	2374	31383	3857	735
1980 年	193583	151979	2818	33161	4507	1118
1981 年	237295	192011	2438	36982	4734	1130
1982 年	247349	191680	2896	45652	5023	2098
1983 年	260519	207545	2799	40074	5262	4839
1984 年	286594	219332	2355	48123	6092	10692
1985 年	302744	222060	2410	59948	7669	10657
1986 年	318591	224482	2577	62463	11576	17493
1987 年	333301	233776	3180	61763	14664	19918
1988 年	377486	258939	3401	74730	15373	25043
1989 年	391637	264577	3375	79873	16382	27430
1990 年	846453	475174	10960	249730	76559	34030
1991 年	902614	499973	9182	277135	82169	34155
1992 年	1005484	522491	9628	329353	96164	47844
1993 年	1213310	626131	13392	416576	157211	
1994 年	1456323	709378	21127	526418	199400	
1995 年	1771635	846111	24422	628497	272605	
1996 年	1965248	894347	26887	720146	323868	
1997 年	1922283	980630	31124	530287	380242	
1998 年	2044387	1048187	30411	581273	384516	
1999 年	2172221	1093211	31940	629473	417597	
2000 年	2309332	1144151	37651	724990	402540	
2001 年	2473110	1245968	40100	743570	443472	
2002 年	2597954	1282901	45934	791857	477262	
2003 年	2621123	972281	49318	839663	497657	262204
2004 年	2683821	1081101	54805	777091	511853	258971
2005 年	2879914	1139377	60979	853140	552915	273503

* 1993 年以前农林牧渔服务业产值为副业产值；从 1993 年至 2001 年农林牧渔业总产值指标中不含副业产值。从 2002 年开始农林牧渔业总产值执行新的国民经济行业分类标准。

7—7 农 村 社 会 总 产 值

(1985—2005年)

单位：亿元

年　　份	农村社会总产值	农林牧渔业	工　　业	建筑业	运输业	批发零售贸易业餐饮业
1985年	57.91	33.39	15.73	5.02	1.94	1.83
1986年	71.87	38.99	22.21	5.99	2.34	2.34
1987年	91.83	45.96	31.09	8.69	3.02	3.05
1988年	125.77	64.53	43.64	9.38	4.18	4.04
1989年	148.71	73.52	55.01	10.07	5.36	4.76
1990年	163.1	78.51	62.98	10.57	5.95	5.09
1991年	176.52	85.52	67.58	11.08	6.26	6.07
1992年	212.64	96.85	88.18	12.43	7.84	7.34
1993年	317.7	133.57	144.55	16.79	12.58	10.21
1994年	488.1	207.26	227.63	22.82	17.18	13.21
1995年	726.2	273.77	369.75	35.99	24.84	21.84
1996年	805.46	307.06	404.69	41.96	26.76	24.98
1997年	902.5	315	483.8	43.4	29.9	30.4
1998年	998.2	329.9	547.5	51	33.7	36.1
1999年	1112.7	340	640.5	60.6	36.3	35.3
2000年	1167	352.9	678.8	61.1	37.1	37.1
2001年	1290.85	373.87	776.6	60.18	36.8	42.5
2002年	1484.54	393.83	941.57	61.73	40.17	47.24
2003年	1503.36	412.24	929.49	66.83	44.87	49.92
2004年	1736.72	460.38	1087.37	73.78	50.37	64.82
2005年	1997.21	511.83	1261.62	87.4	60.28	76.08

7—8 分地区农林牧渔业总产值（1990年不变价格）

（2005年）

单位：万元

地　区	合　计	农　业	林　业	牧　业	渔　业	农林牧渔服务业
全　市	**2879914**	**1139377**	**60979**	**853140**	**552915**	**273503**
市　区	394649	136410	8040	162388	71212	16599
开发区	4028	1824	81	1813	90	220
亭湖区	118751	48932	3020	46149	13651	6999
盐都区	271870	85654	4939	114426	57471	9380
响水县	188819	92420	3226	40253	30600	22320
滨海县	258107	112901	10598	72045	53968	8595
阜宁县	271514	81294	3965	96716	41560	47979
射阳县	508931	200832	11108	114543	126338	56110
建湖县	244583	76199	2299	68878	72207	25000
东台市	528032	184906	13533	209301	84238	36054
大丰市	485279	254415	8210	89016	72792	60846

7—9 农林牧渔业总产值（当年价格）

（2005年）

单位：万元

地　区	合　计	占全市比重（%）	农　业	林　业	牧　业	渔　业	农林牧渔服务业
全　市	**5118335**	**100.0**	**2315694**	**102916**	**1455341**	**937206**	**307178**
市　区	760595	14.9	312912	13588	299681	115675	18739
开发区	8262	0.2	3540	81	4193	198	250
亭湖区	249000	4.9	107006	5382	106955	21880	7777
盐都区	503333	9.8	202366	8125	188533	93597	10712
响水县	320800	6.3	171906	6176	74801	43189	24728
滨海县	480268	9.4	221739	17445	131097	100694	9293
阜宁县	499368	9.8	174880	6602	184920	82096	50870
射阳县	851902	16.6	372701	18645	178776	218194	63586
建湖县	427408	8.4	170999	4381	115527	108001	28500
东台市	929894	18.2	386746	21689	345673	126324	49462
大丰市	848100	16.6	503811	14390	124866	143033	62000

7—10 分地区农林牧渔业增加值

（2005 年）

单位：万元

地　区	合 计	农 业	林 业	牧 业	渔 业	农林牧渔服务业
全　市	**2278656**	**1208706**	**56323**	**504642**	**414658**	**94327**
市　区	352962	160021	4860	124234	53965	9882
开发区	3281	1110	49	1884	66	172
亭湖区	129581	55643	2799	55717	11378	4044
盐都区	220100	103268	2012	66633	42521	5666
响 水 县	140315	74804	3916	27681	29063	4851
滨 海 县	232017	136634	10060	42703	35800	6820
阜 宁 县	221538	102730	3594	61224	42490	11500
射 阳 县	365878	187118	11205	72752	73968	20835
建 湖 县	208023	100602	2485	40396	55040	9500
东 台 市	411523	208802	10736	107158	65688	19139
大 丰 市	346400	237995	9467	28494	58644	11800

7—11 农林牧渔业分项产值

（2004—2005 年）

单位：万元

指　　标	总　产　值（当年价）		总产值（1990 年不变价）	
	2004	2005	2004	2005
农林牧渔业总产值	**4603797**	**5118335**	**2683821**	**2879914**
农业产值	2114214	2315694	1081101	1139377
谷物及其他作物	1287643	1347986	674995	678841
#谷物	693187	757626	306928	336729
薯类	11373	8399	3515	2768
豆类	52564	52700	20217	20904
棉花	341653	320884	197790	145174
油料	125104	113843	66316	65532
蔬菜园艺作物	632590	762299	294891	331124
#蔬菜（含菜用瓜）	625757	748004	290604	319408
水果、坚果、饮料和香料作物	152558	136232	82377	74006
水果、坚果（含果用瓜）	152558	136232	82377	74006
中药材	41423	69177	28838	55406
林业产值	88024	102916	54805	60979
林木的培育和种植	34132	42690	12167	14264
竹木采运	34201	38725	18847	21679
林产品	19691	21501	23791	25036
畜牧业产值	1291018	1455341	777091	853140
牲畜饲养	79976	83288	45504	38457
#牛	3249	5276	1894	1766
羊	58921	73141	26946	30146
猪的饲养	406864	457457	172263	205002
家禽饲养	723627	753129	489528	509182
#肉禽	228968	213333	119752	1204534
禽蛋	494659	539796	369776	388748
狩猎和捕捉动物	317	24	317	24
其他畜牧业	80234	161443	69479	100475
渔业产值	828038	937206	511853	552915
海水产品	273009	335940	162713	176765
内陆水域水产品	555029	601266	349140	376150
农林牧渔服务业产值	282503	307178	258971	273503

7—12 农作物播种面积

（1978—2005 年）　　单位：千公顷

年　份	总播种面积	粮食作物					
			小　麦	稻　谷	薯　类	玉　米	大　豆
1978 年	1132.51	655.77	89.57	229.37	39.63	87.55	20.14
1980 年	1154.07	668.21	103.29	235.92	23.95	87.83	17.10
1985 年	1269.75	798.11	193.84	278.28	23.99	69.37	43.11
1990 年	1274.29	832.39	238.85	287.44	18.97	61.84	44.06
1991 年	1234.31	825.87	234.02	257.22	24.27	53.84	32.73
1992 年	1269.13	795.31	243.12	269.70	17.00	54.12	35.48
1993 年	1250.88	804.04	236.1	246.88	17.06	71.76	57.85
1994 年	1242.02	784.84	208.75	232.97	15.78	75.01	54.42
1995 年	1255.01	793.58	221.42	249.21	13.28	84.31	39.63
1996 年	1260.05	814.14	236.12	264.05	12.78	83.51	36.34
1997 年	1265.86	822.54	253.4	12.78	76.1	46.15	
1998 年	1307.28	834.17	261.67	266.14	13.54	91.23	51.11
1999 年	1308.83	852.23	274.04	281.27	13.28	100.57	46.05
2000 年	1277.13	790.19	270.36	261.29	11.41	83.49	46.87
2001 年	1294.99	755.54	223.38	247.81	12.35	87.98	43.44
2002 年	1328.95	709.58	270.91	228.72	12.06	84.52	40.7
2003 年	1294.99	755.54	223.38	247.81	12.35	87.98	43.44
2004 年	1352.17	748.71	200.98	292.3	10.41	74.08	36.99
2005 年	1362.59	779.06	214.61	312.68	9.92	72.11	37.32

续表

年　份	经济作物						其他作物
		棉　花	油菜籽	花　生	芝　麻	黄红麻	
1978 年	198.95	172.99	6.63	1.92	0.07		277.79
1980 年	199.62	182.36	8.73	2.17	0.03		286.25
1985 年	261.78	193.52	29.00	9.92	2.79		209.86
1990 年	281.15	211.56	46.38	10.03	0.87		160.74
1991 年	241.87	174.11	46.75	9.17	0.43		166.58
1992 年	314.91	237.50	49.84	8.91	0.75		158.91
1993 年	264.88	193.66	51.78	9.8	0.86		181.96
1994 年	279.31	205.07	57.27	10.09	0.8	0.11	177.87
1995 年	283.79	206.75	61.25	9.85	0.88	0.04	177.64
1996 年	256.4	179.27	61.18	10.27		0.06	189.51
1997 年	250.16	169.07	62.06	10.75		0.04	193.16
1998 年	251.57	160.08	63.5	12.67		0.03	221.54
1999 年	220.81	113.26	75.85	14.48		0.05	235.79
2000 年	251.25	122.01	94.89	14.52		0.05	235.69
2001 年	319.68	141.25	96.46	17.44		0.05	219.77
2002 年	361.27	176.22	129.27	18.36		0.11	258.1
2003 年	252.06	141.25	96.46	17.44		0.05	287.39
2004 年	357.14	178.89	150.03	16.8		0.03	246.31
2005 年	353.7	179.8	148.34	15.47	1.7	0.06	229.83

7—13 主要农作物播种面积和产量

（2005 年）

指　　标	播种面积（千公顷）	单位面积产量（千克/公顷）	总　产　量（吨）
农作物总播种面积	**1362.59**		
粮食大豆总计	779.06	6212	4839627
夏粮	340.35	5085	1730663
小麦	214.61	5235	1123394
大麦	104.28	5105	532347
蚕豌豆	21.46	3491	74922
秋粮	438.71	7087	3108964
稻谷	312.68	8104	2533937
早稻			
中稻	225.9	8126	1835552
单季晚稻	86.78	8048	698385
在稻谷中籼稻	41.41	7645	316561
薯类	9.92	6522	64696
玉米	72.11	5425	391123
其他秋粮	6.68	2554	17058
大豆	37.32	2737	102150
经济作物	353.7		
棉花	179.8	956	171856
油料	165.6	2679	443694
#花生	15.47	3134	48482
油菜籽	148.34	2640	391618
芝麻	1.7	1975	3358
麻类	0.06	4167	250
#黄麻	0.06	4167	250
糖类	0.25	51244	12811
#甘蔗	0.25	51244	12811
药材	6.93		
其他经济作物	1.06	175	185
#薄荷	1.06	175	185
其他农作物	229.83		
#蔬菜	177.74	36002	6399084
瓜果类	27.62	34730	959249
绿肥	11.56		

7—14 主要农产品产量

（1949—2005年）

单位：万吨

年份	粮食			棉花	油料		
		夏粮	秋粮			＃花生	＃油菜籽
1949年	69.07	22.93	46.14	0.74	0.81	0.64	0.15
1952年	92.25	31.29	60.97	2.1	1.02	0.9	0.09
1957年	112.59	32.35	80.24	3.97	1.09	0.81	0.22
1962年	91.99	30.83	61.16	1.37	0.43	0.17	0.2
1965年	126.89	45.50	81.39	3.42	0.74	0.31	0.12
1970年	194.55	60.34	134.21	8.67	0.5	0.34	0.09
1975年	237.45	74.59	162.86	14.06	1.18	0.31	0.69
1978年	259.59	84.56	175.03	14.58	1.3	0.16	0.58
1980年	291.42	119.24	172.18	11.52	1.68	0.19	0.69
1985年	391.09	156.58	234.51	15.42	8.71	1.89	6.38
1989年	442.82	168.43	274.39	19.51	10.97	2.57	8.15
1990年	405.00	189.18	215.82	15.76	12.44	2.22	10.02
1991年	405.42	186.62	218.8	20.53	12.6	2.13	10.35
1992年	436.13	204.97	231.16	17.26	14.2	2.18	11.83
1993年	472.94	194.55	278.39	15.76	14.52	2.43	11.85
1994年	415.00	187.07	227.93	15.11	15.88	2.99	12.62
1995年	439.45	167.97	271.48	19.54	18.47	3.03	14.91
1996年	485.70	201.39	284.31	18.59	18.65	3.01	15.37
1997年	496.46	208.29	288.17	20.56	19.71	3.28	16.13
1998年	485.41	158.15	327.26	19.19	17.2	4.14	12.24
1999年	537.38	203.3	334.08	12.52	24.9	4.65	19.4
2000年	479.01	177.09	301.92	16.21	28.23	4.39	23.21
2001年	475.71	176.27	299.44	22.57	29.86	5.02	24.15
2002年	468.28	158.17	310.11	21.16	28.39	5.65	22.14
2003年	397.19	146.86	250.33	15.63	38.47	5.1	32.83
2004年	462.85	162.25	300.6	27.74	45.5	5.58	39.44
2005年	483.96	173.07	310.89	17.19	44.37	4.85	39.16

7—15 主要年份农业机械和农产品加工机械拥有量

（1978—2005 年）

年　份	农业机械总动力（万千瓦）	农用大中型拖拉机（台）	农用小型及手扶拖拉机（台）	农用排灌动力机械（万千瓦）	农用水泵（台）	喷灌机械（套）
1978 年	82.8	782	24746	33.69	30212	—
1980 年	109.23	1268	32337	43.41	34448	1430
1985 年	153.05	1218	44800	52.27	38400	1676
1990 年	181.67	1157	60600	57.34	37500	772
1991 年	183.37	1168	61748	58.8	36730	642
1992 年	187.5	1205	62017	59.79	39266	704
1993 年	191.79	1307	63114	59.73	37691	653
1994 年	196.31	1422	63519	60.29	39415	1004
1995 年	204.84	1564	65139	59.3	38630	1103
1996 年	219.73	2866	66408	58.97	38092	1058
1997 年	274.99	3456	77236	62.61	45973	8802
1998 年	292.88	4280	80055	66.15	46108	7872
1999 年	334.05	5456	88802	79.49	49211	8356
2000 年	356.26	7649	89965	83.77	54178	4496
2001 年	366.38	8196	89830	85.01	58386	4660
2002 年	381.27	10986	90113	84.96	58771	4939
2003 年	392.67	14507	88560	85.68	58260	5043
2004 年	400.84	17294	88389	85.73	60399	4356
2005 年	413.36	17870	87980	87.03	61356	5125

年　份	联合收割机（台）	机动脱粒机（台）	机动喷雾（粉）器（部）	饲料粉碎机（台）	农用运输车（辆）	粮食加工机械（台）
1978 年	76	23958	4287	16141	120	21351
1980 年	96	29308	6244	16241	221	22094
1985 年	164	49477	3600	16500	474	27300
1990 年	237	56325	7100	15500	402	24900
1991 年	262	59762	10514	15175	436	23340
1992 年	390	59813	13447	15195	452	23667
1993 年	397	60408	14759	12862	456	22363
1994 年	448	66173	20647	15114	469	22516
1995 年	709	72065	53757	14161	530	21864
1996 年	1616	76106	75447	15441	649	22598
1997 年	2111	97765	123657	25820	896	23230
1998 年	2813	97885	141248	23870	929	24655
1999 年	4633	99438	151819	25333	1131	25189
2000 年	5691	104883	161953	30078	8807	29694
2001 年	6072	99692	181022	30214	9498	29477
2002 年	7068	80250	177265	30130	10735	29829
2003 年	7640	69224	184260	28805	10835	28991
2004 年	7813	64157	186028	28978	11341	28884
2005 年	8803	60100	198088	28846	13150	28807

7—16 主要农副产品产量历史最高水平及年份

指 标	2005 年	建国以来最高年		2005 年为最高年份的%
		年 份	产 量	
粮食总产量（万吨）	483.96	1999	537.38	90.1
＃夏粮	173.07	1997	208.29	83.1
秋粮	310.89	1999	334.08	93.1
棉花产量（万吨）	17.19	2004	27.74	62.0
油料产量（万吨）	44.37	2004	45.5	97.5
水果产量（万吨）	38.08	2004	39.66	96.0
蚕茧产量（万吨）	2.41	1994	3.4	70.9
猪年末存栏数（万头）	374.53	2005	374.53	100.0
家禽年末存栏数（万只）	9612.93	1996	11928.39	80.6
猪肉产量（吨）	407147	2005	407147	100.0
禽肉产量（吨）	210425	2003	225045	98.6
禽蛋产量（吨）	764258	1999	811859	94.1
水产品总产量（吨）	820941	2005	820941	100.0
＃淡水	534262	2005	534262	100.0
海水	286679	2005	286679	100.0

7—17 主要农产品产量

（2000—2005年） 单位：吨

年份	粮食（万吨）	棉花	油料	蚕茧	水果	猪肉	禽蛋	水产品
2000年	479.01	162056	282299	18139	363661	336636	655595	583908
2001年	475.71	225734	298585	21941	366184	349527	683048	629154
2002年	468.28	211571	283868	24990	375570	361135	779604	655557
2003年	397.19	156300	384656	24062	370800	368950	792501	675410
2004年	462.85	277414	454997	23126	396596	392152	773522	780427
2005年	483.96	171856	443694	24119	380800	407147	764258	820941

7—18 主要农产品人均占有量

（2000—2005年） 单位：公斤/人

年份	粮食	棉花	油料	蚕茧	水果	猪肉	禽蛋	水产品
2000年	768.3	26.0	45.3	2.9	58.3	54.0	105.2	93.7
2001年	766.6	36.4	48.1	3.5	59.0	56.3	110.1	101.4
2002年	757.3	34.2	45.9	4.0	60.7	58.4	126.1	106.0
2003年	647.0	25.5	62.7	3.9	60.4	60.1	129.1	110.0
2004年	761.3	45.6	74.8	3.8	65.2	64.5	127.2	128.4
2005年	803.6	28.5	73.6	4.0	63.2	67.6	126.9	136.3

7—19 林业、水果生产情况

（2000—2005 年）

指　　标	2000 年	2001 年	2002 年	2003 年	2004 年	2005 年
一、造林面积（公顷）	2110	9702	16622	28008	6408	7398
用材林	927	5153	6383	8078	1425	1505
经济林	580	3167	4857	8078	992	426
防护林	603	1382	4927	14317	3991	5467
迹地更新面积（公顷）	172	615	714		419	338
四旁植树（万株）	2300	2527	3087	2663	2951	3000
幼林抚育实际面积（公顷）	10402	11833	15087	1896	22264	21754
幼林抚育作业面积（公顷次）	13070	18420	29364		53137	42221
成林抚育面积（公顷）	20980	16521	19177		49235	48877
年末实有林地面积（公顷）	49369	56540				
村及村以下木材采伐量（万立方米）	10.08	15.78	5.41			2.9
二、蚕茧产量（吨）	18139	21941	24990	22935	23126	24119
年末桑园面积（公顷）	14098	16083	18421	16483	16160	16000
三、水果生产						
果园面积（公顷）	16526	15845	20668	24002	24390	25528
＃苹果园	2211	1417	1432	1550	728	886
梨园	8106	8039	10868	12020	12416	13383
水果产量（吨）	363661	366184	375570	370800	396596	380848
＃苹果	22836	22182	21416	15100	21656	19240
梨	138262	151953	182760	189100	192378	175678
葡萄	15034	12789	12685	12020	32304	10516
柿子	123929	136881	105156	58860	102483	86358

7—20 畜牧业

（20

指标	全市	市区	开发区	亭湖区	盐都区
一、畜禽年末数					
大牲畜（万头）	3.27	0.22	0.01	0.10	0.12
#从事劳役的	0.84	0.05	0.00	0.03	0.02
牛	3.19	0.22	0.01	0.10	0.12
#乳牛	0.30	0.09	0.00	0.07	0.02
猪（万头）	374.53	73.43	1.25	26.46	45.72
#能繁殖的母猪	37.61	4.13	0.12	1.16	2.85
羊（万只）	320.53	14.77	0.29	7.38	7.1
家禽（万只）	9612.93	1622.65	8.9	663.57	950.18
兔（万只）	468.17	19.77	0.07	7.4	12.3
二、畜禽当年出栏数					
大牲畜（万头）	3.29	0.26		0.01	0.25
猪（万头）	606.74	110.28	2.35	45.15	62.78
羊（万只）	535.23	28.96	0.62	16.37	11.97
家禽（万只）	14672.95	1945.96	15.19	823.87	1106.9
兔（万只）	238.14	18.74	0.11	8.03	10.60
三、畜禽产品产量					
肉类总产量（吨）	693038.71	108461	1538	44729	62194
#猪肉	407147	75859	1406	31560	42893
牛肉	3082	328		16	312
羊肉	60563	2213	15	1100	1098
禽肉	210425	28870	117	10862	17891
其他畜产品产量					
牛奶产量（吨）	12783	4480	152	3818	510
蜂蜜（吨）	1148	61		61	
禽蛋（吨）	764258	144382	684	50773	92952

生 产 情 况

05 年）

响水县	滨海县	阜宁县	射阳县	建湖县	东台市	大丰市
1.35	0.29	0.58	0.17	0.11	0.37	0.17
	0.17	0.12	0.14	0.10	0.16	0.10
1.35	0.22	0.58	0.17	0.11	0.37	0.17
	0.02	0.01	0.03	0.01	0.11	0.03
27.46	41.24	90.59	34.37	27.45	50.18	29.81
2.6	3.24	12.34	2.93	1.74	8.12	2.51
21.5	29.02	9.48	16.71	34.76	155.97	38.32
230	604.58	894.81	1136.89	879.53	3500.91	743.56
6.81	3.57	13.28	31.8	38.22	184.16	170.56
2.00	0.12	0.78	0.00	0.03	0.05	0.05
46.54	72.2	152.14	55.09	36.29	76.82	57.38
42	50.88	34.04	28.32	23.58	247.78	79.67
636.79	1432.71	2456.34	2101.03	1307.46	2920.66	1872
10.00	3.36	21.12	28.10	25.40	49.53	81.89
43232	95582.71	146283	70824	46036	101612	81008
28687	57856	101934	34525	23079	46905	38302
2063	159	329	41	17	74	71
4179	7629	4248	3540	3220	24778	10756
8303	26532	36018	30827	19632	29838	30405
150	997	550	2144	493	3048	921
	74	59	293	87	359	215
19011	48366	66123	97125	70078	259282	59891

7—21 农作物播种

（20

指标		全市	市区	开发区	亭湖区	盐都区
农作物总播种面积		**1362.59**	**152.03**	**4.03**	**55.26**	**92.74**
一、粮食作物合计：	面积	779.06	109.05	2.39	31.11	75.55
	单产	6212	6637	5670	6399	6765
	总产	4839627	723729	13552	199068	511109
夏收粮食：	面积	340.35	48.73	1.25	15.03	32.45
	单产	5085	5229	5176	5219	5236
	总产	1730663	254802	6470	78439	169893
夏收谷物：	面积	318.89	47.19	1.15	14.09	31.95
	单产	5192	5264	5358	5277	5255
	总产	1655741	248407	6162	74353	167892
小　麦：	面积	214.61	32.08	0.4	7.07	24.61
	单产	5235	5347	5245	5274	5370
	总产	1123394	171543	2098	37286	132159
大　麦：	面积	104.28	15.11	0.75	7.02	7.34
	单产	5105	5087	5419	5280	4868
	总产	532347	76864	4064	37067	35733
蚕豌豆：	面积	21.46	1.54	0.1	0.94	0.5
	单产	3491	4153	3080	4347	4002
	总产	74922	6395	308	4086	2001
秋收粮食：	面积	438.71	60.32	1.14	16.08	43.1
	单产	7087	7774	6212	7502	7917
	总产	3108964	468927	7082	120629	341216
秋收谷物：	面积	385.59	56.66	0.86	14.64	41.16
	单产	7596	7866	7266	7825	7893
	总产	2928976	445689	6249	114559	324881
稻　谷：	面积	312.68	54.38	0.63	12.99	40.76
	单产	8104	7924	7510	8002	7905
	总产	2533937	430892	4731	103942	322219
#中稻：	面积	225.9	18.05	0.63	9.44	7.98
	单产	8126	8051	7510	8317	7779
	总产	1835552	145327	4731	78517	62079
在稻谷中：　籼稻：	面积	41.41	9.08		1.52	7.56
	单产	7645	7348		8082	7200
	总产	316561	66717		12285	54432
粳稻：	面积	260.87	40.44	0.53	8.83	31.08
	单产	7987	6678	7313	8411	61.75
	总产	2083674	270076	3876	74272	191928

面积和产量

05 年）　　　　单位：千公顷、公斤、吨

响水县	滨海县	阜宁县	射阳县	建湖县	东台市	大丰市
101.2	168.88	139.02	213.89	106.05	241.89	239.63
58.37	80.21	109.25	121.76	86.77	122.17	91.48
5716	6179	6470	6308	6834	5582	5867
333645	495654	706880	768093	592964	681931	536731
23.09	21.84	44.63	67.17	37.3	48.56	49.03
4696	4590	4770	5255	5205	5220	5175
108423	100246	212901	352948	194147	253483	253713
22.32	20.21	42.3	60.15	36.42	45.22	45.08
4730	4681	4846	5441	5226	5378	5354
105570	94604	204981	327286	190325	243212	241356
14.52	14.84	31.67	32.42	33.68	30.18	25.22
4703	4673	4895	5536	5264	5457	5462
68294	69343	155023	179471	177275	164700	137745
7.8	5.37	10.63	27.73	2.74	15.04	19.86
4779	4704	4700	5331	4763	5220	5217
37276	25261	49958	147815	13050	78512	103611
0.77	1.63	2.33	7.02	0.88	3.34	3.95
3705	3461	3399	3656	4343	3075	3128
2853	5642	7920	25662	3822	10271	12357
35.28	58.37	64.62	54.59	49.47	73.61	42.45
6384	6774	7644	7605	8062	5821	6667
225222	395408	493979	415145	398817	428448	283018
30.17	52.63	59.55	48.36	46.03	56.32	35.87
7102	7230	7966	8026	8167	6785	7468
214269	380536	474404	388118	375942	382158	267860
21.95	40.89	53.85	42.34	45.49	29.02	24.76
7634	8077	8184	8335	8164	8099	8287
167573	330252	440684	352910	371397	235039	205190
21.95	40.89	53.85	42.34	4.99	19.07	24.76
7634	8077	8184	8335	8038	8050	8287
167573	330252	440684	352910	40112	153504	205190
21.95		2.51	1.98	1.17	1.8	2.92
7634		7614	8284	6053	8159	8557
167573		19112	16403	7082	14687	24987
	40.89	48.49	39.8	42.95	27.2	21.1
	8077	8238	8345	8312	8100	8267
	330252	399444	332122	357019	220317	174444

7—21 续表

指标		全市	市区	开发区	亭湖区	盐都区
玉　米：	面积	72.11	2.12	0.23	1.52	0.37
	单产	5424	6593	6600	6590	6600
	总产	391123	13977	1518	10017	2442
秋收豆类：	面积	43.2	3.21	0.23	1.13	1.85
	单产	2669	4654	2778	3006	5894
	总产	115292	14939	639	3397	10903
＃大豆：	面积	37.32	3.05	0.23	1.03	1.79
	单产	2737	4628	2778	3179	5700
	总产	102150	14116	639	3274	10203
秋收薯类：	面积	9.92	0.45	0.05	0.31	0.09
	单产	6522	8442	3880	8623	60356
	总产	64696	8299	194	2673	5432
二、油料合计：	面积	165.6	9.98	0.2	3.04	6.74
	单产	2679	2491	2550	2477	2496
	总产	443694	24863	510	7530	16823
花　生：	面积	15.47	0.14		0.11	0.03
	单产	3134	3607		2873	6300
	总产	48482	505		316	189
油菜籽：	面积	148.34	9.74	0.2	2.86	6.68
	单产	2640	2477	2550	2475	2475
	总产	391618	24122	510	7079	16533
三、棉　　花：	面积	179.8	15.52	1.11	10.25	4.16
	单产	956	966	945	958	990
	总产	171856	14987	1049	9820	4118
四、麻　　类：	面积	0.06				
	总产	250				
五、糖　　料：	面积	0.25				
	总产	12811				
六、药材播种面积		6.93	0.05		0.03	0.02
七、蔬菜播种面积		177.74	13.26	0.33	7.6	5.33
瓜类播种面积		27.62	1.07		0.49	0.58
八、其它农作物播种面积		25.53	3.1		2.74	0.36
＃青饲料		6.69	0.66		0.43	0.23
绿肥		11.56	2.08		1.95	0.13
薄　荷：	面积	1.06				
	总产	185				
附：常年种蔬菜面积		42.23	3.36	0.15	1.82	1.39

响水县	滨海县	阜宁县	射阳县	建湖县	东台市	大丰市
8.22	11.74	5.7	5.8	0.54	26.88	11.11
5681	4283	5916	5805	8400	5416	5641
46696	50284	33720	33669	4536	145571	62670
3.94	3.69	3.71	4.33	2.86	14.88	6.58
1305	1532	2654	2873	6333	2285	2304
5142	5653	9847	12441	18113	33999	15158
3.82	3.36	3.29	3.8	2.69	11.76	5.55
1305	1606	2667	2939	5989	2445	2314
4986	5395	8774	11169	16110	28759	12841
1.17	2.05	1.36	1.9	0.58	2.41	
4967	4497	7153	7677	8210	5100	
5811	9219	9728	14586	4762	12291	
9.21	47.68	10.75	15.64	6.44	41.67	24.23
2571	2821	2450	2795	2715	2556	2749
23680	134504	26336	43718	17485	106510	66598
2.12	2.71	1.29	1.5	0.25	1.64	2.82
2967	3592	2418	3334	2412	3247	2896
6289	9734	3119	5001	603	15064	8167
7.08	44.96	9.42	13.58	6.05	36.64	20.87
2445	2775	2460	2760	2776	2475	2745
17311	124764	23173	37481	16793	90684	57290
13.71	13	3.8	57.45	5.13	24.4	46.79
943	985	979	915	1016	985	975
12926	12800	3720	52567	5212	24024	45620
		0.06				
		250				
			0.03		0.01	0.21
			1317		500	10994
0.47	0.47	0.05	4.52	0.07	0.75	0.53
17.28	23.85	13.28	9.31	6.39	36.72	57.65
2.11	2.62	1.15	4.24	0.23	10.12	6.08
0.03	1.05	0.68	0.94	1.02	6.05	12.66
0.03	0.24	0.28	0.55	0.03	2.09	2.81
	0.38	0.21	0.39	0.11	2.6	5.79
					0.29	0.77
					53	132
3.35	7.67	5.99	4.96	3.52	6.3	7.08

7—22 渔 业 生

（20

指 标	全 市	市 区*	亭湖区	盐都区
一、渔业组织情况				
渔业乡（个）	5			
渔业村（个）	65			
渔业户数（户）	48044	9193	1097	4588
渔业人口（人）	217603	17753	3887	10037
渔业劳动力（人）	96943	10261	2291	4250
二、水产品产量（吨）	820941	150553	15456	77000
海水产品产量	286679	24814	1917	1000
#鱼类	55380	4241	1273	697
虾蟹类	42142	3615	144	76
贝 类	162713	16288	224	108
淡水产品产量	534262	125739	13539	76000
#鱼 类	379586	105219	10218	58801
虾蟹类	115836	11926	1718	10208
贝 类	33252	7804	1213	6591
三、水产养殖面积（公顷）	182639	24575	2135	8134
海水养殖面积	98363	9479		
淡水养殖面积	84276	15096	2135	8134

* 市区含银宝集团。

产　　情　　况

05 年)

响水县	滨海县	阜宁县	射阳县	建湖县	东台市	大丰市
	2		1		1	1
6	14	7	9	4	22	3
5221	2389	5435	3568	5086	10153	6999
14128	16546	20046	53702	20806	41680	32942
1871	5498	9584	23595	11352	20959	13823
45186	75076	53265	150089	81865	133575	131332
24237	26000		77008		75378	59242
4103	7392		22530		9273	7841
5269	3448		10387		8581	10842
14021	12382		32196		49048	38778
20949	49076	53265	73081	81865	58197	72090
16678	38294	29277	36517	56100	39602	57899
3520	8147	19564	34078	21570	8691	8340
751	2148	3586	2407	3674	7225	5657
7000	12387	6447	24475	12733	54159	40863
3800	1720		10700		45888	26776
3200	10667	6447	13775	12733	8271	14087

7—23 农业现代化情况

（2000—2005 年）

指　标	2000 年	2001 年	2002 年	2003 年	2004 年	2005 年
农业机械化情况（千公顷）						
机耕面积	733.13	704.27	713.89	713.89	716.17	739.42
机播面积	314.8	300.64	305.6	299.45	320.84	366.99
机械植保面积	748.96	816.21	852.52	976.22	1083.59	1134.15
机械收获面积	443.86	457.83	480.89	494.44	563.11	604.37
农村电气化情况（万千瓦小时）						
农村用电量	158265	163564	177121	204582	231711	282084
农用物资使用情况（吨）						
化肥施用量（折纯量）	503458	509314	517559	543893	561682	574293
氮　肥	331884	335521	342837	361772	372761	381764
磷　肥	108644	109350	107399	110366	113867	116057
钾　肥	18244	17858	18091	20530	20283	20218
复合肥	44686	46585	49232	51225	54771	56254
农药使用量	12644	13024	12378	14495	15314	15602
农用塑料薄膜使用量	13293	14603	15409	16630	17628	18620
农用柴油使用量	106743	112725	108538	120914	121613	133426
农村基础设施建设情况（个）						
自来水覆盖村数	3635	2133	2162	2178	2190	2202
通公路村数	3870	2171	2148	2166	2187	2198
农田水利情况（千公顷）						
有效灌溉面积	598.2	593.97	601.47	602.55	564.64	611.23
旱涝保收面积	416.1	418.41	424.77	447.47	453.53	467.16

主要统计指标解释

农林牧渔业总产值　是以货币表现的农、林、牧、渔业全部产品的总量，它反映一定时期内农业生产的总规模和总成果。

农、林、牧、渔业的统计范围是：

（1）农业　包括农作物种植业和其它农业。农作物种植业包括谷物、豆类、薯类、棉、油料、糖料、麻类、烟叶、蔬菜、药材、瓜类和其他农作物的种植，以及茶园、桑园、果园的生产经营。其他农业包括采集野生植物的果实、纤维、树胶、树脂、油料以及柴草、野生药材、菌类等。

（2）林业　包括林木的栽培（不包括茶园、桑园和果园的栽培、管理和收获等活动）、林产品的采集和村及村以下合作经济组织和农民的竹木采伐。

（3）牧业　包括除渔业养殖以外的一切动物饲养和放牧以及野生动物的捕猎和饲养。

（4）渔业　包括水生动物和海藻类植物的养殖和捕捞。

从所有制看，包括国有经济的各种专业农（农、林、牧、渔）场以及国家各级机关团体、学校、科研机构、部队经营的农业；集体所有制的乡镇村各级办农场；农村各种经济组织经营的农、林、牧、渔业以及工矿企业家属集体经营的农业；农民家庭自营的农林牧渔业。

农业总产值的计算方法通常是按农林牧渔业产品及其副产品的产量分别乘以各自单位产品价格求得，少数生产周期较长，当年没有产品或产量不易统计的，则采用间接方法匡算其产值，然后将四业产品产值相加即为农业总产值。

农林牧渔业商品产值　是指企业生产单位或农业部门（包括国营、集体、农户）在本生产年度内所生产的农产品总产量中实际出售的商品量的价值。

农林牧渔业商品产值是反映农林牧渔业商品生产发展规模、速度和商品化水平的综合性指标。商品化水平越高，说明农业为工业加工、为城镇居民生活消费、为国家出口等提供的农副产品越多，说明农业现代化水平提高，农业对国家对社会的贡献越大。

粮食产量　指全社会的产量。包括国有经济经营的、集体统一经营和农民家庭经营的粮食产量，还包括工矿企业家属办的农场和其它生产单位的产量。粮食除包括稻谷、小麦、玉米、高粱、谷子及其它杂粮外，还包括薯类和大豆。其产量计算方法，豆类按去豆荚后的干豆计算；薯类（包括甘薯和马铃薯，不包括芋头和木薯）1963 年以前按每 4 公斤鲜薯折 1 公斤粮食计算，从 1964 年开始及以后改为按 5 公斤鲜薯折 1 公斤粮食计算。城市效区作为蔬菜的薯类（如：马铃薯等）按鲜品计算，并且不做为粮食统计。其他粮食一律按脱粒后的原粮计算。

油料产量　指全部油料作物的生产量。包括花生、油菜籽、芝麻、向日葵籽、胡麻籽（亚麻籽）和其他油料。不包括大豆，也不包括木本油料和野生油料。花生以带壳干花生计算。

水产品产量　指人工养殖的水产品和天然生长的水产品的捕捞量。包括海水的鱼类、虾蟹类、贝类和藻类以及内陆水域的鱼类、虾蟹类和贝类，不包括淡水生植物。

猪、牛、羊肉产量　指当年出栏并已屠宰后除去头蹄下水后带骨肉（即胴体）的重量。

耕地面积　指年初可以用来种植农作物、经营进行耕锄的田地，除包括熟地、当年新开荒地、连续撂荒未满三年的耕地和当看看休闲地（轮歇地）外，还包括以种植农作物为主并附带种植桑树、茶树、果树和其他林木的土地，以及沿海、沿湖地区已围垦利用的“海涂”、“湖田”等面积。但不包括属于专业性的桑园、茶园、果园、果木苗圃、林地、芦苇地、天然或人工草地面积。

农作物播种面积　指实际播种或移植有农作物的面积。凡是实际种植有农作物的面积，不论种植在耕地上还是种植在非耕地上，均包括在农作物播种面积中，同时还包括因遭灾而重新改种和补种的农作物面积，种一公顷算一公顷。

有效灌溉面积　指具有一定的水源，地块比较平整，灌溉工程或设备已经配套，在一般年景下当年能够进行正常灌溉的耕地面积。

农用化肥施用量　指本年内实际用于农业生产的化肥数量。包括氮肥、磷肥、钾肥和复合肥。化肥施用量要求按折纯量计算数量。折纯法化肥施用量是把氮肥、磷肥和钾肥分别按含氮、含五氧化二磷、含氧化钾的百分之一百成份折算的数量。复合肥按其所含主要成分折算。

农业机械总动力　指主要用于农、林、牧、渔业的各种动力机械的动力总和。包括耕地机械、排灌机械、收获机械、农产品加工机械、运输机械、植物保护机械、牧业机械、林业机械、渔业机械和其他农业机械［内燃机按引擎马力折成瓦（特）计算，电动机按功率折成瓦（特）计算］。不包括专门用于乡、镇、村、组办工业、基本建设、非农业运输、科学试验和教学等非农业生产方面用的动力机械与作业机械。

农林牧渔业劳动力 指直接参加农林牧渔业生产的劳动力以及直接从事采集、捕猎、农民家庭兼营（以农业为主、利用农闲时间所进行的）工业生产等副业劳动的劳动力。

期初（末）畜禽存栏头（只）数 指本期期初（末）农村各种合作经济组织和国营农场、农民个人、机关、团体、学校、工矿企业、部队等单位以及城镇居民饲养的大牲畜、猪、羊、家禽等畜禽的存栏头（只）数。

农林牧渔业增加值 是指各种经济类型的农林牧渔业生产单位和农户从事农林牧渔业生产经营活动所提供的社会最终产品的货币表现。增加值的计算方法有两种，一是生产法：农林牧渔业增加值＝农林牧渔业总产值－农林牧渔业中间消耗；二是分配法：农林牧渔业增加值＝固定资产折旧＋劳动者报酬＋生产税净额（生产税－补贴）＋营业盈余

8

工业

八、工　　业

	2005 年	比上年±%
规模以上工业		
工业总产值（亿元）	1097.40	23.50
工业增加值（亿元）	271.20	21.70
从业人员（万人）	37.8	5.30
资产合计（亿元）	627.3	23.10
负债合计（亿元）	414.1	23.30
主营业务收入（亿元）	1049.4	24.30
利税总额（亿元）	78.2	26.20

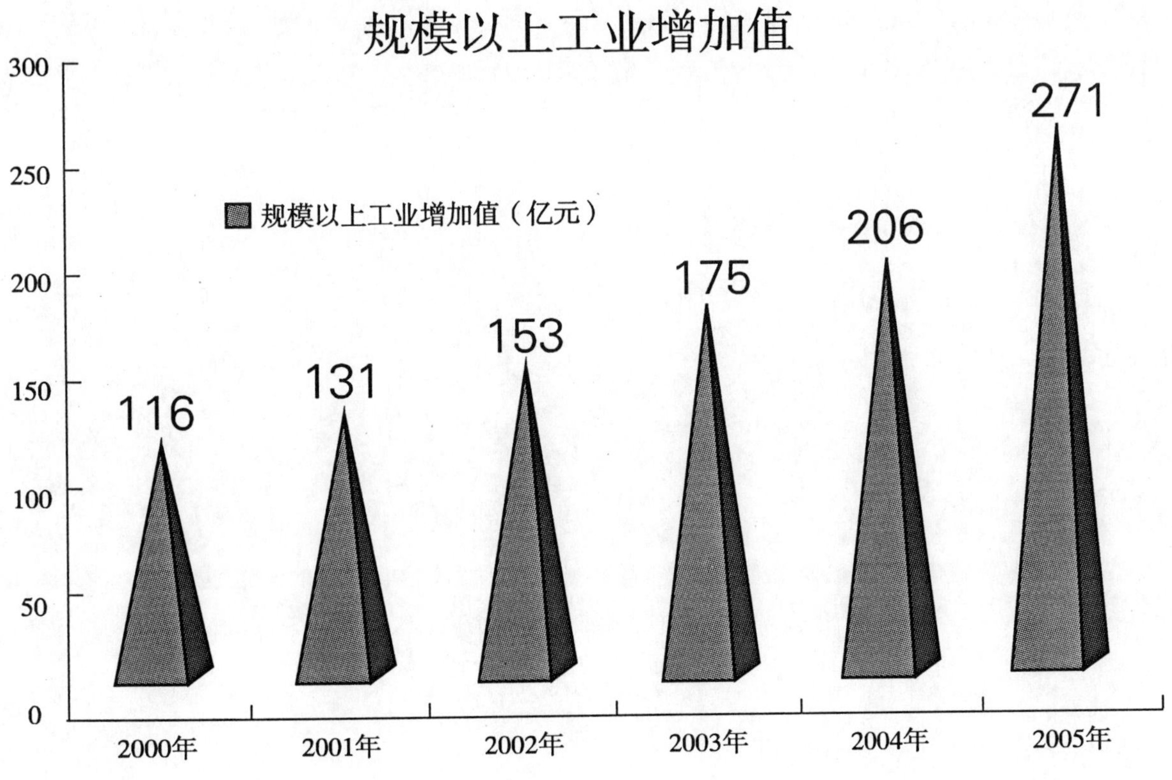

8—1 规模以上工业企业主要经济指标

（2000—2005 年）

单位：万元

指　　标	2000 年	2001 年	2002 年	2003 年	2004 年	2005 年
企业单位数（个）	1149	1181	1308	1518	1795	2085
#亏损企业数（个）	104	108	96	95	94	106
工业总产值	4990688	5520451	6428089	7614522	8889230	10974040
工业销售产值	4823492	5345523	6294655	7452901	8705904	10776420
工业增加值	1156700	1305901	1531376	1750000	2060000	2712258
全部从业人员年平均人数（人）	346362	336069	339271	351103	358708	377707
资产总计	4049383	4040616	4367902	4912695	5097500	6272953
应收账款净额	450044	434165	465548	534748	603987	845999
产成品	284316	315928	289032	317329	383286	451320
流动资产年平均余额	1939760	1951732	2125960	2269475	2520018	3177718
固定资产净值年平均余额	1525373	1486164	1552570	1907333	1756055	2179517
负债合计	3031585	2956843	3185246	3371018	3359449	4140646
主营业务收入	4501298	5007988	5906338	7224679	8439866	10493836
#主营业务成本	3895160	4402019	5218394	6294210	7408358	9284751
营业费用	159329	171912	194327	258270	305474	346914
管理费用	218323	212223	234702	275635	300170	340744
财务费用	83290	79434	74905	78017	97889	110737
#利息支出	76245	72785	69484	70979	91400	112303
利税总额	297866	332329	392910	562655	619888	782306
利润总额	115950	126714	149615	256548	255870	328982
亏损企业亏损额	13363	16236	14887	8788	11288	22100
工业经济效益综合指数（%）	105.7	109.6	120.3	140.6	149.2	156.4
总资产贡献率（%）	9.6	10.5	10.6	13.7	14.0	15.4
资本保值增值率（%）	103.8	98.4	108.7	123.2	123.2	117.1
资产负债率（%）	74.9	73.2	72.9	68.6	65.9	66.0
流动资金周转率（次）	2.3	2.6	2.8	3.2	3.3	3.3
成本费用利润率（%）	2.7	2.6	2.6	3.7	3.2	3.3
全员劳动生产率（元/人）	33396	33781	45137	52704	63044	71809
工业产品销售率（%）	96.6	96.8	97.9	97.9	97.9	98.2

8—2　民营规模以上工业企业主要经济指标

（2001—2005 年）　　单位：万元

指　　标	2001 年	2002 年	2003 年	2004 年	2005 年
企业单位数（个）	790	992	1261	1533	1812
＃亏损企业数（个）	35	45	69	61	76
工业总产值	3170801	4247615	5533222	6412235	7886738
工业销售产值	3077799	4149891	5411909	6273766	7725237
工业增加值	736370	988078	1310067	1500959	1966269
全部从业人员年平均人数（人）	177505	203745	246813	258661	287372
资产总计	1662031	2007563	2971852	3350492	4044407
应收账款净额	195644	247798	378388	414343	552652
产成品	179736	181228	236000	259066	339416
流动资产年平均余额	863384	1060258	1453375	1625742	2036715
固定资产净值年平均余额	533284	669168	1034628	1024419	1461450
负债合计	1253279	1479824	2038239	2154806	2573680
主营业务收入	2885402	3934872	5330356	6290232	7499427
＃主营业务成本	2560343	3516346	4717159	5548255	6661017
营业费用	95936	115213	172341	206323	230113
管理费用	105225	130746	188022	204058	238305
财务费用	37221	44242	56178	72734	79804
＃利息支出	32785	40656	50762	67737	77449
利税总额	182882	256794	357947	437832	537228
利润总额	72727	100186	156759	199958	251924
亏损企业亏损额	1541	2094	5425	5587	6545
工业经济效益综合指数（%）	131.0	141.5	147.4	155.4	159.8
总资产贡献率（%）	16.1	16.2	16.4	16.0	15.5
资本保值增值率（%）	111.8	115.4	116.9	118.0	118.1
资产负债率（%）	75.4	73.7	68.6	64.3	63.6
流动资金周转率（次）	3.3	3.7	3.7	3.9	3.7
成本费用利润率（%）	1.9	2.3	2.7	3.3	3.5
全员劳动生产率（元/人）	41484	48496	53079	58028	68422
工业产品销售率（%）	97.1	97.7	98.0	97.8	98.0

8—3 主 要 工 业 产 品 产 量

（2000—2005 年）

产 品 名 称		2000 年	2001 年	2002 年	2003 年	2004 年	2005 年
原煤	（万吨）	48.10	50.54	53.09	59.02	78.05	73.29
原盐	（万吨）	72.14	87.14	93.45	77.52	75.39	82.54
发电量	（亿千瓦小时）	26.40	25.14	31.77	37.51	56.23	67.04
食用植物油	（万吨）	20.50	18.89	17.66	16.61	13.07	13.91
饮料酒	（万吨）	5.07	5.54	6.01	6.00	6.69	8.82
配混合饲料	（万吨）	12.52	13.77	17.66	14.90	10.33	16.30
化学纤维	（万吨）	3.03	2.84	2.22	2.71	2.57	2.38
纱	（万吨）	20.99	23.8	28.94	33.65	34.61	49.79
布	（亿米）	3.00	2.80	2.80	3.10	3.98	4.37
印染布	（万米）	213	111	2877	2703	2207	4384
毛线	（吨）	9429	8378	11826	11651	11537	6334
丝	（吨）	2603	3556	3713	4749	4904	5647
丝织品	（万米）	2848	3419	3342	3440	1488	2182
服装	（万件）	3651	3965	6300	6820	9220	10012
皮鞋	（万双）	822	766	1040	1334	1381	1526
人造板	（万立方米）	10.63	13.43	14.32	13.08	13.49	19.57
纸浆	（万吨）	1.61	2.75	2.80	4.15	5.57	5.92
机制纸及纸板	（万吨）	8.57	9.99	20.57	12.84	13.98	12.80
合成氨	（万吨）	13.43	10.49	9.95	13.58	14.24	13.76
化肥（折 100%）	（万吨）	27.64	15.66	17.69	18.82	20.33	19.42
化学农药原药	（万吨）	1.36	3.17	1.80	3.66	3.14	4.05
化学药品原药	（吨）	325	429	474	353	184	96
力车胎外胎	（万条）	837	901	769	788	327	437
塑料制品	（万吨）	2.02	1.83	2.23	2.77	2.90	2.36
水泥	（万吨）	229	293	358	496	567	752
砖（折合量）	（亿块）	14.71	12.86	13.95	13.95	14.13	12.56
工业锅炉	（蒸吨）	167	291	396	807	1599	3128
成品钢材	（万吨）	1.89	1.96	2.46	7.99	8.81	7.69
内燃机	（万千瓦）	874	981	1112	1009	1001	991
金属切削机床	（台）	4341	4608	5932	8127	10199	10099
泵	（万台）	0.43	0.27	0.17	0.14	0.20	0.25
拖拉机	（万台）	6.18	6.64	5.13	3.91	3.39	2.56
汽车	（辆）	3006	8257	20685	52017	63267	110080

8—4 分地区规模以上工业

(20

类别	全市	市区				
			市直	开发区	亭湖区	盐都区
总计	**2085**	**463**	**50**	**29**	**166**	**218**
#国有及国有控股企业	39	14	14			
#民营企业	1812	379	26	19	144	190
#农村企业	1338	272			83	189
按经济类型分						
国有企业	24	5	5			
集体企业	40	17			6	11
股份合作制企业	58	24	2		7	15
股份制企业	1318	267	31	19	97	120
#国有独资公司	3	3	3			
其他有限责任公司	288	94	22	6	24	42
股份有限公司	45	14	1	3	5	5
私营有限责任公司	924	145	4	10	65	66
私营股份有限公司	58	11	1		3	7
外商及港澳台企业	190	50	10	10	13	17
#港澳台商投资企业	84	20	3	3	7	7
外商投资企业	106	30	7	7	6	10
其他经济类型企业	455	100	2		43	55
#私营独资企业	385	92	1		41	50
私营合作企业	63	5			1	4
其他类型企业	7	3	1		1	1
按轻重工业分						
轻工业	1005	165	13	13	56	83
重工业	1080	298	37	16	110	135
按企业规模分						
大型企业	10	6	4	1		1
中型企业	123	42	18	6	7	11
小型企业	1952	415	28	22	159	206

企业单位数

05 年)

单位：个

响水县	滨海县	阜宁县	射阳县	建湖县	东台市	大丰市
144	**158**	**184**	**212**	**229**	**403**	**292**
4	2	1	6	3	2	7
132	152	152	186	213	363	235
77	40	140	134	160	319	196
4	1	1	3	3	1	6
4	1	5	4	2	1	6
	2		7	3	14	8
79	135	140	114	162	240	181
12	87	2	11	9	58	15
2			19	3	4	3
55	48	138	67	137	176	158
10			17	13	2	5
4	4	26	16	9	37	14
2	3	8	10	7	15	19
2	1	18	6	2	22	25
53	15	12	68	50	110	47
40	13	10	60	33	99	38
13	2	2	8	16	8	9
				1	3	
73	70	93	133	81	208	182
71	88	91	79	148	195	110
			2	1	1	
6	5	12	9	11	19	19
138	153	172	201	217	383	273

8—5 分地区规模以上工业

(20

类别	全市	市区	市直	开发区	亭湖区	盐都区
总计	**10974040**	**4033993**	**1683985**	**255955**	**724307**	**1369746**
#国有及国有控股企业	508745	445092	445092			
#民营企业	7886738	2116002	242439	157276	514209	1202078
#农村企业	5484884	1409727			277084	1132643
按经济类型分						
国有企业	85859	49244	49244			
集体企业	151133	62932			17405	45527
股份合作制企业	214798	105908	2078		43373	60457
股份制企业	6944449	2064759	610217	157276	418334	878932
#国有独资公司	95421	95421	95421			
其他有限责任公司	2465798	1057789	465456	48691	119726	423916
股份有限公司	796514	239589	17963	46629	51198	123799
私营有限责任公司	3366231	606853	30465	61956	243795	270637
私营股份有限公司	220485	65107	912		3615	60580
外商及港澳台企业	2379654	1389087	996454	98679	171813	122141
#港澳台商投资企业	503054	86004	4042	11954	20233	49775
外商投资企业	1876600	1303083	992412	86725	151580	72366
其他经济类型企业	1198147	362063	25992		73382	262689
#私营独资企业	973701	296208	3280		68642	224285
私营合作企业	177592	34516			3125	31391
其他类型企业	46854	31339	22712		1615	7012
按轻重工业分						
轻工业	5006881	1007683	158920	81505	152386	614872
重工业	5967159	3026310	1525065	174450	571921	754874
按企业规模分						
大型企业	1880072	1212632	1075950	42256		94426
中型企业	2990431	1061042	503101	137526	124297	296118
小型企业	6103537	1760319	104934	76173	600010	979202

企业现价工业总产值

05 年）

单位：万元

响水县	滨海县	阜宁县	射阳县	建湖县	东台市	大丰市
492429	**558482**	**900257**	**1203242**	**1148761**	**1586604**	**1050272**
6481	1788	772	21810	1665	1442	29695
379866	549187	698483	975295	1033359	1317051	817495
148010	62191	570895	692244	938196	1127345	536276
6481	988	772	10258	1665	326	16125
12148	502	46730	8216	1550	807	18248
	3817		40622	12360	32112	19979
276508	528069	656826	659518	962717	1048450	747602
60148	340261	7087	66144	496364	241496	196509
6966			177252	63851	280038	28818
180821	187808	649739	339186	369138	522334	510352
28573			76936	33364	4582	11923
93934	7805	154272	197921	84497	267304	184834
12435	5674	33778	178954	17727	82324	86158
81499	2131	120494	18967	66770	184980	98676
103358	17301	41657	286707	85972	237605	63484
77831	16416	38494	251855	54916	192467	45514
25527	885	3136	34852	30261	30418	17970
				795	14720	
200478	330063	465493	880199	714477	717268	691220
291951	228419	434764	323043	434284	869336	359052
			145106	426195	96139	
157696	197059	175079	188644	262033	511491	437387
334733	361423	725178	869492	460533	978974	612885

8—6 分地区规模以上

(20

类别	全市	市区				
			市直	开发区	亭湖区	盐都区
总计	**2712258**	**950936**	**381109**	**60157**	**168032**	**341637**
#国有及国有控股企业	118732	100778	100778			
#民营企业	1966269	506849	35538	44041	125181	302088
#农村企业	1391334	340575			66568	274007
按经济类型分						
国有企业	31072	22316	22316			
集体企业	37815	14393			3504	10889
股份合作制企业	56762	28379	210		12275	15894
股份制企业	1697391	475065	106780	44040	105282	218963
#国有独资公司	21503	21503	21503			
其他有限责任公司	582173	225681	79027	8582	27651	110421
股份有限公司	207500	69857	1155	18375	19411	30916
私营有限责任公司	827351	141838	4913	17084	57101	62740
私营股份有限公司	58865	16187	182		1119	14886
外商及港澳台企业	576122	319958	244793	16117	30388	28660
#港澳台商投资企业	128556	17803	788	1743	3064	12208
外商投资企业	447566	302155	244005	14374	27324	16452
其他经济类型企业	313096	90825	7010		16583	67231
#私营独资企业	255928	75762	532		15303	59927
私营合作企业	45506	6954			820	6134
其他类型企业	11662	8109	6478		460	1170
按轻重工业分						
轻工业	1279118	256511	39911	20234	33291	163075
重工业	1433140	694425	341198	39923	134741	178562
按企业规模分						
大型企业	505558	310191	255502	18109		36580
中型企业	717389	243079	108378	34552	33798	66351
小型企业	1489311	397666	17229	7496	134234	238706

工业企业增加值

05 年）

单位：万元

响水县	滨海县	阜宁县	射阳县	建湖县	东台市	大丰市
151987	**141019**	**210399**	**327029**	**299275**	**379318**	**252296**
1516	510	497	5785	543	257	8846
106049	138526	161315	264096	275243	321043	193149
37609	15394	133132	197295	244788	291300	131241
1516	410	496	2821	543	21	2948
4432	98	11238	2560	320	185	4589
	920		10484	3573	8572	4834
77331	133484	151477	172547	252764	255689	179034
20630	90717	1236	16803	134077	49277	43752
2166			42075	11531	74741	7130
47836	42767	150241	91558	97077	130583	125451
6699			22111	10079	1088	2701
39990	1985	37349	54588	18707	57833	45712
2912	1548	7379	50725	5811	21508	20870
37078	437	29970	3863	12896	36325	24842
28718	4122	9838	84029	23368	57018	15179
22705	3898	9090	71876	15145	46693	10759
6013	224	748	12153	7881	7113	4420
				342	3212	
54728	86999	109361	239085	193792	175356	163286
97259	54020	101038	87944	105483	203962	89010
			39972	121441	33954	
57435	54668	41271	47603	56440	108218	108675
94552	86351	169128	239454	121394	237146	143621

8—7 分地区规模以上工业

(20

类　　别	全 市	市 区				
			市 直	开发区	亭湖区	盐都区
总　　计	**10493836**	**3891453**	**1626081**	**261845**	**702669**	**1300858**
#国有及国有控股企业	520092	449434	449434			
#民营企业	7499427	2032737	241075	153361	500464	1137837
#农村企业	5197871	1322958			264214	1058744
按经济类型分						
国有企业	88200	51184	51184			
集体企业	145382	59825			16122	43703
股份合作制企业	200110	98751	2092		42421	54238
股份制企业	6650276	2004444	614191	153361	401031	835861
#国有独资公司	101223	101223	101223			
其他有限责任公司	2349638	1038701	465785	47689	112718	412509
股份有限公司	749358	207414	18340	45097	47913	96064
私营有限责任公司	3250859	598511	28020	60575	236796	273120
私营股份有限公司	199198	58595	823		3604	54168
外商及港澳台企业	2286859	1334457	935572	108484	171083	119318
#港澳台商投资企业	489852	87900	4133	12119	23350	48298
外商投资企业	1797006	1246556	931439	96364	147733	71020
其他经济类型企业	1123009	342792	23042		72012	247738
#私营独资企业	922704	281161	3080		67327	210754
私营合作企业	158746	33121			3125	29996
其他类型企业	41559	28510	19962		1560	6988
按轻重工业分						
轻工业	4741052	961536	148641	79799	147756	585340
重工业	5752784	2929917	1477440	182046	554913	715518
按企业规模分						
大型企业	1786294	1178522	1031489	42023		105010
中型企业	2872533	1014081	497038	141904	120678	254461
小型企业	5835009	1698850	97554	77918	581991	941387

企业主营业务收入

05 年） 单位：万元

	响水县	滨海县	阜宁县	射阳县	建湖县	东台市	大丰市
	409623	**550113**	**878474**	**1137437**	**1087506**	**1520321**	**1018909**
	6212	2328	758	29742	1662	1533	28423
	311694	539307	681040	911529	970184	1261016	791920
	127050	63184	558714	650139	885739	1060392	529695
	6212	1528	758	10421	1662	326	16109
	11213	502	46420	7536	1463	600	17823
		3854		38474	10580	28651	19800
	223511	516908	641811	624262	906167	1010843	722330
	46540	332194	7202	59474	448384	238790	178353
	6582			171082	63356	272194	28730
	146071	184714	634609	324256	363416	495315	503967
	24318			69450	31011	4544	11280
	80504	8776	150256	188630	86321	257172	180743
	11109	6666	32919	169841	21111	77731	82575
	69395	2110	117337	18789	65210	179441	98168
	88183	18545	39229	268114	81313	222729	62104
	68181	17330	36129	240383	53359	181618	44543
	20002	1215	3100	27731	27354	28662	17561
					600	12449	
	168511	317195	452682	824969	664191	685471	666497
	241112	232918	425792	312468	423315	834850	352412
				134648	377659	95465	
	132183	180702	171305	177714	268589	503434	424525
	277440	369411	707169	825075	441258	921422	594384

8—8 分地区规模以上

（20

类别	全市	市区				
			市直	开发区	亭湖区	盐都区
总计	**782306**	**292891**	**125556**	**28152**	**43204**	**95979**
#国有及国有控股企业	31321	26743	26743			
#民营企业	537228	141577	11285	15528	33905	80859
#农村企业	380480	98644			18984	79660
按经济类型分						
国有企业	7431	5077	5077			
集体企业	10336	4490			983	3507
股份合作制企业	13471	6486	50		2282	4154
股份制企业	470942	131415	30337	15528	27670	57880
#国有独资公司	6613	6613	6613			
其他有限责任公司	155521	58259	21246	3098	7933	25982
股份有限公司	77324	21347	1290	7144	3477	9436
私营有限责任公司	217472	40982	1102	5286	16063	18531
私营股份有限公司	14012	4214	86		197	3931
外商及港澳台企业	200399	118850	87528	12624	7085	11613
#港澳台商投资企业	36521	7919	−97	1167	1632	5217
外商投资企业	163878	110931	87625	11457	5453	6396
其他经济类型企业	79727	26573	2564		5184	18825
#私营独资企业	64916	21266	55		4607	16604
私营合作企业	10833	2352			433	1919
其他类型企业	3978	2955	2509		144	302
按轻重工业分						
轻工业	315990	65407	2573	6839	10757	45238
重工业	466316	227484	122983	21313	32447	50741
按企业规模分						
大型企业	159479	100785	87024	7191		6570
中型企业	227495	78322	35806	12690	8667	21159
小型企业	395332	113784	2726	8271	34537	68250

工业企业利税总额

05 年）

单位：万元

	响水县	滨海县	阜宁县	射阳县	建湖县	东台市	大丰市
	48069	**45048**	**45296**	**74208**	**85790**	**127221**	**63783**
	273	440	－155	2034	2	54	1930
	22164	43693	35234	59006	77483	111647	46425
	10112	4904	30770	39769	69099	95501	31681
	273	370	－155	909	2	13	942
	1619	－20	2376	767	124	62	918
		274		1933	585	3034	1159
	15646	42216	33018	42955	71683	91192	42817
	3181	25760	443	5034	34701	16679	11464
	239			12338	4596	37131	1673
	11130	16456	32575	20033	30029	37180	29087
	1096			5550	2357	202	593
	24013	1006	7841	12401	6320	15458	14510
	880	795	1383	11156	2434	5637	6317
	23133	211	6458	1245	3886	9821	8193
	6518	1202	2216	15243	7076	17462	3437
	5034	1162	1991	13447	4904	14592	2520
	1484	40	225	1796	2044	1975	917
					128	895	
	13111	23304	22726	53241	49549	49697	38955
	34958	21744	22570	20967	36241	77524	24828
				12537	29595	16562	
	28710	13165	6931	13648	18550	41672	26497
	19359	31883	38365	48023	37645	68987	37286

8—9 分地区规模以上

(20

类别	全市	市区				
			市直	开发区	亭湖区	盐都区
总计	**328982**	**94824**	**7886**	**21397**	**21711**	**43830**
#国有及国有控股企业	−3393	−5196	−5196			
#民营企业	251924	70035	6043	12157	16089	35746
#农村企业	177078	42862			9046	33816
按经济类型分						
国有企业	1996	1095	1095			
集体企业	4294	2023			316	1707
股份合作制企业	5605	2465	−141		1073	1533
股份制企业	205435	49481	−1629	12157	13226	25727
#国有独资公司	−2192	−2192	−2192			
其他有限责任公司	65617	19154	−283	2388	3836	13213
股份有限公司	37099	10885	856	6113	1158	2758
私营有限责任公司	98690	19814	−17	3656	8122	8053
私营股份有限公司	6221	1820	7		110	1703
外商及港澳台企业	74903	27215	7039	9240	4559	6377
#港澳台商投资企业	17422	4318	−116	862	1018	2554
外商投资企业	57482	22898	7155	8379	3541	3823
其他经济类型企业	36749	12545	1522		2537	8486
#私营独资企业	29848	9488	23		2329	7136
私营合作企业	4761	1342			122	1220
其他类型企业	2140	1715	1499		86	130
按轻重工业分						
轻工业	145643	29957	−2095	4986	5229	21837
重工业	183339	64867	9981	16411	16482	21993
按企业规模分						
大型企业	46543	13005	1082	6193		5730
中型企业	103822	27383	6750	9030	3977	7626
小型企业	178617	54436	54	6174	17734	30474

工业企业利润总额

05 年）　　　　　　　　　　　　　　　　　　　　　　　　　　单位：万元

响水县	滨海县	阜宁县	射阳县	建湖县	东台市	大丰市
29398	**22740**	**18635**	**36421**	**42209**	**56624**	**28131**
99	133	－225	1148	－87	2	733
9486	22153	14499	29022	39084	48250	19395
4583	2810	12473	21263	34892	44437	13758
99	83	－225	559	－87	2	733
492	－44	1038	379	1	32	383
	85		1147	312	1158	438
6641	21515	13535	20314	36408	39765	17776
1360	12430	302	1443	20155	6791	3982
119			4944	2680	17760	711
4870	9085	13233	10980	12743	15173	12792
292			2947	830	41	291
19321	548	3323	5872	2654	8350	7620
533	429	599	5370	846	2679	2648
18788	199	2724	502	1808	5671	4972
2845	553	964	8150	2921	7329	1442
2140	553	907	7347	2145	6148	1156
741		57	803	729	803	286
				47	378	
6079	11630	9347	25370	26403	21899	14958
23319	11110	9288	11051	15806	34725	13173
			5542	18582	9414	
21022	7081	2712	6644	8280	17892	12808
8376	15659	15923	24235	15347	29318	15323

8—10 分行业规模以上

（20

行业	全市	市区				
			市直	开发区	亭湖区	盐都区
总计	**2085**	**463**	**50**	**29**	**166**	**218**
煤炭开采和洗选业	1	1	1			
非金属矿采选业	6	1	1			
农副食品加工业	148	16	4	1	3	8
食品制造业	24	5		1	1	3
饮料制造业	25	3			1	2
纺织业	400	51	4	2	20	25
纺织服装、鞋、帽制造业	108	29	1	2	9	17
皮革、毛皮、羽毛（绒）及其制品业	8	3		1		2
木材加工及水、竹、藤、棕、草制品业	17					
家具制造业	4	2		2		
造纸及纸制品业	35	11		1	3	7
印刷业和记录媒介的复制	11	4	1	1		2
文教体育用品制造业	40	3			2	1
石油加工、炼焦及核燃料加工业	5	2	1			1
化学原料及化学制品制造业	268	41	6	1	13	21
医药制造业	50	3	2		1	
化学纤维制造业	19	2			1	1
橡胶制品业	18	3			3	
塑料制品业	54	12	1	1	7	3
非金属矿物制品业	149	37	1	3	12	21
黑色金属冶炼及压延加工业	12	3	1		2	
有色金属冶炼及压延加工业	22	3			3	
金属制品业	40	12			3	9
通用设备制造业	336	103	8	3	35	57
专用设备制造业	106	42	7	3	24	8
交通运输设备制造业	55	26	2	4	9	11
电气机械及器材制造业	65	27	1	3	9	14
通信设备、计算机及其他电子设备制造业	28	10	3		3	4
仪器仪表及文化、办公用机械制造业	4	1			1	
工艺品及其他制造业	9	1				1
电力、热力的生产和供应业	8	3	3			
燃气生产和供应业	1	1	1			
水的生产和供应业	9	2	1		1	

工业企业单位数

05 年）　　单位：个

响水县	滨海县	阜宁县	射阳县	建湖县	东台市	大丰市
144	**158**	**184**	**212**	**229**	**403**	**292**
2	1		1			1
12	8	18	28	4	32	30
5	1		4	4	5	
1	1	3	3		8	6
28	17	19	65	35	103	82
4	6	15	15	12	18	9
1			1	1	1	1
4	1	1	2		8	1
	1	1				
4	4	4	2	3	2	5
	1	1	1	2	1	1
1		4	2		9	21
		2			1	
40	57	19	16	34	39	22
6	18	6	2		7	8
			6	1	7	3
	1	3	1	5	3	2
2	3	7	2	10	11	7
4	3	31	8	18	38	10
1	1	3			3	1
2	1	2		2	8	4
1			6	6	12	3
14	19	21	17	56	45	61
1	1	7	10	22	20	3
6	4	3	2	4	5	5
4	3	8	10	6	5	2
	1	4	3	1	8	1
			2	1		
	3		1	1	2	1
	1	1	1		1	1
1	1	1	1	1	1	1

8—11 分行业规模以上工业

（20

行业	全市	市区				
			市直	开发区	亭湖区	盐都区
总计	**10974040**	**4033993**	**1683985**	**255955**	**724307**	**1369746**
煤炭开采和洗选业	30471	30471	30471			
非金属矿采选业	21955	12413	12413			
农副食品加工业	732411	134471	31349	3172	12968	86982
食品制造业	109734	23454		1657	1495	20302
饮料制造业	91643	2370			1120	1250
纺织业	2333895	491644	107457	1634	42644	339909
纺织服装、鞋、帽制造业	333011	122397	563	56015	13104	52715
皮革、毛皮、羽毛（绒）及其制品业	462355	14959		10359		4600
木材加工及水、竹、藤、棕、草制品业	73491					
家具制造业	3597	2725		2725		
造纸及纸制品业	118347	38731		2548	10544	25639
印刷业和记录媒介的复制	25266	9795	6592	1201		2002
文教体育用品制造业	78941	3032			2206	826
石油加工、炼焦及核燃料加工业	88592	72208	65008			7200
化学原料及化学制品制造业	1210092	242713	48268	2539	45133	146773
医药制造业	204029	15391	7491		7900	
化学纤维制造业	94088	7673			713	6960
橡胶制品业	81297	32628			32628	
塑料制品业	124515	37683	960	1455	27446	7822
非金属矿物制品业	650701	220844	8502	4397	70323	137622
黑色金属冶炼及压延加工业	57366	21815	16661		5154	
有色金属冶炼及压延加工业	173665	10126			10126	
金属制品业	117235	30504			11451	19053
通用设备制造业	1314777	713989	152975	42266	168721	350027
专用设备制造业	534326	210141	82363	45843	55139	26796
交通运输设备制造业	1288437	1174988	903314	71795	153367	46512
电气机械及器材制造业	274081	131741	1750	8349	40983	80659
通信设备、计算机及其他电子设备制造业	56542	15607	4275		6735	4597
仪器仪表及文化、办公用机械制造业	7571	1957			1957	
工艺品及其他制造业	17434	1500				1500
电力、热力的生产和供应业	240307	193910	193910			
燃气生产和供应业	4195	4195	4195			
水的生产和供应业	19673	7918	5468		2450	

企业现价工业总产值

05 年）

单位：万元

响水县	滨海县	阜宁县	射阳县	建湖县	东台市	大丰市
492429	**558482**	**900257**	**1203242**	**1148761**	**1586604**	**1050272**
5463	988		478			2613
16545	54891	85617	160659	6462	98552	175214
4385	1300		12158	54494	13943	
965	3423	12369	20460		23756	28300
107051	177183	144202	515612	153437	441856	302910
11180	7477	62230	57930	26339	29938	15520
595			16818	426195	1310	2478
10298	5536	10753	6810		39358	736
	184	688				
6085	8458	6658	35727	3330	11249	8109
	502	9043	1703	3356	363	504
1560		14292	4200		14079	41778
		14906			1478	
187846	159432	84312	95386	146309	143916	150178
25430	54426	33688	3730		20755	50609
			37573	1989	22538	24315
	850	23281	2732	7379	5291	9136
1740	2205	23762	6361	18176	26857	7731
8096	5677	137690	33564	45127	173428	26275
2790	1469	21289			5933	4070
18214	2400	17406		3577	117741	4201
252			15207	12894	50860	7518
34199	42413	92344	63215	124043	107028	137546
1669	3900	28080	42721	93694	151444	2677
39617	7254	13074	7002	9642	11865	24995
6849	4751	44205	29579	9199	40081	7676
	2000	9161	5555	568	19137	4514
			4814	800		
	4463		3276	1100	2571	4524
	6500	10435	14745		10202	4515
1600	800	772	5227	651	1075	1630

8—12 分行业规模以上工

（20

行业	全市	市区				
			市直	开发区	亭湖区	盐都区
总计	**2712258**	**950935**	**381109**	**60157**	**168032**	**341637**
煤炭开采和洗选业	17411	17411	17411			
非金属矿采选业	8026	4667	4667			
农副食品加工业	156844	23050	1663	57	2695	18635
食品制造业	26193	7030		—	344	6974
饮料制造业	22923	663			251	412
纺织业	610509	133721	29402	379	9412	94528
纺织服装、鞋、帽制造业	82007	34149	129	17370	3632	13018
皮革、毛皮、羽毛（绒）及其制品业	133749	2450		1346		1104
木材加工及水、竹、藤、棕、草制品业	17034					
家具制造业	690	429		429		
造纸及纸制品业	27226	8203		146	1936	6121
印刷业和记录媒介的复制	9462	5299	4216	209		874
文教体育用品制造业	20162	876			630	246
石油加工、炼焦及核燃料加工业	7614	3487	1783			1704
化学原料及化学制品制造业	308986	51339	9915	150	9469	31805
医药制造业	51626	3733	1104		2629	
化学纤维制造业	25924	2431			187	2244
橡胶制品业	22019	10866			10866	
塑料制品业	27491	7506	98	446	5054	1908
非金属矿物制品业	176259	54965	2468	1294	17793	33410
黑色金属冶炼及压延加工业	8757	1004	190		814	
有色金属冶炼及压延加工业	36897	2255			2255	
金属制品业	28202	7057			2867	4190
通用设备制造业	307964	156616	20617	4107	44985	86907
专用设备制造业	119081	51960	11697	18928	14808	6527
交通运输设备制造业	299081	267364	217389	12908	27247	9820
电气机械及器材制造业	65211	28651	—	2676	6849	19617
通信设备、计算机及其他电子设备制造业	14301	4597	1358		2257	982
仪器仪表及文化、办公用机械制造业	1865	379			379	
工艺品及其他制造业	4564	611				611
电力、热力的生产和供应业	63662	51834	51834			
燃气生产和供应业	2262	2262	2262			
水的生产和供应业	8256	4070	3397		673	

业企业增加值

05 年）

单位：万元

响水县	滨海县	阜宁县	射阳县	建湖县	东台市	大丰市
151987	**141019**	**210399**	**327029**	**299275**	**379318**	**252296**
2132	410		190			627
4003	9842	18197	42848	870	21215	36819
1014	380		2392	11136	4241	
340	974	2356	4872		6041	7677
28046	53269	33484	139728	38129	110783	73349
2594	1767	12903	11515	8309	7286	3484
153			8705	121441	470	530
2488	1414	2257	1765		8940	170
	44	217				
1425	2425	1444	8918	788	2037	1986
	98	2229	660	882	134	160
420		3966	1230		3601	10069
		3784			343	
68124	38854	20902	26033	31637	32427	39670
8491	12675	9236	905		5059	11524
			12905	822	5118	4648
	192	4961	750	1974	1237	2039
338	343	4625	1912	4590	6093	2084
2495	1297	35400	8649	13638	53746	6069
499	310	4670			1397	877
7007	588	3430		651	22123	843
54			3886	4091	11315	1799
9027	9066	20674	18713	34442	25777	33649
367	1019	6123	9997	19542	29527	546
11141	1823	3199	2095	2583	2945	7931
1649	1265	11061	8480	2574	9751	1780
	300	2004	2183	130	4266	821
			1063	423		
	870		818	318	825	1122
	1694	2777	4145		2229	983
180	100	497	1672	305	392	1040

8—13 分行业规模以上工业

(20

行业	全市	市区				
			市直	开发区	亭湖区	盐都区
总计	**10493836**	**3891453**	**1626081**	**261845**	**702669**	**1300858**
煤炭开采和洗选业	32311	32311	32311			
非金属矿采选业	30131	20790	20790			
农副食品加工业	705155	132716	29531	1873	12609	88703
食品制造业	105336	20263		1383	1495	17385
饮料制造业	88842	2157			1100	1057
纺织业	2209849	464541	100424	1795	42279	320043
纺织服装、鞋、帽制造业	326956	120475	532	55915	12875	51153
皮革、毛皮、羽毛（绒）及其制品业	407562	14949		10351		4598
木材加工及水、竹、藤、棕、草制品业	67013					
家具制造业	4094	2880		2880		
造纸及纸制品业	111741	38505		2525	10518	25462
印刷业和记录媒介的复制	24164	9211	6278	1201		1732
文教体育用品制造业	78210	2973			2153	820
石油加工、炼焦及核燃料加工业	88864	72225	65025			7200
化学原料及化学制品制造业	1176392	237510	45535	2605	44192	145178
医药制造业	196315	14277	6408		7869	
化学纤维制造业	81872	7478			638	6840
橡胶制品业	82246	35157			35157	
塑料制品业	120556	36484	1003	1158	26732	7591
非金属矿物制品业	621748	209170	7546	3627	69879	128118
黑色金属冶炼及压延加工业	54266	21457	16301		5156	
有色金属冶炼及压延加工业	165469	9159			9159	
金属制品业	111740	29542			10887	18655
通用设备制造业	1261330	689550	156133	46491	163528	323398
专用设备制造业	515590	198862	75961	45527	50023	27351
交通运输设备制造业	1227702	1124206	853397	75728	149243	45838
电气机械及器材制造业	259483	122081	2700	8786	37197	73398
通信设备、计算机及其他电子设备制造业	53886	14266	4054		5584	4628
仪器仪表及文化、办公用机械制造业	6916	1946			1946	
工艺品及其他制造业	17273	1710				1710
电力、热力的生产和供应业	237484	192984	192984			
燃气生产和供应业	3700	3700	3700			
水的生产和供应业	19640	7918	5468		2450	

企业主营业务收入

05 年）

单位：万元

	响水县	滨海县	阜宁县	射阳县	建湖县	东台市	大丰市
	409623	**550113**	**878474**	**1137437**	**1087506**	**1520321**	**1018909**
	4948	1528		531			2334
	13936	48746	83969	152811	6404	93382	173191
	4310	1250		12472	53953	13088	
	850	3373	12361	20123		22273	27705
	86425	167060	138775	489926	151175	424730	287217
	9995	7959	60405	56298	29267	27075	15482
	514			10680	377659	1310	2450
	9342	5435	10108	6908		34490	730
		584	630				
	5184	7957	6630	30911	3235	11209	8110
		502	8880	1703	3218	146	504
	1550		14005	4042		14082	41558
			15132			1327	
	158854	166282	82392	102720	143980	134475	150179
	21987	54495	31527	3237		20964	49828
				29248	1507	21454	22185
		765	22769	2610	7029	4831	9085
	1683	2577	23638	6216	17583	24856	7519
	7168	5792	133139	28806	44182	167976	25515
	1790	1410	20408			5156	4045
	12020	2400	17434		3478	117302	3676
	511			13319	11896	49182	7290
	25987	42393	90835	59188	118628	101874	132875
	1502	3850	27347	40081	92400	149110	2438
	33197	6984	12866	6831	9887	11198	22533
	6270	5029	44228	27732	8990	37689	7464
		2000	9623	5268	518	17708	4503
				4204	766		
		4442		3345	1100	2176	4500
		6500	10435	1300		10202	4363
	1600	800	758	5227	651	1056	1630

8—14 分行业规模以上

（20

行业	全市	市区				
			市直	开发区	亭湖区	盐都区
总计	**782306**	**292891**	**125556**	**28152**	**43204**	**95979**
煤炭开采和洗选业	4568	4568	4568			
非金属矿采选业	6049	3917	3917			
农副食品加工业	33301	8493	−549	−82	838	8286
食品制造业	6577	1242		55	76	1111
饮料制造业	8728	224			40	184
纺织业	144965	25871	822	52	2760	22237
纺织服装、鞋、帽制造业	21213	9842	26	5271	697	3848
皮革、毛皮、羽毛（绒）及其制品业	31395	1243		1150		93
木材加工及水、竹、藤、棕、草制品业	4783					
家具制造业	363	244		244		
造纸及纸制品业	9988	2862		32	1055	1775
印刷业和记录媒介的复制	2715	1832	1550	35		247
文教体育用品制造业	5344	208			136	72
石油加工、炼焦及核燃料加工业	−722	−1533	−1945			412
化学原料及化学制品制造业	100691	13961	2974	1	2678	8308
医药制造业	14556	630	329		301	
化学纤维制造业	5468	739			55	684
橡胶制品业	6477	2887			2887	
塑料制品业	7737	2166	37	80	1582	467
非金属矿物制品业	58499	19025	950	182	5588	12305
黑色金属冶炼及压延加工业	1386	134	−98		232	
有色金属冶炼及压延加工业	17177	640			640	
金属制品业	7806	2163			969	1194
通用设备制造业	91767	46162	5916	6925	10541	22780
专用设备制造业	33003	11961	566	7552	2723	1120
交通运输设备制造业	105535	98066	81315	5877	5528	5346
电气机械及器材制造业	18522	9336	−171	778	3297	5432
通信设备、计算机及其他电子设备制造业	2543	21	−204		217	8
仪器仪表及文化、办公用机械制造业	544	113			113	
工艺品及其他制造业	1011	70				70
电力、热力的生产和供应业	27858	24136	24136			
燃气生产和供应业	1022	1022	1022			
水的生产和供应业	1437	646	395		251	

工业企业利税总额

05 年）　　　　　　　　　　　　　　　　　　　单位：万元

响水县	滨海县	阜宁县	射阳县	建湖县	东台市	大丰市
48069	**45048**	**45296**	**74208**	**85790**	**127221**	**63783**
1174	370		272			316
857	2917	3457	6600	148	3832	6997
204	108		1111	3126	786	
91	413	882	1458		2164	3496
7410	12531	6748	35020	9503	31556	16326
586	413	3212	2282	2737	1885	256
11			227	29595	188	131
512	635	354	717		2551	14
	44	75				
519	549	418	3317	388	1389	546
	－20	100	168	587	－2	50
160		907	331		964	2774
		696			115	
29065	15427	3828	6231	12370	10133	9676
1791	4627	1939	234		1959	3376
			1312	64	1689	1664
	62	1258	103	1075	310	782
242	136	598	583	1739	1686	587
877	416	7771	1977	3551	22840	2042
146	58	580			289	179
464	310	851		441	14297	174
－1			815	838	3410	581
1805	3330	5796	5439	10096	8790	10349
69	302	1549	2113	7376	9268	365
1774	296	636	615	832	1122	2194
293	556	2071	1363	1118	3530	255
	107	415	428	59	1428	85
			323	108		
	325		139	54	173	250
	1066	1310	380		788	178
20	70	－155	650	－15	81	140

（20

行业	全市	市区				
			市直	开发区	亭湖区	盐都区
总计	**328982**	**94824**	**7886**	**21397**	**21711**	**43830**
煤炭开采和洗选业	1115	1115	1115			
非金属矿采选业	983	401	401			
农副食品加工业	16715	4462	－683	－82	409	4818
食品制造业	2843	562		9	59	494
饮料制造业	2200	85			12	73
纺织业	64845	10232	－2421	－78	1197	11534
纺织服装、鞋、帽制造业	10076	5988	－5	3924	253	1816
皮革、毛皮、羽毛（绒）及其制品业	19784	971		942		29
木材加工及水、竹、藤、棕、草制品业	2172					
家具制造业	265	214		214		
造纸及纸制品业	3394	1165		26	354	785
印刷业和记录媒介的复制	1204	927	861	2		64
文教体育用品制造业	2674	75			44	31
石油加工、炼焦及核燃料加工业	－4960	－5284	－5468			184
化学原料及化学制品制造业	55455	5267	1441	1	1279	2546
医药制造业	6728	321	153		168	
化学纤维制造业	2069	331			31	300
橡胶制品业	2434	872			872	
塑料制品业	3814	1249	29	27	955	238
非金属矿物制品业	26699	7795	572	34	2778	4411
黑色金属冶炼及压延加工业	－133	－554	－699		145	
有色金属冶炼及压延加工业	5818	193			193	
金属制品业	3653	1074			565	509
通用设备制造业	45239	25190	4397	5433	5440	9920
专用设备制造业	18584	8178	120	6466	1209	383
交通运输设备制造业	15612	12297	1372	3991	3470	3464
电气机械及器材制造业	8577	4565	－248	488	1963	2362
通信设备、计算机及其他电子设备制造业	882	－261	－255		131	－137
仪器仪表及文化、办公用机械制造业	311	91			91	
工艺品及其他制造业	383	6				6
电力、热力的生产和供应业	8286	6287	6287			
燃气生产和供应业	917	917	917			
水的生产和供应业	344	93			93	

工业企业利润总额

05年）

单位：万元

响水县	滨海县	阜宁县	射阳县	建湖县	东台市	大丰市
29398	**22740**	**18635**	**36421**	**42209**	**56624**	**28131**
196	83		190			113
391	1756	1761	3485	−1	1558	3303
108	50		628	1155	340	
6	69	265	494		936	345
3674	6274	2700	17252	3955	14592	6166
160	195	1271	1128	872	564	−102
3			100	18582	88	40
246	552	142	270		962	
		51				
147	274	54	878	176	509	191
	−44	33	50	254	−18	2
60		424	103		478	1534
		277			47	
21647	7356	1883	3262	6115	3876	6049
821	2345	808	78		964	1391
			489	2	575	672
	38	551	48	430	159	336
111	90	203	235	1002	720	204
269	205	3202	987	1543	11719	979
20	30	96			158	117
228	145	271		219	4703	59
−7			397	313	1533	343
649	1677	2290	3078	3497	3855	5003
53	130	505	1311	3170	5059	178
468	184	406	460	406	478	913
143	220	937	534	521	1605	52
	60	197	160	30	679	17
			184	36		
	183		22	18	54	100
	818	533	120		428	100
5	50	−225	478	−86	3	26

8—16 规模以上工业企

(20

类别	全市	市区	市直	开发区	亭湖区	盐都区
企业单位数（个）	2085	463	50	29	166	218
#亏损企业数（个）	106	45	22	3	4	16
工业总产值（现价）	10974040	4033993	1683985	255955	724307	1369746
#新产品产值	276010	189676	83233		33863	72580
工业销售产值（现价）	10776420	3995812	1679063	252779	713072	1350898
#出口交货值	946441	315569	126883	9390	39238	140058
工业中间投入合计	8612138	3219394	1369696	201932	575729	1072037
工业增加值（现价）	2712258	950936	381110	60157	168032	341637
流动资产合计	3344663	1479637	805518	143094	252211	278814
#短期投资	9594	5161	156	1	3649	1355
应收帐款净额	845999	357336	158089	46409	68980	83858
存货	1000979	382653	184998	48188	46131	103336
#产成品	451320	151955	68081	14967	22216	46691
流动资产年平均余额	3177718	1426913	747176	160994	244319	274424
长期投资	204338	108647	79854	6953	5268	16572
固定资产合计	2429738	950896	567242	88917	106241	188523
固定资产原价	3148071	1315726	817938	103776	136128	257884
#生产经营用	2303253	771845	382951	51869	114287	222738
累计折旧	884868	423786	279398	20654	42260	81474
#本年折旧	148484	54676	31155	5541	7137	10843
固定资产净值年平均余额	2179517	819818	465054	83926	93357	177481
无形及递延资产合计	294214	136642	60297	12460	13082	50803
#无形资产	258836	124143	56735	11333	8395	47680
资产总计	6272953	2675822	1512911	251424	376775	534712
流动负债合计	3687523	1654581	917241	153624	266581	317135
#应付帐款	837779	452728	232470	40366	120556	59336
长期负债合计	453123	223325	186163	2445	10443	24274
负债合计	4140646	1877906	1103404	156069	277024	341409
所有者权益合计	2132307	797916	409507	95355	99751	193303
实收资本	1169109	473783	265834	45250	63752	98947
国家资本	77477	69213	68930		270	13
集体资本	29971	5635	364		2465	2806
法人资本	360654	196524	148228	19846	10006	18444
个人资本	592539	153333	34677	9936	40760	67960
港澳台资本	36157	12083	3894	1667	1975	4547
外商资本	72311	36995	9741	13801	8276	5177

业主要经济指标

05 年）　　　　　　　　　　　　　　　　　　　　　　　　　　　单位：万元

响水县	滨海县	阜宁县	射阳县	建湖县	东台市	大丰市
144	158	184	212	229	403	292
1	4	8	4	15	18	11
492429	558482	900257	1203242	1148761	1586604	1050272
20786			2472	9901	53172	3
472925	547808	884889	1182397	1113786	1544536	1034267
17718		1551	36422	144335	286727	144119
356807	435986	712634	906727	885036	1269509	826045
151987	141019	210399	327029	299275	379318	252296
107371	159644	171766	294047	432354	368105	331739
315	1090	123	801	511	666	927
29707	29123	57639	65356	136527	100762	69549
38279	65103	57442	97928	136238	114084	109252
21124	21775	35597	34393	88033	49201	49242
103851	148575	169146	277614	394234	353632	303753
3269	3038	3036	15047	47566	5916	17819
119618	225126	186536	226480	183235	304322	233525
133309	256043	217224	278832	238293	402659	305985
113234	234092	178128	249624	113719	366631	275981
31171	38384	44959	78509	66654	111066	90339
9035	14739	9078	14468	11868	20336	14283
103744	216515	165650	200324	170584	288237	214645
6492	9228	14523	19445	36381	41364	30139
5681	8661	10987	15378	27417	40405	26164
236750	397036	375861	555019	699536	719707	613222
114711	179448	213317	332142	398739	419917	374668
33011	31998	32908	59309	70827	88385	68613
26288	13091	24268	37519	40587	45605	42440
140999	192539	237585	369661	439326	465522	417108
95751	204497	138276	185358	260210	254185	196114
52016	119297	73091	107130	86210	120827	136755
1831	298	502		2601	110	2922
1160	611	3674	11880	4834	932	1245
28860	64733	9062		15679	15657	30139
19885	50047	54051	89508	60235	76654	88826
280	3558	471	5742	1049	9094	3880
	50	5331		1812	18380	9743

8—16 续表 1

类别	全市	市区	市直	开发区	亭湖区	盐都区
主营业务收入	10493836	3891453	1626081	261845	702669	1300858
＃主营业务成本	9284751	3442304	1413712	215181	637415	1175996
主营业务税金及附加	102968	61730	50849	621	2039	8221
其他业务收入	138365	88772	75195	3561	5559	4457
其他业务利润	26166	19343	15387	1135	817	2004
营业费用	346914	145440	83187	9926	18246	34081
管理费用	340744	126829	63336	12886	19039	31568
＃税金	14487	5278	2057	499	888	1834
财产保险费	4951	2107	1555	138	208	206
办公费	10174	2965	776	417	968	804
职工教育费	3643	1402	755	165	205	277
财务费用	110737	38655	21569	3179	5349	8558
＃利息支出	112303	41644	25325	3140	4789	8390
营业利润	333886	95836	8815	21185	21398	44438
投资收益	3196	2216	1945	—68	25	314
补贴收入	5993	1409	870	78	252	209
营业外收入	7410	3934	1404	377	752	1401
营业外支出	21503	8571	5148	175	716	2532
利润总额	328982	94824	7886	21397	21711	43830
亏损企业亏损额	22100	17597	15535	197	161	1704
应交所得税	67287	15097	4162	801	3812	6322
广告费	37912	35184	33738	346	744	356
研究开发费	14507	9920	4552	335	1386	3647
劳动、失业保险费	10311	6140	4838	191	533	578
养老保险和医疗保险费	24157	13014	9714	523	627	2150
住房公积金和住房补贴	4274	3334	3055	52	138	89
本年应付工资总额	378903	131410	55656	12756	25786	37212
＃主营业务应付工资总额	365516	128159	54018	12650	24796	36695
本年应付福利费总额	48388	17625	6644	2074	3643	5264
＃主营业务应付福利费总额	46922	17190	6414	2058	3526	5192
利税总额	782306	292892	125556	28153	43204	95979
本年应交增值税	350356	136337	66821	6134	19454	43928
＃本年进项税额	1194855	479934	197509	27927	102855	151643
本年销项税额	1511297	607952	260973	31902	120488	194589
中间投入	8612138	3219394	1369696	201932	575729	1072037
全部从业人员平均人数（人）	377707	112236	39741	9727	22358	40410

单位：万元

响水县	滨海县	阜宁县	射阳县	建湖县	东台市	大丰市
409623	550113	878474	1137437	1087506	1520321	1018909
340544	485505	790203	1027558	894211	1379843	924583
2306	3785	3885	7273	8032	8374	7583
1181	10257	5749	2702	6433	14226	9045
360	106	706	1687	466	982	2516
14400	11727	25424	23036	75953	31018	19916
18320	19701	30915	33098	49542	31712	30627
2445	722	1702	823	1380	1147	990
355	130	300	341	488	751	479
498	660	1030	996	1364	1645	1016
284	140	265	238	441	504	360
5157	6869	7946	11824	16204	13144	10938
4867	6691	7306	11616	17068	12869	10242
29256	22632	20807	36335	44030	57212	27778
217	109	7	96	220	35	296
292	218	1034	322	799	640	1279
181	246	467	519	394	476	1193
548	465	3680	851	3234	1739	2415
29398	22740	18635	36421	42209	56624	28131
7	272	479	941	752	1366	686
1385	4492	3680	8429	14629	15282	4293
456	72	179	182	1219	536	84
270	118	614	1358	1043	655	529
275	151	136	751	1276	666	916
805	357	762	2284	1759	2642	2534
		103	368	50	55	364
19871	20731	26575	26707	57422	52218	43969
18564	20236	26078	26204	53528	50984	41763
2515	2621	2134	4819	7237	6499	4938
2342	2571	2079	4669	7037	6315	4719
48069	45048	45296	74208	85790	127221	63783
16365	18523	22776	30514	35549	62223	28069
52539	58955	78336	130226	140155	159339	95371
66759	71179	95796	163454	173815	219441	112901
356807	435986	712634	906727	885036	1269509	826045
18045	21008	32873	33000	52524	59129	48892

8—16 续表 2

类　　　　别		全　市	市　区	市　直	开发区	亭湖区	盐都区
工业经济效益综合指数	(%)	156.4	148.9	134.0	144.5	149.3	206.5
总资产贡献率	(%)	15.4	13.0	9.3	9.0	14.0	29.6
资本保值增值率	(%)	117.1	108.8	101.7	111.0	118.7	120.3
资产负债率	(%)	66.0	70.2	72.9	62.1	73.5	63.8
流动资金周转率	(%)	3.3	2.7	2.2	1.6	2.9	4.7
成本费用利润率	(%)	3.3	2.5	0.5	8.9	3.2	3.5
全员劳动生产率	(元/人)	71809	84726	95898	61845	75155	84543
工业产品销售率	(%)	98.2	99.1	99.7	98.8	98.4	96.0
企业亏损面	(%)	5.1	9.7	44.0	10.3	2.4	0.7
工业增加值率	(%)	24.7	23.6	22.6	23.5	23.2	30.9
从业人员人均利税	(元/人)	20712	26096	31594	28943	19324	23751
从业人员人均利润	(元/人)	8710	8449	1984	21998	9711	10846
从员人员人均工资	(元/人)	10032	11708	14005	13114	11533	9209
从业人员人均实现工业增加值	(元/人)	71809	84726	95898	61845	75155	84543
销售收入利税率	(%)	7.5	7.5	7.7	10.8	6.1	7.4
销售收入利润率	(%)	3.1	2.4	0.5	8.2	3.1	3.4
现价产值占全市比重	(%)	100.0	36.8	15.3	2.3	6.6	12.5
增加值占全市比重	(%)	100.0	35.1	14.1	2.2	6.2	12.6
销售收入占全市比重	(%)	100.0	37.1	15.5	2.5	6.7	3.9
利税总额占全市比重	(%)	100.0	37.4	16.0	3.6	5.5	6.1
利润总额占全市比重	(%)	100.0	28.8	2.4	6.5	6.6	8.9

单位：万元

响水县	滨海县	阜宁县	射阳县	建湖县	东台市	大丰市
203.8	166.7	159.7	180.4	152.6	172.2	139.1
20.3	14.2	12.0	15.8	18.0	19.9	12.8
158.5	133.7	110.0	109.5	129.2	113.6	127.8
59.6	48.5	63.2	66.6	62.8	64.7	68.0
3.9	3.7	5.2	4.1	2.8	4.3	3.4
7.8	4.3	2.2	3.3	4.1	3.9	2.9
84227	67126	64004	99100	56979	64151	51603
98.1	98.3	98.3	97.0	98.6	97.3	98.5
2.5	4.3	1.9	6.6	7.3	4.5	3.8
25.3	23.4	27.2	26.1	24.9	23.9	24.0
26638	21443	13779	22487	16333	21516	13046
16291	10824	5669	11037	8036	9576	5754
11012	9868	8084	8093	10933	8831	8993
84227	67126	64004	99100	56979	64151	51603
11.7	8.2	5.2	6.5	7.9	8.4	6.3
7.2	4.1	2.1	3.2	3.9	3.7	2.8
4.5	5.1	8.2	11.0	10.5	14.5	9.6
5.6	5.2	7.8	12.1	11.0	14.0	9.3
5.2	8.4	10.8	10.4	12.4	14.5	9.7
5.8	5.8	9.5	11.0	12.3	16.3	8.2
6.9	5.7	11.1	12.8	13.3	17.2	8.6

8—17 分地区大中型工业

（20

类别	全市	市区				
			市直	开发区	亭湖区	盐都区
企业单位数（个）	133	48	22	7	7	12
＃亏损企业数（个）	12	8	6			2
工业总产值（现价）	4870503	2273674	1579051	179782	124297	390544
＃新产品产值	252314	176201	81052		31675	63474
工业销售产值（现价）	4811759	2263931	1575444	177779	124677	386031
＃出口交货值	535759	231296	121727	7721	23388	78460
工业中间投入合计	3817792	1805496	1279649	131235	94932	299680
工业增加值（现价）	1222947	553270	363880	52661	33798	102931
流动资产合计	1926950	1026943	763262	102071	62262	99348
＃短期投资	3906	3844	156	1	3509	178
应收帐款净额	414612	219504	149110	29721	19625	21048
存货	545231	252834	170465	34915	12413	35041
＃产成品	259671	99038	62558	12587	6421	17472
流动资产年平均余额	1820862	986613	706574	123756	59708	96575
长期投资	178763	101785	77107	6618	5075	12985
固定资产合计	1298695	719592	542230	73859	33325	70178
固定资产原价	1790499	1017907	783398	84746	51368	98395
＃生产经营用	1176144	524962	359411	41743	40412	83396
累计折旧	573828	338585	266826	14363	20009	37387
＃本年折旧	79769	39709	29699	3856	2393	3761
固定资产净值年平均余额	1132595	608157	444046	70605	30111	63395
无形及递延资产合计	196163	103383	52362	8561	7348	35112
＃无形资产	176242	95076	49375	7846	4204	33651
资产总计	3600571	1951703	1434961	191109	108010	217623
流动负债合计	2103021	1175623	869712	123892	66598	115421
＃应付帐款	418725	267836	220602	26592	14772	5870
长期负债合计	318934	202292	185394	714	4104	12080
负债合计	2421955	1377915	1055106	124606	70702	127501
所有者权益合计	1178616	573788	379855	66503	37308	90122
实收资本	575958	335004	240554	31807	24129	38514
国家资本	70782	68851	68581		270	
集体资本	16200	2335			1685	650
法人资本	230229	175081	143466	16238	1582	13795
个人资本	204318	65802	19046	6650	19286	20820
港澳台资本	14992	2943		322		2621
外商资本	39437	19992	9461	8597	1306	628

企业主要经济指标

05 年）　　　　单位：万元

响水县	滨海县	阜宁县	射阳县	建湖县	东台市	大丰市
6	5	12	11	12	20	19
		1		1	2	
157696	197059	175079	333750	688228	607630	437387
20786			888	1402	53037	
153252	196423	173609	325280	670003	594369	434892
555		959	16944	114813	104179	67013
107556	147678	137394	257797	528367	493248	340256
57435	54668	41271	87575	177881	142172	108675
42975	46484	64886	150971	245191	189712	159788
2		13		21		26
10830	4072	17349	29899	55965	50298	26695
16610	23542	21365	48996	85333	48442	48109
9036	5488	15245	19390	66033	19755	25686
43252	41602	65260	138100	224768	182048	139219
890	1350	1665	12200	44368	3411	13094
52010	42786	61919	94166	82623	148040	97559
51337	50993	72825	143450	118852	195611	139524
44126	50493	64529	132932	49020	182970	127112
13881	8468	16551	51815	38105	56092	50331
2727	1524	3054	9079	6032	11716	5928
38008	40246	51277	90897	79277	137135	87598
3198	3902	6468	11645	28850	23489	15228
3186	3879	4196	10481	21936	23316	14172
99073	94522	134938	268982	401032	364652	285669
35571	47232	80817	173037	212487	202408	175846
17424	6416	11952	21278	33402	36366	24051
17708	5121	10280	15404	27088	19264	21777
53279	52353	91097	188441	239575	221672	197623
45794	42169	43841	80541	161457	142980	88046
23079	9400	22627	51048	27978	50146	56676
654						1277
			11880	1985		
18590	5800	2499		3614	6004	18641
3835	3600	19565	33426	22027	25145	30918
			5742		3503	2804
		563		352	15494	3036

8—17 续表

类　　别	全　市	市　区	市　直	开发区	亭湖区	盐都区
主营业务收入	4658827	2192603	1528527	183927	120678	359471
＃主营业务成本	4039059	1899134	1323594	147049	106456	322035
主营业务税金及附加	66373	53627	50520	544	257	2306
其他业务收入	110698	81441	72868	2536	4123	1914
其他业务利润	21589	17808	15296	757	614	1141
营业费用	194395	102311	80992	8933	4283	8103
管理费用	161806	83665	58415	10094	4433	10723
＃税金	5956	2756	1889	384	243	240
财产保险费	3232	1805	1517	111	102	75
办公费	3571	1347	578	325	197	247
职工教育费	1984	1000	704	146	51	99
财务费用	64442	29931	21225	2975	2053	3678
＃利息支出	68888	33530	24950	2939	1991	3650
营业利润	154341	41743	9077	15089	3810	13767
投资收益	2743	2150	1945	－68		273
补贴收入	2479	828	462	52	170	144
营业外收入	3584	2258	1336	233	223	466
营业外支出	12782	6591	4988	83	226	1294
利润总额	150365	40388	7832	15223	3977	13356
亏损企业亏损额	14765	13999	13609			390
应交所得税	31899	6248	3989	138	638	1483
广告费	36940	34876	33710	301	664	201
研究开发费	13161	9451	4484	329	1244	3394
劳动、失业保险费	8548	5627	4737	177	317	396
养老保险和医疗保险费	17332	11112	9132	348	253	1379
住房公积金和住房补贴	3745	3126	3000	26	21	79
本年应付工资总额	168257	76585	51078	10358	5818	9331
＃主营业务应付工资总额	164803	75039	49744	10358	5645	9292
本年应付福利费总额	21137	9841	6131	1875	536	1299
＃主营业务应付福利费总额	20719	9599	5914	1875	518	1292
利税总额	386974	179107	122830	19881	8667	27729
本年应交增值税	170236	85092	64478	4114	4433	12067
＃本年进项税额	518880	255709	184775	18391	14647	37896
本年销项税额	669246	334675	246828	20607	17271	49969
中间投入	3817792	1805496	1279649	131235	94932	299680
全部从业人员平均人数（人）	153458	58459	35539	7783	4753	10388

单位：万元

响水县	滨海县	阜宁县	射阳县	建湖县	东台市	大丰市
132183	180702	171305	312362	646248	598899	424525
99884	166128	154556	275315	521335	538279	384428
393	797	633	2377	3263	3138	2145
1118	10070	4047	1965	5153	577	6327
337	59	85	1487	284	140	1389
4556	1629	4589	7720	53165	11281	9144
5132	2878	6514	9465	29051	12446	12655
1209	159	298	277	517	355	385
172	28	109	198	359	352	209
151	139	225	268	813	306	322
161	95	25	114	223	207	159
1386	2247	1882	6672	11096	6163	5065
1366	2206	1774	6473	12767	6076	4696
21169	7082	3216	12300	28622	27732	12477
22	15	2	96	220	35	203
64	90	99	3	285	61	1049
97	57	94	434	63	243	338
330	163	699	647	2328	765	1259
21022	7081	2712	12186	26862	27306	12808
		66		97	603	
484	2136	494	2879	10769	7010	1879
397	35	2	124	1148	327	31
208	50	563	1310	743	428	408
169	18	16	566	1056	465	631
657	227	190	1724	690	1237	1495
			309		30	280
4675	5029	9235	12636	28963	15594	15540
4337	5029	9059	12347	28518	15357	15117
599	730	321	1924	3895	1878	1949
559	730	311	1897	3851	1865	1907
28710	13165	6931	26185	48145	58234	26497
7295	5287	3586	11622	18020	27790	11544
15997	21666	10421	37515	89705	54957	32910
22827	26785	10903	44854	107029	82332	39841
107556	147678	137394	257797	528367	493248	340256
5354	4778	10754	14839	25611	15827	17836

8—18 分地区民营规模以上

（20

类别	全市	市区				
			市直	开发区	亭湖区	盐都区
企业单位数（个）	1812	379	26	19	144	190
#亏损企业数（个）	76	31	11	2	3	15
工业总产值（现价）	7886738	2116002	242439	157276	514209	1202078
#新产品产值	191974	132913	34772		33651	64490
工业销售产值（现价）	7725237	2088950	241210	154189	506277	1187274
#出口交货值	691655	212448	46273		34187	131988
工业中间投入合计	6159032	1670362	211641	116018	405002	937701
工业增加值（现价）	1966269	506849	35539	44041	125181	302088
流动资产合计	2104127	645122	169335	86727	143145	245915
#短期投资	9101	5109	106		3648	1355
应收帐款净额	552652	177972	36708	24042	46544	70678
存货	712309	205304	39093	31164	40887	94160
#产成品	339416	86023	8467	13404	20110	44042
流动资产年平均余额	2036715	653752	163064	108460	136824	245404
长期投资	147935	60820	32668	6605	5218	16329
固定资产合计	1569067	398139	76023	66415	82499	173202
固定资产原价	2026191	536206	115883	77357	104839	238127
#生产经营用	1638044	407840	79861	31966	90599	205414
累计折旧	550412	169312	44424	14183	34199	76506
#本年折旧	102017	23848	5341	3539	5197	9771
固定资产净值年平均余额	1461450	367061	70903	63079	70151	162928
无形及递延资产合计	223278	98848	26929	10274	11729	49916
#无形资产	195560	90166	26364	9306	7051	47445
资产总计	4044407	1202929	304955	170021	242591	485362
流动负债合计	2360205	727522	167132	112552	156055	291783
#应付帐款	450444	146361	44267	16654	33512	51928
长期负债合计	213475	41949	7807	525	9863	23754
负债合计	2573680	769471	174939	113077	165918	315537
所有者权益合计	1470728	433459	130016	56945	76673	169825
实收资本	730381	216050	54854	28323	47251	85622
国家资本	1325	320	50		270	
集体资本	7574	3243	274		743	2226
法人资本	197495	70357	24769	18420	9757	17411
个人资本	517639	137532	29761	9903	35175	62693
港澳台资本	2664	2664				2664
外商资本	3684	1934			1306	628

工业企业主要经济指标

05 年）　　　　　　　　　　　　　　　　　　　　　　　　　　　单位：万元

响水县	滨海县	阜宁县	射阳县	建湖县	东台市	大丰市
132	152	152	186	213	363	235
1	3	5	1	12	16	7
379866	549187	698483	975295	1033359	1317051	817495
20786			2037	9715	26520	3
362843	538701	687475	960908	1002304	1277703	806353
13707		49	29867	140424	223033	72127
284574	428613	554919	735041	789454	1051419	644651
106049	138526	161315	264096	275243	321043	193149
78918	155772	122728	182933	400685	268675	249294
315	1090	108	621	510	666	682
21953	28586	38811	35465	124485	72940	52440
29339	63969	40715	75088	123983	98850	75061
17030	21439	23920	27370	85245	43147	35242
75456	144947	118643	181492	367118	265787	229520
3026	3038	2970	11856	47552	5796	12877
75605	221426	114058	170297	171121	239037	179384
98121	252224	140319	216707	220618	321465	240531
82321	230708	114420	193057	102943	290248	216507
26032	37810	34678	54495	60812	93632	73641
7625	14492	6232	10494	10984	17344	10998
73444	212721	97347	160955	158474	225914	165534
5419	9228	10510	16308	34592	24343	24030
4620	8661	8159	13061	26942	23642	20309
162968	389464	250266	381394	653950	537851	465585
93750	175954	144583	225122	370661	325447	297166
24062	31335	24216	39340	67954	63948	53228
13723	13091	20442	26899	40354	33419	23598
107473	189045	165025	252021	411015	358866	320764
55495	200419	85241	129373	242935	178985	144821
31654	115102	43077	67442	77997	75760	103299
	202			703	100	
214	200	126		3009	406	376
11643	64653	4409		14886	9851	21696
19797	50047	38542	67442	59299	65278	79702
				100	125	1525

8—18 续表

类　　别	全　市	市　区				
			市　直	开发区	亭湖区	盐都区
主营业务收入	7499427	2032737	241075	153361	500464	1137837
#主营业务成本	6661017	1813955	215103	122039	445981	1030832
主营业务税金及附加	46741	10334	501	589	1842	7402
其他业务收入	62693	19833	8134	2597	4785	4317
其他业务利润	10933	6346	2910	729	713	1994
营业费用	230113	63105	8036	8919	16355	29795
管理费用	238305	63225	11548	7860	16493	27324
#税金	11075	3392	511	449	718	1714
财产保险费	2916	492	79	108	139	166
办公费	8087	2094	248	286	864	696
职工教育费	2616	755	181	152	164	258
财务费用	79804	19441	4136	2637	4509	8159
#利息支出	77449	17656	3024	2622	4005	8005
营业利润	254381	69024	4661	12047	15997	36319
投资收益	1802	860	525		25	310
补贴收入	4419	969	537	26	230	176
营业外收入	4996	2256	743	205	183	1125
营业外支出	13674	3074	423	121	346	2184
利润总额	251924	70035	6043	12157	16089	35746
亏损企业亏损额	6545	3856	2078	114	152	1512
应交所得税	56283	10243	1489	183	3066	5505
广告费	3748	1349	539	343	118	349
研究开发费	9085	6141	995	335	1177	3634
劳动、失业保险费	5410	2048	888	161	423	576
养老保险和医疗保险费	13095	4778	1859	371	510	2038
住房公积金和住房补贴	591	364	215	14	54	81
本年应付工资总额	275148	73423	10810	9206	21388	32019
#主营业务应付工资总额	264710	71185	10071	9100	20444	31570
本年应付福利费总额	37361	10868	1522	1765	3055	4526
#主营业务应付福利费总额	36147	10538	1384	1749	2939	4466
利税总额	537228	141577	11285	15528	33905	80859
本年应交增值税	238563	61209	4741	2783	15974	37711
#本年进项税额	842144	237503	31516	13780	61965	130242
本年销项税额	1057033	294554	36017	15474	76126	166937
中间投入	6159032	1670362	211641	116018	405002	937701
全部从业人员平均人数（人）	287372	71205	9847	7067	19168	35123

单位：万元

响水县	滨海县	阜宁县	射阳县	建湖县	东台市	大丰市
311694	539307	681040	911529	970184	1261016	791920
269116	476994	612455	829909	790651	1143792	724145
1921	3587	2984	6142	7062	7986	6725
367	10252	5164	2252	5517	14014	5294
152	105	493	1381	407	867	1182
11773	11256	19747	15841	70520	24356	13515
15567	18750	24215	23672	45986	25544	21346
2227	720	1356	337	1280	994	769
260	124	267	292	457	666	358
447	654	723	629	1343	1495	702
269	139	169	163	423	448	250
4247	6814	5811	8365	15459	11122	8545
4000	6639	5323	8323	16440	10914	8154
9222	22011	16321	28981	40913	49083	18826
203	109	6	96	220	35	273
177	218	429	259	799	316	1252
145	230	232	415	344	396	978
261	415	2489	729	3192	1580	1934
9486	22153	14499	29022	39084	48250	19395
7	228	79	98	647	1082	548
1244	4332	2729	6626	13940	13880	3289
419	72	166	144	1219	325	54
267	118	609	488	1043	406	13
231	144	105	442	1238	633	569
724	357	611	1484	1605	1950	1586
		4	160		47	16
16489	19969	18899	19192	54140	42120	30916
15426	19474	18468	18975	50427	41047	29708
2255	2544	1717	3667	6996	5795	3519
2089	2494	1669	3553	6814	5622	3368
22164	43692	35234	59006	77483	111647	46425
10757	17952	17751	23842	31337	55411	20305
40967	57990	61342	110858	124344	137244	71896
50481	69997	76730	134751	153483	190528	86509
284574	428613	554919	735041	789454	1051419	644651
14369	20144	23500	25114	49381	48464	35195

8—19 分地区私营规模以上

（20

类　　别	全　市	市　区	市　直	开发区	亭湖区	盐都区
企业单位数（个）	1430	253	6	10	110	127
＃亏损企业数（个）	37	9	1	1		7
工业总产值（现价）	4738009	1002684	34657	61956	319177	586894
＃新产品产值	71172	14184	2161		11134	889
工业销售产值（现价）	4632624	989052	33465	61218	313525	580844
＃出口交货值	302574	61481			13226	48255
工业中间投入合计	3689193	792810	30158	46181	254208	462263
工业增加值（现价）	1187649	240741	5627	17084	74343	143687
流动资产合计	1060674	207759	9261	24253	70861	103384
＃短期投资	3955	1230			118	1112
应收帐款净额	306845	66133	601	8656	24335	32541
存货	364850	79977	3442	9744	24105	42686
＃产成品	171604	39630	1010	5216	11021	22383
流动资产年平均余额	1023542	207301	8575	23637	67514	107575
长期投资	39721	5108	764		1749	2595
固定资产合计	850089	151851	7783	22185	44955	76928
固定资产原价	1066537	194874	12399	22917	54369	105189
＃生产经营用	870396	150024	10872	5404	47805	85943
累计折旧	270117	56110	4748	2062	16205	33095
＃本年折旧	56342	10497	588	1428	3009	5472
固定资产净值年平均余额	787989	140212	7773	20319	37403	74717
无形及递延资产合计	73071	17004	2405	1440	2662	10497
＃无形资产	61313	13103	2389	772	1818	8124
资产总计	2023555	381722	20213	47878	120227	193404
流动负债合计	1230878	231077	8419	27644	74327	120687
＃应付帐款	261591	50098	1536	1477	15127	31958
长期负债合计	107818	20712	41	518	8103	12050
负债合计	1338696	251789	8460	28162	82430	132737
所有者权益合计	684860	129934	11753	19717	37797	60667
实收资本	396628	65396	9280	5964	19550	30602
国家资本	346	270			270	
集体资本	1310	214	156		58	
法人资本	35430	3862		1008	869	1985
个人资本	357251	60355	9124	4956	17701	28574
港澳台资本	43	43				43
外商资本	2248	652			652	

工业企业主要经济指标

05 年）　　　　单位：万元

响水县	滨海县	阜宁县	射阳县	建湖县	东台市	大丰市
118	63	150	152	199	285	210
		5		11	7	5
312752	205109	691396	702829	487679	749801	585759
20786			888	9715	25596	3
299181	201721	680508	694107	461149	729958	576948
13707		49	21551	32884	123105	49797
238395	164761	548938	519808	375543	592139	456800
83253	46889	160079	197698	130182	185477	143331
65448	56878	120894	119507	177488	132879	179821
212	601	108	594	510	642	58
16785	13893	38744	21870	73772	35118	40530
26034	22287	39794	43654	52412	50146	50546
14969	8785	23889	14084	25372	22423	22452
62910	52447	117097	119458	164325	129617	170387
1226	1574	2929	11229	3800	3150	10705
63751	78684	112771	98005	108629	111424	124974
84101	91011	138472	113627	131272	147851	165329
72419	78947	112726	97858	78310	130599	149513
23661	15452	34118	21921	31811	39106	47938
6310	7182	6214	5364	6407	6575	7793
61746	75261	96059	91930	97934	107645	117202
3429	3488	10462	4447	6821	11554	15866
2630	3200	8111	3026	6458	11166	13619
133854	140624	247056	233188	296738	259007	331366
77539	60687	142593	146312	188666	170185	213819
22781	12141	24201	29121	41573	39898	41778
10962	3035	20442	6916	13700	16272	15779
88501	63722	163035	153228	202366	186457	229598
45353	76902	84021	79960	94372	72550	101768
23885	48154	42422	47002	56979	41104	71686
				76		
214		126		231	302	223
6468	1000	4409		11545	2736	5410
17203	47154	37887	47002	45027	37941	64682
				100	125	1371

8—19 续表

类　　别	全　市	市　区	市　直	开发区	亭湖区	盐都区
主营业务收入	4531507	971388	31923	60575	310852	568038
#主营业务成本	4065355	868475	30673	48307	277796	511699
主营业务税金及附加	28879	5483	102	321	1243	3817
其他业务收入	12296	1695	265	94	481	855
其他业务利润	2365	505	31	5	18	451
营业费用	122383	32078	423	3856	10161	17638
管理费用	135370	27142	1009	3347	9033	13753
#税金	7306	1838	36	357	400	1045
财产保险费	1910	168	2	13	66	87
办公费	5538	815	60	36	337	382
职工教育费	1621	262	9	6	102	145
财务费用	40522	6699	83	1061	2051	3504
#利息支出	38320	6338	83	1059	1792	3404
营业利润	141364	32017	—336	3689	10586	18078
投资收益	707	62			25	37
补贴收入	2887	580	360		188	32
营业外收入	2569	681	8	1	25	647
营业外支出	8006	875	19	33	141	682
利润总额	139520	32464	13	3656	10683	18112
亏损企业亏损额	2991	1062	699	32		331
应交所得税	29521	5576	8	27	2261	3280
广告费	1401	254	6	41	42	165
研究开发费	2503	732	6	1	347	378
劳动、失业保险费	1929	412	1	4	89	318
养老保险和医疗保险费	6406	1011	73	45	407	486
住房公积金和住房补贴	205	83	3	4	33	43
本年应付工资总额	163928	32687	876	2930	11281	17600
#主营业务应付工资总额	156594	32076	876	2885	11018	17297
本年应付福利费总额	20866	4276	130	206	1444	2496
#主营业务应付福利费总额	20074	4151	130	201	1366	2454
利税总额	307233	68814	1243	5286	21300	40985
本年应交增值税	138834	30876	1128	1309	9374	19056
#本年进项税额	484258	109491	3766	1298	39106	65321
本年销项税额	610237	139125	4790	1501	48948	83886
中间投入	3689193	792810	30158	46181	254208	462263
全部从业人员平均人数（人）	180444	33279	785	2002	12160	18332

单位：万元

响水县	滨海县	阜宁县	射阳县	建湖县	东台市	大丰市
258572	203259	673838	661820	475140	710139	577351
223294	179990	606208	606010	404352	648904	528222
1841	1479	2973	4072	4842	3969	4220
359	29	5164	851	599	804	2795
150	11	493	113	129	211	753
8937	4623	19512	9935	19871	16186	11241
13209	4991	23977	15520	21479	14061	14991
1930	239	1351	228	701	482	537
259	32	261	246	414	314	216
442	331	713	482	1215	1028	512
264	55	164	134	406	189	147
3727	2621	5742	4650	6606	4898	5579
3484	2529	5254	4611	5859	4822	5423
7714	9566	15919	21746	18219	22332	13851
203	85	6	81			270
167	141	429	10	514	290	756
132	13	232	310	225	128	848
209	167	2389	70	2511	585	1200
8007	9638	14197	22077	16447	22165	14525
		79		639	772	439
1144	1150	2729	5524	4670	6398	2330
416	4	144	129	322	97	35
266	20	609	240	585	38	13
229	17	102	248	629	192	100
697	65	578	638	1588	861	968
		4	118			
14980	8529	18794	9874	29641	25948	23475
14008	8497	18363	9659	26363	25111	22517
2123	998	1712	2176	3627	3522	2432
1969	993	1664	2085	3498	3384	2330
18744	17658	34791	40826	39334	53949	33117
8896	6541	17621	14677	18045	27815	14372
33449	18406	60224	80750	54701	75367	51870
41795	20903	75482	96716	71471	102131	62614
238395	164761	548938	519808	375543	592139	456800
13005	8513	23406	15160	28802	30325	27954

8—20 分地区规模以上“三资”

(20

类别	全市	市区				
			市直	开发区	亭湖区	盐都区
企业单位数（个）	190	50	10	10	13	17
＃亏损企业数（个）	16	6	4	1		1
工业总产值（现价）	2379654	1389087	996454	98679	171813	122141
＃新产品产值	29219	2132			212	1920
工业销售产值（现价）	2354567	1382810	994585	98590	170606	119029
＃出口交货值	201864	63847	41656	9390	5051	7750
工业中间投入合计	1881802	1116760	788755	85914	143870	98221
工业增加值（现价）	576122	319958	244793	16117	30388	28660
流动资产合计	860634	516227	334130	56367	101930	23800
＃短期投资	336	1		1		
应收帐款净额	239179	138458	86594	22367	19306	10191
存货	220849	129838	103823	17024	2997	5994
＃产成品	85451	50086	46261	1563	817	1445
流动资产年平均余额	784337	472458	298413	52534	101536	19976
长期投资	9453	2248	1900	348		
固定资产合计	426727	156470	103823	22502	18870	11275
固定资产原价	490034	203876	141895	26419	21894	13668
＃生产经营用	442015	188302	135167	19903	20713	12519
累计折旧	118392	58868	46106	6471	3505	2786
＃本年折旧	24227	11878	7790	2002	1327	759
固定资产净值年平均余额	372013	144055	94165	20847	18581	10462
无形及递延资产合计	47256	17641	14638	2186	576	241
＃无形资产	43694	17266	14437	2027	567	235
资产总计	1344070	692586	454491	81403	121376	35316
流动负债合计	823273	488175	325432	41073	104476	17194
＃应付帐款	307394	238579	123678	23712	85187	6002
长期负债合计	51227	2049	29	1920	100	
负债合计	874500	490224	325461	42993	104576	17194
所有者权益合计	469570	202362	129030	38410	16800	18122
实收资本	275105	116190	79442	16927	10568	9253
国家资本	30605	28983	28983			
集体资本	14093	90	90			
法人资本	72755	37345	34717	1426	169	1033
个人资本	55587	5292	2017	33	1454	1788
港澳台资本	33493	9419	3894	1667	1975	1883
外商资本	68572	35061	9741	13801	6970	4549

工业企业主要经济指标

05年）

单位：万元

响水县	滨海县	阜宁县	射阳县	建湖县	东台市	大丰市
4	4	26	16	9	37	44
		2	3	1	2	2
93934	7805	154272	197921	84497	267304	184834
			435		26652	
92150	7595	150463	193498	81310	264602	182139
		1502	1945		62578	71992
58525	6131	120815	148965	68945	216199	145462
39990	1985	37349	54588	18707	57833	45712
22948	1575	38867	90673	24885	98999	66460
		15	180			140
5852	148	15565	27070	9884	27745	14457
7379	1047	14064	18350	9984	15069	25118
3168	300	9566	5606	1582	6026	9117
22380	1558	40555	81381	20096	87397	58512
180		65	2138	2	111	4709
39079	2757	63405	47409	7212	65157	45238
26796	2678	65929	49582	9231	80980	50962
25307	2243	53205	45277	4962	76169	46550
1629	375	7798	19532	2183	17341	10666
1078	169	2396	2765	438	2971	2532
25171	2759	59304	31279	7074	62196	40175
1073		1974	2841	1573	17020	5134
1061		1270	2028	414	16763	4892
63280	4332	104311	143061	33672	181287	121541
14500	908	58885	86266	19158	94142	61239
8296	177	7491	14252	2103	24309	12187
11160		1213	10440	73	12186	14103
25660	908	60098	96706	19234	106328	75342
37620	3424	44213	46355	14438	74959	46199
16486	3688	25456	34731	5299	44926	28329
						1622
			11880	1000	495	628
16206	80	4653		793	5706	7972
		15001	17109	800	11376	6009
280	3558	471	5742	1049	9094	3880
	50	5331		1657	18255	8218

8—20 续表

类别	全市	市区				
			市直	开发区	亭湖区	盐都区
主营业务收入	2286858	1334456	935572	108483	171083	119318
#主营业务成本	2002266	1166008	802895	93143	163162	106808
主营业务税金及附加	47226	44004	43395	32	81	496
其他业务收入	43108	39900	38109	964	718	109
其他业务利润	12103	10481	10001	406	64	10
营业费用	97945	70637	66004	1007	1039	2587
管理费用	64032	34368	24608	5027	1789	2944
#税金	1952	746	519	50	130	47
财产保险费	1191	817	744	30	20	23
办公费	1134	378	168	132	33	45
职工教育费	363	141	95	13	28	5
财务费用	10432	763	—644	542	694	171
#利息支出	13398	4543	3182	519	684	158
营业利润	77061	29158	9315	9139	4382	6322
投资收益	—1971	—2028	—1962	—68		2
补贴收入	1042	89	34	52	3	
营业外收入	1573	977	173	172	447	185
营业外支出	2801	980	521	54	273	132
利润总额	74904	27216	7039	9241	4559	6377
亏损企业亏损额	2080	711	436	83		192
应交所得税	7408	2573	829	618	511	615
广告费	33438	33137	33130	3	4	
研究开发费	3727	3047	3035		12	
劳动、失业保险费	1307	951	831	30	89	1
养老保险和医疗保险费	3400	1389	1039	152	92	106
住房公积金和住房补贴	1304	725	601	38	78	8
本年应付工资总额	62937	24695	13838	3550	3115	4192
#主营业务应付工资总额	61470	24399	13618	3550	3105	4126
本年应付福利费总额	5952	2921	1628	309	397	587
#主营业务应付福利费总额	5847	2912	1626	309	397	580
利税总额	200399	118850	87528	12624	7085	11613
本年应交增值税	78270	47631	37094	3352	2445	4740
#本年进项税额	272451	184180	118687	14147	36811	14535
本年销项税额	342938	229398	154367	16428	39248	19355
中间投入	1881802	1116760	788755	85914	143870	98221
全部从业人员平均人数（人）	57862	17315	8346	2660	2223	4086

05年）

单位：万元

	响水县	滨海县	阜宁县	射阳县	建湖县	东台市	大丰市
	80504	8776	150256	188630	86321	257172	180743
	57768	7474	136336	164944	76784	234052	158900
	111	147	626	897	511	380	550
	777		171	410		212	1638
	201		86	273		115	947
	1505	276	3551	6023	4129	6644	5180
	1342	296	4461	8162	1933	6088	7382
	119	2	227	441	79	151	187
	92	6	26	41	22	85	102
	29	6	104	285	5	146	181
	13	1	15	58	2	56	77
	654	35	1684	3008	345	2020	1923
	632	32	1534	2840	229	1953	1635
	19325	548	3684	5869	2619	8103	7755
			1				56
			605			324	24
	3		185	89	40	80	199
	7		1152	86	5	157	414
	19321	548	3323	5872	2654	8350	7620
			175	843	18	284	49
	55	160	639	1134	530	1402	915
	37			23		211	30
	3		2	20		249	406
			10	61		33	252
	69		67	544	16	692	623
			88	175		8	308
	1796	375	6873	6546	1923	9899	10830
	1730	375	6807	6546	1861	9770	9982
	55	18	289	699	58	682	1230
	49	18	288	670	56	676	1178
	24013	1006	7841	12401	6320	15458	14510
	4581	311	3892	5632	3155	6728	6340
	10118	877	11051	15417	11677	21867	17264
	14063	834	12043	23998	15141	28601	18860
	58525	6131	120815	148965	68945	216199	145462
	1607	554	8254	6858	1723	10458	11093

8—21 规模以上工业按经济

(20

类　　别	企业单位数（个）	亏损企业数（个）	工业总产值	工业增加值	工业销售产值	从业人员年平均人数（人）
总　　计	**2085**	**11**	**10974040**	**2712258**	**10773420**	**377707**
＃国有及国有控股企业	39	1	508745	118732	502593	26161
＃民营企业	1812	8	7886738	1966269	7722237	287372
＃农村企业	1338	2	5484884	1391334	5370882	191703
按经济类型分						
国有企业	24	1	85859	31072	84912	6661
集体企业	40		151133	37815	147791	5129
股份合作制企业	58		214798	56762	208967	7290
股份制企业	1318	7	6944449	1697391	6801536	262015
＃国有独资公司	3		95421	21503	92511	12069
其他有限责任公司	288	4	2465798	582173	2432878	82470
股份有限公司	45		796514	207500	775811	24794
私营有限责任公司	924	3	3366231	827351	3287854	135773
私营股份有限公司	58		220485	58865	212482	6909
外商及港澳台企业	190	2	2379654	576122	2354567	57862
＃港澳台商投资企业	84	1	503054	128556	491824	27422
外商投资企业	106	1	1876600	447566	1862743	30440
其他经济类型企业	455		1198147	313097	1175647	38750
＃私营独资企业	385		973701	255928	957386	31863
私营合作企业	63		177592	45506	171902	5899
其他类型企业	7		46854	11663	46359	988
按轻重工业分						
轻工业	1005	6	5006881	1279118	4895664	213954
重工业	1080	5	5967159	1433141	5877756	163753
按企业规模分						
大型企业	10		1880072	505558	1869225	47467
中型企业	123	1	2990431	717389	2942534	105991
小型企业	1952	9	6103537	1489311	5961661	224249

类型、规模分主要经济指标

05 年）　　　　　　　　　　　　　　　　　　　　　　　　　　　　　单位：万元

资产总计	流动资产年平均余额	固定资产净值年平均余额	负债总计	主营业务收入	利税总额	利润总额	亏损企业亏损额
6272953	**3177718**	**2179517**	**4140646**	**10493836**	**782306**	**328982**	**22100**
819234	319171	324035	648180	520092	31321	－3393	13422
4044407	2036715	1461450	2573680	7499427	537228	251924	6545
2146373	1126665	785949	1383584	5197871	380480	177078	1127
126711	46337	72990	94605	88200	7431	1996	421
54684	31206	19437	39113	145382	10336	4294	53
80578	43709	28884	52157	200110	13471	5605	174
4293691	2084033	1531175	2834971	6650276	470942	205435	19175
206726	108004	66485	155588	101223	6613	－2192	4419
1976905	893287	640963	1283160	2349638	155521	65617	11752
441050	238061	183921	290367	749358	77324	37099	210
1592862	801225	613980	1049507	3250859	217472	98690	2770
76148	43456	25826	56349	199198	14012	6221	24
1344070	784337	372013	874500	2286858	200399	74904	2080
343682	164108	124419	212229	489852	36521	17422	1319
1000388	620229	247594	662271	1797006	163878	57482	761
373219	188096	155018	245301	1123009	79727	36749	197
287874	145522	123224	191040	922704	64916	29848	96
66671	33339	24959	41800	158746	10833	4761	101
18674	9235	6835	12461	41559	3978	2140	
2588392	1259156	959942	1680869	4741052	315991	145643	11309
3684561	1918562	1219576	2459777	5752784	466316	183339	10791
1310838	739916	351451	841216	1786294	159479	46543	4419
2289733	1080946	781144	1580739	2872533	227495	103822	10346
2672382	1356856	1046922	1718691	5835009	395332	178617	7335

8—22 规模以上工业企业按

（20

类别	企业单位数（个）	亏损企业数（个）	工业总产值	工业增加值	工业销售产值	从业人员年平均人数（人）
总计	**2085**	**11**	**10974040**	**2712258**	**10773420**	**377707**
煤炭开采和洗选业	1		30471	17411	30689	2508
非金属矿采选业	6		21955	8026	20357	5719
农副食品加工业	148	1	732411	156844	722832	19433
食品制造业	24		109734	26193	106337	2285
饮料制造业	25		91643	22923	89791	3058
纺织业	400	2	2333895	610509	2268049	102231
纺织服装、鞋、帽制造业	108	1	333011	82007	327106	26332
皮革、毛皮、羽毛（绒）及其制品业	8		462355	133749	459943	15938
木材加工及水、竹、藤、棕、草制品业	17		73491	17034	71433	2681
家具制造业	4		3597	690	3272	230
造纸及纸制品业	35		118347	27226	117783	5317
印刷业和记录媒介的复制	11		25266	9462	25141	1565
文教体育用品制造业	40		78941	20162	77113	8157
石油加工、炼焦及核燃料加工业	5		88592	7614	88899	1961
化学原料及化学制品制造业	268	1	1210092	308986	1182896	34417
医药制造业	50		204029	51626	197038	7165
化学纤维制造业	19		94088	25924	90810	2171
橡胶制品业	18		81297	22019	81026	3639
塑料制品业	54		124515	27491	120527	4961
非金属矿物制品业	149	1	650701	176259	638483	26725
黑色金属冶炼及压延加工业	12		57366	8757	55584	1308
有色金属冶炼及压延加工业	22		173665	36897	170754	1952
金属制品业	40		117235	28202	113882	4599
通用设备制造业	336	1	1314777	307964	1293680	45767
专用设备制造业	106	1	534326	119081	524256	18556
交通运输设备制造业	55		1288437	299081	1283244	10843
电气机械及器材制造业	65		274081	65211	268321	8183
通信设备、计算机及其他电子设备制造业	28		56542	14301	55884	3080
仪器仪表及文化、办公用机械制造业	4		7571	1865	7526	279
工艺品及其他制造业	9		17434	4564	17187	939
电力、热力的生产和供应业	8		240307	63662	239723	3700
燃气生产和供应业	1		4195	2263	4195	64
水的生产和供应业	9		19673	8256	19659	1944

行业分主要经济指标

05 年）

单位：万元

资产总计	流动资产年平均余额	固定资产净值年平均余额	负债总计	主营业务收入	利税总额	利润总额	亏损企业亏损额
6272953	**3177718**	**2179517**	**4140646**	**10493836**	**782306**	**328982**	**22100**
43266	10286	22386	39969	32311	4568	1115	
56790	33022	20165	50593	30131	6049	983	
278123	147711	105603	188010	705155	33301	16715	968
44929	28176	12677	29294	105336	6577	2843	12
41744	19248	17728	25242	88842	8728	2200	
1214654	572595	468932	808484	2209849	144965	64845	9016
149566	72887	64604	97701	326956	21213	10076	649
295132	168302	45980	171163	407562	31395	19784	
35572	14836	17203	21611	67013	4783	2172	
4584	2230	1625	2688	4094	363	265	
70256	29260	26957	46597	111741	9988	3394	66
27922	7367	14946	20997	24164	2715	1204	78
38615	16173	18337	22761	78210	5344	2674	
22458	10129	7908	26066	88864	−722	−4960	5468
654517	301985	256782	383332	1176392	100691	55455	1789
139333	63531	54868	79852	196315	14556	6728	87
31373	14642	15104	21997	81872	5468	2069	102
57191	34176	19266	39691	82246	6477	2434	18
60537	32358	21458	39676	120556	7737	3814	
301727	125666	142709	185351	621748	58499	26699	506
24681	12225	10294	15683	54266	1386	−133	706
50658	35338	9194	33407	165469	17177	5818	
49699	28188	16961	29948	111740	7806	3653	7
712368	410589	211850	416584	1261330	91767	45239	1156
369738	255745	76566	260939	515590	33003	18584	215
674131	451461	154893	512821	1227702	105536	15613	222
135721	77919	34474	86863	259483	18522	8577	276
29121	15293	8412	19469	53886	2543	882	448
2931	2126	678	1306	6916	544	311	
5280	2742	2043	3278	17273	1011	383	
567914	154370	246660	412168	237484	27858	8286	
9950	3520	3051	2410	3700	1022	917	
72472	23622	49204	44696	19640	1437	344	311

8—23 规模以上工业分地区、分行业综合能耗

类　　　别	2004年		2005年	
	综合能源消费量（吨标准煤）	产值能耗（吨/万元）	综合能源消费量（吨标准煤）	产值能耗（吨/万元）
总　　计	**3020950**	**0.38**	**3821757**	**0.36**
按县（市、区）分				
市　区	730499	0.25	851248	0.21
市　直	447038	0.36	478254	0.28
开发区	10560	0.06	14550	0.06
亭湖区	128607	0.24	173063	0.23
盐都区	144294	0.15	185381	0.14
响水县	107928	0.33	145958	0.30
滨海县	152052	0.38	215779	0.39
阜宁县	315908	0.48	407944	0.45
射阳县	280533	0.40	337551	0.36
建湖县	361056	0.39	442268	0.38
东台市	667582	0.55	881512	0.55
大丰市	405391	0.54	539496	0.51
按轻重工业分				
轻工业	1201040	0.32	1474923	0.31
重工业	1819910	0.43	2346834	0.40
按行业分				
煤炭开采和洗选业	19660	0.61	18077	0.59
非金属矿采选业	14682	0.58	14807	0.67
农副食品加工业	118642	0.22	154237	0.22
食品制造业	20682	0.25	26007	0.24
饮料制造业	26808	0.41	38644	0.42
纺织业	573538	0.34	687277	0.31
纺织服装、鞋、帽制造业	36904	0.14	38674	0.12

8—23 续表

类　　别	2004年		2005年	
	综合能源消费量（吨标准煤	产值能耗（吨/万吨）	综合能量消费量（吨/万吨）	产值能耗（吨/万元）
皮革、毛皮、羽毛（绒）及其制品业	136474	0.33	158570	0.34
木材加工及木、竹、藤、棕、草制品业	17007	0.31	24487	0.35
家具制造业	600	0.09	228	0.06
造纸及纸制品业	83937	0.98	100952	0.86
印刷业和记录媒介的复制	4634	0.23	5871	0.23
文教体育用品制造业	10919	0.18	11356	0.15
石油加工、炼焦及核燃料加工业	28810	0.37	30784	0.35
化学原料及化学制品制造业	651217	0.78	814385	0.68
医药制造业	61745	0.51	110636	0.55
化学纤维制造业	47843	0.66	42590	0.51
橡胶制品业	36930	0.46	50962	0.55
塑料制品业	19981	0.23	26107	0.22
非金属矿物制品业	458246	0.92	617261	0.95
黑色金属冶炼及压延加工业	116536	1.64	122411	1.53
有色金属冶炼及压延加工业	27822	0.28	38875	0.21
金属制品业	22054	0.26	28122	0.27
通用设备制造业	197744	0.21	250008	0.20
专用设备制造业	31505	0.08	38955	0.07
交通运输设备制造业	43207	0.06	61232	0.05
电气机械及器材制造业	17161	0.09	23601	0.09
通信设备、计算机及其他电子设备制造业	8334	0.21	10960	0.20
仪器仪表及文化、办公用机械制造业	617	0.09	649	0.09
工艺品及其他制造业	1419	0.10	1821	0.10
电力、热力的生产和供应业	173764	0.92	261750	1.09
燃气生产和供应业	4	0.00	5	0.00
水的生产和供应业	11525	0.67	11455	0.63

8—24 规模以上工业分行业

（20

类　　别	原　煤（吨）	焦　炭（吨）	天然气（万立方米）	液化天然气（吨）	原　油（吨）
总　　计	**5723989**	**65492**	**167**	**151**	**146648**
其中：轻工业	741412	4607		98	6
重工业	4982577	60885	167	53	146642
煤炭开采和洗选业	10651				
非金属矿采选业	1968				
农副食品加工业	63755	202			
食品制造业	7590				
饮料制造业	30709				
纺织业	184948	4185			
纺织服装、鞋、帽制造业	8381				6
皮革、毛皮、羽毛（绒）及其制品业	225954				
木材加工及木、竹、藤、棕、草制品业	12570				
家具制造业					
造纸及纸制品业	81912				
印刷业和记录媒介的复制					
文教体育用品制造业	942				
石油加工、炼焦及核燃料加工业	7519				146621
化学原料及化学制品制造业	558210	190			
医药制造业	49211	220			
化学纤维制造业	32455				
橡胶制品业	47716				
塑料制品业	3633	169			
非金属矿物制品业	551799	2091		148	
黑色金属冶炼及压延加工业	24014	800			10
有色金属冶炼及压延加工业	19321				
金属制品业	9778				
通用设备制造业	49609	52580			11
专用设备制造业	6058	5025	1		
交通运输设备制造业	5861		166	3	
电气机械及器材制造业	709	30			
通信设备、计算机及其他电子设备制造业	2145				
仪器仪表及文化、办公用机械制造业	28				
工艺品及其他制造业					
电力、热力的生产和供应业	3726543				
燃气生产和供应业					
水的生产和供应业					

主要能源消费量

05 年）

汽　油 （吨）	煤　油 （吨）	柴　油 （吨）	燃料油 （吨）	液化石油气 （吨）	其他石油制品 （吨）	热　力 （百万千焦）	电　力 （万千瓦时）
9723	**876**	**19890**	**2549**	**2290**	**35073**	**911145**	**566435**
3621	43	2935	45	1869		862252	247753
6102	833	16955	2504	421	35073	48893	318682
35		104	8				3139
185		816					4256
665		268	18			22138	26479
10		9					5093
24		28				122851	3231
1318	18	933	27			459764	133608
85		80				2500	8143
106		10					21827
2		90					3806
							62
47		253				178499	8957
13		24					1441
53		190					2612
					35064		2355
1333	210	2704	2418	290		24443	104169
41						51169	18235
3						23995	4600
482	1	62				19250	3830
199	2	476	17				5607
1220	31	4164	58	631		181	52991
6		87					25833
45	158	36					6121
88		109		3			5169
1048	377	5832		38	9		38011
906	8	1425					6788
1335	24	672	3			6354	13025
334	39	361		1328			4944
14		206					2254
1	8						153
							451
56		914					46412
							1
70		28					2832

8—25 规模以上工业企业能源主要品种购进、消费与库存

(2005 年)

能源名称	计量单位	年初库存	购进量		消费量		年末库存
			实物量	金额(万元)	合计	工业生产消费	
原煤	吨	218200	5866939	277366	5723989	5691954	348102
焦炭	吨	1897	65107	6199	65492	65485	2387
天然气	万立方米		167	370	167	167	
液化天然气	吨		151	63	151	151	
原油	吨	4019	145190	46941	146648	146648	2551
汽油	吨	619	8553	3428	9723	7489	77
煤油	吨	13	879	329	876	875	13
柴油	吨	1456	19643	7698	19890	18264	1189
燃料油	吨	39	2557	929	2549	2502	48
液化石油气	吨	44	2289	901	2290	2290	27
其他石油制品	吨	8	35708	11321	35073	35073	643
热力	百万千焦		958169	3537	911145	901818	
电力	万千瓦时		519531	336709	566435	563060	
能源合计	吨标准煤	165495	6650290	697574	6715484	6672974	254207

8—26 工业企业能源加工转换产出

(2005 年)

能源名称	计量单位	工业生产消费量	加工转换投入				能源加工转换产品
				火力发电	供热	炼油	
原煤	吨	3953257	3890243	3540334	349909		
原油	吨	146621	146621			146621	
汽油	吨						72368
柴油	吨	914	892	888	4		55248
液化石油气	吨						23327
其他石油制品	吨	35064	35064			35064	3782
热力	百万千焦						4395971
电力	万千瓦时	49660					715665
能源合计	吨标准煤	3231144	3013540	2516402	245599	251540	2850673

8—27 全社会用电量

（2000—2005）

单位：万千瓦时

类别	2000 年	2001 年	2002 年	2003 年	2004 年	2005 年
全社会用电总计	**391151**	**415739**	**460296**	**544589**	**651963**	**762559**
农、林、牧、渔、水利业	33098	32003	27788	31555	34076	29166
＃排灌	22242	20661	15755	18331	18227	9446
农副业	8312	8528	8420	9401	11203	14301
工业	238365	257232	305702	373647	451972	543362
按轻重工业分：						
轻工业	103862	114739	124770	141593	162825	189299
重工业	134503	142493	180932	232054	289147	354063
按行业分：						
＃纺织工业	57802	63002	71449	80246	93540	119019
化学工业	52985	52212	58017	73421	85210	111786
电力工业	41643	43005	63868	73800	86237	98234
化纤工业	8512	8105	6418	8413	8793	5433
建材工业	19410	22969	26564	36238	50850	57013
机械工业	11347	12006	13365	16660	19258	32836
地质普查勘探业	610	584	721	1013	1380	1335
建筑业	2950	3404	3664	5000	6532	5379
交通、邮电通讯业	2941	3234	3445	4175	4936	3562
商业饮食、仓储业	7363	8258	9268	10065	13917	14251
其他事业	9957	11590	13010	14767	17011	27252
城乡居民生活用电	95867	99434	96698	104367	122139	138252
乡村用电	66680	67965	63240	67803	78706	86609
城市用电	29187	31469	33458	36564	43433	51643

8—28 分地区全

(20

类别	全市	市区				
			老城区	市郊	开发区	盐都区
全社会用电总计	**762559**	**190037**	**115858**	**24622**	**8234**	**41323**
A、全行业用电合计	624307	154352	98459	16416	6764	32713
第一产业	29166	3112	770	670	41	1631
第二产业	548741	129108	80540	14490	5628	28450
第三产业	46400	22132	17149	1256	1095	2632
B、城乡居民生活用电合计	138252	35685	17399	8206	1470	8610
城镇居民	51643	19873	17399	358	1048	1068
乡村居民	86609	15812		7848	422	7542
全行业用电分类	624307	154352	98459	16416	6764	32713
一、农、林、牧、渔业	29166	3112	770	670	41	1631
＃排灌	9446	591	24	161	4	402
二、工业	543362	127940	80286	14217	5391	28046
轻工业	189299	37738	17535	6813	2272	11118
重工业	354063	90202	62751	7404	3119	16928
㈠采矿业	5571	2				2
㈡制造业	429397	108823	70965	11289	4260	22309
食品、饮料和烟草制造业	17231	3890	1644	509	304	1433
＃农副食品加工业	10275	2138	961	363	224	590
纺织业	111539	17461	10195	1071	628	5567
服装鞋帽、皮革羽绒及其制品业	7480	4788	2239	666	471	1412
木材加工及制品和家具制品业	4119	370	46	48	45	231
造纸及纸制品业	10742	2124	23	1673	52	376
印刷业和记录媒介的复制	959	487	132	209	24	122
文体用品制造业	386	83		26	12	45
石油加工、炼焦及核燃料加工业	653	119	18	5		96
化学原料及化学制品制造业	100700	33868	28067	758		5043
医药制造业	4599	635	366	97	95	77
化学纤维制造业	5433	856	424	159	232	41
橡胶和塑料制品业	11086	7393	2902	2780	841	870
非金属矿物制品业	57013	5904	3781	458	75	1590
黑色金属冶炼及压延加工业	30936	11300	10299	55		946
有色金属冶炼及压延加工业	5349	1098	48	531		519
金属制品业	17337	2515	1120	632	47	716
通用及专用设备制造业	28070	8659	4388	1116	1073	2082
交通运输、电气、电子设备制造业	10547	6071	4348	469	349	905
＃交通运输设备制造业	4766	3814	3255	163	257	139
工艺品及其他制造业	4847	1185	925	27	9	224
废弃资源和废旧材料回收加工业	371	17			3	14
㈢电力、燃气及水的生产和供应业	108394	19115	9321	2928	1131	5735
三、建筑业	5379	1168	254	273	237	404
四、交通运输、仓储和邮政业	3562	1515	688	343	162	322
五、信息传输、计算机服务和软件业	3537	1946	1398	76	12	460
六、商业、住宿和餐饮业	14251	6203	5286	285	144	488
七、金融、房地产、商务及居民服务业	5201	2877	2277	73	172	355
八、公共事业及管理组织	19849	9591	7500	479	605	1007

社 会 用 电 量

05年）

单位：万千瓦时

响水县	滨海县	阜宁县	射阳县	建湖县	大丰市	东台市
37636	**48000**	**73659**	**81463**	**62878**	**105404**	**134762**
29532	35069	59311	64118	49316	88590	115299
1648	2883	2788	5377	2702	4930	5726
26797	29706	52271	55624	44430	79094	102991
1087	2480	4252	3117	2184	4566	6582
8104	12931	14348	17345	13562	16814	19463
2722	3578	5144	4969	5843	4555	4959
5382	9353	9204	12376	7719	12259	14504
29532	35069	59311	64118	49316	88590	115299
1648	2883	2788	5377	2702	4930	5726
1029	1589	1250	945	1859	516	1667
26562	29275	51718	54649	44197	78375	101926
7160	13259	13268	35738	22975	34702	24459
19402	16016	38450	18911	21222	43673	77467
2369	488		1505		107	1100
18576	21843	43496	44337	37308	66592	88422
880	862	1491	3018	1173	2883	3034
749	460	439	1406	280	2349	2454
5235	6994	7620	23105	13210	22166	15748
124	222	394	392	135	905	520
53	654	2097	96		23	826
78	372	632	3434	35	2163	1904
17	139	100	26		98	92
14	146	36	9		18	80
		74	40	11	8	401
6656	3558	17819	5623	6633	18470	8073
328	932	628	233	117	1415	311
	754	379	1568	91	1143	642
123	520	792	305	425	500	1028
1035	1405	1734	2799	4434	4005	35697
3242		5983	1032		3502	5877
72					231	3948
149	3907	2447	1019	2073	1111	4116
439	632	725	972	4982	7010	4651
129	405	209	558	1305	600	1270
27	166	6	101		65	587
2	172	228	108	2684	282	186
	169	108			59	18
5617	6944	8222	8807	6889	11676	12404
235	431	553	975	233	719	1065
214	265	565	292	196	186	329
192	124	224	151	104	295	501
275	653	1085	921	1051	1727	2336
112	316	448	317	135	634	362
294	1122	1930	1436	698	1724	3054

主要统计指标解释

规模以上工业企业：是指全部国有工业企业和年主营业务收入（产品销售收入）达500万元及以上的非国有工业企业。这是现行工业统计定期报表统计对象，又称工业定报企业。

工业总产值：是指以货币表现的工业企业在报告期内生产的已出售或可供出售工业产品总量，它是反映一定时期内工业生产总规模和总水平的重要指标，是计算工业产品销售率和其他经济指标的重要依据。它包括：本年生产成品价值、对外加工费收入和自制半成品、在产品期末期初差额价值。

主营业务收入：是指企业经营主要业务所取得的收入总额，包括企业销售商品、提供劳务及让渡资产使用权等日常活动中所产生的收入。

工业增加值：是指工业企业在报告期内以货币表现的工业生产活动的最终成果。工业增加值有两种计算方法：一是生产法，即工业总产值减去中间投入；二是收入法，即从收入的角度出发，根据生产要素在生产过程中应得到的收入份额计算，具体构成项目有固定资产折旧、劳动者报酬、生产税净额和营业盈余，这种方法也称要素分配法。

工业增加值率：是指报告期工业增加值占工业总产值的比重，是反映工业生产降低中间消耗的经济效益指标。

工业经济效益综合指数：工业经济效益综合指数是衡量工业经济效益各个方面在数量上总体水平的特殊相对数，是反映工业经济运行质量的综合指标。它由总资产贡献率、资本保值增值率、资产负债率、流动资产周转率、成本费用利润率、全员劳动生产率、产品销售率等七项指标构成。它是以每项指标的实际分值分别除以该项指标的标准值——“八五”末期、“九五”初期的全国平均值，并乘以权数，加总后再除以总权数而求得。七项指标的标准值分别为：总资产贡献率10.7%、资本保值增值率120%、资产负债率60%、流动资产周转率1.52次、成本费用利润率3.71%、全员劳动生产率16500元/人、产品销售率96%。七项指标的权数分别为：总资产贡献率20、资本保值增值率16、资产负债率12、流动资产周转率15、成本费用利润率14、全员劳动生产率10、产品销售率13。

总资产贡献率：是指企业一定时期内社会总贡献与平均资产总额的比率。社会总贡献包括利税总额和利息支出。该指标反映企业的获利能力，是企业经营业绩和管理水平的集中体现，是评价和考核企业盈利能力的核心指标。

资本保值增值率：是指企业报告期净资产与基期净资产的比率。该指标反映企业净资产的变动状况，是企业发展能力的集中体现。

资产负债率：是指企业负债与资产的比率。该指标既反映企业经营风险的大小，也反映企业利用债权人提供的资金从事经营活动的能力。流动资产周转率：是指一定时期内企业流动资产完成的周转次数。该指标反映投入工业企业流动资金的周转速度。

成本费用利润率：是指企业利润与生产成本及费用的比率。该指标反映企业投入的生产成本及费用的经济效益，同时也反映企业降低成本所取得的经济效益。

全员劳动生产率：是指企业平均每个从业人员一定时期内新创造的价值——增加值。该指标反映企业的生产效率和劳动投入的经济效益。

产品销售率：是指企业销售产值与总产值的比率。该指标反映企业生产的产品已实现销售的程度，是分析产销衔接状况、研究工业产品满足社会需求程度的指标。

9

建 筑 业

九、建 筑 业

	2005 年	比上年±%
建筑施工企业个数（个）	498	7.1
建筑业总产值（亿元）	224.72	5.3
建筑业增加值（亿元）	48.72	23.7
房屋建筑竣工面积（万平方米）	1518.35	8.4
年末固定资产原值（亿元）	54.22	9.8
年末固定资产净值（亿元）	37.23	－0.5

建筑企业总产值

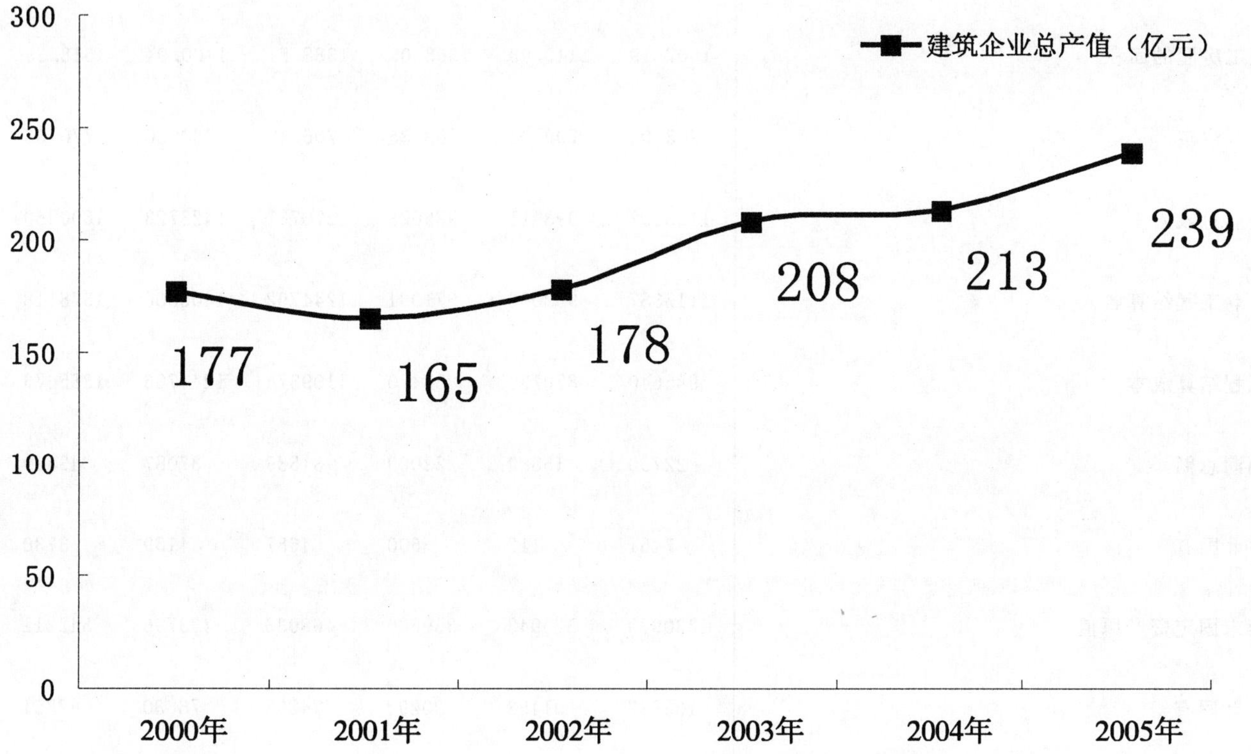

9—1 建 筑 业 主 要 指 标

（2000—2005 年）　　　　单位：万元

指　　　标	2000 年	2001 年	2002 年	2003 年	2004 年	2005 年
单位个数（个）	**386**	**327**	**382**	**427**	**465**	**498**
建筑企业总产值	1767917	1646776	1778731	2084639	2133629	2389924
#施工产值	1677793	1552276	1746575	1917263	2076977	2216831
#国有	539728	362182	343678	266661	231163	209050
竣工产值	121895	1275101	1375434	1475661	1625189	1868243
建筑业增加值	409005	340008	301523	367339	393947	487212
#国有	128519	144152	65558	51441	48742	50453
施工房屋的面积	2580.74	2283.93	2143.88	2184.54	2511.90	2834.09
#本年新开工	1806.64	1525.06	1633.17	1561.21	1605.50	1622.20
竣工房屋的面积	1607.19	1440.93	1368.09	1388.81	1400.94	1518.35
#住宅	903.94	799.04	768.35	706.49	730.30	770.06
企业总收入	1125297	993911	986028	1270767	1423723	1600960
#工程结算收入	1113387	982096	971991	1244792	1402506	1578118
工程结算成本	985640	870730	856470	1109374	1243706	1385676
利润总额	22790	15889	22009	31539	37087	43829
#国有	7461	112	－600	4687	4159	3730
年末固定资产原值	330939	325948	369680	469033	493796	542211
#国有	106887	91453	90292	74255	76630	67851
年末固定资产净值	232114	227638	257669	317509	374290	372364
#国有	75591	68669	65892	58456	52634	45699

9—2 分经济类型施工总承包建筑企业主要指标

（2005 年）

指　　标	总 计	国 有	集 体	私 营	港澳台	其 他
单位个数（个）	**398**	**26**	**10**	**128**	**1**	**233**
一、建筑业合同						
签订的合同额（万元）	2708407	233139	53739	797292	2890	1621346
1.上年结转合同额	589276	53772	7190	193289		335025
2.本年新签合同额	2119131	179368	46549	604003	2890	1286321
二、承包工程						
1.从建设单位承揽工程完成的产值（万元）	2036695	208442	47345	558519	2890	1219499
#自行完成施工产值	1984223	179654	47345	550166	2890	1204168
#分包出去工程的产值	52472	28788		8353		15331
2.从建设单位以外承揽完成的产值（万元）	232608	29302	9764	58655	167	134720
三、建筑业总产值（万元）	2216831	208956	57109	608820	3057	1338889
#装饰装修产量	42369	4872		17824		19673
#在外省完成的产值	748783	48467	9530	241407	167	449211
1.建筑工程产值	2139852	205387	55259	590219	3057	1285931
2.安装工程产值	53481	2770		9194		41517
3.其他产值	23498	799	1850	9408		11441
四、竣工产值（万元）	1868243	198387	44050	508792		1117014
五、房屋建筑施工面积（万平方米）	2834.09	116.27	62.19	823.99	0.45	1831.19
#本年新开工面积	1813.77	70.40	46.64	407.59	0.45	1288.69
#实行投标承包面积	2539.90	108.62	55.28	765.93		1610.08
#本年新开工	1622.20	66.22	40.15	369.29		1146.54
六、年末自有施工机械设备						
1.净值（万元）	221677	29402	8547	60359	534	122835
2.总台数（台）	67789	3620	2153	15775	25	46216
3.总功率（千瓦）	1092997	146874	33352	313270	443	599058
七、从业人员情况（人）						
1.计算建筑业劳动生产率的平均人员	231890	19679	6272	62471	259	143209
2.年末从业人员中管理人员	31602	2215	840	8694	35	19818
3.年末从业余员中工程技术人员	23632	1936	568	7290	25	13813
4.持有一级资质证书的项目经理	1336	360	17	238		721
5.年末从业人员中现场施工工人	198190	19832	6827	52499	110	118922
#持证上岗人员	142638	14549	3094	41710	105	83182
八、主要建筑材料消耗量						
1.钢材（吨）	1542287	45658	21225	264269	5000	1206135
2.木材（立方米）	887511	441292	21531	106441		318247
3.水泥（吨）	4792549	268129	163031	1036656		3324733
4.平板玻璃（重量箱）	537054	37247	14105	146789		338913
平板玻璃（平方米）	2688439	154053	79438	733934		1721014
5.铝材（吨）	66712	86	481	32899		33246
九、补充资料						
1.企业总产值（万元）	2358531	255744	59464	633676	3057	1406591
2.在境外完成的营业额（万元）	69265	30026		20830		18409

9—3 分经济类型施工承包建筑企业财务指标

（2005 年）　　　　单位：万元

指　　标	总　计	国　有	集　体	私　营	港澳台	其　他
单位个数（个）	**398**	**26**	**10**	**128**	**1**	**233**
一、年初存货	223756	39779	4365	51162		128450
二、年末资产负债						
流动资产合计	881787	118549	27180	220756	2236	513066
#存货	354628	57111	7654	92852	296	196715
长期投资	48771	3209	14	10367		35180
固定资产合计	412592	55887	11753	121155	2094	221704
固定资产原价	526950	67795	14007	157607	1666	285875
累计折旧	167717	22112	6381	44316	428	94480
在建工程	27422	4181	2468	3752		17021
无形资产	62118	5045	1841	8967	227	46039
递延资产	68423	5257	1841	10357	227	50742
其他资产	6120	1183	2	1604		3332
资产总计	1417693	184085	40791	364238	4556	824024
流动负债合计	751225	96708	201454	1859	431569	
长期负债合计	69604	5545	167	31000	148	32745
负债合计	820829	102253	19802	232455	2007	464314
所有者权益合计	596864	81832	20989	131783	2549	359710
#实收资本	410610	45111	12656	89228	1500	262115
#国家资本	47432	41549				5883
#集体资本	20822		7677			13145
#法人资本	80683	3562	4979	18069		54073
#个人资本	261109			71159	936	189014
港澳台资本	564				564	
三、损益及分配						
工程结算收入	1560819	169323	49993	394386	3629	943487
工程结算成本	1372650	152286	44585	339589	3164	833027
工程结算税金及附加	59087	5709	2043	14387	2	36946

9—3 续表

单位：万元

指 标	总 计	国 有	集 体	私 营	港澳台	其 他
工程结算利润	114579	11186	2901	34313	400	65780
其他业务收入	21300	5225	531	4698		10846
其他业务利润	2883	353	70	250		2209
经营费用	14502	141	464	6098	64	7735
管理费用	68456	7212	1942	20993	235	38073
#税 金	4646	242	182	2077	166	1978
财产保险费	1670	39	38	1028		566
差旅费	4012	296	156	1370		2191
工会经费	1288	158	21	383		727
财务费用	6611	582	152	2501	56	3320
#利息支出	4568	555	93	1183		2736
营业利润	42396	3745	877	11069	108	26596
营业外收入	1542	5		11		1526
营业外支出	987	81	145	355	1	405
利润总额	42943	3561	978	10727	78	27598
应交所得税	11689	1297	429	2912	9	7042
应付利润	15716	482	431	2906	6	11892
劳动、失业保险费	12887	1007	375	3812	5	7688
住房公积金及住房补贴	3079	347	96	548		2088
四、工资福利费						
本年应付工资总额	305672	33705	7144	91341	466	173016
#主营业务应付工资总额	282481	28566	6404	84685	410	162415
本年应付福利费总额	33708	2491	888	9275	150	20905
#主营业务应付福利费总额	31833	2326	864	8665	150	19827
五、补充资料						
应收工程款	220179	35414	12645	50910	1403	119808
#竣工工程	142050	21926	11861	31530		76734
六、全部从业人员年平均人数（人）	257123	20433	7899	69443	266	159082

9—4 分地区施工承包

(20

类　　别	全　市	市　区			
			市　直	亭湖区	盐都区
单位个数（个）	**398**	**165**	**60**	**59**	**46**
一、建筑业合同					
签订的合同额（万元）	2708407	956598	477618	224298	254681
1.上年结转合同额	589276	242225	171965	31356	38904
2.本年新签合同额	2119131	714373	305653	192942	215778
二、承包工程					
1.从建设单位承揽工程完成的产值（万元）	2036695	718408	336031	170843	211535
#自行完成施工产值	1984223	669158	304884	152739	211535
#分包出去工程的产值	52472	49251	31147	18104	
2.从建设单位以外承揽完成的产值（万元）	232608	97574	24379	40246	32949
三、建筑业总产值（万元）	2216831	766731	329263	192985	244483
#装饰装修产量	42369	24178	18452	1852	3874
#在外省完成的产值	748783	159894	54189	20507	85198
1.建筑工程产值	2139852	717450	293180	182809	241460
2.安装工程产值	53481	35707	32021	662	3024
3.其他产值	23498	13575	4062	9514	
四、竣工产值（万元）	1868243	637986	274722	127276	235987
五、房屋建筑施工面积（万平方米）	2834.09	846.27	289.73	214.62	341.92
#本年新开工面积	1813.77	570.73	182.24	185.87	202.62
#实行投标承包面积	2539.90	784.95	261.18	199.45	324.32
#本年新开工	1622.20	534.21	167.21	175.60	191.40
六、年末自有施工机械设备					
1.净值（万元）	221677	83370	34930	17500	30940
2.总台数（台）	67789	26381	12767	5561	8053
3.总功率（千瓦）	1092997	376227	148619	72026	155582
七、从业人员情况（人）					
1.计算建筑业劳动生产率的平均人员	231890	78442	28165	17992	32285
2.年末从业人员中管理人员	31602	10525	4689	2757	3079
3.年末从业余员中工程技术人员	23632	7099	3020	1783	2296
4.持有一级资质证书的项目经理	1336	718	496	152	70
5.年末从业人员中现场施工工人	198190	64310	10523	15174	38613
#持证上岗人员	142638	47204	9207	10263	27734
八、主要建筑材料消耗量					
1.钢材（吨）	1542287	779749	601241	71069	107439
2.木材（立方米）	887511	481810	434873	18339	27598
3.水泥（吨）	4792549	976343	188547	294413	493383
4.平板玻璃（重量箱）	537054	134836	27799	22171	84866
平板玻璃（平方米）	2688439	598231	140463	113744	344024
5.铝材（吨）	66712	12718	2124	1769	8825
九、补充资料					
1.企业总产值（万元）	2358531	844189	370736	193875	279578
2.在境外完成的营业额（万元）	69265	32290	2264		30026

建筑企业主要指标

05年）

响水县	滨海县	阜宁县	射阳县	建湖县	东台市	大丰市
11	**24**	**51**	**34**	**37**	**41**	**35**
48254	166520	720329	89819	363750	160270	202868
6925	38082	165010	20909	30237	48080	37807
41329	128438	555318	68911	333513	112190	165061
42650	129989	560616	33281	289041	118907	143804
39429	129989	560616	33281	289041	118907	143804
3221						
1749	8495	1379	4685	102894	12355	3478
41177	138484	561995	37966	391934	131262	147282
	1942	4343	130	3351	7695	730
2933	44961	293567	10698	206908	16558	13263
39912	133766	559556	37283	377862	126961	147063
	91	2440	18	12143	3009	74
1265	4627		665	1929	1291	145
31799	128452	499325	14031	327551	119482	109619
43.64	133.35	790.90	99.64	525.46	184.92	209.91
34.29	101.43	422.06	53.15	381.04	110.77	140.30
43.11	110.05	779.70	86.83	369.31	172.47	193.49
34.23	74.31	410.86	50.28	289.09	100.86	128.34
7712	20412	49359	345	27705	18306	14468
2049	3819	13573	110	11029	7272	3556
25794	81672	274543	1345	154112	95416	83888
4225	18351	55133	8464	35320	14574	17381
462	2173	7542	1055	5262	2395	2188
609	2555	6245	984	2800	1774	1566
12	27	156	248	70	49	56
3393	14351	45446	6940	29093	15993	18664
1801	10784	39156	6710	16840	7008	13135
13978	39524	366736	960	233376	57803	50161
6386	26361	235468	410	81101	14983	41992
138697	473169	1151541	820	1465460	294512	292007
29403	28811	208889	2600	80533	33098	18884
117648	135893	1118724	13000	447921	164395	92627
71	1402	40037	510	7057	1609	3308
42351	138534	582409	37966	419996	140424	152662
153		20300		16122	400	

9—5 分地区施工承包

（20

类别	全市	市区			
			市直	亭湖区	盐都区
单位个数（个）	**398**	**165**	**60**	**59**	**46**
一、年初存货	223756	77765	20589	13952	43224
二、年末资产负债					
流动资产合计	881787	353972	175609	67996	110367
#存货	354628	147695	69345	25675	52675
长期投资	48771	24929	13561	5394	5974
固定资产合计	412592	157865	70954	32952	53959
固定资产原价	526950	185941	84742	41284	59914
累计折旧	167717	55906	28245	10606	17056
在建工程	27422	15961	11852	806	3303
无形资产	62118	31827	21946	4901	4980
递延资产	68423	36915	25147	4924	6845
其他资产	6120	3669	446	896	2328
资产总计	1417693	577351	285716	112162	179473
流动负债合计	751225	305398	140374	54985	110040
长期负债合计	69604	27429	21343	3658	2429
负债合计	820829	332827	161717	58643	112468
所有者权益合计	596864	244524	124000	53519	67005
#实收资本	410610	157602	72668	41668	43266
#国家资本	47432	30275	20718	40	9517
#集体资本	20822	6081	1081	10	4990
#法人资本	80683	28632	14638	7870	6124
#个人资本	261109	92614	36231	33749	22635
#港澳台资本	564				
三、损益及分配					
工程结算收入	1560819	684149	357807	157862	168480
工程结算成本	1372650	607699	318646	142730	146323
工程结算税金及附加	59087	23788	13268	4677	5843

建筑企业财务指标（一）

05 年）　　　　　　　　　　　　　　　　　　　　单位：万元

响水县	滨海县	阜宁县	射阳县	建湖县	东台市	大丰市
11	**24**	**51**	**34**	**37**	**41**	**35**
3441	17121	34093	15874	33383	26747	15333
17081	44516	142612	58624	106806	81218	76955
5230	17968	73083	20176	32967	36966	20543
998	960	3604	5294	5739	4855	2392
13086	33663	68548	22482	69637	23996	23314
16010	45830	99603	26394	87414	36506	29251
3816	12766	36378	9012	24978	13806	11054
891	106	3606	1946	2243	738	1929
140	2217	5372	7940	6732	4914	2978
104	2217	5623	7962	7313	4923	3366
23	15	993	226	443	684	68
31292	81373	221381	94589	189938	115676	106094
14371	36684	123271	52754	89149	71149	58449
2264	1918	3130	1855	30073	2111	825
16635	38602	126400	54609	119222	73260	59274
14657	42771	94981	39979	70716	42416	46820
11246	32745	57240	31592	50655	34453	35077
3589	5375	2357	718	470	2648	2000
24	370	1270	1147	5387	4056	2488
	6106	16867	1463	15183	5667	6766
7633	20894	36746	28264	29615	22083	23260
						564
33124	112858	267151	35308	203482	100552	124195
28548	102140	226535	31567	176321	88911	110930
1032	4952	12690	550	7770	4174	4131

9—5 分地区施工承包

（20

类　　别	全　市	市　区			
			市　直	亭湖区	盐都区
工程结算利润	114579	45866	24761	8748	12357
其他业务收入	21300	16194	12310	2990	894
其他业务利润	2883	1550	1244	154	153
经营费用	14502	6796	1132	1707	3957
管理费用	68456	28829	17508	5781	5540
＃税　金	4646	1522	473	734	315
财产保险费	1670	319	104	98	118
差旅费	4012	1252	609	258	385
工会经费	1288	432	305	80	47
财务费用	6611	2437	937	671	829
＃利息支出	4568	2030	904	488	638
营业利润	42396	16151	7560	2450	6140
营业外收入	1542	862	856		6
营业外支出	987	476	187	54	234
利润总额	42943	16428	8145	2243	6040
应交所得税	11689	4855	2515	633	1707
应付利润	15716	7492	3779	764	2950
劳动、失业保险费	12887	5992	4861	471	660
住房公积金及住房补贴	3079	2582	1629	250	704
四、工资福利费					
本年应付工资总额	305672	95837	41915	17897	36025
＃主营业务应付工资总额	282481	88235	37401	17190	33644
本年应付福利费总额	33708	10871	5390	2706	2775
＃主营业务应付福利费总额	31833	9998	4719	2545	2733
五、补充资料					
应收工程款	220179	100970	59249	17253	24469
＃竣工工程	142050	62650	32234	12457	17959
六、全部从业人员年平均人数（人）	257123	83277	29323	19359	34595

建筑企业财务指标(二)

05年)　　　　　　　　　　　　　　　　　　　　　　　　　　　单位：万元

响水县	滨海县	阜宁县	射阳县	建湖县	东台市	大丰市
3424	5592	26313	2545	15345	7000	8494
1608	324	201	11	898	1208	857
122	186	109	—50	101	578	287
120	174	1613	646	4047	466	640
2080	3365	13886	820	8925	5813	4738
29	189	1600	137	399	261	510
71	71	898		75	158	78
100	88	833	75	879	504	280
12	97	410	2	65	92	178
—12	234	1601	152	1397	433	370
83	212	1047	150	577	315	155
1478	2179	10935	1523	5124	1333	3672
48	223				126	284
2	49	24		121	127	187
1527	2234	10738	1523	5110	1493	3890
493	517	2921	86	1302	601	915
47	842	2441	1139	1850	804	1102
34	487	3938	57	783	963	632
51	26	213	83	27	60	38
4004	17554	92002	4771	52280	18612	20612
3991	16313	83522	4735	50611	17725	17350
314	2054	8143	272	7509	2127	2418
310	1881	7916	11	7410	2001	2308
3953	10115	43782	6704	10788	17055	26811
2718	4260	32057	4437	7810	12719	15401
4449	18401	59354	9599	42336	17620	22087

9—6 分地区劳务分包

(20

类别	全市	市区	市直	亭湖区	盐都区
单位个数（个）	**100**	**25**	**6**	**8**	**11**
一、建筑业总产值	30393	10367	628	2292	7346
二、从业人员情况（人）					
1.计算建筑业劳动生产率的平均人数	1244	381	30	189	162
2.年末从业人员中管理人员	142	28	5	10	13
3.年末从业人员中工程技术人员	165	18	4	6	9
4.年末从业人员中现场施工工人	965	348	21	178	149
三、资产及负债					
固定资产原价	15261	4920	1047	2915	958
本年折旧	2130	1273	296	928	49
资产总计	37187	9045	1688	3223	4135
负债合计	15936	2134	121	855	1159
实收资本	17450	4784	1230	1567	1987
#国家资本	152	114			114
#集体资本	413	155			155
#法人资本	1927	550			550
#个人资本	14958	3965	1230	1567	1169
四、损益及分配					
营业收入合计	17299	6099	621	3011	2467
#主营业务收入	17167	6090	621	3011	2458
主营业务成本	13025	5200	554	2522	2123
#主营业务税金及附加	1352	311	25	214	71
费用合计	2605	439	51	292	96
营业利润	890	563	1	406	156
利润总额	887	557	2	406	149
五、从业人员劳动报酬	10012	3235	372	1419	1445
六、劳动、失业保险费	394	61	10	43	8
七、全部从业人员年平均人数（人）	13441	4482	789	2049	1644

建筑企业主要指标

05年）　　　　　　　　　　　　　　　　　　　　　单位：万元

	响水县	滨海县	阜宁县	射阳县	建湖县	东台市	大丰市
	8	**9**	**16**	**8**	**15**	**8**	**11**
	866	1306	5915	773	8790	976	1501
	50	96	258	12	315	42	88
	7	13	47	8	23	7	9
	7	8	40		80	4	8
	44	78	185		205	36	69
	261	1850	2304	1100	2855	942	1030
	16	80	292	40	133	104	193
	651	2466	10775	2908	6114	2698	2531
	320	879	6336	1595	1896	1473	1304
	270	1498	3758	1018	3873	1098	1152
						38	
		239					19
	1	522	150	116	50		539
	269	737	3608	902	3823	1060	595
	657	1033	3844	941	2460	903	1362
	657	1033	3771	941	2460	903	1312
	516	616	2501	546	2059	613	975
	27	228	158	30	514	31	54
	89	160	1018	59	289	248	303
	25	28	168	35	20	11	39
	25	29	176	35	18	5	41
	218	798	1695	154	3134	328	450
	13	8	31	25	209	27	22
	533	972	2603	132	3374	444	901

9—7 分经济类型劳务分包建筑企业主要指标

（2005 年）　　　　单位：万元

指　　标	总 计	国 有	集 体	私 营	其 他
单位个数（个）	**100**	**1**	**2**	**40**	**57**
一、建筑业总产值	30393	94	243	11559	18496
二、从业人员情况（人）					
1.计算建筑业劳动生产率的平均人数	12435	30	231	5305	6869
2.年末从业人员中管理人员	1420	2	55	441	922
3.年末从业人员中工程技术人员	1654	3	27	652	972
4.年末从业人员中现场施工工人	9647	37	164	4261	5158
三、资产及负债					
固定资产原价	15261	56	440	6117	8648
本年折旧	2130	40	15	1307	768
资产总计	37188	354	656	12383	23795
负债合计	15936	316	411	3089	12120
实收资本	17450	38	239	7589	9584
#国家资本	152	38			114
#集体资本	413		239		174
#法人资本	1927			259	1668
#个人资本	14958			7329	7629
四、损益及分配					
营业收入合计	17300	22	228	6947	10103
#主营业务收入	17167	22	228	6930	9987
主营业务成本	13025	4	111	5794	7116
#主营业务税金及附加	1352	1	99	644	608
费用合计	2605	32	14	1105	1454
营业利润	890	−15	2	220	683
利润总额	887	−15	3	217	681
五、从业人员劳动报酬	10012	19	175	3809	6009
六、劳动、失业保险费	394	2	1	91	300
七、全部从业人员年平均人数（人）	13441	35	233	5621	7552

主要统计指标解释

1、**建筑业总产值**：建筑业总产值是以货币表现的建筑业企业在一定时期内生产的建筑业产品和服务的总和。建筑业总产值包括建筑工程产值、安装工程产值和其他产值三部分内容。

建筑工程产值：指列入建筑工程预算内的各种工程价值。

安装工程产值：指设备安装工程价值。

其他产值：建筑业总产值中除建筑工程、安装工程以外的产值。包括房屋构筑物修理产值、非标准设备制造产值、总包企业向分包企业收取的管理费以及不能明确划分的施工活动所完成的产值。

2、**装修装饰产值**：包括装修、装饰两部分产值。装修装饰指对新旧房屋及建筑物进行的内外装修装饰；对新建房屋及建筑物经过施工后，尚未完全达到使用标准，而进行的二次装修装饰；以及对原有房屋经使用若干年后进行的二次内外装饰。

3、**在外省完成的产值**：指建筑业企业在其他省份施工所完成的建筑业产值。

4、**竣工产值**：一般是以单位工程为对象，当该工程按照设计所规定的工程内容全部完成，达到了设计规定的交工条件，经有关部门检查验收鉴定合格的单位工程价值，即为竣工产值。竣工产值包括范围应是报告期内竣工单位工程从开工到竣工的全部自行完成的价值。

5、**房屋建筑面积**：指房屋全部平面面积的总和。它从房屋的外墙线算起，包括可供使用的有效面积和墙柱等结构占用面积。

6、**房屋建筑施工面积**：指报告期内施过工的全部房屋建筑面积，它包括本期新开工的面积、上期跨入本期继续施工的房屋面积、上期停缓建在本期恢复施工的房屋面积、本期竣工的房屋面积以及本期施工后又停缓建的房屋面积。

7、**房屋新开工面积**：指在报告期内新开工的各个房屋单位工程的建筑面积之和。它不包括在上期开工跨入报告期继续施工的房屋建筑面积和上期停缓建而在本期复工的建筑面积。新开工面积用于反映报告期内投入施工的房屋建筑规模，为科学组织施工提供依据。

8、**实行投标承包面积**：是指报告期内建筑施工企业经过投标招标而承担的全部房屋建筑面积。

9、**房屋建筑竣工面积**：指在报告期内房屋建筑按照设计要求已全部完工，达到了使用条件，经检查验收鉴定合格的房屋建筑面积。

10、**竣工房屋价值**：指在报告期内按规定已经上报竣工的房屋本身的建造价值。一般按房屋设计和预算规定的内容计算。可按“竣工结算价”或“中标价”填报。

11、**计算建筑业劳动生产率的平均人数**：指建筑业企业（或单位）报告期实际拥有的、与建筑施工活动有关的人员的平均人数，包括参加本企业（或单位）建筑施工活动的非本企业（或单位）人员，但不包括企业内部社会服务性机构的人员以及由本企业支付工资但所从事的工作与本企业生产基本无关的人员。

12、**工程结算收入（主营业务收入）**：指本企业承包工程实现的工程价款结算收入以及向发包单位收取的除工程价款以外按规定列作营业收入的各种款项。

13、**工程结算成本（主营业务成本）**：指在报告期内与发包单位办理工程价款结算的已完工程实际成本。

14、**工程结算税金及附加（业务税金及附加）**：指因从事建筑业生产活动，取得工程价款结算收入而按规定应该交纳的营业税、城市维护建设税等以及随同营业税金一并计算交纳的教育费附加等。

15、**工程结算利润**：指已结算工程实现的利润。其计算公式为：

工程结算利润＝工程结算收入－工程结算成本－工程结算税金及附加－经营费用

16、**本年应付工资总额**：指企业报告期应付给职工的工资总额，反映的是报告期的发生额。

17、**本年应付福利费总额**：指企业报告期内提取的福利费，反映的是报告期的发生额。

18、**应收工程款**：指建筑业企业在报告期末应向发包单位收取而未收取的工程款。

任何单位或者个人有《统计法》第二十九条第二款所列违法行为的，由县级以上人民政府统计机构责令改正，没收违法所得，并可以处违法所得 1 倍以上 3 倍以下的罚款；没有违法所得的，可以处 3 万元以下的罚款。

摘自《中华人民共和国统计法实施细则》第三十四条

10

运输和邮电业

十、交通运输、邮电业

	2005 年	比上年±%
全社会客运量（万人）	6544	4.62
全社会货运量（万吨）	7630	6.39
#公路货运量	3198	5.65
邮电业务收入（亿元）	24.17	7.85
本年移动电话用户（万户）	176.08	24.46

邮电业务收入

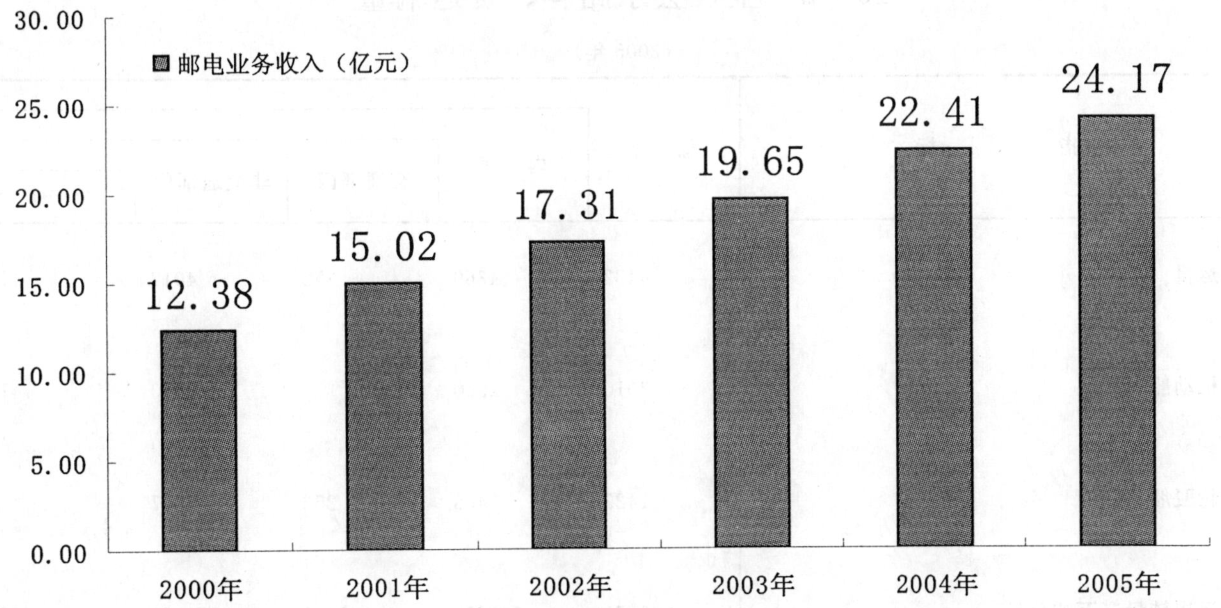

10—1 全社会公路客、货运输量

(2005 年)

指标	总计	营业性	个体经济	非营业性
客运量（万人）	6544	4124	688	2420
#汽车	6544	4124	688	2420
旅客周转量（万人公里）	583893	402438	43842	181455
#汽车	583893	402438	43842	181455
货运量（万吨）	3198	2848	821	350
#汽车	2587	2272	324	315
轮胎式拖拉机	593	559	488	34
货运周转量（万吨公里）	197705	177038	46838	20667
#汽车	180591	160783	35018	19808
轮胎式拖拉机	16898	16050	11627	848

10—2 全社会水路客、货运输量

(2005 年)

指标	总计	内河	交通部门	非交通部门	个体
货运量（万吨）	4432	4369	352	4017	41
机动船	3010	2960		2960	41
轮驳船	1422	1409	352	1057	
货运周转量（万吨公里）	899871	847668	187602	660066	998
机动船	565671	527515		527515	998
轮驳船	334200	320153	187602	132551	

10—3 全社会民用车辆数

（2000—2005 年）

指标		2000 年	2001 年	2002 年	2003 年	2004 年	2005 年
汽车	（辆）	39816	45519	54369	66930	59850	56015
载客汽车	（辆）	21611	25042	30820	38029	37560	30839
	（客位）	191982	225378		3422641		272638
#大型客车	（辆）	2466	2804		5472	405	1592
	（客位）	86821	110569				62054
普通载货汽车	（辆）	17095	19092	22309	18580	19554	25176
	（吨位）	40417	45137				115099
#大型货车	（辆）	11495	12659			4374	8878
	（吨位）	36104	38986			21755	80032
专用载货汽车	（辆）	391	505		2616	1294	1921
	（吨位）	2838	3712		19097	22799	10008
其他专用汽车	（辆）	91	121	1240	2041		
特种汽车	（辆）	628	759				
摩托车	辆	424369	465882	512871	546740		
其他机动车	（辆）	13752	15862			1331	4722
载货挂车	（辆）	7	139	2314	2777	2415	
拖拉机	（辆）	97614	98026	101099	103067	100127	
#手扶式		89965	89830	90113	88560	78069	21901

10—4 全社会内河运输船舶数

（2000—2005 年）

指标		2000 年	2001 年	2002 年	2003 年	2004 年	2005 年
机动船							
客 轮	（艘）	54					
	（客位）	2219					
货 轮	（艘）	12081	12394	12437	11050	9951	8329
	（吨位）	724114	829713	874657	1008549	614737	601654
拖 轮	（艘）	524	570	383	397	454	353
	（千瓦）	54895	60194	38734	48622	57684	46743
客 驳	（艘）						
	（客位）						
货 驳	（艘）	3828	4163	2970	3162	3400	3055
	（吨位）	410326	571692	335935	501563	504897	599110
油 轮	（艘）			121	112	139	172
	（吨位）			30160	3154	21913	25197
	（千瓦）			12477	12923	16198	17315

10—5　县以上交通部门陆运工具数

（2000—2005 年）

指　　　标		2000 年	2001 年	2002 年	2003 年	2004 年	2005 年
客　车	（辆）	1522	1473	1854	2088	2113	2202
	（客位）	42652	41650	50636	57181	57922	60417
货　车	（辆）	249	242	231	149	181	130
	（吨位）	2292	2140	2002	1135	1859	1192
拖拉机	（辆）	90	90	80	55	40	44

10—6　县以上交通部门水运企业船舶数

（2000—2005 年）

指　　　标		2000 年	2001 年	2002 年	2003 年	2004 年	2005 年
货　轮	（艘）	482	474	210	27	39	43
	（吨位）	39031	38221	21979	21783	15551	15549
拖　轮	（艘）	148	126	107	65	65	68
	（千瓦）	16419	14112	12264	8500	8571	9498
货　驳	（艘）	1348	1263	1156	688	712	756
	（吨位）	190710	216218	222051	138200	151645	177533
油　轮	（艘）		6	4	3		
	（吨位）		316	211	116		
	（千瓦）		156	101	72		

10—7 公 路 、航 道 里 程

（2000—2005 年）

指　标	2000 年	2001 年	2002 年	2003 年	2004 年	2005 年
一、公路总里程（公里）	3269	5172	5252	5955	7673	7768
按行政等级分						
国　道	208	215	215	215	215	215
省　道	824	843	853	853	831	927
县　道	618	814	814	813	834	834
乡　道	1619	2808	3512	5231	5231	5231
专用道		562	562	562	562	562
按公路等级分						
合　计	3269	4917	5619	7673	7768	7432
高　速		33	33	33	128	128
一　级	297	294	303	323	325	325
二　级	953	1196	1228	1355	1409	1409
三　级	985	1266	1263	1277	1235	1235
四　级	1034	2128	2792	4350	4335	4335
等外公路		335	336	335	335	335
二、航道总里程						
内河航道通航总里程（公里）	4307	4307	4307	4342	4342	4342
＃通机动船	3745	3745	3745	3239	3239	3239
水深 1 米以上里程	4260	4260	4260	4107	4107	4107
等级航道合计（公里）	1129	1129	1218	1218	1218	1218
二　级				25	25	25
三　级	64	64	247	247	247	247
四　级				70	70	70
五　级	422	422	294	295	295	295
六　级	288	288	210	210	210	210
七　级	356	356	372	372	372	372
等外航道（公里）	3178	3178	3178	3124	3124	3124
船闸（座）	9	10	11	11	11	11
碍航闸坎（座）	13	12	5	5	5	5

10—8 分地区邮电

(20

指　　标	全　市	市　区	响水县	滨海县
邮电局（所）总数（处）	324	48	26	32
邮电业务收入（万元）	241739	102099	13444	11887
＃电信业务收入（万元）	204631	91466	11200	96472
市话交换机容量（门）	591758	210658	28544	53840
＃程控交换机容量（门）	591758	210658	28544	53840
农话交换机总容量（门）	1391950	230508	89748	138768
＃程控交换机容量（门）	1391950	230508	89748	138768
市内电话期末到达计费户数（户）	1047539	303626	64224	88321
城市住宅电话用户（户）	393127	115577	21606	41798
农村电话期末到达计费户数（户）	1232792	210831	80126	125291
农村住宅电话用户（户）	1175325	183932	77865	123066
数据用户期末到达户数（户）	104921	33610	6874	5565
城乡公用电话机总数（部）	36330	15921	1951	1332

主 要 指 标

05 年）

阜宁县	射阳县	建湖县	东台市	大丰市
44	45	55	39	35
14068	17132	24592	34554	23963
10200	12900	21085	28733	19575
49664	66536	68232	57232	57052
49664	66536	68232	57232	57052
159062	195512	138744	182504	257104
159062	195512	138744	182504	257104
96193	126720	128285	116246	123924
35748	52481	49032	36984	39901
143342	167676	116979	161428	227119
139499	163422	113724	154642	219175
7890	12175	10918	13192	14697
3934	3569	2940	3643	3040

10—9 邮电主要指标

（2000—2005 年）

指标	2000 年	2001 年	2002 年	2003 年	2004 年	2005 年
邮电业务总量	123818	150150	173089	196513	224068	254925
出口计费函件（万件）	1974.2	29642	4354.5	3499.4	2122.74	2377.63
出口包件（万件）	25.87	25.54	27.23	26.8	23.66	22.87
出口特快专递（万件）	32.26	31.99	42.9	42.5	45.45	59.88
开发计费汇票（万张）	49.96	45.27	48.1	42.8	33.2	2.93
订销报纸累计份数（万份）	16962	16311	12902	8199.3	9629	9434
订销杂志累计份数（万份）	598	649	550	603	586	463
出口计费长途电话（万次）	6621	9092	8423	9057	9736	10353
市内电话期末到达计费户数（户）	293369	356737	417612	573523	846617	1047539
农村电话期末到达计费户数（户）	501206	694770	871518	1040197	1166163	1232792
市内住宅电话用户数（户）	244092	297967	355626	506166	393461	393127
农村住宅电话用户数（户）	474627	665853	842765	1011213	1115715	1175325
移动电话期末到达户数（户）	256371	408019	843023	1241832	1414789	1760824
数据用户期末到达户数（户）	56860	90344	104584	113237	107322	104921
邮电局（所）总数（处）	547	534	202	329	326	324
城市公用电话部数（部）	10567	7949	7590	8137	29583	36330
农村投递路线单程长度（公里）	35823	36070		35397	36590	34241
邮路总长度（单程长度）（公里）	4498	4527	4545	4503	4598	5804
#二级邮路长度（公里）	336	336	336		340	270
市话交换机总容量（门）	374264	442830	495632	530708	569962	591758
#程控交换机容量（门）	374264	442830	495632	530708	567362	591758
农村交换机总容量（门）	795812	974120	1132810	1252336	1343972	1391950
#程控交换机总容量（门）	795812	974120	1132810	1252336	1343972	1391950
城乡每百人拥有话机数（部/百人）	15.5	20.3	24.5	20.28	25.2	30.05

10—10 邮电业主要指标

指标	计量单位	2000年	2001年	2002年	2003年	2004年	2005年
资产总计	万元	350953	332489	490771	478181	487309	501236
负债总计	万元	140247	145552	158195	131840	142540	172312
利润总额	万元	5172	12318	29465	28260	29878	30259
订阅报纸累计份数	万份	16962	16311	12902	8199.3	9629	9434
订阅杂志累计份数	万份	598	649	550	603	586	463
移动电话用户数	户	256371	408019	843023	1241832	1414789	1760824

10—11 分地区港口吞吐量

单位：万吨

地区	2000年	2001年	2002年	2003年	2004年	2005年
全市	**1056**	**1030**	**935**	**864**	**870**	**951**
市港口集团	262	273	279	231	249	243
城区	3	3	3	8	9	5
响水县	33	37	36	36	39	31
滨海县	45	84	19			
阜宁县	107	81	80	77	70	76.82
射阳县	73	74	71	60	63	75.34
建湖县	39	24	16	28		
东台市	142	80	75	67	63	54
大丰市	101	88	104	114	131	126
射阳港务局	251	286	252	243	246	339

主要统计指标解释

公路里程：也称“公路通车里程”，是指实际达到交通部制定的公路工程技术标准规定的等级的公路长度。它包括大中城市的郊区公路以及通过小城镇街道的公路里程、也包括桥梁、渡口的长度，但不包括城市的街道以及厂矿、林区和农业生产用道路的里程。两条或多条公路共同径由同一路段，只计算一次，不得重复计算里程长度。公路里程是反映公路建设发展规模的重要指标，也是计算运输网密度等指标的基础资料。

内河航道里程：也称“内河通航里程”，是指在枯水季节水深在 0.3 米及以上，能通航运输船舶及排筏的天然河流、湖泊水库、运河及通航渠道的长度。包括全年季度性通航累计三个月以上的航道，但不包括反映零散流放竹、木排的河道。内河航道里程是反映内河水运网规模、水源和发展情况的重要指标。

货（客）运量：指运输业实际运送的货物（旅客）数量。货运按吨计算，客运按人计算。货物不论运输距离长短、货物类别，均按实际重量统计，旅客不论行程远近或票价多少，均按一人一次作为客运量统计。半价票、小孩票也按一人统计。货（客）量反映运输业为国民经济和人民生活服务的数量指标，也是制定和检查运输生产计划，研究运输发展规模和速度的重要指标。

货物（旅客）周转量：指运输业运送的货物（旅客）数量与其相应运输距离的乘积之总和，通常以吨公里和人公里为计算单位。计算货物周转量通常按发生站与到达站之间的最短距离，也就是计算距离。这是反映运输业生产总成果的重要指标，也是编制和检查运输生产计划、计算运输效率、劳动生产率以及核算运输单位成本的主要基础资料。

港口货物吞吐量：指由水运进出港口港区及范围，并经过装卸的货物数量。吞吐量可以分为进口、出口，又可以为分国内贸易和对外贸易。吞吐量的货种分类及其主要流向流量，反映了港口在国内外物资交流和对外贸易运输中的地位和作用。

邮电业务总量：指以货币表现的邮电部门为用户传递信息和提供其他邮电服务的总量。它用多种邮电分类业务量，为函件件数、电报份、长话张数、市内电话和农村电话的年均户数、订销报刊累计份数等，分别乘以相应的平均单价（不变价），加总后再加上出租电路和设备的收入、代用户维护电话交换机和线路等设备的收入、其他业务收入求得。邮电业务总量综合反映了一定时期邮电工作的总成果，是研究邮电业务量构成和发展趋势的重要指。

航空运输：利用飞机和空中航线运送旅客和货邮的一种运输方式。航空运输具有速度快和不受地形限制的特点。但航空运输成本高、运量少，它适合对时间要求高的运输事务。它与其他运输方式构成了现代运输网络。

民用航空运输单位：指拥有飞机等航空运输工具，从事民用客货运输及民用通用飞行等业务的航空运输公司，以及拥有一定必要设备，可供民用飞机起架的民用机场。

11

国内贸易

十一、国内贸易

	2005年	比上年±%
社会消费品零售总额（亿元）	316.9	15.6
市	104.5	15.4
县	59.2	14.8
县以下	133.3	17.2

社会消费品零售总额

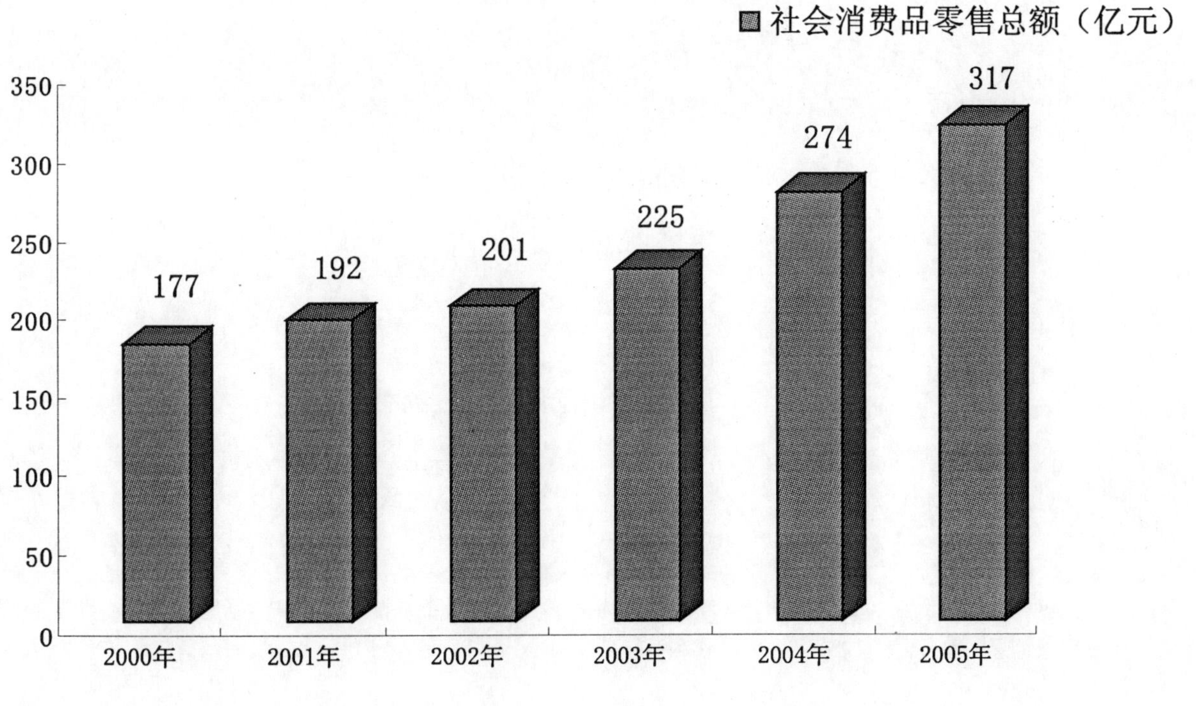

11—1 社会消费品零售总额

单位：万元

指　　标	2000年	2001年	2002年	2003年	2004年	2005年
社会消费品零售总额	**1766316**	**1920193**	**2011764**	**2248806**	**2741000**	**3169108**
一、按销售单位所在地分组						
(一)市	626525	664260	707634	792386	921722	1060203
(二)县	345423	382260	408629	459343	586221	672998
(三)县以下	794368	873673	895500	997077	1233057	1435907
二、按行业分组						
(一)批发零售贸易业	1651331	1789896	1852478	2069228	2513601	2887775
(二)餐饮业	103747	116805	141718	158277	207897	256493
(三)其　他	11238	13492	17565	21301	19502	24840

11—2 批发零售贸易业商品销售总额

(2005年)

单位：万元

类　　别	销售总额	批发额	零售额
总　　计	**5232951.4**	**2524294.8**	**2708656.6**
一、限额以上企业（单位）	1414835.8	925818.3	489017.5
批发业	1033421.1	887056.2	146364.9
零售业	381414.7	38762.1	342652.6
二、限额以下企业（单位）和个体	3818115.6	1598476.5	2219639.1
批发业	1716835.1	1007956.2	708878.9
零售业	2101280.5	590520.3	1510760.2

11—3 分地区社会消

（20

类别	合计	市区	市直	亭湖区	盐都区
社会消费品零售总额	**3169108**	**1027172**	**470547**	**302911**	**253714**
按销售单位所在地分组					
市	1060203	665232	419804	216465	28963
县	672998	47109	47109		
县以下	1435908	314832	3634	86446	224751
按行业分组					
批发业	911353	295388	135317	87109	72961
零售业	1976422	640598	293458	188911	158229
住宿业	23393	7582	3473	2236	1873
餐饮业	256493	83135	38084	24516	20534
其它	1448	469	215	138	116

11—4 分月份社会消

（20

类别	合计	一月	二月	三月	四月
社会消费品零售总额	**3169108**	**275430**	**265403**	**248870**	**228973**
按销售单位所在地分组					
市	1060203	70818	68747	87599	83251
县	672998	75429	72829	50416	47169
县以下	1435908	129184	123828	110856	98553
按行业分组					
批发业	911353	77008	71611	71286	66796
零售业	1976422	179162	173106	157341	142253
住宿业	23393	1973	1929	1795	1948
餐饮业	256493	17162	18631	18328	17857
其它	1448	125	126	121	119

费 品 零 售 总 额

05 年）　　　　单位：万元

响水	滨海	阜宁	射阳	建湖	东台	大丰
120086	**217709**	**277315**	**359426**	**326278**	**506368**	**334755**
					231077	163894
53776	100342	125585	173452	172734		
66310	117367	151730	185974	153544	275291	170861
34534	62607	79749	103362	93829	145618	96267
74892	135775	172948	224157	203484	315797	208771
886	1607	2047	2653	2408	3738	2471
9719	17620	22445	29090	26407	40983	27094
55	99	127	164	149	231	153

费 品 零 售 总 额

05 年）　　　　单位：万元

五　月	六　月	七　月	八　月	九　月	十　月	十一月	十二月
237676	**247701**	**250495**	**260224**	**286007**	**287829**	**287723**	**292777**
84765	86809	88863	91245	96902	98718	100974	101513
48882	51359	49773	49397	56738	56808	56160	58039
104030	109534	111858	119582	132367	132303	130589	133225
68902	72560	72914	77515	81465	79483	80441	91372
147130	152798	153982	158310	179257	180187	179595	173301
1734	1730	1983	1650	1968	2099	2236	2349
19795	20511	21497	22631	23189	25940	25320	25634
116	102	119	117	129	121	132	121

11—5　限额以上批发和零售业法人企业基本情况

（2005 年）

指　标　名　称	法人企业数（个）	所属全部产业活动单位数（个）	经营网点（个）	零售营业面积（平方米）	年末从业人员数（人）
总　　计	**96**	**394**	**573**	**307526**	**18453**
＃国有及国有控股	19	56	85	57859	2257
一、批发业	40	198	322	34244	5772
按登记注册类型分组					
国有企业	6	15	31	16834	1318
股份合作企业	1	1	2	1200	120
有限责任公司	21	22	79	9810	1899
股份有限公司	2	141	181		1552
私营独资企业	1	1	1	100	21
私营有限责任公司	8	9	19	6300	807
私营股份有限公司	1	9	9		55
二、零售业	56	196	251	273282	12681
1.按零售行业小类分组	32	87	107	194167	9368
＃综合零售	10	17	29	50762	4296
超级市场零售	19	67	74	142445	4793
2.按经营方式分组					
独立商店	42	73	165	145212	5927
连锁商店总店	3	2	14	1820	1109
连锁商店分店	10	119	62	113250	5001
其　　他	1	2	10	13000	644
3.按零售业态分组					
百货商店	13	13	38	54012	4219
超级市场	18	74	67	141795	5193
专业店	22	104	142	75540	2939
专卖店	1	1	1	1575	61
其　他	2	4	3	360	269

11—6 限额以上批发零售贸易业商品销售类值

（2005 年）

单位：万元

项　　目	合 计	批 发	零 售
总　　计	**1414836**	**925818**	**489018**
食品、饮料、烟酒类	383487	293073	90414
烟酒类	285279	260321	24958
服装、鞋帽、针纺织品类	114893	49919	64974
#服装类	69584	32014	37570
针纺织品类	31231	16905	14326
化妆品类	11845	48	11797
金银珠宝类	12958		12958
日用品类	30645	6976	23669
#洗涤用品类	9131	368	8763
五金、电料类	8996	5304	3692
体育、娱乐用品类	1794		1794
书报杂志类	39575	2299	37275
电子出版物和音像制品类	1374		1374
家用电器和音像器材类	70975	4271	66704
中西药品类	100299	45092	55207
文化办公用品类	4593	6	4586
家具类	726	20	706
通讯器材类	5279	251	5028
煤炭及制品类	121904	120139	1765
木材及制品类	30		30
石油及制品类	208992	131138	77854
化工材料类	93889	92784	1105
金属材料类	12840	12814	26
建筑及装潢材料类	215	67	147
机电产品及设备类	92789	81682	11108
#农机类	64956	64956	
汽车类	5971	1216	4755
种子饲料类	1614	1544	70
棉麻类	23519	23267	252
其他类	65637	53909	11728

11—7 限额以上批发零售贸易业商品销售数量

（2005年）

品名		合计	批发	零售
粮食	吨	168279	149553	18726
	千元	314209	235182	79027
食用植物油	吨	2932	492	2440
	千元	25052	3896	21156
食糖	吨	4165	370	3795
	千元	19368	1263	18105
卷烟	万支	1296576	1273982	22594
	千元	2594404	2500901	93503
酒	吨	15089	9086	6003
	千元	99485	29464	70021
#白酒	吨	12338	8780	3558
	千元	77870	28110	49760
啤酒	吨	1329	1	1328
	千元	7862	10	7852
棉花	吨	5136	4986	150
	千元	81723	80223	1500
布	百米	3608		3608
	千元	3592		3592
各种服装	百件	43887	120	43767
	千元	287474	558	286916
#童装	百件	4292	40	4252
	千元	36453	150	36303
鞋	百双	8613	52	8561
	千元	64188	309	63879
照相机	台	6598		6598
	千元	11658		11658
#数码照相机	台	3227		3227
	千元	7821		7821
彩色电视机	台	63262	11891	51371
	千元	110209	15129	95080
组合音响	台	6382	95	6287
	千元	20406	40	20366

11—7 续表

品名		合计	批发	零售
摄像机	台	1065		1065
	千元	5580		5580
家用电冰箱	台	34444	2332	32112
	千元	68189	3839	64350
家用洗衣机	台	25948	975	24973
	千元	33583	1031	32552
房间空调器	台	38943	6827	32116
	千元	95757	14181	81576
微波炉	台	38349	51	38298
	千元	19369	26	19343
微型计算机	台	3401		3401
	千元	22520		22520
移动电话机	部	18472		18472
	千元	35463		35463
煤炭	吨	1421973	1420708	1265
	千元	1117690	1117060	630
木材	立方米	430		430
	千元	300		300
汽油	吨	136314	64307	72007
	千元	684278	325342	358936
煤油	吨	340	340	
	千元	2344	2344	
柴油	吨	270745	205946	64799
	千元	1084922	802129	282793
钢材	吨	46136	46136	
	千元	110776	110776	
汽车	辆	191		191
	千元	15428		15428
摩托车	辆	15222	1074	14148
	千元	62169	3805	58364
拖拉机	台	481	481	
	千元	20586	20586	

11—8 限额以上批发零售

（20

	流动资产合计	存货	固定资产原价	累计折旧	本年折旧
总计	**339524.4**	**80955.4**	**125527.3**	**34494.1**	**5591.8**
一、批发业	225386.3	35076.4	80287.5	21715.5	3609
#国有及国有控股	90952.3	10800.5	31810	10960	1920.4
按登记注册类型分组					
国有企业	85467.9	5858.8	26345.7	8410.8	1756.5
股份合作企业	4525.5	810.7	906.6	219.8	36.9
有限责任公司	112242.3	22987.1	17963	6219.8	789.3
股份有限公司	7742.7	3243.9	29711.2	5865.6	889.9
私营独资企业	1467.7	284.3	15	11.6	1.6
私营有限责任公司	13759.9	1889.6	5027.8	971.9	118.8
私营股份有限公司	180.3	2	318.2	16	16
二、零售业	114138.1	45879	45239.8	12778.6	1982.8
#国有及国有控股	18530.4	6355.8	11507.1	3861	475
1.按零售行业小类分组					
#百货零售	44373.7	21954.8	15688.3	4261.4	796.8
超级市场零售	28954.7	14157.6	8441.2	2326.1	597.2
其他综合零售	2679.5	825.8	651.3	160.7	20.3
2.按经营方式分组					
独立商店	72004.3	33316.9	30283.3	8767	1309.7
连锁商店总店	2419.3	559.7	2065.7	513	91.5
连锁商店分店	23171.2	9709.3	7777.8	1954.7	519.5
其他	16543.3	2293.1	5113	1543.9	62.1
3.按零售业态分组					
百货商店	45823.6	22390.7	16774.5	4413.4	814.8
超级市场	28560.7	13872.6	8298	2222.1	597.2
专业店	36468.9	8783.2	19640.1	5968.1	537.3
专卖店	1024.3	27.7	129.9	35.3	13.2
其他	2260.6	804.8	397.3	139.7	20.3

贸易企业财务状况

05 年） 单位：万元

资产总计	负债合计	所有者权益合计	实收资本				
				#国家资本	集体资本	法人资本	个人资本
476708.5	**309959.1**	**166749.4**	**3959691.3**	**22140**	**818.1**	**15285.3**	**3921447.9**
308702	175272.6	133429.4	38049.8	17522.3	355.3	10049.3	10122.9
114436	28347.8	86088.2	2756.3	2756.3			
106035.4	20397.6	85637.8	2478.9	2478.9			
5820.4	4923	897.4	315			315	
136880.3	115576.7	21303.6	14719.4	352.4	299.4	7618.3	6449.3
38968.4	16823.7	22144.7	17777	14691		1516	1570
1471.1	1356.7	114.4	73.5				73.5
18723.6	15460.1	3263.5	2036		55.9	31	1949.1
802.8	734.8	68	650			569	81
168006.5	134686.5	33320	3921641.5	4617.7	462.8	5236	3911325
29503.4	20861.2	8642.2	1367.7	1367.7			
60910.9	53890.5	7020.4	9245.9	2750		2630	3865.9
43082	31235.8	11846.2	3903266.7	710	116.5	2076.2	3900364
3180.1	2555	625.1	667.7	321.4	346.3		
108051.3	86625.4	21425.9	16690.1	4326.6	462.8	2768.5	9132.2
4024.2	2609	1415.2	236.4	84.1		152.3	
35239.8	24274.9	10964.9	3902622.2	207		2315.2	3900100
20691.2	21177.2	−486	2092.8				2092.8
63295	55342.6	7952.4	10159.7	2750	412.8	2630	4366.9
42648.8	31002.6	11646.2	3903148.2	710		2076.2	3900362
58415.6	45570.9	12844.7	7462.2	836.3		529.8	6096.1
1118.9	634.3	484.6	500				500
2528.2	2136.1	392.1	371.4	321.4	50		

	营业收入合　计	主营业务成　本	主营业务税　金及附加	主营业务利　润	其他业务利　润
总　计	**1349511.8**	**1158085.2**	**13816.3**	**150839.4**	**3708.7**
一、批发业	944362.7	842769.8	1420.6	95568.1	822
#国有及国有控股	289166.1	230130.6	975.4	57995.9	111
按登记注册类型分组					
国有企业	283543.6	224838.8	975.4	57665.2	90.1
股份合作企业	12677.9	11922.7	23.2	373.4	9.8
有限责任公司	397041.2	374803.1	199.9	18801.1	411.7
股份有限公司	185963.3	172905.1	159.6	12853.6	33.7
私营独资企业	6961.6	6698.3	3.3	109.9	
私营有限责任公司	54721.5	48502	59.2	5411.1	276.7
私营股份有限公司	3453.6	3099.8		353.8	
二、零售业	405149.1	315315.4	12395.7	55271.3	2886.7
#国有及国有控股	44990.2	29748.9	189.3	5713.5	469.4
1.按零售行业小类分组					
#百货零售	113551	87704.1	817.5	16797.1	593.2
超级市场零售	106282.6	91035.7	252.7	6318.9	1407.7
其他综合零售	9206.8	7329.2	48.1	1604.3	5
2.按经营方式分组					
独立商店	274393.7	205159.1	12113.6	43471.3	2152
连锁商店总店	3630.8	2695.3	8.6	724.4	97.4
连锁商店分店	99812.3	82161	246.5	9105.6	598.7
其　他	27312.3	25300	27	1970	38.6
3.按零售业态分组					
百货商店	125597.5	95535.1	1057.5	20772.6	663.2
超级市场	104202.6	89787.7	227.7	5511.9	1387.7
专业店	166746.5	122001.2	11090.3	28621.2	830.8
专卖店	3815.7	3640.2	7.1	168.3	
其　他	4786.8	4351.2	13.1	197.3	5

05 年）　　　　单位：万元

营业费用	管理费用	财务费用	利息支出	营业利润	利润总额	应交所得税	本年应交增值税
43686.7	**36837.4**	**5598.4**	**3850**	**78788.5**	**76392.3**	**21253.6**	**20633.4**
23930.8	21663.2	4108.1	3012.1	49911.7	47567.1	16365.3	13392.8
7019.6	10900.4	344.1	324.7	40541.3	38910.5	13473.8	9972.5
6819.3	10607.6	222.1	202.7	40804.8	39052.8	13473.8	9972.5
358.6	268.8	8.1	6.8	106.4	102.4	0.6	40.1
9923.7	6431.7	3647	2721.7	807	964.6	731.6	1716.9
4103.8	2991.3	18.4	5.3	5773.9	5133.1	2016.4	1329.7
149.9	44.8	18		46.9	30.5	10	76.9
2350.3	1289.5	193.8	75.6	2271.9	2183.1	99.7	276.8
225.2	29.5	0.7		100.8	100.6	33.2	－20.1
19755.9	15174.2	1490.3	837.9	28876.8	28825.2	4888.3	7240.6
4466.6	3222.9	－42.3	－43.6	1251.5	891.7	513.7	719.4
5358.3	8419.4	814.6	352.7	4284.9	4500.1	205.2	2221.9
8488	886.4	154.8	18.4	1362	1231	340.2	3899.6
669.1	255.2	20.8	3.1	771.1	777.8	13	－79.2
12484.3	11835.5	1013.4	501.8	24151.2	24302.8	4483.6	2842.5
417.9	448	8.1	8	75.7	15	29.1	97.1
5874	1803.6	110.9	－29.5	5060.7	4926	374	4055.1
979.7	1087.1	357.9	357.6	－410.8	－418.6	1.6	245.9
6455.6	8619.4	857.3	355.6	7069.6	7264.3	241.2	2221.9
8338	821.4	138.3	16.4	701.5	581	332.2	3899.6
4825.6	5455	481.5	462.8	21056.4	20936.1	4314.9	1198.3
27.6	142.5	5.9		－7.6	－19.8		
109.1	135.9	7.3	3.1	56.9	63.6		－79.2

11—9 限额以上住宿和餐饮业

（20

指 标 名 称	法人企业数（个）	所属全部产业活动单位数（个）	经营网点（个）	年末餐饮营业面积（平方米）
总　　计	**48**	**49**	**60**	**56633**
一、住宿业	30	31	41	33253
#国有及国有控股	10	10	12	14040
按登记注册类型分组				
国有企业	10	10	12	14040
集体企业	1	1	1	1000
联营企业	1	1	1	800
有限责任公司	2	2	2	1450
私营企业	15	15	21	13163
其　　他	1	2	4	2800
二、餐饮业	18	18	19	23380
#国有及国有控股	1	1	1	4500
1.按登记注册类型分组				
国有企业	1	1	1	4500
有限责任公司	2	2	2	1000
股份有限公司	2	2	2	1750
私营企业	12	12	13	14630
其　　他	1	1	1	1500
2.按餐饮行业小类分组				
正餐服务	17	17	18	23130
快餐服务	1	1	1	250

法人企业主要情况汇总表

05 年）

年末全部从业人员数（人）	营业额（万元）					床位数（个）	餐位数（位）
		客户收入	餐费收入	商品销售收入	其他收入		
5178	**40860.6**	**14527.8**	**21083.3**	**2782.2**	**2467.3**	**5279**	**25078**
3512	26465.7	12141.8	11060.9	1968.2	1294.8	4367	14029
1553	11587.5	4144.2	5512.2	1391.2	539.9	1772	5580
1553	11587.5	4144.2	5512.2	1391.2	539.9	1772	5580
41	312.8	170.6	136.2	3.6	2.4	68	600
60	1002	375.8	284.6	129	212.6	124	190
562	4896.3	3732.7	989.4		174.2	578	370
1076	7091.8	3073.2	3508.4	298.8	211.4	1571	5889
220	1575.3	645.3	630.1	145.6	154.3	254	1400
1666	14394.9	2386	10022.4	814	1172.5	912	11049
216	2127	748	1294		85	192	1200
216	2127	748	1294		85	192	1200
72	494.4	99.6	394.8			110	910
165	969.9	267.5	699.8		2.6	184	1250
1110	9781.4	1270.9	6611.6	814	1084.9	426	6989
103	1022.2		1022.2				700
1626	14180.6	2386	9808.1	814	1172.5	912	10849
40	214.3		214.3				200

11—10 限额以上住宿

(20

指标名称	年初存货	年末资				
		流动资产合计	存货	固定资产原价	累计折旧	本年折旧
合计	**2006.6**	**24735**	**1763.9**	**79195**	**19081.3**	**3592.5**
一、住宿业	1487.9	17490.6	1228.6	66508.5	16728.4	3126.3
＃国有及国有控股	1060.3	6989.1	761.4	36550.8	10801.9	1642.8
按登记注册类型分组						
国有企业	1060.3	6989.1	761.4	36550.8	10801.9	1642.8
集体企业	5.6	41.4	7.7	300	110	55
联营企业	9.9	177.7	8.8	775	402.1	60.1
有限责任公司	96.8	3884.7	85	12790.4	2037.8	532.6
私营有限责任公司	271.3	5475.3	320.2	14407.1	3369.4	828.6
二、餐饮业	518.7	7244.4	535.3	12686.5	2352.9	466.2
＃国有及国有控股	39.8	921.3	37.3	3722.8	955.7	195.3
1.按登记注册类型分组						
国有企业	39.8	921.3	37.3	3722.8	955.7	195.3
有限责任公司	37.5	254.4	37.5	558	45.9	23.5
股份有限公司	24.8	292.8	17.1	32.8	8.3	3.1
私营独资企业	78.6	287	81.5	2420	128	58
私营有限责任公司	297.1	3918.3	262.3	3132.5	1092.1	136.5
私营股份责任公司	20.2	1354	80	2500	35	12.1
其　　他	20.7	216.6	19.6	320.4	87.9	37.7
2.按餐饮行业小类分组						
正餐服务	513.6	7234.8	529.7	12660.5	2348.9	465.2
快餐服务	5.1	9.6	5.6	26	4	1
3.按经营方式分组						
独立经营	518.7	7244.4	535.3	12686.5	2352.9	466.2

餐饮业财务状况

05年） 单位：万元

产	负	债					
资产总计	负债总计	所有者权益合计	实收资本				
				#国家资本	集体资本	法人资本	个人资本
101463.6	**56227.9**	**45235.7**	**35567.6**	**12320.2**	**310.5**	**10309**	**11305.6**
80296.5	43198.9	37097.6	31076.8	11880.4	310.5	10159	7404.6
34972	17315	17657	11876.6	11876.6			
34972	17315	17657	11876.6	11876.6			
350	140	210	60		60		
834.1	746.3	87.8	250.5		250.5		
19316.7	9754.7	9562	9721			9721	
21387.5	13043.4	8344.1	7846.4	3.8		438	7404.6
21167.1	13029	8138.1	4490.8	439.8		150	3901
5705.8	5018.5	687.3	436.6	436.6			
5705.8	5018.5	687.3	436.6	436.6			
935.4	812.1	123.3	152			150	2
320.3	194.3	126	103.2	3.2			100
2620	1477	1143	1095				1095
7037.2	4602.8	2434.4	2354				2354
3819	351.9	3467.1	300				300
729.4	572.4	157	50				50
21131.5	13023.7	8107.8	4460.8	439.8		150	3871
35.6	5.3	30.3	30				30
21167.1	13029	8138.1	4490.8	439.8		150	3901

11—10 续表 （20

指　标　名　称	损　　益					
	营业收入合计	主营业务成本	主营业务税金及附加	主营业务利润	营业费用	管理费用
合　　计	**39632.4**	**17232.9**	**1869.6**	**14120.3**	**10463.4**	**9700.1**
一、住宿业	25621.7	10077.6	1223.7	10389	7934.9	7293.2
#国有及国有控股	11587.5	4853.1	461.8	6021.8	3615.5	4174.7
按登记注册类型分组						
国有企业	11587.5	4853.1	461.8	6021.8	3615.5	4174.7
集体企业	312.8	140.8	26.6	139.4	3.2	48.2
联营企业	1002	284.9	42.4	674.7	552.2	55.4
有限责任公司	4896.3	1221	270.7	1842.2	1246.2	1814
私营有限责任公司	7091.8	3259.8	385.3	1700	2152.4	1111.2
二、餐饮业	14010.7	7155.3	645.9	3731.3	2528.5	2406.9
#国有及国有控股	2127	872.1	123.7	1087.4	611.1	292.8
1.按登记注册类型分组						
国有企业	2127	872.1	123.7	1087.4	611.1	292.8
有限责任公司	494.4	380.9	14.5	—29.9	108.9	
股份有限公司	969.9	739.7	55.1	175	143.9	40.4
私营独资企业	1638	1086.5	32.5	519	141	155
私营有限责任公司	6124.7	2799.4	347.9	1652.7	1090.9	1006.3
私营股份责任公司	1634.5	653.8				912.3
其　　他	1022.2	622.9	72.2	327.1	432.7	0.1
2.按餐饮行业小类分组						
正餐服务	13796.4	6995.7	633.7	3688.8	2490.6	2403.5
快餐服务	214.3	159.6	12.2	42.5	37.9	3.4
3.按经营方式分组						
独立经营	14010.7	7155.3	645.9	3731.3	2528.5	2406.9

05年)　　　　单位：万元

及分配						工资、福利	
财务费用	利息支出	营业利润	应交所得税	劳动失业保险费	住房公积金和住房补贴	本年应付工资总额（贷方累计发生）	本年应付福利费总额（贷方累计发生）
1671.7	**1319.9**	**−908.8**	**237**	**419.4**	**129.8**	**5724.6**	**765.3**
1244.3	926	−1239.8	210.8	315.3	90.3	3880.3	530.9
421.7	289.4	−1420.2	4.1	218.4	81.7	2250.8	342.1
421.7	289.4	−1420.2	4.1	218.4	81.7	2250.8	342.1
8.4	6.3	85.7	4.1			32	7
17	16.9	50.1	4.5	3.8		32	8.5
325.5	215.6	50.8		56.6		564.4	82
468.8	395.4	75.4	198.1	36.5	8.6	881.7	76.8
427.4	393.9	331	26.2	104.1	39.5	1844.3	234.4
216.3	211.3	0.8		49	26.3	430.9	60.4
216.3	211.3	0.8		49	26.3	430.9	60.4
11		−29.9				60.9	
		−9.2	2.5	14.8	3.5	139.7	20.6
63	52	160				187.1	20.1
134.9	130.6	101.2	19.7	33.4	9.7	784.6	67.4
						52.6	
2.2		108.1	4	6.9		188.5	65.9
426.8	393.3	330.4	26.1	104.1	39.5	1818.5	231.2
0.6	0.6	0.6	0.1			25.8	3.2
427.4	393.9	331	26.2	104.1	39.5	1844.3	234.4

主要统计指标解释

社会消费品零售总额 指各种经济类型的批发零售贸易业、餐饮业和其他行业对城乡居民和社会集团的消费品零售额总和。这个指标反映通过各种商品流通渠道向居民和社会集团供应的生活消费品来满足他们的生活需要，是研究人民生活、社会消费品购买力、货币流通等问题的重要指标。对居民的消费品零售额：指售给城乡居民用于生活消费的商品。对社会集团的消费品零售额：指售给机关、团体、部队、学校、企业、事业单位和城市街道居民委员会、农村村民委员会用公款购买的用作非生产、非经营使用的消费品。

社会消费品零售额包括：⑴售给城乡居民作为生活用的商品及修建房屋用的建筑材料；⑵售给机关、团体、学校、部队、企业、事业单位的职工食堂和旅店（招待所）附设专门供本店旅客食用，不对外营业的食堂的各种食品、燃料；企业、单位和国营农场直接售给本单位职工和职工食堂的自己生产的产品；⑶售给部队干部、战士生活用的粮食、副食品、衣着品、日用品、燃料；⑷售给来华的外国人、华侨、港澳台同胞的消费品（包括友谊商店、在海关前后设立的免税商店、外轮供应公司等）；⑸居民自费购买的中、西药品，中药材及医疗用品；⑹报社、出版社直接售给居民和社会集团的报纸、图书、杂志，集邮公司（包括邮局集邮专柜）出售的新、旧（盖销的）纪念邮票、特种邮票、首日封、集邮册、集邮工具等；⑺旧货寄售商店（信托商店）自购、自销部分的商品零售额；⑻煤气公司、液化石油气站售给居民和社会集团的的煤气灶具和灌装液化石油气；⑼售给社会集团的办公用品、纸张、帐册、文印用品、计算工具、书报杂志和奖品；公共用品和纺织品、针织品；学校用的教学用具；文体用品；非专用的劳动保护用品，如工作服、套袖、围裙、手套、毛巾、肥皂等；日用百货和杂品，包括职工食堂用的餐具、炊具、设备和清洁卫生工具等；家具、设备、日用电器、电讯设备、电影器材和照相器材等；取暖用的设备和燃料，防暑、降温的饮料；非生产经营用的交通工具如小轿车、面包车、工具车、卡车和油料；零星修理用的各种零配件、材料、工具、建筑材料等；举办各种招待会、茶话会、宴会用的烟酒茶和各种食品及馈赠的礼品；从公费医疗经费中开支的中、西药品、中药材和医疗器材以及其他非生产性设备和用品。

市的零售额：指设立在直辖市、省辖市的市区和郊区以及县级市的市区的各行业消费品零售额。不包括省辖市的市属县、县级市的市区以外的消费品零售额。

县的零售额：指设立在县城关区（镇）的各行业消费品零售额。

县以下的零售额：指设立在县城关区（镇）以及县级市的市区以外的集镇和农村的各行业消费品零售额。但不包括分布在农村的独立工矿、林区的消费品零售额。这部分零售额，按管辖这些工矿、林区的单位级别分别列入市或县的零售额。

批发零售贸易业商品购、销、存总额 指各种登记注册类型的批发零售贸易业企业、产业活动单位、个体经营者以本单位为总体的商品购进、销售、库存总额。

商品购进总额 指从本单位以外的单位和个人购进（包括从境外直接进口）作为转卖或加工后转卖的商品总额。

商品销售总额 指对本单位以外的单位和个人出售（包括对境外直接出口）本单位经营的商品总额（含增值税）。

商品批发额 指商品零售额以外的一切商品销售额。包括售给生产经营单位用于生产或经营用的商品销售额；售给批发零售贸易业、餐饮业用于转卖或加工后转卖的商品销售额；直接向国（境）外出口和委托外贸部门代理出口的商品销售额。

商品零售额 指售给城乡居民用于生活消费、售给社会集团用公款购买用作非生产、非经营使用的商品销售额。

商品库存总额 指报告期末各种登记注册类型的批发零售贸易企业、产业活动单位、个体经营者已取得所有权的商品。

商品交易市场 指有固定场所、设施，有若干经营者人场实行集中、公开交易各类实物商品的市场。

商品交易市场成交额 指商品交易市场内所有经营者所实现的商品销售金额。商品交易市场包括消费品市场和生产资料市场。

12

对外经济贸易和旅游业

十二、对外经济贸易和旅游

	2005 年	比上年±%
进出口总额（万美元）	143460	29.2
#出口（万美元）	87045	36.8
协议注册外资（万美元）	77756	78.5
实际外商直接投资（万美元）	16183	20.1
接待海外旅游人数（人次）	40710	19.7
国际旅游收入（万美元）	2125	38.3

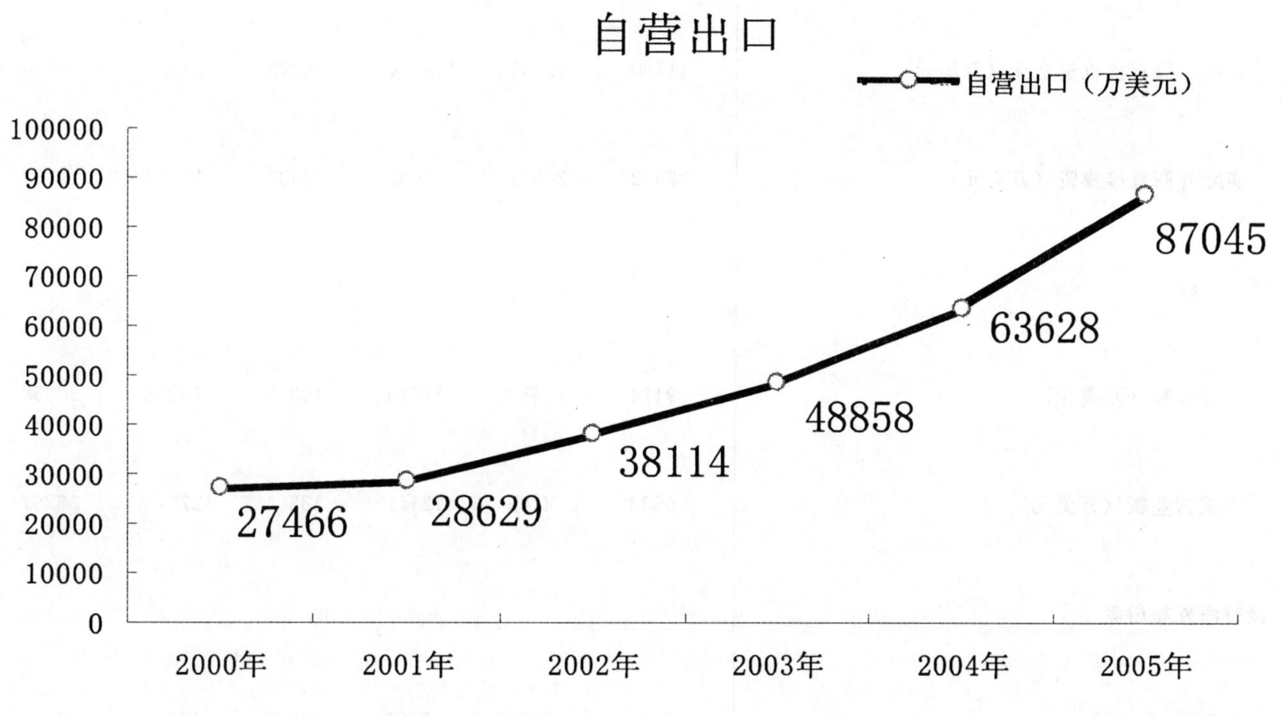

12—1 对外经济主要指标

（2000—2005年）

指　　标	2000	2001	2002	2003	2004	2005
外　贸						
进出口总额（万美元）	37725	37567	52913	78605	111024	143460
进口总额（万美元）	10259	8938	14799	29747	47396	56415
出口总额（万美元）	27466	28629	38114	48858	63628	87045
外　资						
合同外商直接投资项目（个）	28	91	152	147	152	255
合同外商直接投资金额（万美元）	11720	18765	28074	35273	43556	77756
实际外商直接投资（万美元）	22632	24931	16602	23907	15389	16183
外　经						
合同金额（万美元）	9174	11580	14626	19343	29303	38658
完成营业额（万美元）	6633	8765	12161	18304	27715	36297
接待海外旅游者						
外国人（人次）	6662	5980	7986	14722	19689	20937
港澳台同胞（人次）	4241	4317	4005	16924	14312	19773
旅游外汇收入（万美元）		675	762	857	1536	2125

12—2 按贸易方式和经济类型分进出口额

（2001—2005）　　单位：万美元

项目	2001		2002		2003		2004		2005	
	出口	进口	出口	进口	出口	进口	出口	进口	出口	进口
总计	**28629**	**8175**	**38114**	**14800**	**48858**	**29747**	**63628**	**47396**	**87045**	**56415**
按贸易方式分										
＃一般贸易	23513	4784	31767	7708	40201	22228	52669	35218	74909	48317
来料加工装配贸易	1129	602	1744	846	1705	970	2713	1577	3036	1718
进料加工贸易	3987	2570	4603	2954	6947	3270	8246	4913	9100	3976
来料加工装配进口的设备										14
外商作为投资进口的设备		214		3282		3264		5662		2347
出料加工贸易										
易货贸易										
保税仓库进出境货物					3					
保税区仓储转口货物										
其他		5		10	2	15		26		43
按经济类型分										
国有企业	14336	938	10868	203	17534	1583	16141	945	13461	1385
集体企业	2666	851	9985	1239	5609	677	6905	1728	13912	6977
外商投资企业	11551	6321	16611	13323	21306	27297	24628	43434	31475	46633
私营企业	76	65	650	35	4409	190	15954	1289	28197	1420

12—3 进出口商品细分类总额

（2005 年）　　单位：万美元

项目	进出口总额	出口	进口
总计	**143460**	**87045**	**56415**
一、活动物；动物产品	6247	4666	1581
肉及食用杂碎	22	22	
鱼，甲壳动物，软体动物等	1764	1253	511
乳，蛋，蜂蜜；其他食用动物等	535	535	
其他动物产品	3926	2856	1070
二、植物产品	1143	1133	10
食用蔬菜、根及块茎	1008	1008	
食用水果及坚果	15	15	
咖啡、茶、可可、调味料及制品	7	5	2
果实，果仁工业或药用植物；稻草，饲料	100	100	0
虫胶；树胶，树脂及其他植物液，汁	0	0	
编织用植物材料；其他植物产品	13	5	8
三、动植物油，脂，蜡及其分解产品	76	76	
动植物油，脂，蜡及其分解产品	76	76	
四、食品，饮料，酒及醋；烟草及制品	3441	3439	2
鱼，甲壳动物，软体动物及其制品	3046	3046	
糖及糖食	180	180	
蔬菜，水果，坚果或植物其他部分的制品	62	62	
杂项食品	2	1	1
食品工业的残渣及废料；配制的动物饲料	132	132	
五、矿产品	6300	15	6285
盐，硫磺，泥土及石料，石膏料，石灰及水	15	13	2
矿沙，矿渣及矿灰	6250	0	6250
矿物燃料，油及其蒸馏产品；沥青；矿物	35	1	33

12—3 续表 1

单位：万美元

项　　目	进出口总额	出　口	进　口
六、化学工业及其相关工业的产品	10492	9267	1225
无机化学品；稀有金属，放射性元素	581	565	16
有机化学品	6611	5572	1039
药品	4	4	
染料，颜料，漆，胶粘剂，墨水，油墨	271	261	10
精油及香膏；芳香料制品及化妆盥洗品	10	9	1
洗涤剂，润滑剂，光洁剂，蜡，其他活性剂	255	241	14
蛋白类物质；改性淀粉；胶；酶	18	5	13
炸药，烟火制品；火柴，引火合金，易燃材料	439	439	
杂项化学药品	2303	2171	132
七、塑料及其制品；橡胶及其制品	5461	2503	2958
塑料及其制品	2761	846	1915
橡胶及其制品	2700	1657	1043
八、生皮，皮革，毛皮及其制品	324	191	133
生皮（毛皮除外）及皮革	129	1	128
皮革制品，旅行用品，手提包及类似容器	162	157	5
毛皮，人造毛皮及其制品	33	33	
九、木及其木制品，其他编织材料制品	287	287	
木及木制品，木炭	216	216	
稻草，柳，藤制品	71	71	
十、纸浆；纸，纸板制品	319	213	106
纸，纸张，纸浆，纸或纸板制品	305	202	103
书籍，报纸，印刷图画及其他印刷品	14	11	3
十一、纺织原料及纺织制品	26864	19888	6976
蚕丝	722	722	
羊毛，动物毛，马毛纱线及其机织物	4		4
棉花	3393	1648	1745

单位：万美元

项　　目	进出口总额	出　口	进　口
其他植物纺织纤维；纸纱线及其织物	363	252	111
化学纤维长丝	789	290	499
化学纤维短丝	2914	299	2615
絮胎及其无纺织物；线，绳，缆及其制品	1149	1111	38
地毯及纺织材料的其他铺地制品	1173	1065	108
特种机织物，花边，装饰毯，装饰带，刺绣	400	92	307
浸，涂，包或层压的纺织物；工业用纺织品	248	231	17
针织物及钩编织物	1743	684	1059
针织及钩编的服装及衣着附件	3361	3348	13
非针织及钩编的服装及衣着附件	6122	5713	409
其他纺织制成品，成套物品，旧纺织品	4483	4431	52
十二、鞋帽伞杖鞭；人造花，人发制品	656	634	22
鞋靴，护腿和类似品及其零件	607	585	22
鞋类及其零件	46	46	
雨伞，阳伞，手杖，鞭子，马鞭及其零件	1	1	
已加工羽毛，羽绒及制品；人造花，人发	3	3	
十三、石料及其制品，陶瓷玻璃及其制品	5242	5016	226
石料，石膏，水泥，石棉，云母及类似制品	70	69	1
陶瓷制品	1865	1857	8
玻璃及其制品	3307	3090	217
十四、珍珠，宝石，贵金属；仿首饰；硬币	51	51	
珍珠，宝石，贵金属；仿首饰；硬币	51	51	
十五、贱金属及其制品	14892	10072	4820
钢铁	1763	294	1469
钢铁制品	3118	1381	1737
铜及其制品	60	16	44

12—3 续表 3

单位：万美元

项　　目	进出口总额	出　口	进　口
铝及其制品	228	107	121
铅及其制品			
锌及其制品	9	9	
其他贱金属，金属陶瓷及其制品	7024	7024	
贱金属工具，器具，利口器，餐匙及其制品	2004	1064	940
贱金属杂项制品	677	168	509
十六、机器，电子产品，电气设备及其零件	30676	18109	12567
核反应堆，锅炉，机器，机械器具及其零件	23614	13916	9698
电机电气设备，电视音响设备及其零件	7062	4193	2869
十七、车辆，航空器，船舶及其有关运输设备	21301	4823	16478
铁道电车道机车及其固定装置的零件			
车辆及其零件，但铁道及电车除外	21301	4823	16478
船舶及浮动结构体			
十八、光学，检测，医疗设备，钟表，乐器	2637	409	2228
光学，计量，检测，医疗设备及零件	2585	403	2182
钟表及其零件	51	5	46
乐器及其零件，附件	1	1	
十九、武器，弹药及其零件，附件	67799	33563	34236
机电产品	67799	33563	34236
二十、杂项制品	7052	6253	799
家具，寝具，褥被，照明装置，活动房屋	2736	1966	770
玩具，游戏品，运动用品及其零件，附件	4123	4120	3
杂项制品	193	167	26
二十一、艺术品，收藏品及古物			
艺术品，收藏品及古物			
机电产品（包括本目录已具体列名的产品）	67799	33563	34236
农产品（包括本目录已具体列名的产品）	8414	5523	2891

12—4 进出口商品主要国别和地区

单位：万美元

国别（地区）	2004			2005		
	进出口	出　口	进　口	进出口	出　口	进　口
进出口贸易总值	**111024**	**63628**	**47396**	**143460**	**87045**	**56415**
亚　洲	67963	27647	40316	78214	32437	45777
#阿富汗	8	8		13	13	
巴　林	1	1		6	6	
孟加拉国	1963	1963		2369	2343	26
文　莱				3	3	
缅　甸	612	612		566	566	
柬埔寨	318	289	28	330	330	
塞浦路斯	26	26		32	32	
朝　鲜				21	21	
香　港	2964	2608	356	1838	1669	169
印　度	998	765	232	1880	783	1097
印度尼西亚	2093	2025	68	2659	2602	57
伊　朗	1014	1014		718	718	
以色列	598	598		985	947	38
日　本	10555	6009	4546	12038	8131	3907
约　旦				324	324	
科威特	371	371		187	187	
澳　门	64	64		32	32	
马来西亚	673	557	116	990	764	226
巴基斯坦	1196	1196		1196	1196	
菲律宾	216	209	7	216	209	7
马来西亚				990	764	226
沙特阿拉伯	586	586		586	586	
新加坡	1001	598	404	1001	598	403
韩　国	34667	3044	31623	34667	3044	31623
斯里兰卡	87	87		87	87	
叙利亚	138	138		138	138	
泰　国	617	400	217	617	400	217
土耳其	753	586	167	753	586	167
阿拉伯联合酋长国	2057	2025	32	2057	2025	32
越　南	790	709	81	790	709	81
台湾省	2083	703	1381	2083	703	1380
非　洲	3207	3147	59	3207	3147	60
#喀麦隆	52	52		52	52	
埃　及	359	354	5	359	354	5
加　蓬						
摩洛哥	501	501		501	501	
尼日利亚	310	310		310	310	
阿尔及利亚	92	92		92	92	
加　纳	187	187		187	187	
纳米比亚	194	194		194	194	
南　非	496	496		496	496	
突尼斯	30	30		30	30	
津巴布韦	11	11		11	11	

12—4续表

单位：万美元

国别（地区）	2004			2005		
	进出口	出　口	进　口	进出口	出　口	进　口
欧　洲	19452	14732	4720	19452	14732	4720
＃比利时	1020	978	42	1020	978	42
丹　麦	1028	841	187	1028	841	187
英　国	1607	1583	24	1607	1583	24
德　国	4996	2754	2242	4290	3239	1051
法　国	861	632	229	1118	851	267
爱尔兰	127	127		183	183	
意大利	2913	1792	1121	2919	2664	255
荷　兰	2320	2038	283	6569	6376	193
希　腊	475	475		475	475	
葡萄牙	148	148		148	148	
西班牙	1080	767	313	1110	1077	33
奥地利	207	88	119	209	160	49
芬　兰	57	37	20	113	92	21
匈牙利	64	64		87	86	1
挪　威	119	119		58	58	
波　兰	946	936	10	880	844	36
罗马尼亚	79	77	2	260	260	0
瑞　典	396	389	7	574	573	1
瑞　士	193	104	89	470	77	393
俄罗斯联邦	174	174		580	426	154
乌克兰	141	113	27	131	128	3
捷　克	195	5	4	223	222	1
拉丁美洲	3680	3477	203	9719	4181	5538
＃阿根廷	146	146		131	131	
巴　西	312	228	84	269	216	53
智　利	310	310		2926	343	2583
哥伦比亚	142	142		165	165	
危地马拉	33	33		47	47	
墨西哥	872	860	12	1164	1033	131
巴拿马	963	963		1290	1290	
秘　鲁	172	144		2929	157	2772
乌拉圭	28	28		23	23	
多米尼加共和国				86	86	0
厄瓜多尔	180	180		185	185	
委内瑞拉	46	46		200	200	
北美洲	15286	13492	1795	22124	20392	1732
＃加拿大	1184	1169	16	1301	1291	10
美　国	14102	12323	1779	20824	19101	1723
大洋洲	1436	1133	303	2113	1557	556
＃澳大利亚	1130	964	166	1692	1279	413
新西兰	299	161	138	411	269	142
巴布亚新几内亚	2	2		8	8	
附：东盟组织	6322	5400	922	7701	7045	656
欧洲联盟	17355	12766	4588	24913	22674	2239

12—5 盐城市主要外贸企业进出口总额

(2005 年)

单位：万美元

名称	进出口总额	出口	进口
江苏峰峰钨钼制品股份有限公司	13291	7042	6249
盐城经纬国际集团有限公司	7069	7025	44
江苏江动集团进出口有限公司	5356	5356	
盐城市对外贸易有限公司	4085	4067	18
盐城国际妇女时装有限公司	4449	2495	1954
盐城天地国际贸易有限公司	2143	2138	5
盐城联益肠衣制品有限公司	2938	1864	1074
东风悦达起亚汽车有限公司	20919	1777	19140
东台市国际贸易有限公司	1491	1489	2
江苏飞驰股份有限公司	1707	1463	244
盐城美昌华工有限公司	1385	1385	
盐城海马食品有限公司	1464	1205	259
马佐里（东台）纺机有限公司	1856	1075	781
江苏悦达进出口有限公司	988	987	1
盐城富德制衣有限公司	969	964	5
盐城市恒欣对外贸易有限公司	948	948	
江苏悦达盐城拖拉机制造有限公司	914	889	25
江苏华伦天怡服饰有限公司	893	856	37
盐城苏海制药有限公司	826	826	
江苏威特国际商务有限公司	818	818	
东台市鸿达实业有限公司	799	796	3
盐城金龙马特种纺织有限公司	1015	771	244
江苏辉丰农化股份有限公司	814	764	50
盐城恒盛国际贸易有限公司	712	712	
盐城振阳制毯有限公司	941	710	231
江苏富安茧丝绸股份有限公司	706	706	
盐城海浩农业发展有限公司	770	691	79
盐城市高中压阀门有限公司	671	668	3
东台市马佐里国际贸易有限公司	417	356	61

12—6 分地区利用外资情况

(2005年)

单位：个，万美元

地　　区	新签协议数	合同外商直接投资金额	实际外商直接投资
全　市	**255**	**77756**	**16183**
市　区	58	26585	4594
市直	19	9332	2005
亭湖区	15	5542	1005
盐都区	24	11711	1584
响水县	5	5768	1471
滨海县	18	3575	348
阜宁县	28	8005	2009
射阳县	43	8915	1592
建湖县	30	6270	1080
东台市	30	7077	1997
大丰市	43	11561	3092

12—7 分地区进出口总额

(2005年)

单位：万美元

地　　区	进出口总额	出　口	进　口	比上年±%		
				进出口	出　口	进　口
全　市	**143460**	**87045**	**56415**	**29.3**	**36.8**	**19.0**
市　直	60394	33314	27079	19.5	32.6	6.6
亭湖区	14499	4739	9760	42.9	40	44.4
盐都区	9688	5187	4501	−4.4	0.4	−9.4
响水县	1048	835	213	202	148	1959.0
滨海县	954	796	158	58.5	60.2	50.8
阜宁县	5779	4460	1319	10.2	17	−7.8
射阳县	7029	3954	3075	−7	−6.7	−7.5
建湖县	7857	5724	2134	30.7	45.7	2.4
东台市	23747	16093	7654	105.7	76.3	217.1
大丰市	12465	11943	522	41.3	46.9	−24.4

12—8 分地区出口总额

(2005年) 单位：万美元

地区	出口	国有企业	外商投资企业	集体企业	私营企业
全市	**87045**	**13465**	**31471**	**13912**	**28197**
市直	33314	11662	6758	13	14881
亭湖区	4739		1296	2788	655
盐都区	5187		2949	498	1740
响水县	835			442	393
滨海县	796	112	75		609
阜宁县	4460	141	3219	364	736
射阳县	3954	175	2784	211	784
建湖县	5724	592	2013	425	2694
东台市	16093	706	4368	7759	3260
大丰市	11943	77	8009	1412	2445

12—9 分地区对外承包工程及劳务合作情况

(2005年) 单位：人，万美元

地区	新签协议数	合同外商直接投资金额	实际外商直接投资
全市	**38658**	**36297**	**30109**
市区	8113	9623	7910
市直	2079	2805	2406
亭湖区	1128	1910	1190
盐都区	4906	4908	4314
响水县	1060	1175	1103
滨海县	2247	2016	2177
阜宁县	3205	3263	3697
射阳县	5471	3967	3200
建湖县	9132	8830	5518
东台市	5811	4520	3173
大丰市	3619	2903	3331

12—10 分地区外商投资企业进出口总额

（2005 年）

单位：人，万美元

地　　区	进出口	出　口	进　口
外商投资企业	78108	31475	46633
市　　直	33574	6761	26811
亭 湖 区	10752	1296	9457
盐 都 区	7263	2950	4313
响 水 县	100		100
滨 海 县	144	75	69
阜 宁 县	3606	3219	387
射 阳 县	5458	2784	2674
建 湖 县	3637	2013	1625
东 台 市	5216	4369	847
大 丰 市	8358	8008	350

12—11 按行业分新批外商直接投资

行　　业	项目（个）		金额（万美元）	
	2004	2005	2004	2005
总　　计	**152**	**255**	**15389**	**16183**
农、林、牧、渔业	1	7	46	30
采掘业				
制造业	125	222	12354	14565
电力、煤气及水的生产和供应业	4	4	1189	507
建筑业	2	3	301	344
交通运输、仓储及邮电通信业	1	1	405	180
金融、保险业				
批发和零售贸易餐饮业	3	3	100	420
房地产业	6	4	863	0
租赁和商务服务业				37
社会服务业	1	1		
卫生体育和社会福利业		1		
教育、文化艺术和广播电影电视业	1	2		100
科学研究和综合技术服务业				
其他行业	8	7	131	

12—12 主要国家或地区外商直接投资

单位：万美元

国家和地区	2004年			2005年		
	新签项目数（个）	合同外资	实际投资	新签项目数（个）	合同外资	实际投资
合计	**152**	**43556**	**15389**	**255**	**77756**	**16183**
亚洲	103	27118	10539	187	56195	12163
#香港	44	13796	4762	87	33894	4042
台湾	17	2486	919	44	6895	2014
印度尼西亚	2	130	305	3	189	345
日本	9	1961	537	15	3855	914
马来西亚		0	0	3	38	15
菲律宾		40	40	2	441	239
新加坡	6	2157	820	2	1156	1882
韩国	20	5982	2906	26	7346	2370
泰国				3	1911	
其他	5	566	250	2	470	342
非洲				1	100	
欧洲	13	4705	1446	15	3996	1149
英国	2	1131	530	7	1656	78
德国	5	107	113	3	904	88
法国	2	599	126	1	332	85
爱尔兰						
意大利	3	1469	629	2	951	763
捷克共和国				1	91	49
荷兰		1378				
西班牙						
瑞典		21	20		3	20
其他	1		28	1	59	66
拉丁美洲	7	6902	1847	8	2039	1482
北美洲	24	4202	1370	41	13818	1325
#加拿大	2	93	64	8	250	203
美国	22	4109	1306	33	13568	1122
大洋洲	4	629	187	3	1608	69
#澳大利亚	4	629	187	1	20	62
其他	0	0	0	2	1588	7

* 实际投资为注册外资实际到帐数。

12—13 接待外国和港澳台旅游人数和天数

指标	2000	2001	2002	2003	2004	2005
一、接待国外旅游人数（人次）	10903	10297	11991	31646	34001	40710
外国人	6662	5980	7986	14722	19689	20937
港澳台	4241	4317	4005	16924	14312	19773
二、接待外国人分国别（人）						
日本	1508	821	1133	3661	4513	2812
菲律宾	25	7		81	105	116
新加坡	534	424	589	781	935	1066
泰国	25	6	105	188	210	202
印度尼西亚		31	31	103	153	119
马来西亚	40	63	82	664	827	710
韩国	987	475	1503	3067	5183	6780
美国	1918	1301	2327	2496	3087	3432
加拿大	253	417	259	779	936	952
英国	87	85	149	273	390	432
法国	84	54	52	110	162	188
德国	106	479	536	1182	1428	1672
意大利	86	108	126	139	156	154
瑞士	11	3	8	2	17	13
瑞典	34	124	21	39	64	80
荷兰	20	317	29	72		
俄罗斯	77	113	31	36	35	48
西班牙	23	31	21	21	47	37
澳大利亚	235	177	708	554	647	954
其他	553	600	214	406	794	1160

主要统计指标解释

进出口总额 海关进出口总额指实际进出我国国境的货物总金额。包括对外贸易实际进出口货物，来料加工装配进出口货物，国家间、联合国及国际组织无偿援助物资和赠送品，华侨、港澳台同胞和外籍华人捐赠品，租赁期满归承租人所有的租赁货物，进料加工进出口货物，边境地方贸易及边境地区小额贸易进出口货物（边民互市贸易除外），中外合资企业、中外合作经营企业、外商独资经营企业进出口货物和公用物品，到、离岸价格在规定限额以上的进出口货样和广告品（无商业价值、无使用价值和免费提供出口的除外），从保税仓库提取在中国境内销售的进口货物，以及其他进出口货物。进出口总额用以观察一个国家在对外贸易方面的总规模。我国规定出口货物按离岸价格统计，进口货物按到岸价格统计。

商品经营单位所在地进、出口额 指所在地海关注册登记的有进出口经营权的企业实际进、出口额。

商品目的地进口额和商品货源地出口额 目的地进口额指进口货物的消费、使用或最终抵运地的实际进口额，货源地出口额是指出口货物的产地或原始发货地的实际出口额。

利用外资 指我国各级政府、部门、企业和其他经济组织通过对外借款、吸收外商直接投资以及用其他方式筹措的境外现汇、设备、技术等。

对外借款 是我国利用外资的重要部分。指通过对外正式签订借款协议，从境外筹措的资金，包括外国政府贷款、国际金融组织贷款、外国银行商业贷款、出口信贷以及对外发行债券等。1996 年及以前还包括对外发行股票。

外商直接投资 指外国企业和经济组织或个人（包括华侨、港澳台胞以及我国在境外注册的企业）按我国有关政策、法规，用现汇、实物、技术等在我国境内开办外商独资企业、与我国境内的企业或经济组织共同举办中外合资经营企业、合作经营企业或合作开发资源的投资（包括外商投资收益的再投资）。

外商其他投资 指除对外借款和外商直接投资以外的各种利用外资的形式。包括企业在境内外股票市场公开发行的以外币计价的股票（目前主要是在香港证券市场发行的 H 股和在境内证券市场发行的 B 股）发行价总额，国际租赁进口设备的应付款，补偿贸易中外商提供的进口设备、技术、物料的价款，加工装配贸易中外商提供的进口设备、物料的价款。

对外承包工程 指各对外承包公司以招标议标承包方式承揽的下列业务：(1) 承包国外工程建设项目，(2) 承包我国对外经援项目，(3) 承包我国驻外机构的工程建设项目，(4) 承包我国境内利用外资进行建设的工程项目，(5) 与外国承包公司合营或联合承包工程项目时我国公司分包部分，(6) 对外承包兼营的房屋开发业务。对外承包工程的营业额是以货币表现的本期内完成的对外承包工程的工作量，包括以前年度签订的合同和本年度新签订的合同在报告期内完成的工作量。

对外劳务合作 指以收取工资的形式向业主或承包商提供技术和劳动服务的活动。我国对外承包公司在境外开办的合营企业，中国公司同时又提供劳务的，其劳务部分也纳入劳务合作统计。劳务合作营业额按报告期内向雇主提交的结算数（包括工资、加班费和奖金等）统计。

旅游者人数

(1) 入境国际旅游者人数：指来中国参观、访问、旅行、探亲、访友、休养、考察、参加会议和从事经济、科技、文化、教育、宗教等活动的外国人、华侨、港澳同胞和台湾同胞的人数。不包括外国在我国的常驻机构，如使领馆、通讯社、企业办事处的工作人员；来我国常住的外国专家、留学生以及在岸逗留不过夜人员。

(2) 出境居民人数：指大陆居民因公务活动或私人事务短期出境的人数。公务活动出境居民人数包括在国际交通工具上的中国服务员工，因私出境居民人数不包括在国际交通工具上的中国服务员工。

(3) 国内旅游者人数：指我国大陆居民和在我国常住 1 年以上的外国人、华侨、港澳台同胞离开常住地在境内其他地方的旅游设施内至少停留一夜，最长不超过 6 个月的人数。

国际旅游（外汇）收入 指入境旅游的外国人、华侨、港澳同胞和台湾同胞在中国大陆旅游过程中发生的一切旅游支出，对于国家来说就是国际旅游（外汇）收入。

13

财政、金融和保险业

十三、财政、金融、保险

	2005 年	比上年±%
财政收入（亿元）	86.89	29.4
财政支出（亿元）	89.03	31.2
金融机构存款余额（亿元）	858.84	
金融机构贷款余额（亿元）	485.52	
保费收入（亿元）	23.74	15.9

财政收入与财政支出

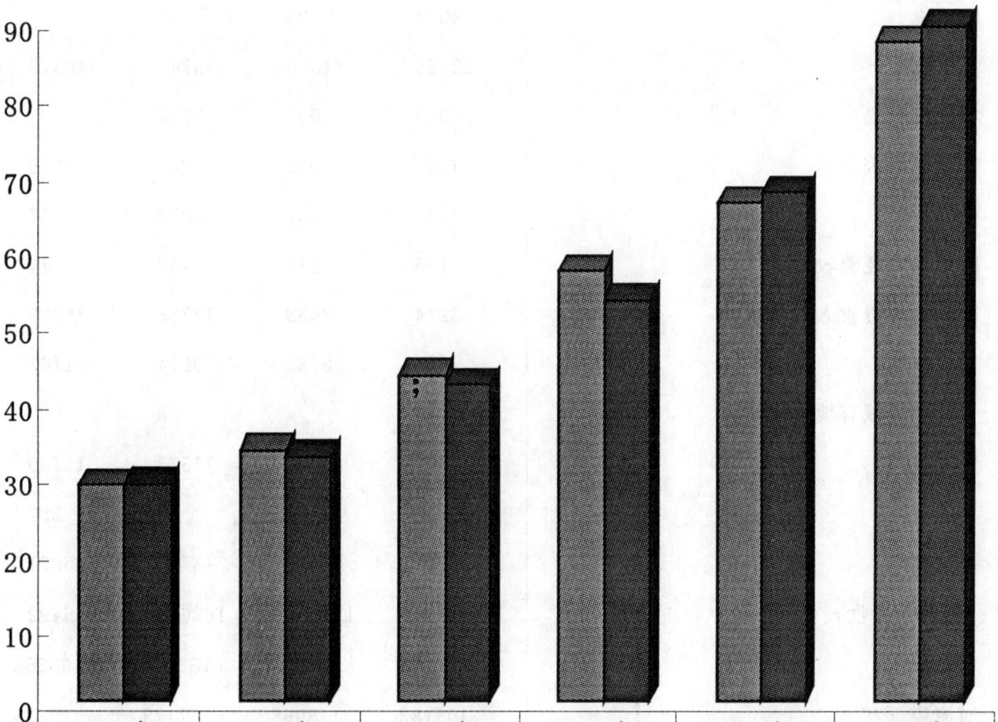

	2000年	2001年	2002年	2003年	2004年	2005年
财政收入（亿元）	28.4	33.1	43	56.8	65.8	86.9
财政支出（亿元）	28.6	32.3	41.8	52.9	67.2	89.0

13—1 财　　政　　收　　入

（2000—2005 年）　　　　单位：万元

指　　标	2000 年	2001 年	2002 年	2003 年	2004 年	2005 年
财政收入	**284252**	**330593**	**429652**	**567936**	**657599**	**868926**
一、地方财政收入	174904	208639	267016	351444	429352	549457
增值税（25％）	35060	38656	44582	54523	52658	75591
营业税	30970	33460	43543	58452	77192	91748
企业所得税（50％）*	18745	26516	12728	11676	16555	24025
个人所得税（50％）	13032	15103	8983	8650	10670	14397
资源税	722	349	769	802	741	1077
固定资产投资方向调节税	1461	140	58	321	72	
城市维护建设税	10443	10588	11957	13759	15759	19719
房产税	4698	5468	7003	7854	8500	10671
印花税	1092	1383	1843	2522	3272	4308
城镇土地使用税	1109	1860	1967	2132	2389	3552
土地增值税	23	21	89	39	1726	4796
车船使用和牌照税	2149	2113	2701	1879	1960	2141
屠宰税	4072	31				
农业税	12225	41376	43340	46673	27757	23
农业特产税	5345	1937	2972			
耕地占用税	1300	712	1202	4358	8883	9422
契税	2645	2851	5057	7517	19388	34728
国有资产经营收益	195	131	137	14	163	11442
行政性收费收入	3274	3638	12758	19623	23946	31143
罚没收入	7684	8455	9974	11703	15435	20567
土地和海域有偿使用收入			8		2	96
专项收入	8848	9911	11575	12769	13674	18606
其他收入	397	21	32	257	375	934
基金收入	9415	3919	43738	85921	128235	170521
二、上划中央收入	109348	121954	162636	216492	259612	319469
消费税	4166	5988	133748	163566	189342	35137
增值税（75％）	105182	115966	7177	22434	29436	226775
企业所得税			12728	17516	24833	36036
个人所得税			8983	12976	16001	21521

* 企业所得税和个人所得税 2001 年全部留在地方，2002 年上划中央 50％，留在地方 50％，2003—2005 年上划中央 60％，留在地方 40％。

13—2 财 政 支 出

（2000—2005 年）

单位：万元

指 标	2000 年	2001 年	2002 年	2003 年	2004 年	2005 年
财政支出	**278625**	**322986**	**417476**	**523383**	**672300**	**890260**
基本建设支出	4274	8555	6090	8401	11442	25874
企业挖潜改造资金	4176	5680	3366	8651	11468	9640
科技三项费用	2599	3973	4549	4714	6151	10861
支援农村生产支出	5739	6195	6345			
农业综合开发支出	4089	4602	5202			
农林水利气象等部门事业费	11099	10862	11601	36750	44049	56509
工业交通等部门的事业费	2832	3465	3801	4643	7801	8842
流通部门事业费	420	478	671	982	1357	1242
文体广播事业费	9855	11928	13883	16098	20702	24576
教育支出	92997	109576	123977	133944	162770	184202
科学支出	781	548	583	777	732	1106
医疗卫生支出	20393	20825	22198	25820	31109	39008
其他部门的事业费	8580	8189	10823	17201	20368	27441
抚恤和社会福利救济费	11724	12968	12573	17599	19436	31493
行政事业单位离退休经费	8531	10220	12609	2469	2587	720
社会保障补助支出	3068	3708	9070	15034	20934	25711
国防支出	24	82	263	371	340	363
行政管理费	38608	45873	57837	63862	78794	105673
武装警察部门支出	77	125	271	205	447	440
公检法司支出	19746	22661	32898	40556	49105	58098
城市维护费	6473	8054	10594	9673	13381	16026
政策性补贴支出	624	212	206	221	336	877
支援不发达地区支出	1400	858	302	1196	1491	1434
土地和海域开发建设支出	15		5	121	10	8
专项支出	7149	6871	9740	10376	9676	15400
其他支出	5530	14937	19364	20025	29961	60600
基金支出	7818	1541	38655	83674	127844	184116

13—3 分 地 区 财 政 收 入

（2005 年）

单位：万元

地　区	财政收入	地方收入	一般预算收入	营业税	企业所得税	增值税
全　市	**868926**	**549457**	**378936**	**91748**	**24025**	**75591**
市　区	221386	122234	79185	19741	6312	17578
市　直	201151	109841	68451	16584	5486	15492
亭湖区	50653	29951	25679	6984	1646	5735
盐都区	69818	45713	36008	9659	2347	6307
响 水 县	40033	26747	20069	5649	532	3791
滨 海 县	50300	32565	24005	6825	1213	4598
阜 宁 县	57006	38018	26915	6376	1235	4976
射 阳 县	81988	58004	37160	9321	2208	6161
建 湖 县	87368	57733	38336	9142	1994	7862
东 台 市	120308	78683	53106	10757	3794	10993
大 丰 市	90066	59809	38513	7294	2744	7590

13—4 分 地 区 财 政 支 出

（2005 年）

单位：万元

地　区	财政收入	基本建设支出	支援农村生产	农林水气事业费	城市维护费	卫生经费	行政管理费
全　市	**890260**	**25874**	**56509**	**16026**	**184202**	**39008**	**105673**
市　区	262927	18056	16228	5427	40872	10066	34329
市　直	153375	17584	10909	3211	13255	4548	17461
亭湖区	38985	10	1751	80	10051	1737	7517
盐都区	70567	462	3568	2136	17566	3781	9351
响 水 县	54140	884	4227	2538	11233	2128	8153
滨 海 县	86465	585	6411	441	22723	4087	10017
阜 宁 县	85693	971	4478	388	22182	4199	10781
射 阳 县	109118	1758	5594	1688	28544	3233	12176
建 湖 县	86686	345	6581	2817	17635	5423	8379
东 台 市	111871	1828	5324	1505	21918	5539	12761
大 丰 市	93360	1447	7666	1222	19095	4333	9077

13—5　金额机构存贷款年末余额

（2000—2005 年）

单位：万元

指　　标	2000 年	2001 年	2002 年	2003 年	2004 年	2005 年
一、金融机构存款余额	**3750196**	**4280237**	**5108451**	**6333714**	**7429478**	**8588448**
（一）企业存款	868336	943240	1049433	1404454	1588320	1712279
（二）财政存款			21207	25487	55579	49677
（三）机关团体存款			99176	131165	152933	301526
（四）城乡居民储蓄	2654056	3088629	3692957	4434095	5204951	5933526
（五）农业存款	135182	136125	164682	185358	214928	245848
（六）委托存款			−80	−949	−982	65
（七）其他存款	68305	52224	81076	154104	205472	942580
二、金融机构贷款余额	**3018318**	**3232796**	**3470140**	**4226631**	**4493174**	**4855225**
（一）短期贷款	2536664	2759740	2855409	3378076	3367465	3557579
（二）中期流动资金贷款			62866	50729	37564	
（三）中长期贷款	265169	266504	448481	583457	682200	809000
（四）其他贷款	215236	202550	103384	214369	415840	488646

13—6　分地区金融机构存贷款年末余额

（2005 年）

单位：万元

地　　区	存款余额	企业存款	城乡储蓄存款	贷款余额	短期贷款	农业贷款
全　　市	**8588448**	**1712279**	**5933525**	**4855225**	**3557579**	**245848**
市　　区	3048643	981396	1658770	2083769	1239787	150216
响　水　县	301924	42202	225742	184791	157460	65300
滨　海　县	469203	47145	358674	260440	233172	79092
阜　宁　县	678788	71444	558007	279301	235101	95232
射　阳　县	821777	116866	629447	530662	412161	80797
建　湖　县	804015	106642	621501	466733	378269	102710
东　台　市	1491661	213990	1146494	563629	484154	150216
大　丰　市	972436	132594	734890	485899	417474	140168

13—7 分地区金融机构现金收支

（2005 年）　　单位：万元

地　　区	金融机构累计收入	金融机构累计支出	净投入（+）或净回笼（－）（累计）
全　　市	**35126910**	**34809256**	**－317655**
市　　区	9977181	9631079	－346102
响 水 县	1456861	1497104	27244
滨 海 县	2156854	2166486	9632
阜 宁 县	2981284	2998754	17470
射 阳 县	4421652	4508021	86368
建 湖 县	3791820	3813827	22007
东 台 市	5489383	5263589	－225794
大 丰 市	4848876	4930396	81520

13—8 城乡居民储蓄存款年末余额

（2005 年）　　单位：万元

地　　区	城乡居民储蓄存款	定期储蓄	活期储蓄	城乡居民人均储蓄存款（元）
全　　市	**5933525**	**4535736**	**1397789**	**7429**
市　　区	1658770	1197004	461766	10913
响 水 县	225742	144395	81347	3909
滨 海 县	358674	242759	115915	3289
阜 宁 县	558007	418970	139037	5232
射 阳 县	629447	465611	163836	6031
建 湖 县	621501	489430	132072	7740
东 台 市	1146494	978815	167680	9919
大 丰 市	734890	598753	136136	10074

13—9 保 险 业 发 展 情 况

（2000—2005 年）

单位：万元

指　　　　标	2000 年	2001 年	2002 年	2003 年	2004 年	2005 年
一、承保额	7103917	8258972	9568625	11874669	16055717	17821463
财产险	2292424	2798927	3706675	4291042	6265501	9011051
＃企业财产	1376411	1546979	1392235	1458226	2844085	3282061
家庭财产	201869	333417	474318	416870	401905	210362
人身险	4811493	5460045	5861950	7583627	9790216	8810412
二、保费收入	65804	79061	125640	174988	204843	237402
财产险	15695	18046	19300	21520	31125	37788
＃企业财产	3311	3442	3115	2450	3176	3634
家庭财产	372	537	549	273	377	306
人身险	50109	61015	106340	153468	173718	199615
＃养老险	9168	7747	9588	10719	6387	
人身意外伤害险	3525	2082	2366	3430	3794	3911
三、赔款支出	13725	11182	13453	20063	23883	29661
财产险	11973	8970	10216	14470	18487	23148
＃企业财产	4059	1418	1173	2147	835	1995
家庭财产	228	84	155	124	234	208
人身险	1752	2212	3237	5539	5396	6513

实行统计人员持证上岗制度。各部门、各单位根据统计工作配备的专兼职统计人员，必须经过县级以上政府统计机构培训、考核，取得《统计上岗合格证书》后方可从事统计工作。

基本统计单位应办理统计行政登记，领取《统计行政登记证》。办理登记时，应向所在地人民政府统计机构提供下列有关证件和资料：

（一）有关部门批准成立的文件或者营业执照；

（二）法定代表人的居民身份证、护照或者其他合法证件；

（三）人民政府统计机构要求提供的其他有关证件和资料。

摘自《盐城市统计管理办法》第十条、第十二条

14

科技、教育、文化、卫生和体育事业

十四、科技、教育、文化、卫生、体育事业

	2005 年	比上年±%
国有经济单位各类专业技术人员（人）	98833	－4.9
普通高校（所）	5	25.0
公共图书馆（个）	9	0.0
县及县以上医院（个）	108	11.3
体育竞赛获奖牌数（枚）	90.5	－42.0

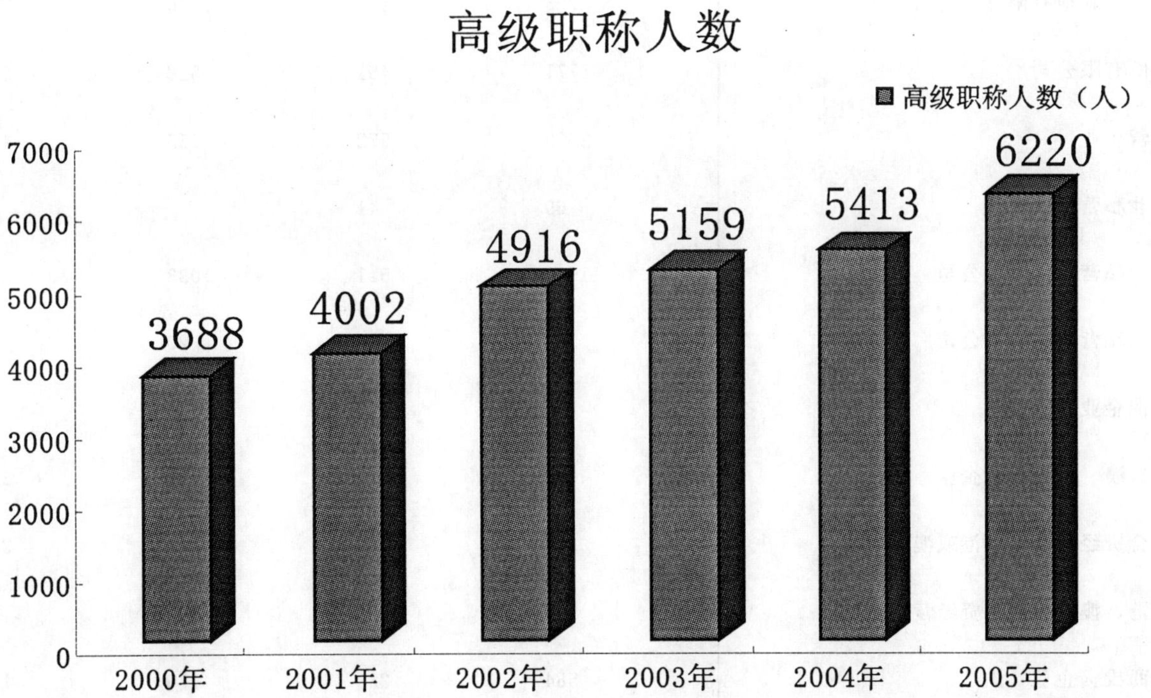

14—1 大中型工业企业科技活动人员情况

（2005年）　　　　单位：人

指 标 名 称	科技活动人员（人）	科学家和工程师	R&D人员	机构人员
总　　计	**8305**	**2889**	**3183**	**2400**
一、按登记注册类型分组				
内资企业	7077	2485	2900	2033
国有企业	86	68		
集体企业	66	36	12	
股份合作企业	24	3		
有限责任公司	3011	1340	1309	731
#国有独资公司	286	172	113	16
其他有限责任公司	2725	1168	1196	715
股份有限公司	1771	451	518	861
私营企业	2099	572	1053	431
#私营独资企业	69	41		32
私营有限责任公司	1944	511	1033	393
私营股份有限公司	86	20	20	6
其他企业	20	15	8	10
港、澳、台商投资企业	644	166	113	249
合资经营企业（港或澳、台资）	386	83	10	249
港、澳、台商独资经营企业	258	83	103	
外商投资企业	584	238	170	118
中外合资经营企业	574	232	170	118
外资企业	10	6		
二、按工业行业大类分组				
采矿业	176	59	22	
煤炭开采和洗选业	6	3		

14—1续表

单位：人

指 标 名 称	科技活动人员（人）	科学家和工程师	R&D人员	机构人员
非金属矿采选业	170	56	22	
制造业	7739	2573	3161	2400
农副食品加工业	30	20	18	18
纺织业	2591	836	899	573
纺织服装、鞋、帽制造业	93	21	55	
皮革、毛皮、羽毛（绒）及其制品业	68	29	56	10
造纸及纸制品业	127	62	40	13
印刷业和记录媒介的复制	3	2		
文教体育用品制造业	4	2		
石油加工、炼焦及核燃料加工业	230	121	160	20
化学原料及化学制品制造业	860	251	295	463
医药制造业	194	114	90	65
橡胶制品业	101	19	60	10
塑料制品业	44	18	32	8
非金属矿物制品业	157	45	112	44
黑色金属冶炼及压延加工业	10	3		
有色金属冶炼及压延加工业	50	34	12	24
通用设备制造业	1178	399	624	243
专用设备制造业	1066	378	384	446
交通运输设备制造业	743	177	196	352
电气机械及器材制造业	190	42	128	111
电力、燃气及水的生产和供应业	390	257		
电力、热力的生产和供应业	310	192		
水的生产和供应业	80	65		

14—2 大中型工业企业科技活动经费筹集情况

（2005 年）　　　　单位：千元

指标名称	科技活动经费筹集总额	企业资金	金融机构贷款	政府资金	国外资金
总计	**700810**	**491204**	**143060**	**25950**	**7800**
一、按登记注册类型分组					
内资企业	530483	364177	111060	17650	7800
国有企业	950	950			
集体企业	820	820			
股份合作企业	260	260			
有限责任公司	230067	172702	49600	4590	
#国有独资公司	5210	2710		2500	
其他有限责任公司	224857	169992	49600	2090	
股份有限公司	164830	110870	40000	6160	7800
私营企业	132056	77075	21460	6900	
#私营独资企业	7945	1445	1500	5000	
私营有限责任公司	123239	74758	19960	1900	
私营股份有限公司	872	872			
其他企业	1500	1500			
港、澳、台商投资企业	65362	60362	2000		
合资经营企业（港或澳、台资）	58242	56242			
港、澳、台商独资经营企业	7120	4120	2000		
外商投资企业	104965	66665	30000	8300	
中外合资经营企业	104655	66355	30000	8300	
外资企业	310	310			
二、按工业行业大类分组					
采矿业	3780	1380		2400	
煤炭开采和洗选业	150	150			

14—2 续表

单位：千元

指标名称	科技活动经费筹集总额	企业资金	金融机构贷款	政府资金	国外资金
非金属矿采选业	3630	1230		2400	
制造业	691335	484129	143060	23550	7800
农副食品加工业	733	733			
纺织业	118176	101765	10350	1750	
纺织服装、鞋、帽制造业	1470	1470			
皮革、毛皮、羽毛（绒）及其制品业	31120	31120			
造纸及纸制品业	8875	6620	2000	30	
印刷业和记录媒介的复制	89	89			
文教体育用品制造业	150	150			
石油加工、炼焦及核燃料加工	18000	18000			
化学原料及化学制品制造业	65475	40705	20210	4560	
医药制造业	16090	10030		250	
橡胶制品业	30000	30000			
塑料制品业	2320	2320			
非金属矿物制品业	11910	10710		1200	
黑色金属冶炼及压延加工业	120	120			
有色金属冶炼及压延加工业	3404	3404			
通用设备制造业	55764	49764	5000		
专用设备制造业	168152	86442	59500	13960	7800
交通运输设备制造业	125867	65567	39000	300	
电气机械及器材制造业	33620	25120	7000	1500	
电力、燃气及水的生产和供应业	5695	5695			
电力、热力的生产和供应业	4895	4895			
水的生产和供应业	800	800			

14—3　大中型工业企业科技活动经费支出情况

（2005 年）　　　　单位：千元

指 标 名 称	科技活动经费内部支出	R&D 经费	新产品开发经费
总　　计	**613806**	**293457**	**404468**
一、按登记注册类型分组			
内资企业	448710	250757	295281
国有企业	950		
集体企业	1123	330	
股份合作企业	260		
有限责任公司	204361	101008	141320
＃国有独资公司	5510	1880	1850
其他有限责任公司	198851	99128	139470
股份有限公司	131877	84721	90234
私营企业	108639	63198	62227
＃私营独资企业	5352		3800
私营有限责任公司	102415	63108	58277
私营股份有限公司	872	90	150
其他企业	1500	1500	1500
港、澳、台商投资企业	61393	4020	15250
合资经营企业（港或澳、台资）	53213	900	15090
港、澳、台商独资经营企业	8180	3120	160
外商投资企业	103703	38680	93937
中外合资经营企业	103403	38680	93937
外资企业	300		
二、按工业行业大类分组			
采矿业	4083	430	100
煤炭开采和洗选业	150		

14—3 续表 单位：千元

指 标 名 称	科技活动经费内部支出		
		R&D经费	新产品开发经费
非金属矿采选业	3933	430	100
制造业	604007	293027	404368
农副食品加工业	733	533	533
纺织业	116074	29829	47049
纺织服装、鞋、帽制造业	1420	840	840
皮革、毛皮、羽毛（绒）及其制品业	24270	18200	900
造纸及纸制品业	6020	2600	3300
印刷业和记录媒介的复制	95		
文教体育用品制造业	150		
石油加工、炼焦及核燃料加工业	18190	17570	14400
化学原料及化学制品制造业	46053	36556	29284
医药制造业	14680	4530	12800
橡胶制品业	30100	20000	20000
塑料制品业	2190	680	1430
非金属矿物制品业	11090	10990	5890
黑色金属冶炼及压延加工业	120		
有色金属冶炼及压延加工业	3010	3010	2145
通用设备制造业	46820	31845	43369
专用设备制造业	147684	50867	131200
交通运输设备制造业	107277	43930	65607
电气机械及器材制造业	28031	21047	25621
电力、燃气及水的生产和供应业	5716		
电力、热力的生产和供应业	4916		
水的生产和供应业	800		

14—4　大中型工业企业科技机构、项目、专利情况

（2005 年）

指标名称	企业办科技机构数（个）	科技项目数（项）	新产品项目	专利申请数（件）	发明专利
总　　计	**74**	**375**	**235**	**140**	**38**
一、按登记注册类型分组					
内资企业	67	343	213	98	26
国有企业		5			
集体企业		1			
有限责任公司	23	173	94	25	3
#国有独资公司	2	9	4	1	1
其他有限责任公司	21	164	90	24	2
股份有限公司	19	70	45	46	8
私营企业	24	93	73	27	15
#私营独资企业	2	3	3	8	4
私营有限责任公司	21	89	69	12	10
私营股份有限公司	1	1	1	7	1
其他企业	1	1	1		
港、澳、台商投资企业	3	18	11	4	
合资经营企业（港或澳、台资）	3	15	10	4	
港、澳、台商独资经营企业		3	1		
外商投资企业	4	14	11	38	12
中外合资经营企业	4	14	11	38	12
二、按工业行业大类分组					
采矿业		5	2		
非金属矿采选业		5	2		

14—4 续表

指标名称	企业办科技机构数（个）	科技项目数（项）	新产品项目	专利申请数（件）	发明专利
非金属矿采选业		5	2		
制造业	74	354	233	140	38
农副食品加工业	1	3	3		
纺织业	15	65	37	10	2
纺织服装、鞋、帽制造业		3	1		
皮革、毛皮、羽毛（绒）及其制品业	1	4	1		
造纸及纸制品业	1	10	5	2	1
石油加工、炼焦及核燃料加工业	1	2	1		
化学原料及化学制品制造业	10	26	19	28	4
医药制造业	4	56	33	2	2
橡胶制品业	1	3	1	2	
塑料制品业	1	3	3		
非金属矿物制品业	3	7	5	8	7
有色金属冶炼及压延加工业	2	3	2		
通用设备制造业	6	58	50	25	1
专用设备制造业	14	60	35	55	18
交通运输设备制造业	11	42	31	3	1
电气机械及器材制造业	3	9	6	5	2
电力、燃气及水的生产和供应业		16			
电力、热力的生产和供应业		11			
水的生产和供应业		5			

14—5 大中型工业企业技术改造、技术获取及减免税情况

（2005年）　　单位：千元

指标名称	技术改造经费支出	技术引进经费支出	消化吸收经费支出	购买国内技术经费支出
合　计	**591577**	**23017**	**40447**	**18010**
一、按登记注册类型分组				
内资企业	506105	19599	38527	17680
国有企业	800			
有限责任公司	247467	10100	22050	5850
#国有独资公司	17650			
其他有限责任公司	229817	10100	22050	5850
股份有限公司	135295	8600	9080	4550
私营企业	94543	899	7397	7280
#私营独资企业	27500	549		
私营有限责任公司	66893	350	7397	7280
私营股份有限公司	150			
其他企业	28000			
港、澳、台商投资企业	37150	950	670	330
合资经营企业（港或澳、台资）	37000	950	580	270
港、澳、台商独资经营企业	150		90	60
外商投资企业	48322	2468	1250	
中外合资经营企业	48322	2468	1250	

14—5 续表

单位：千元

指 标 名 称	技术改造经费支出	技术引进经费支出	消化吸收经费支出	购买国内技术经费支出
二、按工业行业大类分组				
制造业	582058	23017	40447	18010
纺织业	197520	7750	2190	980
皮革、毛皮、羽毛（绒）及其制品业	13560			
造纸及纸制品业	11101		800	
石油加工、炼焦及核燃料加工业	13990			
化学原料及化学制品制造业	67965	1200	1850	2260
医药制造业	3500		6100	5100
橡胶制品业	9000			
塑料制品业	7265			
非金属矿物制品业	90000	1000		1000
有色金属冶炼及压延加工业	459			
通用设备制造业	26480	1650	1727	4388
专用设备制造业	99302	11417	8830	1850
交通运输设备制造业	26780		18950	2200
电气机械及器材制造业	15136			232
电力、燃气及水的生产和供应业	9519			
电力、热力的生产和供应业	8719			
水的生产和供应业	800			

14—6 规模以上工业企业高新技术产业发展情况

（2005 年）　　单位：万元

指　标　名　称	工业总产值	产品销售收入	利税总额	出口交货值
合　　计	**1267296**	**1219884**	**104429**	**102630**
一、按行业分				
航空航天制造业				
计算机及办公设备制造业				
电子及通信设备制造业	40926	39513	1597	1977
医药制造业	186508	179669	13800	33333
专用科学仪器设备制造业	31145	28684	1960	731
电气机械及设备制造业	200788	190295	12373	5058
新材料制造业	807929	781723	74699	61531
二、按地区分				
市　直	35039	33952	634	1967
亭湖区	63251	61666	3493	4600
盐都区	140864	133340	9563	731
开发区	8349	8786	778	
响水县	170543	144226	28344	5157
滨海县	184146	186422	16607	
阜宁县	104425	99254	5374	
射阳县	87846	93252	6000	11378
建湖县	142940	137016	10270	16857
东台市	161213	152777	13179	12242
大丰市	168680	169193	10187	49698

14—7 地方国有经济单位各类专业技术人员数

（2000—2005 年）

单位：人

指　　标	2000 年	2001 年	2002 年	2003 年	2004 年	2005 年
总　计	119533	116355	115434	105875	103877	98833
#高级职称	3688	4002	4916	5159	5413	6220
中级职称	30560	33004	36871	35757	36865	37787
初级职称	69841	68720	67932	59252	55300	49531
工程技术人员	20778	17324	14141	10046	10741	5711
农业技术人员	3886	3781	4123	4227	4229	3611
科学研究人员	120	122	100	94	120	414
卫生技术人员	12013	12557	12924	12335	12035	13179
教学人员	60812	63181	66958	66380	65220	64537
经济人员	9544	7385	5921	5987	5654	4384
会计人员	6964	6955	6489	6497	6541	3685
统计人员	726	788	650	649	670	258
翻译人员	87	66	61	61	67	6
图书、档案、文博人员	922	907	918	879	871	562
新闻、出版人员	507	539	567	537	615	579
律师、公证人员	69	70	20	25	25	27
播音人员	50	83	84	86	83	84
工艺美术人员	126	68	55	48	89	60
体育人员	124	85	93	94	101	96
艺术人员	335	373	401	399	499	502
政工人员	2470	2134	1929	1897	1949	1138

14—8 教　育　事　业

（2005 年）

单位：人

指　标	学校数（所）	毕业生数	招生数	在校学生数	教职工数	专任教师
普通高校	5	6985	10502	32569	2867	1941
成人高校		2607	3072	6535		
普通中专	9	12031	17320	50526	1251	770
成人中专	11	797	200	1953	625	401
普通中学	336	194017	153005	524860	37201	31431
#高中	82	46890	57846	162771		9146
初中	254	147127	95159	362089		22285
职业中学	19	10361	26715	55183	2641	2123
小　学	687	94573	58374	425720	29470	26739
幼儿园	1009	55114	58981	136246	7394	5766
特殊教育学校	11	462	274	2687	315	244

14—9　学校和学生、教职工人数*

（2000—2005 年）

年　份	学校数（所）	在校学生数（万人）	教职工数（人）	专任教师
2000 年	6331	141.11	85358	71823
2001 年	4647	138.79	82799	69627
2002 年	3889	137.66	82506	69651
2003 年	2291	133.33	82398	69297
2004 年	2144	128.15	82117	69091
2005 年	2087	123.63	81764	69415

* 此表数字不含成人学校和技工学校。

14—10　每万人拥有和每一专任老师负担学生数

（2005 年）　　　　单位：人

地　　区	每万人拥有普通高中在校学生	每万人拥有初中在校学生	每万人拥有小学在校学生	普通高中每一专任教师负担学生	初中每一专任教师负担学生	小学每一专任教师负担学生
全　　市	203.90	453.59	533.30	17.80	16.25	15.92
市　　区	254.08	423.40	539.13			
亭湖区				16.44	14.64	17.63
盐都区				18.14	17.06	15.15
响 水 县	214.90	510.50	654.30	19.97	17.42	13.34
滨 海 县	161.54	519.72	595.08	18.75	19.56	17.06
阜 宁 县	186.59	487.14	505.77	16.95	15.60	13.24
射 阳 县	169.82	430.89	544.04	18.67	15.32	14.96
建 湖 县	218.12	473.75	506.84	18.01	14.36	15.41
东 台 市	206.18	427.54	464.07	16.33	17.53	22.44
大 丰 市	208.54	375.89	497.70	18.27	13.40	14.89

14—11　分 地 区 文 化 事 业

（2005 年）

指　　标	全市	市区	市直	亭湖区	盐都区	响水县	滨海县	阜宁县	射阳县	建湖县	东台市	大丰市
文化馆（群艺馆）（个）	10	3	1	1	1	1	1	1	1	1	1	1
文化站（个）	146	28		15	13	12	15	20	19	15	23	14
博物馆（个）	5	1	1			1				1	1	1
公共图书馆（个）	9	2	1		1	1	1	1	1	1	1	1
公共图书馆藏书（千册）	1571	702	519		183	45	91	90	148	140	198	158
艺术表演团体（个）	13	4	3		1	1	1	2	2	2		1
人数（人）	508	203	148		55	31	23	60	82	80		29
演出场次（场）	2313	420	240		180	80	59	515	602	620		17
#在农村	742	200	100		100	60	36	86	195	165		
观众人次（万人次）	173	25	16		9	18	18	15	30	35	15	17

14—12 文　化　事　业

（2000—2005年）

指　　标	2000年	2001年	2002年	2003年	2004年	2005年
文化馆（群艺馆）（个）	10	10	10	10	10	10
文化站（个）	191	147	138	144	144	146
博物馆（个）	6	6	7	6	6	5
公共图书馆（个）	9	9	9	9	9	9
公共图书馆藏书（手册）	1226	1296	1333	1523	1639	1571
艺术表演团体（个）	14	14	14	14	14	13
人数（人）	617	617	562	529	536	508
演出场次（场）	3140	2570	2644	2482	1978	2313
＃在农村	2068	1532	1391	1413	674	742
观众人次（万人次）	191	242	196	148	167	173

14—13 体　育　事　业

（2000—2005年）

指　　标	2000年	2001年	2002年	2003年	2004年	2005年
一、体育运动学校情况						
教职工人数（人）	102	105	107	116	108	115
＃专职教练员	46	26	23	32	30	28
在楼学生（人）	278	250	184	406	351	570
二、少年儿童业余体校情况						
专职工教练员（人）	16	16	16	17	17	33
在校学生数（人）	128	135	330	340	351	1931
四、等级运动员（人）	114	130	140	94	103	495
五、等级裁判员（人）	115	148	160	168	185	196
六、获奖牌数（枚）	198	225	235	102.5	156	90.5
金牌（枚）	67	75	75	31.5	48	26.5
银牌（枚）	63	78	81	39	49	27
铜牌（枚）	68	72	79	32	59	37

14—14 卫　生　事　业

（2005 年）

指　标	机构数（个）	床位数（张）	卫生工作人员（人）	卫生技术人员（人）	医　生（人）
总　计	1084	14995	24216	19665	9076
医院	108	9344	11664	8992	3988
综合医院	108	9344	11664	8992	3988
中医医院	66	5817	7495	5821	2593
中西医结合医院	9	1475	1973	1603	730
传染病医院	1	50	124	104	47
精神病医院	1	230	268	202	72
肿瘤医院	9	650	623	433	170
口腔医院	1	9	47	42	26
眼科医院	5	260	214	172	71
其他医院	16	853	920	615	279
妇幼保健院	3	160	276	233	115
卫生院	148	5289	7922	6659	3361
农村卫生院	143	5259	7844	6597	3310
＃中心卫生院	45	2206	3272	2794	1369
乡（镇）卫生院	98	3053	4572	3803	1941
门诊部、所	770	0	2634	2633	1040
卫生防疫站	10	190	678	512	311
妇幼保健所	8	12	178	134	96
医学在职陪训机构	5	0	254	15	12
其他卫生事业机构	22	0	233	174	109
＃急救站	1	0	38	21	13
输血站	1	0	36	29	2

14—15 卫生机构、床位、人员数

（2000—2005年）

年份	机构数（个）	床位数（张）	卫生技术人员数（人）	医生
2000年	873	13351	20287	8855
2001年	932	13209	17872	8771
2002年	1039	12542	18929	9036
2003年	1067	13185	19821	9004
2004年	1080	14042	19650	9049
2005年	1084	14995	19665	9076

14—16 分地区卫生机构、床位、人员数

（2005年）

地区	机构数（个）	医院	床位数（张）	卫生工作人员数（人）	卫生技术人员数	医生
全市	1084	108	14995	24216	19665	9076
市区	479	26	4126	7285	5935	2661
亭湖区	203	23	2831	4542	3521	1760
盐都区	276	3	1294	2743	2414	901
响水县	51	9	1009	1558	1233	558
滨海县	80	17	1147	2120	1688	824
阜宁县	46	6	1115	2271	1871	988
射阳县	108	9	1728	2430	2132	916
建湖县	96	5	1801	2348	1844	857
东台市	119	18	2499	3333	2680	1243
大丰市	105	18	1571	2871	2282	1029

主要统计指标解释

普通高等学校 指按照国家规定的设置标准和审批程序批准举办，通过国家统一招生考试，招收高中毕业生为主要培养对象，实施高等教育的全日制大学、独立设置的学院和高等专科学校、短期职业大学。

成人高等学校 指按照国家有关规定审批，招收通过全国成人高教统一招生考试的具有高中毕业或同等学历的在职人员，利用脱产、半脱产、函授等形式对其实施高等学历教育，培养高等教育专科或本科毕业水平的专门人才，修业年限、课程设置和总学时数均按高等学历教育要求实施的学校。包括广播电视大学、职工高等学校、农民高等学校、管理干部学院、教育学院、独立设置的函授学院等。

文化事业机构 指从事专业文化工作和为专业文化工作服务的独立建制的单位。不包括这些单位另外举办独立核算的其他机构和各部门的业余文化组织。

艺术表演团体 指从事戏曲、音乐、舞蹈、杂技等专业艺术表演，有独立帐户的单位，不包括半工半艺、半农半艺和民间职业剧团。

电影放映单位 指具有放映机器设备、固定或不固定的放映场所与专职或兼职的放映技术人员，经有关部门登记批准，经常为一定的观众对象放映电影的机构。包括经批准对外开放进行营业，并与电影发行放映管理机构分帐的专用放映单位和军委系统租片单位。

医院 指名为医院，设有固定床位能收容病人住院并能为病人提供医疗、护理服务的医疗机构。包括县及县以上医院、农村乡卫生院、其他医院三部分。按所属性质分为卫生部门、工业及其他部门，集体经济单位三类。其中县及县以上医院按业务性质分为综合医院和专科医院。

卫生技术人员 指卫生事业机构支付工资的全部固定职工和合同制职工中现任职务为卫生技术工作的专业人员，包括中医师、西药师、中西医结合高级医师、护师、中药师、西药师、检验师、其他技师、中医士、西医士、护士、助产士、中药剂士、西药剂士、检验士、其他技士、其他中医、护理员、中药剂员、西药剂员、检验员、其他初级卫生技术人员。

医生 指经卫生部门审查合格，从事医疗的专业人员。分为中医医生和西医医生。包括卫生技术人员中的中医师、西医师、中西医结合高级工程师、中医士、西医士、其他中医。

等级运动员人数 指经考核正式批准授予等级运动员称号的人数。运动员等级分为国际级运动健将、运动健将、一级运动员、二级运动员、三级运动员、少年级运动员。

等级裁判员人数 指经考核正式批准授予等级裁判员称号的人数。裁判员等级分为国际裁判、国家级裁判、一级裁判、二级裁判、三级裁判。

企业事业组织有《统计法》第二十七条第一款所列违法行为之一的，由县级以上人民政府统计机构予以警告，并可以处5万元以下的罚款。

个体工商户有《统计法》第二十七条第一款所列违法行为之一的，由县级以上人民政府统计机构予以警告，并可以处1万元以下的罚款。

摘自《中华人民共和国统计法实施细则》第三十三条

15

分乡镇主要指标及排名情况

15—1 分乡镇主

(20

乡（镇）名称	行政区域面积（公顷）	年末总户数（户）	年末总人口（人）	从业人员数（人）	年末耕地面积（公顷）	农作物总播种面积（公顷）	年末灌溉面积（公顷）
亭湖区南洋镇	6287	14660	40488	24125	5805	5748	5805
亭湖区新兴镇	5560	24007	39205	14901	2483	4711	1700
亭湖区永丰镇	5362	12603	34868	13806	3116	5411	2892
亭湖区青墩镇	9560	18176	50282	25305	4969	8660	4969
亭湖区张庄办事处	2070	12481	20920	10307	984	1679	984
亭湖区步凤镇	14928	22573	69416	30021	7330	14241	2210
亭湖区伍佑镇	4460	11038	32500	11580	2180	4747	2180
亭湖区便仓镇	7197	10132	32660	14317	3649	6818	3489
盐都区大纵湖镇	7470	9878	30136	12779	2164	3836	2164
盐都区北龙港镇	8100	13733	35672	13750	2372	4639	2372
盐都区楼王镇	6930	15308	41720	15539	3035	5998	3035
盐都区学富镇	4224	11810	29329	10928	2307	4717	2170
盐都区义丰镇	6320	13107	39322	20183	2717	6192	2717
盐都区尚庄镇	5836	14720	39236	15405	3174	5809	3127
盐都区葛武镇	4500	11438	29585	13825	2140	4123	2114
盐都区北蒋镇	5000	12555	32789	13366	2592	5120	2487
盐都区秦南镇	11617	31898	87706	31840	7045	12501	7045
盐都区龙冈镇	9339	32833	82936	45326	5275	9750	4971
盐都区潘黄镇	5965	25101	65830	47246	2558	4804	2253
盐都区郭猛镇	7735	18775	57611	27802	4377	7759	4250
盐都区大冈镇	13081	26800	75560	29020	6143	11763	6143
响水县响水镇	5740	27022	83769	37356	3011	7213	1099
响水县陈家港镇	8518	19314	65808	23691	3611	6851	3650
响水县小尖镇	10835	21516	59886	21259	6004	10754	6000
响水县黄圩镇	6877	9102	31534	15231	3054	6338	3000
响水县大有镇	5560	7554	30117	13071	2643	6146	2342
响水县双港镇	5642	10263	42827	19034	3297	7831	3249
响水县南河镇	11674	14763	57784	22084	7337	11596	2884
响水县运河镇	7085	9998	37361	13798	4159	8279	3748
响水县张集乡	7980	8857	36019	20285	2686	8897	2686
响水县六套乡	6039	9078	33946	14406	4010	6340	4008
响水县七套乡	5886	7180	27253	11844	3537	5710	2874
响水县老舍乡	6975	8249	33755	17161	4297	7309	4013
滨海县东坎镇	16975	80041	222422	108240	5211	13391	3030
滨海县五汛镇	15267	20138	81253	28699	7420	16048	4892
滨海县蔡桥镇	9212	17741	53897	16212	4464	10086	4200

要 经 济 指 标

05 年）

农机总动力（千瓦）	农村用电量（万度）	国内生产总值（万元）	第一产业	第二产业	第三产业	农民人均纯收入（元）	比上年±%
18000	2120	31930	8000	18980	4950	5500	11.0
12840	1920	44000	13500	23000	7500	5170	8.0
20380	2400	31000	12500	12300	6200	5111	12.3
29120	1410	41787	16750	17287	7750	5195	11.0
7500	1950	37710	5010	24390	8310	5360	10.1
2056	1694	57028	29000	11728	16300	5328	11.0
14436	1800	39138	14300	9938	14900	5329	11.8
13819	1073	26290	11450	7240	7600	5100	17.2
35481	706	35090	15612	10703	8775	6057	12.8
28528	794	37300	14200	13594	9506	5271	10.8
28176	1480	34600	15446	12938	6216	4985	10.7
12133	618	14082	6012	3568	4502	4885	9.8
26500	1072	46820	15462	16481	14877	5336	11.5
31123	2287	27181	9636	6855	10690	5135	13.0
27000	724	24500	6277	8700	9523	5118	11.3
18930	728	16340	6230	3796	6314	4810	9.7
14800	2519	112600	24850	62115	25635	5542	10.9
49673	5376	178000	32555	108045	37400	6008	13.1
26491	7600	114850	10848	63912	40090	6011	17.6
27982	4168	70950	20224	34324	16402	5660	11.9
56953	4650	99217	18000	56697	24520	5411	9.5
20376	3730	46118	12062	21514	12542	4613	12.3
24911	6935	54441	16606	26260	11575	4358	11.9
34600	4255	36223	12975	12470	10778	4014	10.8
19328	1409	18097	8910	4550	4637	3900	10.0
28341	783	17824	7556	5509	4759	4010	10.8
18240	2738	25202	10523	9296	5383	4113	10.8
32350	1837	34424	15245	10583	8596	4202	11.1
19447	2933	21558	10336	6053	5169	3788	10.4
20225	1923	18037	10218	4001	3818	3833	10.1
18212	1130	19240	8300	6225	4715	3822	10.1
18906	998	14785	6235	4500	4050	3893	10.2
21985	1632	21891	9550	7311	5030	3960	11.1
47341	3840	116253	21558	56944	37751	4576	9.6
57569	1566	62752	25830	21823	15099	5179	9.6
28278	1230	26909	9432	7600	9877	4534	9.4

15—1 续表 1

乡（镇）名称	行政区域面积（公顷）	年末总户数（户）	年末总人口（人）	从业人员数（人）	年末耕地面积（公顷）	农作物总播种面积（公顷）	年末灌溉面积（公顷）
滨海县正红镇	14500	28380	101333	35686	7675	16442	6155
滨海县通榆镇	5600	10166	38979	16251	2547	6226	2547
滨海县界牌镇	12194	18275	72407	28220	5463	14011	2250
滨海县八巨镇	6893	13049	47777	18794	3805	8770	3180
滨海县八滩镇	11185	20418	77827	30830	4356	11368	3397
滨海县滨海港镇	13800	21390	76277	31808	5671	13081	5600
滨海县滨淮镇	13455	19880	71001	24908	5610	12957	3720
滨海县天场乡	8150	12172	44378	18224	3313	7752	1339
滨海县大套乡	6341	11021	42951	16848	2641	5873	850
滨海县陈涛乡	11091	16836	64365	27952	4870	13021	3592
滨海县振东乡	10400	15287	54794	19698	3481	8350	3333
滨海县樊集乡	6677	8128	32839	15279	2582	6385	2100
阜宁县阜城镇	5976	82204	183755	83368	2586	3364	2113
阜宁县沟墩镇	11060	16759	61597	30117	6920	11533	6700
阜宁县吴滩镇	5901	11413	35280	12356	3861	6456	2695
阜宁县合利镇	3800	7821	24575	11301	2449	4127	1906
阜宁县陈良镇	6773	10772	42275	14978	4430	8358	4067
阜宁县施庄镇	6319	13120	44720	18644	3921	6429	3829
阜宁县三灶镇	9007	12815	52427	22481	5919	9073	5000
阜宁县郭墅镇	6070	11967	39632	13927	4014	7618	4014
阜宁县新沟镇	7475	14576	47912	18153	4728	9403	3830
阜宁县陈集镇	8553	16513	53816	23504	5834	9206	4772
阜宁县羊寨镇	9138	17165	57156	21670	5055	7518	3345
阜宁县芦蒲镇	7141	11573	50956	20228	4445	6512	2430
阜宁县硕集镇	4723	10972	32133	13726	3235	6342	2358
阜宁县板湖镇	6881	14546	47843	20824	4581	7699	2060
阜宁县东沟镇	6501	18328	51790	18911	4230	6165	2444
阜宁县益林镇	4250	19897	55315	22903	2738	3890	1858
阜宁县公兴镇	5732	10808	32374	11826	3351	5218	3351
阜宁县杨集镇	6775	12028	38115	15263	3361	5764	3363
阜宁县古河镇	8612	16401	55656	22962	5889	9401	3833
阜宁县罗桥镇	8849	18188	59248	22841	5492	11651	4285
射阳县合德镇	12121	62115	165061	58634	5459	12382	5400
射阳县临海镇	12287	20193	76104	25721	6839	17120	6839
射阳县千秋镇	15666	19579	59266	23873	6694	15525	6694
射阳县通洋镇	9535	14052	41828	15283	4373	7541	4317
射阳县四明镇	7800	12194	38414	16530	4350	7166	4100
射阳县阜余镇	11240	14639	45446	16505	5727	10829	3890

农机总动力（千瓦）	农村用电量（万度）	国内生产总值（万元）	第一产业	第二产业	第三产业	农民人均纯收入（元）	比上年±%
48186	1780	73132	23557	28564	21011	5177	9.1
26607	1407	21832	6839	8690	6303	4411	9.1
28433	1050	41268	17600	14418	9250	3584	8.9
32215	611	25109	8730	8364	8015	3844	8.0
41307	1825	53716	15089	24629	13998	4621	8.0
59750	1087	40566	17327	13292	9947	4054	9.6
47716	1046	34205	14539	12133	7533	4376	9.6
21883	650	17264	5394	7137	4733	3148	9.5
17437	1131	19193	7130	6553	5510	3887	8.0
31390	852	30641	12905	10438	7298	3771	8.5
52196	838	38787	20102	9955	8730	4736	8.3
38326	450	15309	4496	7320	3493	3820	8.8
17112	2243	97054	5982	53860	37212	5390	11.0
36852	2148	64635	29199	18681	16755	5379	11.0
17922	1460	30316	12140	9370	8806	4590	11.1
12616	624	17319	7208	4610	5501	4561	11.1
26953	533	32953	12586	12074	8293	4724	10.8
27729	779	27882	9567	9281	9034	4742	11.2
27172	980	17501	8982	2906	5613	4109	10.7
24489	1267	17209	7981	4437	4791	4277	10.7
26518	844	37181	14344	14488	8349	5256	10.9
27514	851	24946	12366	4098	8482	4238	10.6
26732	1290	19759	9333	3167	7259	3875	10.9
21484	850	19566	8818	4489	6259	3887	10.9
18607	471	20735	9041	5957	5737	4499	10.5
23806	792	22720	8616	6450	7654	4345	11.2
17770	1642	41468	9987	19482	11999	4962	10.9
11928	2550	63055	6471	39641	16943	5410	11.3
18098	720	20416	9295	6172	4949	4577	10.5
21723	1210	22889	11367	4477	7045	4585	10.6
25063	1720	22755	10676	4933	7146	4307	10.8
26837	1100	32080	15450	7813	8817	4323	11.0
49857	2025	126000	17600	78400	30000	5142	9.3
21302	400	70100	30157	22043	17900	5012	9.8
10710	1350	57652	20564	22065	15023	4935	9.5
39750	1495	33600	14400	10500	8700	4908	8.7
19113	1052	27200	9400	10700	7100	3430	7.2
4210	1503	39900	14300	13500	12100	4920	10.5

15—1 续表 2

乡（镇）名称	行政区域面积（公顷）	年末总户数（户）	年末总人口（人）	从业人员数（人）	年末耕地面积（公顷）	农作物总播种面积（公顷）	年末灌溉面积（公顷）
射阳县海河镇	13003	18326	58275	22698	6127	12640	6065
射阳县陈洋镇	10000	16699	48302	12800	4626	8901	4626
射阳县海通镇	7333	10334	36928	15134	3109	7750	7234
射阳县兴桥镇	12914	17813	52533	18780	5028	11288	5008
射阳县新坍镇	17106	17671	52314	18430	4666	9433	3500
射阳县长荡镇	9446	15729	46298	16605	4288	9989	2135
射阳县盘湾镇	5401	12320	40930	24503	4206	7650	4206
射阳县特庸镇	10300	11798	41672	15745	4120	6563	3800
射阳县洋马镇	9600	11386	32592	12110	4100	9936	3800
射阳县黄尖镇	7600	11203	30545	13082	3180	8762	3084
射阳县盐东镇	6540	16310	59123	24953	5759	13083	5759
射阳县黄沙港镇	13463	11804	31297	12860	1340	3354	1280
射阳县耦耕镇	7340	10599	30966	12983	3750	6764	3750
建湖县近湖镇	8927	81650	189100	78860	3834	6432	3830
建湖县建阳镇	7200	21075	53785	32142	4798	8887	4655
建湖县蒋营镇	7480	12150	34621	16224	3744	5368	2960
建湖县恒济镇	8008	9273	32318	17055	2884	5239	2884
建湖县颜单镇	8974	12819	33620	18613	2843	4340	2843
建湖县沿河镇	8181	14668	39700	18811	3660	6286	3660
建湖县芦沟镇	8586	14282	43717	19047	4423	7864	4401
建湖县庆丰镇	9400	22460	61629	27535	5420	10164	5420
建湖县上冈镇	8800	30653	80225	34740	4475	9156	4475
建湖县冈东镇	8240	12395	37171	16820	3802	7134	3921
建湖县草堰口镇	6087	12987	36290	19310	3375	6021	3375
建湖县冈西镇	6811	13275	35901	17491	4079	7884	4079
建湖县钟庄镇	7000	13420	36953	18207	4143	7042	4143
建湖县宝塔镇	5078	11551	31080	13834	3133	5363	3100
建湖县高作镇	4800	10913	38769	17589	3958	8115	3958
东台市溱东镇	7574	15573	43478	19404	3952	6709	3885
东台市时堰镇	5867	16288	42493	22030	3289	6085	3289
东台市后港镇	4362	9709	30507	13922	2748	4593	2735

农机总动力（千瓦）	农村用电量（万度）	国内生产总值（万元）	第一产业	第二产业	第三产业	农民人均纯收入（元）	比上年±%
29783	2130	59698	16849	27349	15500	5015	9.9
32410	500	43738	12638	20500	10600	4985	10.2
42510	2910	54634	16829	26905	10900	5185	10.7
6595	985	49200	17165	21335	10700	5044	9.2
20500	1130	44213	15355	19358	9500	5062	10.0
39958	2320	49976	12666	27010	10300	5105	10.5
25362	633	58000	14662	27408	15930	5192	10.0
40500	720	46500	13993	19957	12550	5214	10.2
24000	1007	47000	14140	22560	10300	5801	9.9
16450	760	42300	11953	19347	11000	5078	10.4
57600	4362	82000	25393	38507	18100	5238	13.7
49860	1936	89900	37800	27000	25100	5123	11.2
24532	1170	38600	10292	19208	9100	5024	9.0
28812	14863	222800	13320	141750	67730	5289	12.1
34000	3040	61760	20360	27190	14210	4963	8.2
19629	1264	43470	15980	16920	10570	4856	7.4
22500	1431	34760	12300	14610	7850	4950	9.6
18586	2012	42470	14280	17890	10300	4926	9.0
24486	1381	37320	12420	15390	9510	4811	11.1
28560	2600	37050	12830	13900	10320	4527	8.1
34615	3160	64460	13260	32400	18800	5070	12.2
22550	2134	69400	20360	19090	29950	5059	7.8
20235	1050	32050	13550	10200	8300	4808	7.8
19520	1312	25570	9780	8660	7130	4719	9.2
22826	1368	27430	11480	7270	8680	4697	9.1
26500	570	32830	11840	12750	8240	4748	10.4
13800	808	15416	7630	2770	5016	4393	12.9
27704	2150	33730	12170	11690	9870	4816	10.6
61518	8226	91265	11743	48559	30963	5965	12.5
25393	4817	75572	8106	46067	21399	5848	12.4
14131	1635	40797	7952	23107	9738	5697	12.3

15—1 续表 3

乡（镇）名称	行政区域面积（公顷）	年末总户数（户）	年末总人口（人）	从业人员数（人）	年末耕地面积（公顷）	农作物总播种面积（公顷）	年末灌溉面积（公顷）
东台市台南镇	6341	13509	43206	19437	3822	6090	3740
东台市广山镇	3645	7323	23818	10120	2445	4356	2402
东台市廉贻镇	5356	11337	35171	13311	3418	5662	3350
东台市五烈镇	4413	10088	32632	18418	2878	5313	2860
东台市梁垛镇	6880	15726	43940	22468	3773	7736	3753
东台市安丰镇	7121	19949	53557	28425	3453	6987	3402
东台市南沈灶镇	10324	21176	54132	27301	5457	13054	5043
东台市富安镇	10573	21575	67862	28018	5840	8629	5370
东台市富东镇	6425	11990	31121	15400	3154	7477	3192
东台市唐洋镇	10748	18833	51385	24432	5665	12766	2700
东台市新街镇	10289	17182	43618	20929	4615	14155	4165
东台市许河镇	10687	18973	49290	21555	5432	12491	3010
东台市三仓镇	15708	28839	74177	28408	7414	21062	5800
东台市新曹镇	6903	7784	18830	8761	2454	8604	1760
东台市曹撇镇	8366	11732	31762	13330	4024	10405	2840
东台市头灶镇	12316	17865	47127	21949	5594	15865	5380
东台市四灶镇	7780	9774	38859	18221	4123	12098	3280
东台市海丰镇	6132	9210	25555	12072	2905	7456	2889
东台市弶港镇	10588	8980	27583	12306	2553	11150	3560
东台市东台镇	16400	82850	220005	48133	6636	13090	5849
大丰市大中镇	17110	63696	156849	85480	7104	18613	7104
大丰市草堰镇	9589	16066	40882	18589	4781	11466	4639
大丰市白驹镇	11160	15863	40618	20639	5736	12333	5736
大丰市刘庄镇	9624	16838	43739	21970	5138	12409	5138
大丰市小海镇	12114	16374	41189	21228	6508	15636	5220
大丰市西团镇	9614	13612	33562	18050	5112	14628	4770
大丰市新丰镇	20178	31809	76965	31128	8944	23074	8944
大丰市方强镇	7253	11658	31836	15566	3779	10580	3780
大丰市大桥镇	10254	14940	34967	17866	4399	14794	4200
大丰市草庙镇	12279	11376	28095	15504	4377	14733	3877
大丰市万盈镇	14256	19196	49611	24943	6455	18359	6455
大丰市南阳镇	9352	16122	37707	17579	4904	13312	4904
大丰市裕华镇	10943	17878	42451	23787	5429	15525	5429
大丰市三龙镇	15257	20372	56195	32818	6773	20037	6773

农机总动力（千瓦）	农村用电量（万度）	国内生产总值（万元）	第一产业	第二产业	第三产业	农民人均纯收入（元）	比上年±%
26855	1903	45712	7551	26461	11700	5689	11.6
12210	892	27892	10034	10406	7452	5791	11.4
16895	2496	45447	7673	25588	12186	5501	12.0
18461	1620	40762	8780	24156	7826	5439	14.8
26710	36599	76994	13510	45530	17954	5891	12.2
33552	5720	111051	15557	46301	49193	5929	12.3
19000	2178	45568	15694	13799	16075	5580	11.8
51893	4806	93504	21560	40405	31539	5992	12.3
18044	1102	40132	15134	12552	12446	5444	11.4
29991	2816	67398	22188	30439	14771	5885	12.2
19314	1449	67294	33555	14507	19232	5824	11.5
32932	2158	63718	30180	22205	11333	5880	11.6
35441	4829	124205	38011	47812	38382	6007	12.3
11178	1198	32808	11771	8064	12973	5677	11.6
11314	1527	45164	15041	15558	14565	5624	12.0
33471	2654	78983	21280	37814	19889	5926	11.9
12586	1548	46516	12057	23314	11145	5731	11.3
16966	994	27031	11610	8275	7146	5706	11.4
67207	1404	53638	28903	7007	17728	6668	11.2
39378	2654	192806	31058	76323	85425	5856	12.6
43788	6875	141559	35254	77823	28482	5770	11.6
25199	2869	46790	17676	16414	12700	5383	10.8
25138	3400	55675	19910	20765	15000	5332	11.6
26884	2659	61740	19701	27555	14484	5299	11.8
42100	2800	43516	20753	8365	14398	5481	10.7
27484	4787	64891	15650	39774	9467	5459	12.4
41672	9930	112522	36883	50503	25136	5707	11.8
17266	1623	30393	15616	8658	6119	5617	10.8
21846	1585	37404	18587	8748	10069	5461	10.6
22937	1711	53121	18696	23946	10479	5553	10.6
34292	4759	61541	23000	27541	11000	5645	10.8
22704	5483	48212	19758	18281	10173	5647	11.6
25755	1680	60094	23631	20534	15929	5913	12.6
35573	2598	76293	39617	21312	15364	5627	10.6

乡（镇）名称	财政收入（万元）	财政支出（万元）	乡镇固定资产原值（万元）	固定资产投资完成额（万元）	企业营业收入总额（万元）	企业年净利润总额（万元）	企业实交税金总额（万元）
亭湖区南洋镇	2678	501	38053	23860	89920	2660	1424
亭湖区新兴镇	2473	592	40510	20000	117950	2106	1450
亭湖区永丰镇	1035	574	37522	17000	60600	1154	813
亭湖区青墩镇	1120	490	62755	23655	115000	2089	823
亭湖区张庄办事处	2228	950	53061	25700	98786	4089	2090
亭湖区步凤镇	1470	504	19330	18330	64620	2477	1140
亭湖区伍佑镇	2292	434	43406	23100	33708	553	1072
亭湖区便仓镇	1752	580	34987	13310	33610	512	700
盐都区大纵湖镇	1339	1438	47210	11775	55725	1635	741
盐都区北龙港镇	1163	1067	21891	7296	49523	584	1158
盐都区楼王镇	1586	1456	27292	11550	72800	1880	1800
盐都区学富镇	1273	860	23559	8400	11600	300	450
盐都区义丰镇	2113	993	44575	21350	65716	2701	4269
盐都区尚庄镇	1292	631	53620	9810	17521	349	733
盐都区葛武镇	718	559	30000	7000	34431	2000	320
盐都区北蒋镇	1167	1392	30919	4500	18160	480	560
盐都区秦南镇	4121	2210	113874	29217	320000	12135	16531
盐都区龙冈镇	8902	2933	112786	92839	378646	13850	8293
盐都区潘黄镇	12989	4945	171359	132960	342000	9920	8920
盐都区郭猛镇	2672	1884	52989	28857	140032	8385	2143
盐都区大冈镇	3477	2482	64627	38000	272128	9000	3000
响水县响水镇	5954	1531	46071	39422	42500	1876	1570
响水县陈家港镇	8859	2623	143780	80880	53966	34881	2154
响水县小尖镇	2821	666	41212	15860	23735	2482	785
响水县黄圩镇	1517	507	25300	9900	15870	1720	160
响水县大有镇	1944	582	25885	12463	20456	610	815
响水县双港镇	1821	423	26400	14500	16497	4896	968
响水县南河镇	2274	872	22720	13200	43550	2456	1120
响水县运河镇	1443	424	15480	7980	6580	676	355
响水县张集乡	1471	531	13897	9600	23361	1835	766
响水县六套乡	1178	475	21020	8000	10816	980	460
响水县七套乡	1586	484	17890	8189	22889	3451	450
响水县老舍乡	1359	465	16987	9987	20827	612	286
滨海县东坎镇	12148	1834	79730	60067	229850	3419	8675
滨海县五汛镇	2387	650	58589	32691	91700	2499	2136

要 经 济 指 标

05 年）

本年实际利用外资（万美元）	粮食总产量（吨）	棉花总产量（吨）	油料总产量（吨）	肉类总产量（吨）	水产品产量（吨）	居民储蓄存款余额（万元）	离开本乡镇半年以上的从业人员（人）
90	20732	1906	1644	5060	1840	14258	4560
	19456	369	897	6000	3752	13865	1050
20	30712	490	656	7498	1286	7505	1738
	32694	1910	1750	9599	1659	9865	2560
5	11037	44	294	1652	513	7070	4100
120	40478	4621	2096	9999	1985	30800	200
150	20278	165	1050	4412	1791	13000	8529
	35809	852	871	3154	815	17737	6700
1	19269	217	1617	2886	20352	14316	7669
1	21844	47	2035	1425	12731	4900	7450
1	36531	79	1074	6500	12278	21900	1630
	27208	11	507	1830	1546	6500	5030
270	30449	348	1887	3443	9140	19940	7650
8	33955	180	1169	1204	3895	16026	8486
50	30359	279	400	1344	1454	4618	10160
23	32596	182	653	2005	2580	8100	6560
5	80946	187	1391	8203	6090	27498	12000
350	55248	686	1465	10450	3010	54570	5042
70	30779	160	542	6375	1212	39069	16941
595	47766	608	1205	9037	1833	9940	15500
180	60325	1290	3000	7156	2850	27000	15350
250	19690	210	486	4230	1073	10141	11180
250	25208	1228	942	2698	23060	12346	11134
	39317	356	2906	2910	2096	15423	12031
60	22132	30	2003	3002	1455	5600	10542
	20713	1052	1426	2567	3808	5632	6241
	25850	2011	958	4240	4251	4330	12149
60	42180	2331	1924	7187	2947	3940	15770
	22416	92	4964	5145	1000	7017	11157
	26312	118	3181	3345	2266	4100	11598
	22912	92	3920	2750	688	4210	8621
	22392	119	1783	2922	750	434	6063
50	25459	622	824	2918	3582	3235	10428
186	29715	366	13338	11095	1824	87664	17036
	65627	960	8872	8983	7620	13058	5586

15—2 续表 1

乡（镇）名称	财政收入（万元）	财政支出（万元）	乡镇固定资产原值（万元）	固定资产投资完成额（万元）	企业营业收入总额（万元）	企业年净利润总额（万元）	企业实交税金总额（万元）
滨海县蔡桥镇	1628	590	83961	25045	53750	4050	950
滨海县正红镇	1326	1090	51315	21383	112855	1731	1628
滨海县通榆镇	1369	630	54807	17216	44879	3076	683
滨海县界牌镇	1779	818	36628	28372	49119	956	1540
滨海县八巨镇	2077	500	40270	19015	36800	2555	650
滨海县八滩镇	2208	1388	55571	26096	114230	4863	3777
滨海县滨海港镇	1194	853	31868	22378	52605	2436	1294
滨海县滨淮镇	2076	840	35320	25001	71212	3001	2623
滨海县天场乡	1150	381	29521	18382	41130	1081	1289
滨海县大套乡	874	450	39205	18238	23139	1386	320
滨海县陈涛乡	968	703	24520	21339	39142	1030	721
滨海县振东乡	1371	758	23679	18662	44457	1123	2195
滨海县樊集乡	1007	365	24654	18197	41255	1297	811
阜宁县阜城镇	4686	1367	77840	22441	249200	3597	6505
阜宁县沟墩镇	1633	1335	52328	13709	73500	1800	1400
阜宁县吴滩镇	759	1220	27427	7872	39940	535	970
阜宁县合利镇	648	653	14267	4998	21217	824	721
阜宁县陈良镇	1234	661	29158	7607	56118	1002	2107
阜宁县施庄镇	999	633	35534	8457	39196	956	659
阜宁县三灶镇	610	621	27356	6541	16800	350	311
阜宁县郭墅镇	793	740	28820	5650	17900	1725	490
阜宁县新沟镇	1093	1120	41343	8673	64630	1657	1264
阜宁县陈集镇	800	562	46818	6858	17983	265	421
阜宁县羊寨镇	875	750	14907	7446	13600	450	350
阜宁县芦蒲镇	513	667	39224	6272	18300	600	384
阜宁县硕集镇	507	348	11462	5915	44200	960	1295
阜宁县板湖镇	790	451	45883	8114	24269	1082	926
阜宁县东沟镇	1240	789	20834	10688	95401	2211	2836
阜宁县益林镇	3933	2099	85275	21596	216250	3581	5995
阜宁县公兴镇	589	530	13537	5717	30900	780	1500
阜宁县杨集镇	628	459	12888	5173	17301	404	476
阜宁县古河镇	571	638	25733	7101	22300	650	350
阜宁县罗桥镇	875	571	31066	8079	31559	1070	1354
射阳县合德镇	8668	1420	69654	33500	266803	4344	7668
射阳县临海镇	2375	1146	23083	21056	52365	8065	410
射阳县千秋镇	1030	584	40129	9500	69150	1506	1295

本年实际利用外资（万美元）	粮食总产量（吨）	棉花总产量（吨）	油料总产量（吨）	肉类总产量（吨）	水产品产量（吨）	居民储蓄存款余额（万元）	离开本乡镇半年以上的从业人员（人）
250	34969	116	7443	8899	3534	12311	911
	70662	17	9424	8179	5959	26565	12194
81	21737	15	5803	3270	2253	3122	8713
80	21723	701	16524	9390	2219	10450	18595
	13915	1140	8807	5580	439	6250	10830
40	32649	899	9863	5145	3350	15143	8937
	34312	1296	10394	6318	13846	8700	12081
60	30204	1761	9465	5731	6033	2117	12316
	19948	297	6054	4179	1365	5146	16268
	14801	203	7348	4918	733	4467	10245
	33605	1386	7670	5182	3847	6903	5492
	25678	1098	7498	4411	19513	6680	7043
	11839	1129	5977	4161	1296	2790	4754
288	18967	16	436	2986	1229	9832	1797
150	60626	890	2224	12691	8883	19004	9698
40	23782	280	1673	6036	2660	3000	3040
75	21493	86	610	5264	3749	4016	5924
13	47014	38	727	7259	2084	9006	8100
135	38355	7	855	8522	1481	14500	6031
106	48637	17	1309	6374	1382	4778	6563
	47999	186	617	7924	2819	2679	8314
150	50593	161	1984	11752	2826	14200	10233
	48739	30	972	9613	2721	14431	6738
45	41023	73	1021	7161	861	9082	6349
50	24658	52	1786	7773	1625	7220	8818
300	21563	460	2014	6517	1051	8550	4412
80	42204	150	1502	9644	1886	12940	10412
	29079	198	996	4760	1319	26069	4746
338	16027	120	939	5001	837	42349	3638
230	30421	45	547	6974	6055	11360	5700
	32342	28	640	4351	5424	6340	6165
75	37052	164	3695	6271	484	3413	15130
156	53683	207	1732	8663	4338	10200	17195
10	23034	2775	2078	3647	4261	33107	2665
85	18256	5320	8699	6150	15325	26420	4215
11	58199	3310	2930	3329	6305	8000	6250

15—2 续表 2

乡（镇）名称	财政收入（万元）	财政支出（万元）	乡镇固定资产原值（万元）	固定资产投资完成额（万元）	企业营业收入总额（万元）	企业年净利润总额（万元）	企业实交税金总额（万元）
射阳县通洋镇	1736	862	42759	11285	33294	315	285
射阳县四明镇	560	560	14858	4811	48011	1080	360
射阳县阜余镇	1029	623	41300	11000	59100	1100	501
射阳县海河镇	1360	1164	44464	9620	71789	1635	894
射阳县陈洋镇	1081	686	22000	15700	63200	1890	820
射阳县海通镇	3178	1194	85500	47750	125617	6285	4081
射阳县兴桥镇	1665	728	15000	9000	85427	2085	2076
射阳县新坍镇	1185	1182	32192	11200	721	1250	881
射阳县长荡镇	1734	556	37163	21840	39889	2350	2231
射阳县盘湾镇	2492	921	63030	27700	128491	4087	1929
射阳县特庸镇	1503	432	46800	4000	60720	5500	1800
射阳县洋马镇	1165	501	54500	7000	100300	4200	2200
射阳县黄尖镇	1370	540	22392	12746	36326	982	870
射阳县盐东镇	4869	823	52937	41420	195000	4230	4100
射阳县黄沙港镇	2149	832	51527	19400	82000	2000	2008
射阳县耦耕镇	984	421	10700	9600	61850	1500	320
建湖县近湖镇	20462	5961	234760	92000	698450	29536	18016
建湖县建阳镇	3036	931	56409	50100	73351	2650	3563
建湖县蒋营镇	2103	650	114298	13500	18239	400	1625
建湖县恒济镇	2956	765	23953	20100	71000	2120	2646
建湖县颜单镇	2589	733	40230	16670	105965	4508	2062
建湖县沿河镇	1429	743	44000	15000	14600	1500	950
建湖县芦沟镇	1311	829	20000	12500	70152	548	1000
建湖县庆丰镇	3212	1381	121590	28090	84195	1260	3394
建湖县上冈镇	2533	1238	182600	22000	108160	4500	2200
建湖县冈东镇	853	818	28155	7185	8100	261	322
建湖县草堰口镇	1058	925	17741	9000	16311	174	390
建湖县冈西镇	1133	642	22593	10430	56600	1370	512
建湖县钟庄镇	1344	836	12000	11000	33000	1100	1300
建湖县宝塔镇	818	650	28000	7480	4336	25	222
建湖县高作镇	1466	744	39573	15000	48648	1305	1500
东台市溱东镇	4239	928	88624	33708	305000	10500	4000
东台市时堰镇	2924	521	100533	21719	201513	3464	3827
东台市后港镇	1809	539	51251	10513	74617	2525	1491
东台市台南镇	1558	702	58214	8843	135431	2942	2123

本年实际利用外资（万美元）	粮食总产量（吨）	棉花总产量（吨）	油料总产量（吨）	肉类总产量（吨）	水产品产量（吨）	居民储蓄存款余额（万元）	离开本乡镇半年以上的从业人员（人）
	36078	1875	509	3041	4026	6220	1664
	38710	840	1931	3616	4287	7860	11753
850	58219	1213	838	4821	3848	10800	6110
	59389	2464	2737	5260	8747	21489	11196
1	32427	1833	970	3200	3500	20000	500
350	17048	3469	2374	5645	7214	5250	5468
	30640	3411	1918	2341	3098	6300	29
	34970	3658	1653	3738	2499	3700	3977
70	39449	2542	2752	4875	2748	14312	8957
3000	21153	2821	2003	3091	2223	14078	14796
	19609	3275	1174	6270	6482	10020	1721
250	18759	1033	2133	1512	4841	10800	1041
55	19790	2497	1628	1931	7552	19780	3800
518	29475	5966	4176	6087	2048	33600	4510
30	5895	1503	1177	980	73563	18100	810
30	15482	1656	1586	2858	2946	5020	3168
800	37991	26	587	6162	3500	131654	3966
5	48081		2350	4100	11550	20353	3500
	32202		1024	2433	11000	8200	1437
	29603		919	1546	7500	7820	9403
	26959		517	2328	11620	9845	1312
	38497	32	1539	1850	7700	5400	7500
	47729	63	1021	3268	3030	20030	6200
25	62631	178	1541	3930	2770	30860	6350
150	45924	499	1918	5485	3500	41900	15218
	26338	2009	1120	3423	3650	2800	2111
	34259	260	574	2785	2610	15600	6260
	40481	465	1408	3610	2910	18025	5071
148	39167	1245	653	2208	783	16200	4824
15	30569	168	448	1952	1560	7000	2100
	43395	280	551	3906	3830	14350	5837
15	35250	240	1494	1427	9480	37500	1856
30	27589	1045	658	1644	2854	42012	2562
5	20815	586	860	1506	2245	29500	1907
26	27884	1089	1247	1159	2950	21354	3261

15—2 续表 3

乡（镇）名称	财政收入（万元）	财政支出（万元）	乡镇固定资产原值（万元）	固定资产投资完成额（万元）	企业营业收入总额（万元）	企业年净利润总额（万元）	企业实交税金总额（万元）
东台市广山镇	983	434	30594	9964	46000	1182	1040
东台市廉贻镇	1463	643	66544	11812	118525	2653	1101
东台市五烈镇	1559	562	76214	7386	65201	2563	1000
东台市梁垛镇	7090	1319	150508	35007	138784	7514	7015
东台市安丰镇	4140	803	112999	21679	202346	4817	2965
东台市南沈灶镇	1408	804	67422	11723	37000	1100	1070
东台市富安镇	3611	931	170000	38505	183005	4500	3350
东台市富东镇	1084	552	52600	8427	38086	771	1271
东台市唐洋镇	1244	871	88771	13077	140326	2357	930
东台市新街镇	1400	763	88946	12369	96336	3268	3652
东台市许河镇	1535	705	84676	14099	110334	2347	1103
东台市三仓镇	2728	1535	179072	22875	353115	11864	4694
东台市新曹镇	1135	339	34730	7075	47320	1737	1710
东台市曹撇镇	966	459	69599	12498	59836	1437	2147
东台市头灶镇	2606	952	63355	15730	176100	6704	2362
东台市四灶镇	1708	817	84206	16449	115300	4184	4707
东台市海丰镇	944	636	32287	8889	62190	4710	2390
东台市弶港镇	1440	606	91134	8095	58358	1686	1519
东台市东台镇	11755	2823	157060	113521	249500	5000	6765
大丰市大中镇	14390	2809	191661	121394	409201	7303	9946
大丰市草堰镇	1151	780	59558	9000	61339	426	602
大丰市白驹镇	2343	945	91470	14500	73930	765	970
大丰市刘庄镇	2055	778	62574	12745	75033	445	1469
大丰市小海镇	1146	915	56164	12000	42107	454	500
大丰市西团镇	3487	718	134025	31015	217864	3977	2346
大丰市新丰镇	3952	1218	79583	25950	189692	4122	3619
大丰市方强镇	1026	437	40486	7845	27000	950	561
大丰市大桥镇	931	545	50077	7538	37463	378	393
大丰市草庙镇	2553	859	57617	12570	89642	4500	1820
大丰市万盈镇	2324	1143	59953	19653	98310	1650	2064
大丰市南阳镇	3080	900	43148	21950	40424	449	2100
大丰市裕华镇	1893	662	77605	11456	37990	1919	1100
大丰市三龙镇	2100	770	82319	11000	84000	1211	1292

本年实际利用外资（万美元）	粮食总产量（吨）	棉花总产量（吨）	油料总产量（吨）	肉类总产量（吨）	水产品产量（吨）	居民储蓄存款余额（万元）	离开本乡镇半年以上的从业人员（人）
4	18320	804	1313	3677	1926	15900	1518
11	28539	620	1481	3360	2994	19700	120
300	26574	692	1233	802	2673	39214	3219
10	27582	906	3229	4062	1605	35516	7120
22	35308	346	2496	4452	3027	58200	5790
25	32258	1422	5070	9177	872	41500	5084
8	41566	145	2704	2886	2224	38430	9000
5	23814	710	3316	6810	1400	27426	4059
10	31860	676	3499	11621	1980	16200	1650
6	21625	1549	8294	2578	4200	26000	902
52	28941	1030	5348	8162	2310	24890	2032
30	31021	1636	9235	10202	8100	72402	3910
15	14248	452	9639	1781	7182	10418	3203
24	18246	1218	8293	3220	1410	27260	2080
	23842	2088	8123	7340	1880	27900	3028
16	25084	1397	5383	4117	1330	26900	3123
5	18935	1140	3672	3467	1300	15800	607
13	16866	2054	8232	1120	64037	18429	795
60	42729	1279	4817	8624	2413	128900	5302
420	44135	3676	4936	8304	7076	285531	5839
30	37686	2403	2439	6417	4210	15790	6129
300	49392	1982	2152	5617	3101	29000	2170
60	41219	1572	4845	6963	4810	23272	2884
40	28047	4493	3958	8082	3508	26430	1697
120	35612	3215	2653	5213	2900	17741	1841
100	33728	5081	6756	9696	8237	36980	4118
30	13627	2985	2483	3229	2311	16400	3280
5	15795	3616	10126	3032	2680	27606	1784
60	21279	3800	7306	1734	3112	19210	1318
63	20983	5068	8331	7656	4218	29580	4039
120	19172	2097	3430	2132	3299	34637	1536
30	20527	1615	2338	1316	4813	30000	6680
20	28618	5833	3302	9228	10660	22722	2023

15—3 按财政收入排名

（2005 年）

乡（镇）名称	名次	实绩（万元）
建湖县近湖镇	1	20462
大丰市大中镇	2	14390
盐都区潘黄镇	3	12989
滨海县东坎镇	4	12148
东台市东台镇	5	11755
盐都区龙冈镇	6	8902
响水县陈家港镇	7	8859
射阳县合德镇	8	8668
东台市梁垛镇	9	7090
响水县响水镇	10	5954

15—4 按粮食总产量排名

（2005 年）

乡（镇）名称	名次	实绩（吨）
盐都区秦南镇	1	80946
滨海县正红镇	2	70662
滨海县五汛镇	3	65627
建湖县庆丰镇	4	62631
阜宁县沟墩镇	5	60626
盐都区大冈镇	6	60325
射阳县海河镇	7	59389
射阳县阜余镇	8	58219
射阳县千秋镇	9	58199
盐都区龙冈镇	10	55248

15—5 按棉花总产量排名

(2005 年)

乡（镇）名称	名次	实绩（吨）
射阳县盐东镇	1	5966
大丰市三龙镇	2	5833
射阳县临海镇	3	5081
大丰市新丰镇	4	5068
大丰市万盈镇	5	4621
亭湖区步凤镇	6	4493
大丰市小海镇	7	4158
大丰市草庙镇	8	3800
大丰市大中镇	9	3676
射阳县新坍镇	10	3658

15—6 按肉类总产量排名

(2005 年)

乡（镇）名称	名次	实绩（吨）
阜宁县沟墩镇	1	12691
阜宁县新沟镇	2	11752
东台市唐洋镇	3	11621
滨海县东坎镇	4	11095
盐都区龙冈镇	5	10450
东台市三仓镇	6	10202
亭湖区步凤镇	7	9999
大丰市新丰镇	8	9696
阜宁县板湖镇	9	9644
阜宁县陈集镇	10	9613

15—7 按水产品总产量排名

(2005 年)

乡（镇）名称	名次	实绩（吨）
射阳县黄沙港镇	1	73563
东台市弶港镇	2	64037
响水县陈家港镇	3	23060
盐都区大纵湖镇	4	20352
滨海县振东乡	5	19513
射阳县临海镇	6	15325
滨海县滨海港镇	7	13846
盐都区北龙港镇	8	12731
盐都区楼王镇	9	12278
建湖县颜单镇	10	11620

15—8 按乡镇固定资产原值排名

(2005 年)

乡（镇）名称	名次	实绩（万元）
建湖县近湖镇	1	234760
大丰市大中镇	2	191661
建湖县上冈镇	3	182600
东台市三仓镇	4	179072
盐都区潘黄镇	5	171359
东台市富安镇	6	170000
东台市东台镇	7	157060
东台市梁垛镇	8	150508
响水县陈家港镇	9	143780
大丰市西团镇	10	134025

15—9 按农机总动力排名

（2005 年）

乡（镇）名称	名次	实绩（千瓦）
东台市弶港镇	1	67207
东台市溱东镇	2	61518
滨海县滨海港镇	3	59750
射阳县盐东镇	4	57600
滨海县五汛镇	5	57569
盐都区大冈镇	6	56953
滨海县振东乡	7	52196
东台市富安镇	8	51893
射阳县黄沙港镇	9	49860
射阳县合德镇	10	49857

15—10 按农民人均纯收入排名

（2005 年）

乡（镇）名称	名次	实绩（元）
东台市弶港镇	1	6668
盐都区大纵湖镇	2	6057
盐都区潘黄镇	3	6011
盐都区龙冈镇	4	6008
东台市三仓镇	5	6007
东台市富安镇	6	5992
东台市溱东镇	7	5965
东台市安丰镇	8	5929
东台市头灶镇	9	5926
大丰市裕华镇	10	5913

企业事业组织有《统计法》第二十七条第一款所列违法行为之一的，由县级以上人民政府统计机构予以警告，并可以处5万元以下的罚款。

个体工商户有《统计法》第二十七条第一款所列违法行为之一的，由县级以上人民政府统计机构予以警告，并可以处1万元以下的罚款。

摘自《中华人民共和国统计法实施细则》第三十三条

16

县(市、区)概览

亭湖区统计局
关于2005年国民经济和社会发展统计公报

2005年全区人民在区委、区政府的正确领导下，全区人民紧紧围绕“十五”奋斗目标，认真落实科学发展观，团结拼搏，排难奋进，提前一年实现了“十五”主要目标，顺利完成了2005年各项工作任务。为“十一五”期间全面建设小康社会打下坚实基础。

一、综合

全区经济快速稳定增长。初步核算，全年实现地区生产总值67.1亿元，比上年增长14.2%。其中，第一产业增加值13亿元，增长6.5%；第二产业增加值26.5亿元，增长17%；第三产业增加值27.6亿元，增长15.2%。人均地区生产总值12732元。综合实力迈上新平台。

经济结构调整取得明显进展。全区积极推进经济结构战略性调整，传统产业在改造中提升，高新技术产业和现代服务业有较快发展。三次产业构成比重由上年的20.8∶38.3∶40.9调整为2005年的19.4∶39.5∶41.1；第二、三产业对GDP增长的贡献率分别达45%和42%。定报企业达184家，其中年销售超5000万元企业达40家，13家企业销售超亿元，羽佳公司成为东风悦达起亚汽车生产配套企业。纳税超百万元服务业企业达31家，炎安房地产公司入库税收近千万元，文峰大世界入库税收近600万元。合理调整固定资产投资结构，努力求得速度与效益、规模与结构、经济与环境的统筹协调发展。

城镇就业和再就业形势良好，2005年全区实现净增就业13600人，完成年度目标的143.2%；城镇失业人员实现就业和再就业3450人，完成年度目标的172.5%；城镇登记失业率为2.81%，低于4.5%的控制值；帮扶再就业援助重点对象实现再就业892人，完成年度目标的162.2%；开发社区就业岗位2100个，完成年度目标的150%；组织再就业培训2623人，完成年度目标的141.8%；新增农村劳动力转移14535人，完成年度目标的145.4%，新增劳务输出9306人，完成年度目标的143.2%，其中对口地区输出2150人，完成年度目标的126.5%。

经济社会发展存在的主要矛盾和问题：企业自主创新能力还不强，经济结构性矛盾仍较突出；城乡之间、镇域之间发展不平衡性较大，部分镇经济基础比较薄弱，城镇、新农村建设投入支撑不足；在经济发展过程中，资金、社会保障、土地征用、拆迁安置等热点难点问题仍很突出，促进发展、维护和谐社会局面的任务很重。

二、农林牧渔业

农业结构调整稳步推进。大力推进以农业“六十工程”为核心的农业结构调整，优质、高效、安全和生态农业发展较快。

农业经济稳步发展。全区实现现价农、林、牧、渔业总产值24.9亿元（含农林牧渔服务业，不含农民家庭兼营商品性工业），增长1.7%。其中：农业产值10.7亿元，增长9%；林业产值0.54亿元，增长14.9%；牧业产值10.7亿元，增长13.1%；渔业产值2.19亿元，增长12.3%；农林牧渔服务业产值0.77亿元。

农业产业化经营持续发展，农业生产条件进一步改善。新认定市重点农业产业化龙头企业4家，新打进超市农产品品牌20个，新扩无公害农产品基地5.3万亩、特色产品基地1.7万亩。新增9个无公害产品、7个无公害基地，新增两个绿色食品基地，1个有机食品基地正在建设之中。水利工程建设进一步加强，新建排涝站1座，圩口闸34座，改造维修排涝闸站30座。积极推进农业服务体系的改革与建设，全面组建禽流感等重大动物疫情的防控。农业物质装备水平提高，推广新型插秧机70台，全区机插面积达1.2万亩，收割机械化水平90%以上。

三、工业和建筑业

工业经济呈现快速发展态势。2005年，全区牢固确立工业为第一方略的指导思想，着力推进工业强区，以制度创新和体制创新为动力，实现工业经济的快速增长。全年实现工业总产值72.43亿元，增长46.2%。全年实现规模以上工业增加值16.53亿元，按可比价计算，增长21%。

工业经济效益提升。全区规模以上工业企业

实现产品销售收入70.27亿元，比上年增长39.1%；实现利税4.32亿元，增长41.9%，其中利润2.17亿元，增长57.8%，亏损企业亏损额161万元，下降77%。规模以上工业产销率98.4%，比上年提高1.4个百分点。

建筑业取得长足发展。全年实现建筑业增加值5.9亿元，比上年增长24.3%，完成建筑业总产值24.6亿元，比上年增长21.8%；房屋建筑施工面积23.2万平方米，增长31.2%；新增建筑业资质企业20家。

四、固定资产投资

固定资产投资继续走高。2005年，全区完成全社会固定资产投资37.47亿元，增长39.5%，比上年增幅提高11.8个百分点，其中城镇规模以上项目投资13.83亿元，增长106.3%；农村规模以上项目投资23.64亿元，增长28.8%；房地产开发投资4.93亿元，增长54.9%。

项目引进和建设实现重大突破。组建5个招商分局，与德企联、韩国、台湾等中介机构建立招商合作关系，招引千万元以上项目180个，其中超5000万元46个、亿元15个。五大类50项重点工程完成总投资的80%，超额完成年度投资任务。变速箱、生物科技等一批投资超亿元项目已成功落户，圣泰阀门、海螺水泥、大洋湾综合开发等一批投资几亿、十几亿的重大项目陆续开工，联鑫商品混凝土、曜源染整、永泰钢材市场等一批项目实现当年开工、当年投产、当年收益；油脂、饲料等集工业、农业产业化为一体项目的引进实施，对壮大工业、带动农业意义重大。106家实施"两双"工程企业中48家进行了技改扩能。杨泰畜牧园等农业产业化项目均有了新的发展。南洋、步凤、张庄工业集中区规模不断扩大。大洋、盐湾、袁庄等村率先"退城进区"，创办了工业组团。

五、交通和邮电业

交通运输生产稳定增长。交通运输基础建设持续加快，2005年在建交通工程投资总规模达0.56亿元，完成投资近0.45亿元。基础设施建设取得重大进展。顺利完成了204国道北段拓宽改造、希望大道南延及道路绿化和亮化工程。盐青路、蛟龙路、盐北路、华丰路建成通车，飞驰大道及盐湾大道西延、南机场路改造等工程正在抓紧实施。市区到周边县市主干道全部亮化。建设农村公路42条215公里，疏浚镇级以上河道44条195公里。宁靖盐高速公路盐城北段工程征地拆迁等前期工作已到位。

六、国内贸易和对外经济

消费品区场繁荣活跃。全区实现社会消费品零售额28.42亿元，增长16.7%。其中，批发零售贸易业实现零售额24.16亿元，增长16.8%；餐饮业实现零售额3.41亿元，增长19%。

利用外资增势强劲。全区协议注册外资5481.4万美元增长3.36倍；注册外资实际到帐额1066万美元，同比增长67.6%。对外贸易业务基本保持稳定。全年进出口总额14499万美元，增长63.7%，其中自营出口总额4718万美元，增长33%；完成外经营业额2200万美元，增长18.2%。

七、财政金融

财政收入跃上新台阶。全区完成财政总收入5.06亿元，同口径增长35.6%，同口径比2000年增长2.78倍，5年平均增幅24.5%。财政收入占GDP比重为7.5%，比上年提高1.21个百分点。

金融业务稳步发展。年末金融机构各项存款余额4.66亿元，比年初增加2.05亿元。其中城乡居民储蓄存款余额10.44亿元，比年初增加1.428亿元，各项贷款余额10.01亿元，比年初增加1.27亿元。加强金融安全区创建，开展银企对接活动，签订信贷协议6.9亿元。

八、社会事业

科技创新取得新的进展。全区列2005年省星火、火炬计划项目8项，其中星火5项，火炬3项，这8个项目新增总投资0.75亿元，新增产值2.96亿元，新增利税0.66亿元，创汇690万美元。全年组织申报市级以上科技计划、科技合作和科技攻关项目8类36项。

文化事业繁荣活跃，将原城郊下辖的14个村和市区4街道优化整合成7个街道，改变了市区长期以来城乡不分、村居交叉的状况，市区发展优势更为明显。创建"全国科技工作进步先进区"通过考核验收。解放路实验学校中考成绩连续三年列全市第一，完成农村学校"六有"和"校校通"工程，伍佑、南洋中学创四星、三星高中通过市级验收，步凤小学建成省级实验小学。创作了以伯乐达集团汤稚鸣同志为原型的大型淮剧《秋天的思念》。

教育现代化和素质教育稳步推进。全区共有普通中学22所，在校学生30139万人，毕业生人数11036万人；中等职业学校4所，在校学生6700人；小学53所，在校学生37549万人，毕业人数9376人；各类幼儿园85所，在校人数1.75

万人。素质教育继续得重视和加强，基础教育质量稳步提高，小学毕业生升学率为100%，初中毕业生升学率90%，高中毕业生升学率72%。

卫生保健工作得到加强。医疗条件不断改善，人民健康水平显著提高。05年全区新型农村合作医疗行政村覆盖率达100%，农民参加合作医疗人数为22.33万人，参合率达87.03%，筹集合作医疗资金520.8万元。1—10月份，全区享受合作医疗资金补偿参合农民达21.65万人次，累计补偿金额达453.4万元，其中门诊补偿21.3万人次，补偿金额达201.7万元，住院补偿3060人次，补偿金额达251.7万元，有效地解决了农民看病难、看病贵问题。05年妇幼卫生的各项指标控制质量较往年明显提高，全区未发生因产科质量原因的孕产妇死亡，孕产妇系统管理率95.80%；建卡率95.08%，早孕建卡率73.53%；产前检查率95.42%；高危管理率100%；住院分娩率100%；产后访视率96.89%；新生儿疾病筛查2924人，筛查率为77.42%；7岁以下儿童系统管理率达96.55%，5岁以下儿童死亡率为9.27‰，婴儿死亡率为9.27‰。

体育事业蓬勃发展。全民健身和体育锻炼进一步加强，至年末全区共有13个健身点，全民健身工程3个，全区年内国家级体育比赛金牌13枚，银牌10枚，铜牌9枚，省级体育比赛金牌15枚，银牌10枚，铜牌12枚。盐城市级体育比赛奖牌104枚。

十、环境保护和生态建设

生态环境继续改善。2005年完成10个限期治污项目，组织开展清理整顿违法排污企业环保专项行动，加强各类污染物排放的监控，环境质量综合指数77.58分。开展河（渠）道清障工作，水环境质量明显改善，理顺城区水务管理体制。土地复垦开发整理力度进一步加大，全年改造中低产田1.6万亩，土地复垦开发整理0.65万亩，新增耕地1323亩。

十一、人口、人民生活和社会保障

人口总量有效控制。2005年末全区总户数25.74万户，户籍人口76.62万人，人口总量与上年持平。出生人口7425人，出生率9.69‰，比上年降低0.08‰。死亡人口2591人，死亡率3.38‰，比上年降低0.74‰。人口自然增长率6.3‰，比上年上升0.65‰。城镇化水平进一步发展，年末全区城镇化水平达82.16%。

城乡居民生活水平提高。年末全区城镇集体以上单位在岗职工2.1万人，比上年末增加396万人。在岗职工平均工资14162元，增长14.2%。农民人均纯收入5605元，增长13%。

社会保障体系进一步完善。建立并试行被征地农民基本生活保障机制。降低新型农村合作医疗补助金起付线，规范特困农民大病医疗救助。05年，全区企业养老保险缴费人数为19279人，净增缴费人数为3495人，完成全年目标的349.5%；应征养老保险费2895万元，实际征缴3147万元，完成全年征收任务的108.7%。其中陈欠资金回收325万元，完成年度目标的112。全区共有285个单位，9197人参加了机关事业养老保险；应征养老保险费1848万元，实际征缴1915万元（其中陈欠款64万元），征缴率为98。5%；支付养老保险金1790万元，支付率达100%。全区农村养老保险基金共征收317万元。全区基本医疗保险参保24085人，缴费人数为18050人，完成全年任务的100%；征缴医疗保险费2355万元，完成全年任务的147%。全区失业保险参保职工已达22500人，征缴失业保险费526万元，完成年度目标的116。9%，其中陈欠资金回收180万元，完成年度目标的120%。

盐都区统计局
关于 2005 年国民经济和社会发展统计公报

2005 年，在区委、区政府的正确领导下，围绕“两个率先”总目标，认真落实科学发展观，解放思想，抢抓机遇，攻坚克难，锐意进取，进一步推进工业化、城镇化进程，加快发展开放型经济、劳务经济和民营经济，国民经济持续快速增长，质量效益同步提高，各项社会事业全面发展，人民生活不断改善。

一、综合

经济总量迈上新台阶，内在活力进一步增强。初步测算，2005 年，全区 GDP 为 102.81 亿元，首次突破 100 亿元，比上年增长 14.4%。其中，第一产业增加值 22.01 亿元，增长 6.8%；第二产业增加值 52.37 亿元，增长 17.6%；第三产业增加值 28.43 亿元，增长 15.0%。人均 GDP 为 13160 元，比上年增加 2010 元。三次产业结构为 21.4∶50.9∶27.7，与上年比，第一产业比重下降 0.9 个百分点，第二产业上升 0.4 个百分点，第三产业上升 0.5 个百分点。

工业化和城镇化取得新进展。工业保持快速增长，全部工业增加值增长 17.4%，对经济增长的贡献率为 46.8%，推动经济增长 7 个百分点。规模以上工业企业经济效益综合指数 192.6%，比上年高 29.4 个百分点；实现利润 4.1 亿元，增长 30.5%，均创历史新高。城市化进程迈出新步伐，城市化水平为 43.12%，比上年高 1.86 个百分点。

就业再就业工作力度加大。据区劳动和社会保障局统计，年内净增就业 5150 人，下岗职工实现再就业 3869 人，城镇登记失业人员 6450 人，登记失业率仅为 4.2%。

经济社会发展中存在的突出矛盾和问题：一是农民持续增收和粮食增产的基础不稳固，调整农业结构、提高农业产业化水平任务还很艰巨；二是经济结构有待于进一步调整优化、增长方式粗放亟需改变，自主创新能力不强，市场竞争力强的大企业大集团不多，规模和品牌优势不强，资源环境压力加大；三是社会保障体系还不够完善，居民收入差距继续扩大，少数低收入家庭生活比较困难，一些影响社会稳定的因素仍然存在。

二、农业

农业生产稳定增长。全区粮食总产量 52.59 万吨，增加 10.9%，大豆 1.02 万吨，增长 51.2%;；油料 18146 吨，增长 12.3%；蔬菜 21.24 万吨，增长 5.6%；水果 1.52 万吨，增加%；出栏肉猪 62.78 万头，下降 5.4%；出笼家禽 1106.9 万只，下降 16.3%；禽蛋 9.29 万吨，下降 5.8%；水产品 8 万吨，与上年持平。

农业结构调整稳步推进。全年粮食作物播种面积 75.55 千公顷，增加 3.1%，粮食作物占农作物总播种面积的 82.4%。稻谷播种面积 40.76 千公顷，增加 2.0%，其中，优质稻播种面积所占比重为 86.5%，比上年高 8 个百分点。油料播种面积为 6.74 千公顷，增加 3.0%；蔬菜播种面积为 5.85 千公顷，增长 1.5%。

畜牧业渔业稳步发展，2005 年，畜牧业增加值为 6.66 亿元，增长 14.4%；渔业增加值为 4.25 亿元，增长 9.5%；占第一产业增加值的比重分别为 30.3%和 19.3%。

农业技术水平日益提高。2005 年，全区农村用电量 1.99 亿千瓦时，比上年增长 13.5%。化肥施用折纯量 3.34 万吨，比上年增长 3.6%。机耕面积 77.76 万亩，占耕地总面积的 98.6%；有效灌溉面积 75.95 万亩，占耕地总面积的 96.3%；农业机械总动力达 41.20 万千瓦，比上年增长 9.1%，联合收割机拥有量达 1110 台，平均每村达 4.5 台。

三、工业和建筑业

工业经济阔步前行，生产和效益同步增长。2005 年，全部工业工业增加值达到 46.57 亿元，同比增长 17.4%。规模以上工业增加值可达 34.9 亿元，主营业务收入 130 亿元，实现利税 9.6 亿元，利润总额 4.1 亿元，年均增长分别为 22.8%、29.0%、32.7%和 30.5%。规模以上工业产销率保持在 98%以上，产销衔接良好。“十五”期间，全部工业增加值年均增长达 15.1%，规模以上工业由“九五”末的 140 家发展到 300 家，增幅达 114.3%。

建筑业继续保持良好发展势头。全年建筑业实现增加值5.8亿元，增长19.3%。具有资质等级的建筑企业45家，实现利润0.7亿元，增长180%；税金0.7亿元，增长120%。房屋建筑施工面积360万平方米，增长28%；房屋竣工面积197.9万平方米，增长32%。

定报工业主要产品产量

指标名称	单位	2005年	2004年	比同期增减±%
精制食用植物油	吨	4319	2997	44.11
白酒（折65度，商品量）	千升	215	10	2050
纱	吨	58709	45937	27.8
布	万米	6641	4586.7	44.79
印染布	万米	4384	3196	37.17
绒线（毛线）	吨	3050	3400	－10.29
毛机织物（呢绒）	万米	1375	1258	9.3
丝	吨	215	220	－2.27
服装	万件	1836.11	1539.26	19.29
梭织服装	万件	1093.64	899.97	21.52
儿童服装	万件	170.48	142.72	19.45
针织服装	万件	742.47	639.29	16.14
皮鞋	万双	22.61	7.41	205.13
纸制品	吨	14852	15895	－6.56
瓦楞纸箱（纸箱）	吨	14852	15895	－6.56
硫酸（折100%）	吨	104996	99261	5.78
农用氮、磷、钾化学肥料总计（折纯）	吨	20805	9290	123.95
磷肥（折合P205 100%）	吨	12568	9290	35.29
磷酸铵肥	吨	61469	49344	24.57
化学农药原药（折有效成分100%）	吨	11082	2999	269.52
颜料	吨	3473	3261	6.5
水泥	吨	142460	124370	14.55
砖（折标准砖）	万块	7099.18	6696.94	－17.13
工业锅炉蒸发量	吨	1048	1030	26.78
金属切销机床	台	715	791	－9.61
泵（液体泵）	台	2546	1967	29.44
制冷空调设备	台（套）	238	175	36
阀门	吨	29553	21415	38
变压器	千伏安	1708	1279	33.54
电力电缆	千米	43904	39750	10.45

四、固定资产投资

固定资产投资继续快速增长。2005 年，全社会固定资产投资 50 亿元，比上年增长 36.6%。其中，城镇投资 19.91 亿元，增长 30.2%；私营个体投资 26.4 亿元，增长 51%。更新改造投资 29.1 亿元，增长 40.7%；房地产开发投资 8.6 亿元，增长 56.8%。年内新开工项目 582 个，全部投产项目 512 个。工业投入力度加大。在国有及其他经济投资中，全部工业完成投资 25.1 亿元，增长 29.4%。

五、交通运输

交通更加发达，管护水平提升。全年建成农村公路 406 公里，占年计划的 101%，其中，改建二、三级公路 40 公里，通村水泥路 366 公里，实现了村村通公路。建立健全质量监督管理体制，工程优良率达 87%。公路和航道整治力度加强，干线公里好路率达 77.5%，航道通航的保证率在 95%以上。2005 年底，公里里程累计达 1184.3 公里，增长 21.4%。公路客运量 530 万人，减少 1.9%；公路货运量 320 万吨，增长 3.9%；水上货运量 180 万吨，增长 7.8%。

六、国内贸易和对外经济贸易

消费品市场日益活跃。2005 年，全区实现社会消费品零售总额 23.8 亿元，比上年增长 16.4%。其中，县以上为 2.91 亿元，增长 13.2%，县以下为 20.87，增长 16.9%；批发零售贸易业零售额 21.01 亿元，增长 15.2%；餐饮业 2.55 亿元，增长 25.8%。

2005 年，全区外贸出口总额为 5687 万美元，比上年增长 6.0%，其中，区直实现 2356 万美元，增长 5.8%，乡镇实现 3331 万美元，增长 6.2%。全年进口 4501 万美元，增长 114.8%。新批三资企业 24 个，比上年增长 118.2%；协议注册外资外资 11711 万美元，增长 122.7%；注册外资实际到帐 1584 万美元，增长 8.3%。对外工程承包合同额 4906 万美元，增长 29.1%；对外劳务输出 3345 人次，增长 54.72%。

七、科技、教育

科技工作有新突破。全年引进推广农业新技术 10 项、新品种 50 个，高新技术课题立项 40 个，新增高新技术企业 3 家，完成高新技术产业产值 14 亿元。专利申请 147 件，增长 67%；专利授权量 27 件，增长 35%，其中，新发明专利 4 件。获市表彰 2005 年度科技进步奖项目 12 个，其中，一等奖和二等奖各一个。

教育事业稳步发展。全区共有学校 98 所，比上年减少 1 所，其中，普通中学 28，所职业高中 1 所，小学 69 所。毕业生总数 27102 人，其中，普通中学 19714 人，小学 7388 人，分别比上年增长 6%和减少 23.8%。招生总数 17980 人，减少 15.3%，其中，普通中学和小学分别减少 2917 人和 322 人。在校生总数 80655，减少 9593 人，减少 10.6%，普通中学和小学在校生都呈减少趋势。专任教师总数 5876 人，减少 1.9%；其中，小学专任教师学历合格率达 98.4%，初中专任教师学历合格率 92.7%，高中专任教师学历合格率 73.9%。学龄儿童入学率 100%，小学毕业升学率 100%，初中毕业升学率 87.1%。

八、文化和卫生

文化事业蓬勃发展，文化活动丰富多彩。2005 年，文广系统抓住党员干部远程教育试点的契计，实施了“村村通”工程，全区 246 个村全面联网，有线电视和互联网宽带一次接通。在此基础上，全年新发展有线电视用户 6000 户，有线电视入户率达到 22%。围绕政府工作重点、社会焦点、民生热点，编排了《廉政经纬》、《项目推进在 2005》、《生态盐都好风光》、《就业与保障》等精彩节目，相声《永远是朋友》、小戏《梦里杏花天》等一批优秀节目在全国和省市获奖，社会反响较好。

卫生医疗保健事业发展加快。年末全区医疗卫生机构 23 家，其中，医院 2 家，等级医院 1 家；卫生机构床位数 1180 张，卫生技术人员 1568 人，其中，执业（助理）医师 944 人，注册护士 525 人，卫生防疫人员 101 人。2005 年，卫生系统还探索实施了乡镇卫生院托管改革。

九、环境保护

环境治理力度加强，环境质量进一步改善。2005 年，全区建有自然保护区 1 个，面积 14.14 公顷。环境污染治理本年投资总额 2500 万元，增长 11.1%；城市环境基础设施建设本年完成投资额 15500 万元，增长 10.7%。烟尘控制区总面积 23 平方公里，环境噪声达标区面积 23 平方公里。工业废水排放达标率 90.6%，工业烟尘排放达标率 85%，工业固体废物综合利用率达 100%，全区三废综合利用产品产值 5000 万元。新区生活垃圾无害化处理率达 100%。严格实行排污许可证和排污申报制度，全年核发排污许可证 276 家，申报排污企业 593 家，“三产”单位 166 家。完善和提高 COD 在线监测仪、流量计监控功能，实现远程控制 7 家企业。全年共审批建设项目 610 个，三项执行率达 100%。

十、人口、人民生活和社会保障

年末全区总人口为70.64万人（不包括盐都驻亭湖区人口），比上年末增加0.04万人。其中，女性34.22万人，农业人口45.99万人，非农业人口24.65万人。暂住人口（一个月以上）1.15万人。当年出生人口5047人，出生率为7.14‰；当年死亡4233人，死亡率为5.99‰；自然增长率为1.15‰。

人民生活不断改善。2005年，全区城镇居民人均可支配收入10580元，增长13%。农村居民人均纯收入5270元，增加530元，增长11.2%，其中，工资性收入1698.1元，增长13.5%；家庭经营收入3386.4元，增长9.4%；转移性收入143.9元，增长141.8%。城乡居民的消费方式、消费渠道和消费结构发生重大变化。农村居民人均生活消费总支出2819.1元，增长28.0%；农村居民恩格尔系数为46.6%；人均住房面积30.5平方米，增长12.5%。在岗职工平均工资12473元，比上年增加1636元，增长15.1%。

社会保障工作得到加强。2005年，全区城镇企业职工基本养老保险参保人数3.48万人，增长7.1%；城镇职工基本医疗保险参保人数4.8万人；城镇失业保险参保人数4.7万人；全区落实最低生活保障对象5376人，增长102.7%；其中，城镇321人，农村5055人。全年发放企业离退休人员基本养老金9643.8万元，发放失业保险金984.2万元。农村合作医疗覆盖面达90%。

注：GDP、各产业增加值绝对数按现价计算，增长速度按可比价计算。

响水县统计局
关于2005年国民经济和社会发展统计公报

2005年，在县委、县政府的正确领导下，全县干群牢固树立和认真落实科学发展观，紧紧围绕“以工兴县、跨越发展，全面建设小康社会”的总体目标，强力推进“项目大突破，结构大调整，私营大发展，环境大变化”四项重点工作，团结奋斗，攻坚克难，进位争先，国民经济和社会发展都取得了新的成绩。

一、综合

国民经济保持快速增长，产业结构得到优化。据初步测算，2005年全县实现地区生产总值46.5亿元，按可比价计算同比增长16.3%。这是响水县近几年来保持快速增长基础上质量最好的一年，经济实力和发展后劲明显增强。全县人均地区生产总值达到8066元，同比增长28.1%，首次突破一千美元大关，实现了历史性的跨越。从统计数据看，我县工业化进程显著加快，三次产业结构得到根本转变。全年第一产业实现增加值14.03亿元，可比价增长7.4%，第二产业实现增加值19.32亿元，可比价增长24.3%，第三产业实现增加值13.15亿元，可比价增长14.8%。三次产业结构由上年的32.9：34.8：32.3调整为30.2：41.5：28.3，第一产业比重下降2.7个百分点，第二产业比重上升6.7个百分点，产业结构排序呈二一三，我县国民经济继续在工业化初始阶段迈进，工业经济成为主体经济。年末全县城市化水平达到33.2%，比上年提高2个百分点。

二、农林牧渔业

农业生产保持平稳发展。2005年，我县农业生产平稳发展。全县实现农林牧渔业总产值32.08亿元，按可比价计算同比增长8.7%。全年粮食作物播种面积10.12万公顷，与上年持平。粮食总产量达到33.36万吨，比上年增长1.1 %。全县棉花播种面积为13710公顷，比上年减少1189公顷，下降8.4%，总产量1.23万吨，比上年下降38.8 %。油料种植面积9210公顷，比上年减少841公顷，下降8.0%，总产量2.37万吨，比上年下降6.7%。全年生猪出栏饲养量79.13万头，增长9.9 %；家禽饲养量为998.7万只，增长14.9%；羊饲养量63.5万只，增长12.6%。全年肉类总产量5.46万吨，增长34.1 %。全年水产品产量5.54万吨，同比增加31.6 %。

农业产业化经营实现了新突破。全县引进“三资”农业项目31个，协议投资11亿元，实际投资1.5亿元。其中规模农业龙头加工企业12个，计划投资1.54亿元，实际投资9000万元。新办500万元以上规模农业龙头企业8个。组织申报市级重点农业龙头企业10家、省级重点扶持农业龙头企业1家，引导龙头企业技改扩能15家，发展外向型龙头企业8家。江苏桂花鸭工贸有限公司被认定为国家级重点扶持龙头企业。“加乐”牌系列蔬菜、“四丰”牌浅水藕、“老舍”牌扁豆等6个产品被批准为省无公害农产品，“加乐”牌番茄、胡萝卜被认定为国家级无公害农产品，“加乐”牌浅水藕申报为盐城市名牌农产品；10万亩浅水藕、10万亩无公害蔬菜被批准为国家级标准化示范区。

农业生产条件不断改善。农业机械化水平不断提高，年末全县农业机械总动力31万千瓦。全县农用化肥施用量（折纯）4.38万吨，下降18.1%。农村用电量1.91亿千瓦时，增长64.7 %。

农村劳动力突破十二万人。2005年，响水县把加快农村劳务输出作为农民增收的主渠道，全县新增农村劳务输出1.7万人，农村劳动力转移总数已达12万人，占全县农村劳动力总量的68%，输出人数占人口比重列全市第一。全县劳务输出组织化程度达50%以上。就业技能不断增强，新增劳务输出人员培训率达92%，同比提高10个百分点。富民作用不断显现，劳务收入已成为农民增收的主渠道。

三、工业和建筑业

工业生产持续快速增长。全年实现工业增加值16.01亿元，可比价比上年增长25.1%。其中，全部国有及年销售收入500万元以上的非国有工业企业（规模以上工业）完成增加值12.53亿元，可比价比上年增长26.0%。工业增加值占GDP的比重为27.2%，比上年提高7.2个百分点。全县工业用电量2.66亿千瓦时，比上年增长40.4%。

工业经济运行质量进一步提高。规模以上工业企业实现产品销售收入40.83亿元，比上年增长36.2%；产品销售率96%。企业效益较好，发展后劲足。全年实现利税总额4.81亿元，增长137.3%，利润总额2.94亿元，增长246.1%。主要经济指标均实现了双超目标。江苏裕廊化工有限公司，计划总投资15个亿，至2005年底，该公司一、二期已投入8亿元，新上双甘膦丙烯酸、环已烷三条生产线，产品销往国内及西欧等国家和地区。2005年，该公司上缴税收4180万元，创响水历史上单个企业申报纳税最高记录。

建筑业发展较快。全年实现建筑业增加值3.31亿元，比上年增长24.1%。完成建筑业施工产值10.9亿元，其中对外施工产值5.62亿元。承建施工面积104.7万平方米，增长190.8%；竣工面积86.8万平方米，增长313.3%。全员劳动生产率6.12万元/人。

四、固定资产投资

固定资产投资快速增长。全年完成全社会固定资产投资32亿元，比上年增长39.1%。工业技术改造投资23.3亿元，比上年增长45.8%。私营和个体经济投资18.2亿元，增长45.8%，占全县投资总额的56.9%。裕廊化工、联化科技等60项重点项目、实事工程成为拉动我县经济快速发展的主要动力，为我县经济的持续发展奠定了坚实的物质基础。

基础设施建设成效明显，城乡面貌发生深刻变化。220KV响水变电所、204国道亮化工程和城南农贸市场、教育城工程等重点工程的竣工投入使用，使城乡居民生产和生活条件得到进一步改善。

五、交通和邮电

交通运输生产稳步增长。苏226省道改造工程基本完成，盐连高速公路响水段正在加快建设中，灌河特大桥完成桩基处理，预计2006年底建成通车。全年完成客运量478.5万人，比上年下降6.3%。港口吞吐量31.48万吨，比上年下降19.7%。全县公路里程1040公里，其中一级公路25.3公里。

邮电通讯业务发展迅速。全年邮电业务总量14100万元，比上年增长8.9%；其中邮政业务总量2800万元，电信业务总量11300万元，分别比上年增长24.6%和3.9%。年末电话用户14.4万户，比上年增长16.4%，其中城市电话用户6.5万户，比上年增长38.9%，农村电话用户7.9万户，比上年增长2.7%。年末移动电话用户8万户，新增1.08万户。年末互联网用户6979户，比上年增加2201户。全县电话普及率达38.8部/百人，比上年增加17.3部/百人，提高80.5%

六、国内贸易、对外经济

消费品市场比较活跃，民营经济发展迅速。受城乡居民收入较快增长和消费结构升级的影响，全年实现社会消费品零售总额11.25亿元，比上年增长19.7%，增幅提高3.6个百分点。其中，批发零售贸易业10.75亿元，增长20.0%；餐饮业0.5亿元，增长22.4%。私营个体经济发展迅速。全县个体工商户9051户，新增2205户；私营企业1336户，新增253户。

对外贸易稳步发展。全年实际到帐外资2021万美元，新签项目7个，合同外资5768万美元，自营出口总额835万美元，比上年增长148.3%。

七、财政金融和保险

财政收入快速增长。全县财政总收入突破4.0亿元，实现三年翻一番，比上年同口径增长59.1%，高于全市增幅29.7个百分点，其中一般预算收入2.0亿元，增长55.3%，财政收入占地区生产总值的比重达到8.6%，比上年提高了1.2个百分点。地方财政收入2.67亿元，其中增值税、营业税、企业所得税分别为15163万元、5649万元、1331万元，分别增长70.3%、50.7%、40.8%。上划中央收入1.33亿元，增长64.2%。全年财政支出5.41亿元，比上年增长42.7%。

金融业运行良好。金融机构不断强化和完善服务功能，进一步优化信贷资产结构，各项金融业务稳步发展。年末金融机构各项存款余额30.1亿元，各项贷款余额18.5亿元，分别比年初增加5.3亿元和0.8亿元，分别增长21.6%和4.6%。存款余额中，城乡居民储蓄存款22.49亿元，比上年增长21.0%。贷款余额中，短期贷款15.7亿元，比上年增长3.6%，中长期贷款1.9亿元，比上年下降12.3%。城乡居民人均储蓄存款3903元，比上年增加665元，增长20.5%。

保险事业平稳发展。全年保费收入5322万元，比上年增长0.2%。其中财产险收入1268万元，比上年下降6.8%，人寿险收入4054万元，比上年增长2.6%。赔付额1387万元，比上年增长41.1%。其中财产险908万元，人寿险479万元，分别比上年增长18.2%和122.7%。

八、社会事业

"科教兴县"战略深入实施。全县有14个项目获得国家和省星火计划立项，科技进步在农业和工业经济增长中的贡献份额分别达到50.4%和34.5%。

教育事业健康发展。“普九”成果得到进一步巩固，全县中小学入学率、巩固率均达到省定标准。高中教育得到较快发展，完成了新一轮农村中小学布局调整、“六有”工程和“校校通”工程，教育教学质量稳步提高。普通中学在校学生4.17万人，小学在校学生3.76万人。各类幼儿园107所，在园幼儿7292人。

文化、计划生育、卫生事业得到发展。大力开展各类群众性文化体育活动，成功举办了响水第二届文化艺术周。广播电视网络建设进一步加快，全县有线电视用户3万户。省计划生育先进县创建活动全面开展，全县计划生育率95%以上，继续保持低生育水平。医疗条件不断改善，人民健康水平不断提高。年末全县有卫生机构26个，病床977张，医疗人员1495人，其中卫生技术人员1167人。

九、人口、人民生活和社会保障

人口控制良好。全年人口出生率10.45‰，比上年下降1.16个千分点；死亡率4.11‰，比上年下降2.11个千分点；人口自然增长率6.34‰，比上年下降0.73个千分点。全县年末人口57.77万人，比上年末增加2400人。其中城镇人口19.09万人，比上年末增加1.14万人。

城乡人民生活水平不断提高。全年在岗职工年平均工资11231元，比上年增长14.8%。全年农村居民人均纯收入3995元，比上年增长10.8%。

社会保障和福利事业不断发展。年末全县参加失业保险职工3.2万人，参加养老保险职工3.37万人，参加基本医疗保险职工4.86万人。共有社会福利收养性单位14个，床位423张。居民最低生活保障费发放11447人。企业基本养老保险参保率、离退休人员养老金社会化发放率和城镇职工医保覆盖率达97.6%，城乡低保、农村五保户供养等社会救助体系进一步完善。

注：

1. 公报中地区生产总值和各产业增加值绝对数按现价计算，增长速度按可比价格计算。

2. 公报中部分指标数值为初步核算数，最终数以《响水统计年鉴－2005》上公布数字为准。

滨海县统计局
关于2005年国民经济和社会发展统计公报

2005年，是“十五”计划的最后一年。全县上下在县委、县政府的正确领导下，以邓小平理论和“三个代表”重要思想为指导，认真贯彻落实科学发展观和宏观调控政策，全面推进改革发展稳定工作，凝心聚力，排难奋进，全县国民经济保持平稳较快发展，各项社会事业全面进步，和谐社会建设收到新的成效，全面建设小康社会的时序进度加快，较好地完成了国民经济和社会发展的预期目标。

一、综合

国民经济持续发展，运行质量明显改善。据初步核算并经省市统计局评估，全年完成地区生产总值80.03亿元，按可比价计算同比增长15.8%。其中，第一产业增加值23.2亿元，增长7.3%；第二产业增加值32.2亿元，增长23.3%；第三产业增加值24.63亿元，增长14.2%。人均地区生产总值7353元，按现行汇率折算为919美元。经济结构进一步优化，一、二、三产业增加值在地区生产总值中的构成比例为29：40：31。农业综合生产能力进一步提高，工业经济提速增效，固定资产投资快速增长，交通、通信、水利等基础设施得到加强，消费需求稳中趋旺，财政收入增长较快，金融运行平稳。

全面小康进程加快。据初步测算，到2005年底，滨海全面小康进程评价综合得分为69.8分，即全面小康实现程度预计达69.8%，比2004年的64.6%提高了5.2个百分点。从构成全面小康指标评价体系的四个部分看，经济发展部分的达标程度为55.5%，比上年提高了3.4个百分点；生活水平达标程度为64.6%，比上年提高了3.7个百分点；社会发展部分达标程度为78.1%，比上年提高9.2个百分点；生态环境部分达标程度92.3%，比上年提高了5.3个百分点。

二、农林牧渔业

农村经济持续发展。2005年全县实现农林牧渔业总产值48.03亿元，比上年增长14.2%。粮食总产量49.57万吨，比上年增长3.4%；棉花总产11638吨，比上年减少29.8%；油料总产13.45万吨，比上年减少3.4%。林牧渔业发展速度明显加快，实现产值24.93亿元，比上年增长17.6%。肉类总产量9.56万吨，增长6.7%；水产品产量7.51万吨，增长4.2%；农业区域结构、产业结构和品种结构继续得到优化，粮经种植面积比例51：49。新培植了一批农业龙头加工企业，且经济实力不断增强，带动了农业增效、农民增收，逐步形成农村经济的支柱产业。农村劳动力转移步伐加快，全年新增劳务输出1.2万人，累计达21.35万人，劳务输出已成为农民增收的重要渠道。

农业生产条件不断改善。农业机械化水平进一步提高。年末全县拥有农业机械总动力61.47万千瓦，比上年增长4.9%；大中型拖拉机5248台，比上年增长0.2%；小型拖拉机13751台，比上年下降1.6%；农用排灌动力机械7238台，比上年增长5.39%。全县农用化肥施用量（折纯）5.16万吨，比上年增长0.2%。

三、工业和建筑业

工业生产快速增长。2005年全县工业企业努力克服要素短缺的不利影响，继续保持高位平稳运行。全县完成工业增加值26亿元，比上年增长8.7%，占GDP比重达32.5%，其中158个规模以上工业企业完成增加值14.02亿元，比上年增长39%。非公有制工业增长强劲，全年私营工业增加值增长50.1%。全社会工业用电量29275万千瓦时，比上年增长38.5%。

工业经济运行质量有所提高。全年规模以上工业企业实现主营业务收入55.01亿元，比上年增长46.8%；实现利税总额4.52亿元，增长86.3%；利润总额2.27亿元，增长130.6%；工业产品销售率为98.1%，继续保持了较高的产销衔接水平。

建筑业发展较快。全县实现建筑业增加值6.2亿元，比上年增长25.8%。年内有资质施工企业承建施工面积133.4万平方米，竣工面积87.3万平方米，全员劳动生产率75320元/人。综合施工能力不断增强。

四、固定资产投资

固定资产投资保持较高增长。全社会固定资产投资完成额46.50亿元，比上年增长36.2%，其中技改投资27亿元，增长38.2%，是近几年来投资总量最多的一年。项目推进成效显著，全县开发实施固定资产投资50万元以上工业项目330个，其中500—1000万元84个、1000—5000万元93个、5000—10000万元13个，亿元以上5个。

五、交通运输和邮电业

交通运输能力明显增强。实现增加值6亿元，比上年增长11.3%。公路等级明显提高，年末县内等级公路总里程达1019.9公里，其中一级公路28.7公里，二级公路28.7公里，三级公路230.6公里，保证了客货运输稳定发展。全社会客运量159万人次，比上年增长57.9%；旅客周转量28017万人公里，比上年增长3.4%；全社会货运量1018.9万吨，增长10.8%；货运周转量197666万吨公里，增长2.3%。

邮政、电信业务总量增长较快。全县完成邮政、电信业务总量21010.6万元，比上年增长16.4%。年末城乡固定电话用户21.73万户，增长18.7%，其中市话年末用户9.28万户，增长5.1%，农话年末用户12.45万户，电话普及率每百户达120部。通信能力进一步增强，电话交换机总容量18.17万门。移动通信、多媒体网络、数据通信等电信业务发展强劲，全县计算机互联网用户及数字数据用户均比上年有较大增长。

六、国内、外贸易和市场物价

消费品市场购销两旺。在城乡居民收入较快增长和消费结构升级以及消费观念变化的双重影响下，全县消费市场明显趋旺。全年实现社会消费品零售总额204045万元，比上年增长19.9%。其中批发零售贸易业零售额172731万元，增长16.7%；餐饮业28704万元，增长44.3%；城市消费品零售额94877万元，增长17.8%；县以下消费品零售额109168万元，增长21.8%，占全县消费品零售总额53.5%。市场建设规模进一步扩大，年末拥有生产资料市场6个，消费品市场29个，劳务市场、人才市场、产权交易市场、房地产市 场各1个。对外贸易稳步发展。全县完成自营出口总额796万美元（海关口径），比上年增长60.2%；注册外资实际到账1023万美元；完成外经合作营业额2016万美元，比上年增长34.3%；全年新派出国劳务人员110人。

市场物价小幅上涨。居民消费价格总指数为102.3%，商品零售价格总指数为100.6%。

七、财政、金融和保险

财政收入增长较快。全年实现财政总收入5.03亿元，比上年增长35.8%。其中实现一般预算收入2.4亿元，增长39.3%。财政收入占GDP的比重由上年5.7%提高到6.3%。全县财政支出8.3亿元，比上年增长45.1%。

金融运行保持平稳。面对国家宏观调控，全县金融部门积极工作，为支持地方经济作出了贡献。金融机构年末各项存款余额466728万元，比年初净增52992万元；其中企业存款余额47320万元，城乡居民储蓄存款余额358844万元，比年初净增45904万元。金融机构年末各项贷款余额275577万元，比年初净增29250万元。

八、社会事业

科技工作得到加强。全县继续实施科教兴县战略，加快科技进步和创新，促进经济和社会协调发展。全年组织实施省级以上星火项目4项，实施省级科技发展及开发计划1项，实施市级新产品开发计划4项。科技进步在工农业生产经济增长中 的贡献份额越来越大。全县R&D经费占GDP比重为0.2%。

教育事业稳步发展。全县拥有普通中学36所，在校生74012人；小学104所，在校生64649；各级各类幼儿园210所，在园儿童16240人；特殊教育学校3所，在校生348人。素质教育继续得到重视和加强，基础教育质量稳步提高。全县高考成绩喜人，2005年被各类高校录取学生达3366人，高考录取率达61.22%。

文化、广电事业进一步发展。年末拥有艺术表演团体1个，电影放映单位29个，文化馆（站）16个，公共图书馆1个。群众文化、社区文化和文化产业建设取得新突破，在去年被国家授予“中国楹联之乡”称号之后，又被国家授予“中国诗词之乡”称号。新发展有线电视用户2.3万户，有线电视村297个，对县城老城区进行了网络升级改造。广播、电视人口覆盖率达到100%。

卫生事业不断进步。城乡公共卫生设施、医疗条件不断改善，预防保健工作成效显著，人民健康水平显著提高。年末全县拥有卫生机构49个，卫生工作人员2051人，其中卫生技术人员1619人；拥有病床1156张。农村卫生保健工作得到加强，拥有369个村卫生所，新型农村合作医疗参合率达82%。农村改水新增受益人口8万人，超额完成了省定的任务。

体育事业取得新成绩，竞技体育水平明显提

高。全县青少年运动员在市以上体育比赛中获得奖牌70枚，其中金牌11枚。全县共举办县级运动会7次，参赛人数达500人次，推动了全民健身运动蓬勃发展。

九、城市建设和环境保护

城市建设力度继续加大。全县围绕“五年再建一个新城区”的目标，从科学和谐、集聚人气、功能配套、提升品位出发，基本完成了县城总体规划第三轮修编前期工作。市区实现铺装道路面积119万平方米，建城区园林绿化面积316公顷。县自来水公司综合生产能力4.5万吨/日，全年供水量807万吨。2005年全县全社会用电量4.8亿千瓦时，同比增长23.9%；顺利完成了110千伏化工项目集中区变电所、35千伏通输变电所工程的施工建设工作和35千伏晋淮线、滨通线、通獐线等线路架设工程。全县电网管理工作实现了“数字化、信息化”。

环境保护和生态建设力度加大。全年用于环境保护方面的总投资达1.69亿元；全县列入工业污染达标排放工作考核的工业企业共19家，完成环境治理项目22个，主要污染物基本实现达标排放。年内设立的建设项目环境影响评价制度执行率100%。当年投产建设项目“三同时”执行率100%。全县建成烟尘控制区18.6平方公里，噪声达标区18.6平方公里。全县在上年顺利通过国家级“生态示范区建设”验收之后，正在向创建“生态县”目标迈进。

十、人口和人民生活

据公安部门统计，年末全县户籍人口109.04万人，比上年净增0.4万人，人口出生率8.41‰。人口死亡率5.03‰，自然增长率3.38‰。十城乡居民生活继续得到改善。全县在岗职工年平均工资为11559元，比上年增长11.7%；县城居民人均可支配收入6950元，比上年增长16.3%；农村居民人均纯收入4260元，比上年增长10.8%；城乡居民人均储蓄存款余额3297元，比上年增长14.7%。县城居民人均住房使用面积20.63平方米，农村居民人均住房面积22.03平方米，人居环境质量明量提高。

社会保障和福利事业进一步发展。年末全县参加失业保险职工3.2万人，参加养老保险职工3.8万人，参加医疗保险职工4.3万人，全年发放失业保险基金972万元。

2005年，全县国民经济和社会事业统筹协调发展取得了前所未有的成绩，但在经济运行和社会发展中还存在许多困难和矛盾，主要表现为：资源要素约束加剧，经济结构调整任务加重；工业经济总量仍然偏小，发展后劲不足；农业产业化经营水平不高，农民持续增收的难度较大；县乡财政压力仍然很大；社会保障和就业问题比较突出，城乡部分低收入家庭生活比较困难。这些困难和问题必须在今后的工作中高度重视，切实加以解决。

注：公报中地区生产总值和各业增加值绝对数按现价计算，增长速度按可比价计算。

阜宁县统计局
关于2005年国民经济和社会发展统计公报

2005年，全县人民在县委、县政府的正确领导下，坚持以邓小平理论和“三个代表”重要思想为指导，牢固树立和落实科学发展观，紧紧围绕全面建设小康社会目标，大力实施“以工强县、兴农富民”战略，经济运行质量不断提高，各项改革深入推进，对外开放进一步扩大，各项社会事业得到加强，人民生活水平继续改善，国民经济持续、快速发展，实现了年初确定的国民经济和社会发展预期目标，较好地完成了“十五”时期的主要任务。

一、综合

经济发展速度明显加快。据初步核算，2005年全县完成地区生产总值（GDP）85.04亿元，按可比价格计算，比上年增长14.4%，其中第一产业增加值22.15亿元，增长6.9%；第二产业增加值36.20亿元，增长19.6%；第三产业增加值26.69亿元，增长14.2%。全县人均GDP为7973元，比上年增加1322元。产业结构进一步调整，一二三产业的构成比例由上年的27.2：40.4：32.4调整为26.0：42.6：31.4。

劳动就业工作不断加强。年末全县从业人员42.1万人，比上年末增加6.18万人。城镇就业再就业工作成效显著。年末城镇就业人员达8.15万人，比上年末增加0.43万人，其中，国有和城镇集体、股份制等单位就业人员4.24万人，城镇私营个体就业人员3.15万人，从事社区公益岗位及灵活就业人员0.68万人。通过多种途径使3500多个失业人员实现了再就业。年末城镇登记失业率为3.7%，比上年下降了0.66个百分点。农村劳动力转移又有新进展，至年末全县累计转移劳动力19.68万人，比年初增长8.3%。

国民经济和社会发展中存在的主要困难和问题是：农民持续增收难度大，增收渠道不宽；结构调整任务艰巨，经济增长方式粗放；城镇就业、再就业形势依然严峻，少数低收入家庭生活仍然比较困难，社会保障体系还不够完善；工业经济缺乏支柱产业和龙头企业，税源经济发展缓慢。

二、农林牧渔业

农业生产形势良好。2005年，我县坚持把解决“三农”问题作为全县工作重点，先后战胜了干旱和台风等自然灾害，克服种种不利因素，农业经济稳定发展。全县实现农林牧渔业总产值49.94亿元，按可比价格计算，比上年增长7.5%。全年粮食总产70.69万吨，比上年增长10.7%，亩产431公斤，增加18公斤，棉花总产3252吨，油料总产2.63万吨；全年造林面积5471亩，育苗面积1527亩；全年肉类总产量14.69万吨，比上年增长4.9%；全年水产品总产量5.43万吨，增长12.4%。

农业生产条件继续改善。年末拥有农业机械总动力47.69万千瓦，比上年增长1.4%；农业综合机械化水平达78%，比上年上升2个百分点；农村用电量2.53亿千瓦时，比上年增长22.2%。年末耕地面积86388公顷，有效灌溉面积84300公顷。

三、工业和建筑业

工业生产快速增长。全年实现工业增加值30.7亿元，按可比价格计算，比上年增长19.4%，占地区生产总值的比重达36.1%。其中184家工业规模企业完成21.23亿元，增长23.0%。全年工业用电量5.2亿千瓦时，增长20.6%。

工业经济效益显著提高。184家工业规模企业全年实现主营业务收入88亿元，比上年增长32.2%；利税总额4.5亿元，增长31.2%；利润总额1.9亿元，增长42%。其中，开票销售超千万元企业71家，入库税金超百万元企业36家。

建筑业持续发展。全县建筑安装企业县内外实现增加值13.5亿元，连续五年列苏北第一，其中县内建筑业增加值5.5亿元，比上年增长20.6%，建筑业作为我县支柱产业之一，在全县农村剩余劳动力转移、农民收入水平的提高等方面担负了重要角色。

四、固定资产投资

固定资产投资增速明显。全年完成全社会固定资产投资36.51亿元，比上年增长40.3%。其中基本建设投资11.21亿元，增长39.9%，技术改造投资25.32亿元，增长40.6%。全县私营个体经济投资17.70亿元，比上年增长47.4%，已成为拉动投资增长最活跃的因素。

项目推进取得突破。全年完成工业技术改造投资额25.01亿元，比上年增长34.1%，占全部投资的比重为68.5%。全年共实施工业项目543个，其中超千万元项目187个，超亿元项目6个。

五、交通运输和邮电业

交通运输业快步前进。全年交通运输业实现增加值2.65亿元，比上年增长13.0%。客货运输稳步发展，全社会客运量达521万人，货运量544万吨，港口货物吞吐量139万吨。交通基础设施继续改善。年末公路通车里程1586公里，其中：等级公路816公里（一级33公里、二级275公里、三级16公里、四级492公里），内河航道通船里程548公里。农村基本实现村村通灰黑公路（或航道）。

邮电通信能力不断增强。邮政和电信全年完成邮电业务总量14958万元，其中邮政业务总量5134万元，电信业务总量9824万元；完成邮电业务收入14068万元，其中邮政业务收入3868万元，电信业务收入10200万元。年末电信电话用户达23.95万户，新增3.33万户，其中住宅电话用户17.52万户，新增1.18万户；小灵通用户5.38万户，新增2.09万户。移动和联通在我县快速发展，网通和铁通也已初具规模，进一步推动了我县通信事业的繁荣。至年末，我县每百户家庭拥有电话170.3部。

六、国内贸易和对外经济

消费品市场日益繁荣。全年完成社会消费品零售总额25.99亿元，比上年增长15.8%。其中批发零售贸易业21.65亿元，增长16.0%；餐饮业3.63亿元，增长16.6%。

开放型经济实现新突破。对外贸易增势强劲。随着国家出口退税政策的不断完善，调动了外资企业的积极性，全年完成进出口总额5779万美元，比上年增长10.2%。其中，自营出口总额4460万美元，增长17.1%。利用外资规模继续扩大。全年新批外资企业29家，注册外资实际到帐（新口径）2009万美元。对外经济技术合作稳步发展。全年完成外经合作营业额3263万美元，比上年增长29.2%；新派出国劳务人员2564人，比上年增加854人。

七、财政、金融和保险

财政税收平稳运行。2005年，我县努力克服全面取消农业税减收因素的影响，财税工作取得了较好的成绩。全年完成财政收入5.70亿元，同口径比上年增长27.3%，其中：上划中央收入完成1.90亿元，增长27.3%；地方一般预算收入完成2.69亿元，增长29.4%；基金预算收入完成1.11亿元，增长22.8%。全年财政支出8.57亿元，增长32.9%，实现了保工资、保运转、促发展的预定目标。财政收入占GDP的比重由上年的6.5%上升为今年的6.7%，提高0.2个百分点。

金融存贷持续增长。年末全县金融机构各项存款余额67.35亿元，比年初增加9.18亿元，增长15.8%；其中城乡居民储蓄余额55.34亿元，增加7.85亿元，增长16.5%；各项贷款余额27.76亿元，比年初增加1.17亿元，增长4.4%。保险事业快速发展。人民保险和人寿保险全年实现保费收入12265万元，其中财产险收入1243万元，人寿险收入11022万元，全年赔付3478万元。平安、太平洋等其他保险公司在我县也有较快发展。

八、科学技术和教育

科技工作成果显著。全年实施省级以上星火项目7个，其中国家级星火项目2个；列入省高新技术产品3个，市高新技术产品5个；通过省级科技成果鉴定9项，市级科技成果鉴定3项，获得市科技进步奖4项，申请专利150件，得到授权110件，其中发明13件。全年R&D经费支出占GDP的比重达0.36%。

教育事业稳步发展。2005－2006学年，全县拥有普通中学53所，在校生7.1万人；职业中学2所，在校生0.6万人；小学108所，在校生5.4万人。小学适龄儿童入学率、巩固率、升学率均为100%。初中适龄儿童入学率100%，巩固率99.9%，升学率82.7%；高中阶段教育毛入学率64.5%。学校办学条件不断改善。阜宁中学南校区已开工建设。

九、文化、卫生和体育

文化事业百花齐放。年末全县拥有艺术表演团体2个，公共图书馆1个，文化馆（站）21个，广播电台、电视台、有线电视台各1座，广播电视站20座。有线电视和互联网实现“村村通”。年末城乡有线电视用户达6.1万户，互联网用户达0.93万户，每百户家庭拥有电脑10.8台。

卫生事业健康发展。年末全县共有卫生机构30个，其中医院（含卫生院）26个，床位1115张，卫生技术人员1813人，其中执业医师和执业助理医师962人，注册护师（士）473人。卫生服务体系健全率达64.1%，农村自来水普及率达95.8%。

体育事业有了新突破。竞技体育获得省、市级奖牌22枚，其中金牌6枚，银牌7枚，铜牌9枚。学校学生体育达标率为85%，其中优秀率为17%。

十、城市建设和环境保护

城市规模继续扩大。新一轮县城总体规划全面实施，老城区功能进一步完善，新城区建设加快了步伐。2005年先后实施了城市基础设施、绿化会战和省级文明城市创建3大类51项工程，重点实施了阜城大街改造、通榆北路改造、城西路改造和小区整治等工程。城市面貌焕然一新。城镇人均拥有道路面积13.5平方米，绿化覆盖率达32.3%。

环境保护工作取得新成果。全县环境质量稳步提高，县城饮用水源水质合格率为100%，大气环境质量稳中有升，烟控区、噪声达标区符合功能区要求。2005年，我县通过了国家环保总局专家组对我县创建“以生态农业为基础，生态工业为主导，生态城镇为载体，城乡一体化为特色的农林复合型生态示范区”的验收，获得了“国家级生态示范区”殊荣。城乡环境明显改善。全县环境质量综合指数达90%，森林覆盖率达19%。

十一、人口、人民生活和社会保障

计划生育工作迈上新台阶。县政府在资金十分困难的情况下，加大对计生工作的投入，建成一座投资额1500万元多功能的县计划生育综合服务大楼。2005年，我县计划生育工作取得显著成绩，获得了“江苏省计划生育示范县”称号。全县计划生育率达98.5%。全年出生人口为11700人，出生率10.93‰；死亡人口为5996人，死亡率5.60‰；全年自然增长人口5704人，自然增长率为5.33‰。年末全县总人口106.66万人，其中非农业人口35.69万人，占33.5%。年末城镇人口38.74万人，城镇化率达36.3%。

城乡居民收入稳定增长。全县在岗职工平均工资11581元，比上年增加1462元；城镇居民人均可支配收入7002元，比上年增加762元；农村居民人均纯收入4420元，增加435元。全县年末人均储蓄余额有较大增加，达5188元，比上年增加763元。全县恩格尔系数为46.8%，居民文教娱乐服务支出占家庭消费支出达13.8%。城镇居民人均住房建筑面积29.2平方米，农村居民人均钢筋、砖木结构住房面积28.9平方米。

社会保障制度不断完善。全县城镇企业基本养老保险参保人数累计达3.46万人，参保率99.6%；失业保险参保人数累计达4.86万人，参保率99.8%；医疗保险参保人数累计达4.60万人，参保率82.2%；参加农村养老保险的人数达12.76万人；参加新型农村合作医疗的人数有57.6万人，覆盖面达82%。为改变社会保险征缴方式被动状况，我县今年组织实施了“五保合一”，确保了离退休人员养老金和下岗失业人员基本生活费的按时足额发放。

注：

1. 公报中地区生产总值（GDP）和各业增加值绝对数按现价计算，增长速度按可比价计算。

2. 工业规模企业是指全部国有和年销售收入500万元及以上的非国有工业企业。

3. 公报中部分指标为统计快报数，最终数据以《阜宁统计年鉴一2005》为准。

射阳县统计局
关于 2005 年国民经济和社会发展统计公报

2005 年，全县人民在县委、县政府的领导下，以邓小平理论和“三个代表”重要思想为指导，深入贯彻党的十六大和十六届五中全会精神，树立和落实科学发展观，全面推进各项工作，国民经济快速增长，社会事业不断推进，人民生活继续提高，全面建设小康社会的年度目标顺利实现。

一、经济发展

经济总量

综合实力不断增强，地方财力再上台阶。初步统计，全年完成地区生产总值 122.24 亿元，比上年增长 13.8%。其中，第一产业增加值 36.6 亿元，增长 6.8%；第二产业增加值 48.23 亿元，增长 18.6%；第三产业增加值 37.41 亿元，增长 13.9%。人均地区生产总值 11713 元，按现行汇率折算达 1440 美元。三次产业结构比为 29.9：39.5：30.6。全年实现财政总收入 81988 万元，增长 22.2%，其中一般预算收入 37160 万元，增长 30.7%。财政总收入占 GDP 比重 6.71%。

“十五”期间，全县累计创造地区生产总值 541.64 亿元，年均增长 14.2%，比“九五”快 2.3 个百分点，比“八五”“九五”时期 10 年的总和还多 113.94 亿元。

民营经济

私营企业发展迅速，民营经济彰显活力。全县私营企业 2181 户，个体工商户 21644 户；注册资本 23.3 亿元，其中私营企业 20.8 亿元，个体工商户 2.5 亿元；民营经济实现增加值 81.78 亿元，增长 14.6%，增速高出 GDP0.8 个百分点，占 GDP 的比重达 66.9%。

固定资产投资

投资规模稳步扩大，投资主体日趋多元。全年完成全社会固定资产投资 49 亿元，增长 36.6%。其中，城镇规模以上项目完成投资 21.6 亿元，比上年增长 38%；农村规模以上项目完成投资 24.9 亿元，比上年增长 19.4%；工业技改完成投资 30.9 亿元，比上年增长 39.8%。

“十五”期间，全县累计投资总量达到 141.3 亿元，为“九五”期间投资总额的 3 倍，超过建国以来前 50 年全部投资的总和。至“十五”期末，全县公路总里程达 2480 公里，其中干线公路 521 公里，农村水泥路 678 公里。

农业

结构调整成效显著，现代农业步伐加快。全县实现农业总产值 85.19 亿元，现价增长 7.1%；农作物总播种面积 321 万亩，粮食总产 76.8 万吨，比上年增长 1.7%；油料产量 4.37 万吨，下降 7.7%；棉花产量 5.26 万吨，下降 47.5%；水产品产量 16 万吨，增长 11.2%。特色优势日益显现，建成全省面积最大的 30 万亩高品质棉和 7 万亩南美白对虾生产基地。农业标准化成效显著，省级生态农业县创建顺利通过验收。农产品流通日益活跃，进超市产品总数已达 66 个。农民创业蓬勃发展，新增注册资本 3 亿元，新增劳动力转移 2.5 万人。

工业

工业生产较快增长，运行质量稳步提升。规模以上工业企业达 211 家，实现工业总产值 116 亿元，现价比上年增长 32%；实现工业增加值 32.42 亿元，可比价比上年增长 20.7%。在工业发展速度明显加快的同时，工业经济效益也实现了同步增长。2005 年全县规模以上工业实现主营业务收入 113.5 亿元，同比增长 32.5%；实现利税 7.4 亿元，增长 35.6%；利润 3.8 亿元，增长 37.6%；工业产销率为 98.3%，比上年提高 0.2 个百分点。

全年全社会用电量 81462 万千瓦时，同比增长 12.3%；其中，工业用电量 54649 万千瓦时，增长 16%；城乡居民生活用电 17345 万千瓦时，增长 4.5%。

建筑业和房地产业

建筑业和房地产业稳步发展。全年建筑企业施工的房屋建筑面积 24.33 万平方米，其中住宅 21 万平方米，房屋竣工面积 8.2 万平方米，其中住宅 21 万平方米，增长 6.5 万平方米；商品房销售面积 9.9 万平方米，商品房销售额 18675 万元，空置面积 1.22 万平方米。

邮电通讯和交通运输业

邮政业务稳步增加，电信事业加快发展。全年邮电业务总量18243万元，增长17.5%。公用通信能力提高，邮政新型业务迅速发展。年末固定电话用户297396户，新增39200户；移动电话用户201800户，新增3500户；国际互联网用户14682户，新增676户。

交通运能不断扩展，客货运量较快增长。新建、改建等级公路470.5公里，陈李公路（S226）射阳南段一级路改造工程，全长37公里；全县已建成农村公路678公里，268个行政村（居）实现“村村通”的267个，占99.6%；全县交通系统完成货运量250.9万吨公里，完成客运量201万人公里，港口货物吞吐量501万吨公里，水上货运量149.5万吨公里。恢复了射阳港至韩国、日本的近洋国际航线，港口吞吐量300万吨。

“十五”期间，交通基础设施累计完成投资投入10.2亿元（不含高速公路），其中公路投入9.86亿元；新建和改建等级公路1405公里，实现了我县“九五”时期无高速、无标准一级公路的零的突破，累计总里程2480公里；99.6公里的海堤公路射阳段全面建成，纵贯南北的省道S226线和横穿东西的4条省道等10条干线公路，构成了全县“三纵七横”公路网。

“十五”期间，港口建设成绩显著。建有千吨级码头4座，仓库容量3500吨，年吞吐能力700万吨以上；开通了射阳港一连云港一上海港、射阳港一青岛港等集装箱内支航线和韩国、日本及港澳地区等国际航线；2005年，港口完成营业收入3100万元，吞吐量360万吨，分别比“九五”期末增长106%、44%。

国内贸易和旅游业

消费需求不断扩大，城乡交易日趋活跃。全年完成社会消费品零售总额33.7亿元，比上年增长15%。分行业看，批发零售贸易业31.5亿元，增长15%；餐饮业2.2亿元，增长12.4%。分城乡看，县城消费品零售总额16.5亿元，增长14.7%；县以下消费品零售额17.2亿元，增长15.4%。分经济类型看，私营个体经济实现零售额18.9亿元，增长14.6%，占全县消费品零售总额的56.2%。“十五”期间，社会消费品零售总额年均增长11.4%，比“九五”期间快2.5个百分点。

旅游经济加快发展，产业规模不断壮大。全年接待海外旅游者79647人次，旅游外汇收入3万美元，星级饭店4个，客房总数262间。

金融保险业

金融运行态势良好，保险业务不断拓展。年末金融机构各项存款余额81.5亿元，比年初增加6.8亿元，其中储蓄存款余额62.5亿元，比年初增加5.3亿元；各项贷款余额52.2亿元，比年初增加6.2亿元，其中工业贷款12亿元，比年初增加1.7亿元。全年实现保费总收入1.5亿元，增长14%。

开放型经济

利用外资量质并举，对外合作稳步发展。全年新批外资项目30项，比上年增加14项；协议注册外资8100万美元，增长49.8%；注册外资实际到帐老口径4250万美元，新口径1800万美元。“十五”期间我县累计新批外资项目70项，协议注册外资11000万美元，注册外资实际到帐6500万美元，分别比“九五”期间增长15%、20%、45%。

对外贸易持续扩大，出口结构不断优化。全县完成进出口总额8000万美元，比上年增长5.8%，其中出口4250万美元，增长0.3%。“十五”期间出口持续增长，五年平均增速为17.3%。

二、社会事业

科学技术

科技工作稳步推进。星火支柱产业发展迅速，累计申报各类科技项目40项，批准立项21项，其中国家重点新产品1项、“863”计划1项、火炬项目7项、星火项目14项；省农业高新技术研究、农业技术攻关、科技兴海各1项。省高新企业2家，高新产品3个。被评为全国科技进步先进县。

教育卫生

教育事业全面发展。进一步加大农村中小学“六有”工程，投入资金4274万元；小学入学率、巩固率均达100%，初中入学率、巩固率分别达100%、99.6%，初中毕业生升学率85.3%，高考本科录取1556人，射阳中学本科达线率全市第三。县特殊教育学校创建成省特殊教育现代化示范校。

卫生条件不断改善，医疗资源合理配置。加强人禽流感等重大传染病防治，各类发病率比去年下降7.74%；城县社区和农村卫生服务机构建设加速推进，全县新型农村合作医疗覆盖面达88.6%；重点医院建设项目顺利推进。

文广体育

文广体育事业不断进步。组织农村文艺汇演，现代淮戏《海妈妈》在全县演出近40场，收到了较好的社会效益；为净化文化市场，收缴非法音像制品5万多张，取缔6个黑网吧；广播、电视覆盖率均为100%；广播、电视节目富有特色，贴近群众；竞技体育84公斤摔跤获第10届全运会第6名，参加省比赛获金牌3枚、银牌4枚，获全国残疾人运动会3枚金牌。

就业与社会保障

劳动就业再就业工作成效显著。全年提供就业岗位7140个；实现净增就业6360人；实现下岗失业人员再就业3651人，对下岗失业人员实施再就业援助1364人；农村劳动力培训13142人，新增劳务输出19512人；城镇登记失业率3.6%，全县征收各项社会保险费18952万元，比上年增长22.6%，城镇劳动保障三大保险各自覆盖面95.2%。

社会福利和救济

社会福利收养性单位数22个，社会福利收养性单位床位数725张；社区服务设施数48个；居民最低生活保障线以下人数14814人，其中城镇居民2686人，保障率均达100%；农村传统救济人数54000人；参加农村合作医疗的人数60.91万人，参加农村养老保险的人数20.2万人。

三、城乡建设与生态环境

城乡建设

县城城市质量进一步提升。占地40公顷的后羿公园对市民开放，步行街及兴阳广场一期工程竣工开业；黄海桥建成通车，达阳路、北环路、双拥北路拉大了县城南北框架，土地资源效应充分显现；车站地段成功出让，为车站西迁、四站合一创造了条件；日处理污水2.5万吨的污水处理厂和主干管网正在紧张施工；高品位打造县城容貌亮点，完成了兴阳路等10余段路桥的亮化线路整改；新建4座地坑式垃圾中转站，1座压缩式中转站；建成区绿化覆盖面积380.8公顷。

生态与环境

县域生态环境质量有所改善。空气环境中SO2、NO2、TSP的平均浓度分别为0.013mg/m3、0.018 mg/m3、0.087 mg/m3，均符合国家标准；空气质量级别达到良好以上的明显增加，比去年提高了17.8个百分点；县城饮用水源水质达标率为96.7%，比去年提高了1.1个百分点；县内黄沙港、射阳河、新洋港、小洋河4条主要河流断面水质的水质达标率为93.2%，比去年提高了0.8个百分点；县城建城区域内平均等效A声级为56.9分贝，符合国家二类标准；道路交通噪声污染严重，平均等效A声级为75.4分贝，超过国家4类区标准5.4分贝；建成区绿化覆盖率46.1%；森林覆盖率18.7%，环境质量综合指数81.9%。

四、人口与人民生活

人口

人口保持低速增长。2005年末，我县总户数为36.1万户，户籍总人口为104.37万人，比上年末仅增加298人，增长0.03%。在总人口中，男性为53.36万人，女性为51.01万人。全县登记出生人口8876人，死亡人口4591人，非农业人口43.3万人，城镇人口39.39万人，暂住人口(一个月以上)3.14万人。

人民生活

居民收入持续提升，富民步伐不断加快。城镇居民人均可支配收入7828元；农民人均纯收入4965元，增长10.6%；城乡居民人均储蓄存款余额5988元，增长9.3%；在岗职工平均工资11499元，增长10.7%。

注：

1、公报中地区生产总值和各产业增加值绝对数按现价计算，增长速度按可比价格计算。

2、规模以上工业统计口径为全部国有和年销售收入500万元以上非国有工业企业。

3、公报部分指标值为初步核算数，最终数以《射阳统计年鉴－2005》上公布数字为准。

建湖县统计局
关于2005年国民经济和社会发展统计公报

2005年是实施“十五”计划的最后一年，也是全面建设小康社会的承上启下之年。在县委、县政府的正确领导下，全县认真贯彻落实党的十六大、十六届四中全会精神和科学发展观的要求，紧紧围绕县委年初确定的工作思路和工作目标，以经济建设为中心，不断深化各项改革，着力推进体制创新和技术创新，深入开展全民创业活动，努力扩大投资和消费需求，大力发展各项社会事业，推进城市基础设施建设，国民经济主要指标实现了快速增长，各项社会事业也得到了较快发展，全面完成了年度经济和社会发展的预期调控目标。

一、综合

“十五”时期，既是我县国民经济倍增发展、综合实力全面提升的时期，也是城市和基础设施建设步伐加快、城乡面貌显著变化的时期，更是各项事业全面进步、实现富民优先战略、和谐社会建设初见成效的重要时期。“十五”期间，全县累计完成地区生产总值404.1亿元，是“九五”时期的1.73倍，年均递增12.2%；累计实现财政总收入29.62亿元，是“九五”时期的2.54倍，年均递增23.8%，其中一般预算收入年均递增17.8%，是财力增加最多的时期；五年累计完成固定资产投资146.3亿元，是“九五”时期的2.79倍，年均递增30.2%，其中工业技改投资年均递增40.4%，是招商引资力度空前、项目推进成效显著的五年；累计实现社会消费品零售总额121.73亿元，是“九五”时期的1.63倍，年均递增11.3%；“十五”期间城镇单位在岗职工平均工资年均递增10.1%，农民人均纯收入年均递增6.8%，人均储蓄存款达7737元，年均递增16.9%，是城乡居民收入增长较快的时期；“十五”时期同时也是我县改革取得重大突破、民营经济得到迅猛发展、经济结构调整取得显著成效的历史时期。“十五”期间国民经济和社会发展取得的各项成绩，为我县努力实现“两个提前”奠定了坚实的基础。

据初步核算，2005年全县完成地区生产总值101.88亿元，按可比价比上年增长14%，其中第一产业完成增加值20.8亿元，增长7.2%；第二产业完成增加值50.2亿元，增长17.2%；第三产业完成增加值30.88亿元，增长14%，按户籍人口计算人均地区生产总值达12703元，折1580美元，三次产业的结构调整为20.4：49.3：30.3，财政总收入占GDP的比重为8.58%，比上年提高了0.64个百分点，一般预算收入占GDP的比重为3.76%，比上年提高了0.28个百分点。经济运行中存在的主要问题：一是经济总量还不大，产业层次偏低、产品科技含量和经济外向度不高，总体竞争能力还不强；二是农业集约化、产业化、市场化程度不高，农民收入持续增长的机制还没有完全形成；三是财政收支平衡压力大，部分镇财政运转艰难、镇村债务制约着基层的经济与社会事业发展；四是社会事业发展相对滞后的状况还没有完全改变，社会保障体系尚不够完善，影响社会稳定的各种因素依然存在，提前建成全面小康社会的压力还很大。

二、农林牧渔业

在党中央、国务院一系列扶农惠农政策的指引下，全县农业生产的热情空前高涨，农业经济继续保持了较快增长。据统计，全县完成农林牧渔总产值42.74亿元，比上年增长11.5%，实现农林牧渔增加值20.8亿元，同比增长7.2%。全年粮食作物播种面积86767公顷，比上年增加4.6%，完成粮食产量59.3万吨，比上年增产8.9%，其中稻谷产量37.14万吨，增产7.2%；棉花播种面积5133公顷，减少11.1%，棉花产量为5387吨，比上年减产37.8%；油料播种面积6438公顷，增10.9%，油料总产量1.75万吨，增长13.1%。

农业产业化经营快速发展，标准化建设步伐加快。生猪饲养量63.7万头，增3.5%，生猪出栏39.29万头，增13.4%，生猪年末存栏31.45万头，增16.7%；羊的饲养量为58.3万只，增14.9%，当年出栏23.85万只，增15.9%，羊年末存栏34.76万只，增15.1%；全年家禽饲养量2187万只，增5.2%，出栏1427万只，增15.4%，家禽年末存栏969.5万只，增13.1%，全年禽蛋产量7.01万吨，增2.2%，肉类总产量4.6万吨，增长7.2%。水产养殖面积19.1万亩，水产品总产量

8.19万吨，增4.3%，其中鱼类产量5.61万吨，增12.1%，虾蟹类产量2.16万吨，增14.6%。当年造林面积270公顷，成片造林及完善农田林网21.6万亩，以意杨为主的绿色通道工程得到国家林业局认可。年末实有桑园面积671公顷，蚕茧产量13653担，比上年略有下降；年末实有果园面积873公顷，园林水果产量2.34万吨，与上年基本持平。

全县现有农产品龙头加工企业60家、农产品专业市场20个，专业合作社19个、专业协会27个、各类农民经纪人1.6万多人；优质农产品认证方面，拥有有机食品1个、绿色食品2个、无公害产品3个、当年新增无公害产地8个、新创市级以上农业品牌14个，进超市农产品39个。

农村劳动力转移工作取得新的成绩，加大对农村劳动力的文化及技能培训力度，新转移农村劳动力1.28万人，累计转移农村劳动力16.22万人，比上年增8.6%，转移率达58.74%，劳务收入对全县农民收入增长的贡献率继续提高；全面落实党在农村的各项政策，2005年发放粮食、良种和农机补贴1881万元，全部免征农业税，减轻农民负担5257万元，促进了农民增收。

农业基础设施建设力度加大，疏浚河道505公里，加固圩堤115公里，完成水利总土方735万方；农业机械化进程加快，全年新增大中型农机具453台套，其中高性能收割机98台、插秧机具305台，水稻种植机械化水平在全省名列前茅，农业生产综合机械化水平达78.2%，年末全县农机总动力35.37万千瓦，其中排灌动力机械8万千瓦，机电灌溉面积6.35万公顷，机械植保作业面积7.86万公顷，农机化作业收入1.57亿元，其中跨区作业收入0.53亿元。土地整理工作得到加强，恒济、颜单、沿河等镇土地整理项目被列为省重点支持项目，省投资重点开发项目新增耕地389公顷，土地开发项目库项目新增耕地133公顷。

三、工业和建筑业

进一步确立工业立县的发展战略，努力克服制约工业经济发展的各种不利因素，不断加大工业经济的组织推进力度，全县工业经济继续保持快速增长的良好态势。截止2005年底，全县定报工业企业已发展到279家，全县定报工业企业全年完成工业增加值28.8亿元，增长20.7%，实现工业主营业务收入108亿元，增长28.8%、实现工业利税8.6亿元，增长31.2%、完成工业利润4亿元，增长42.3%，全社会工业用电量达4.42亿千瓦时，比上年增长23.8%，其中定报企业工业用电量2.8亿千瓦时，同比增长23.6%。

积极培育产业集群，产业特色日趋明显。全县六大支柱产业均已建立了行业商会，石油机械产业被省列入20个重点培植的产业集群，皮鞋及鞋材、石油机械、绿色照明被列入市12个重点培植的产业集群，国内最大的绿色环保乳胶手套项目落户建湖并开始投产。工业品牌创建成效显著，全县拥有森达、克胜2个中国驰名商标、中国名牌产品2个、省级著名商标和名牌产品16个；森达集团跻身“向世界名牌进军、最具国际竞争力的中国16家企业”行列，拥有7个免检产品；技术创新工作取得新的成绩，全县拥有省级企业技术中心2家，市级企业技术中心21家，建成国家级油气井口设备质量监督检验中心，石油机械研发平台成为全市首家市级研发平台。

深入开展全民创业，大力发展民营经济，全县私营个体经济得到继续扩张。全年新发展私营企业515家，个体工商户2200户，新增从业人员0.79万人，注册资本3.24亿元，其中私营工业企业新增注册资本1.9亿元。

建筑业坚持以做大做强为目标，积极实施市场拉动、名牌牵引、规模推进和错位竞争四大战略，努力实现建筑业的提速增效，2005年完成建安产值55亿元，同比增长22%，完成县内建筑业增加值5.5亿元，增长23.6%。建业集团被评为“江苏省建筑业最佳企业”。

四、固定资产投资

始终坚持以项目推进为主线，全县上下把招商引资、项目推进作为组织经济工作的有效措施，全年完成全社会固定资产投资47亿元，比上年增长33.3%，增幅提高了10个百分点。在总投资中完成基本建设投资14.3亿元，同比增长22.7%，完成工业技改投资32.7亿元，增长40.2%，完成房地产开发投资4.86亿元，增长8.5%，完成城镇固定资产投资22.8亿元，增长36%。

全年实施超千万元项目186个，完成投资15.7亿元，其中5000万元以上项目36个，完成投资5.3亿元，亿元以上项目18个，完成投资10.2亿元。森达生物工程、穗特数控机床、裕安绿色乳胶、剑牌化学工业城等超亿元重大工业项目相继开工建设；金基东方广场、德容装饰城等大型市场建设初具规模，列入县重点服务业项目的江苏里下河物流中心和县人民医院综合病房楼建设项目正式启动。

房地产开发品味提升，全年开工总面积达48万平方米，金基东方广场、振亚国际广场、东方御花园、明星城、清华苑、阳光水城、金阳花园等楼盘销售火爆，为我县房地产业引入了绿色、健康、和谐的新理念。

农村道路建设投资8500万元，建成农村公路205公里，盐淮高速公路建设进展顺利；新建和改造城市、农村电网43公里，电网结构进一步优化；县城北污水处理厂一期工程竣工并投入试运营；国土大厦和行政审批中心等建设项目竣工并交付使用。

五、国内贸易和对外经济

在国家扩大内需、鼓励消费政策的推动下，随着城乡居民收入水平的不断提高，我县的消费品市场也呈现出异常的活跃。据统计，全年实现社会消费品零售总额30.6亿元，比上年增长15%，是“十五”期间增幅最高的年份。城乡消费均实现较快增长，县的零售额实现的16.4亿元，增长17.3%，县以下的零售额完成14.2亿元，增长12.4%；从分行业看，批发零售业实现27亿元，增长13.3%，餐饮业依然保持旺盛的增长势头，全年完成3.4亿元，增长28.1%，其他完成0.21万元，增长57.2%。居民的消费结构和消费层次都在发生着深刻的变化，住房、私家车、通信、教育、旅游、文化娱乐等消费持续增长。

市场建设稳步推进，发展层次不断提升。投资1.8亿元的金基东方场商贸核心区架构已初步形成，投资超亿元的中捷钢贸城启动建设，引资1200万元和1500万元的建湖商场、粮贸大厦改造工程顺利实施，德容装饰城正式开盘，按四星级标准建设的凯悦大酒店基本竣工；肯德基、五星电器等著名商家落户建湖，宝隆银楼、千年翠钻、通灵翠钻等一批品牌专卖店相继开业，供销系统新办省级三星级为农服务社3个；旅游业快速发展，中国城乡规划设计院编制了九龙口开发建设总体规划，其整体开发取得较大进展，九龙口风景区被批准为国家AA级风景区和省级风景名胜区，建湖宾馆、华都饭店、冠华苑大酒店荣膺三星级涉外旅游饭店；新兴服务业发展步伐加快，会务展示、广告策划、信息咨询、调剂拍卖、劳务中介等各类商务中介应运而生，成立了民营阳标担保公司。服务业全年实现税收1.56亿元，同比增长22.5%，吸纳就业人员12.9万人，约占全社会从业人员的33%。

全面扩大对外开放，“三外”工作取得新的成绩。对外贸易稳定增长，全县自营出口企业发展到33家，出口商品市场达到45个国家和地区，全县实现进出口总额7557万美元，增长30.7%，其中自营出口5724万美元，增长45.7%，外贸依存度提高到6%；利用外资取得显著成绩，全年新批外资项目30个，协议利用外资6300万美元，增长154%，注册外资实际到帐2088万美元增长166%；外经合作再创新高，成立全省首家县级外派劳务培训中心，全年新签外经合同额9132万美元，完成外经营业额8950万美元，比上年增长32.4%，新派出国劳务4650人，比上年增加1630人，年末在外劳务达7070人。

六、交通和邮电业

加快交通建设步伐，努力改善投资的交通环境。全县完成交通投资7165万元，实施了农村公路、县开发区热电路等重点工程建设，建成农村公路205公里，累计近900公里，全县农村班车通达率达95.3%，再次被省表彰为“农村公路建设先进单位”；盐淮高速公路建设进展顺利、规划的国家内河二类对外开放口岸的江苏里下河物流中心被列为省服务业重点项目并已正式启动。年末境内公路总里程1140.5公里，其中一级公路59公里。新长铁路客运业务全面营运，交通系统完成客运量585万人，旅客周转量38260万人公里，全社会货运量2243万吨，货物周转量143345万吨公里，比上年分别增长7.6%和6.3%。汽车拥有量不断增加，年末民用汽车拥有量达5639辆，其中小汽车拥有量已达3778辆。

经济的发展和人民生活的提高促进了邮电事业的快速发展。2005年全县完成邮电业务总量26168万元，比上年增长23.2 %，邮电业务收入24577万元，增长25.8%。贯通以光纤为传输媒介的局域网络，各类通讯工具迅速增加，截止2005年末本地固定电话用户达25.06万户，比上年新增4.34万户，其中城市电话用户13.36万户，比上年新增4.02万户，年末移动电话用户15.6万户，新增加1.8万户，小灵通用户7.2万户，新增加2.2万户；互联网用户达1.27万户，企业上网用户达1566家，网通和铁通正式落户建湖。

七、财政、金融和保险业

2005年，财税工作紧紧围绕“双倍”目标，克难奋进，大力组织财政收入、调整和优化财政支出结构，促进了全县经济和社会事业的发展。全县实现财政总收入87368万元，同口径比上年实绩增长28.3%。在财政总收入中，完成地方一般预算收入38336万元，增长36.9%，上划中央收入29635万元，增长11.4%，基金预算收入19397万元，增长43.7%，县本级完成财政总收入41310万元，增长36%。镇（区）财政收入继续保持较快增长，全年完成财政总收入50269万元，增长22.6%，其中完成一般预算收入22454万元，增长18.7%。近湖镇总收入超2亿元，开发区财政收入达4232万元，超3000万元的有庆丰和建阳镇、超2500万元的有恒济、颜单和上冈镇，蒋营镇超2000万元，有4个镇超1000万元，冈西、冈东和宝塔镇的财政收入均已超800万元。全县人均财政收入达1088元，人均一般预算收入也达478元。全县实现财政支出86686万元，增长32.7%。在总支出中，科技三项费用和科学支出1262万元，增长84.8%，农业支出6578万元，增长25%，文教卫生事业费25331万元，增长18.2%，抚恤和社会福利救济支出2886万元，增长79.1%，社会保障补助支出3139万元，增长95.3%，城市维护费2816万元，增长95.4%，公检法司支出5538万元，增长14.1%，行政管理费支出8439万元，增长24.9%，基金预算支出20333万元，增长70.5%，县本级实现财政支出68641万元，增长29.3%。

金融运行基本平稳，存贷款余额继续得到较快增长。年末全县各金融机构本外币存款余额80.31亿元，比年初增加11.91亿元，增长17.4%，其中居民储蓄存款62.13亿元，比年初净增加8.59亿元，增长16%，人均储蓄存款达7737元；年末各项贷款余额46.67亿元，比年初净增加4.6亿元，增长10.9%，其中短期贷款达37.83亿元，净增加3.12亿元、农业贷款10.27亿元，净增加2.49亿元，个人中长期消费贷款余额15211万元，增长8.9%，全县存贷差33.64亿元，存贷率为58.1%。

保险业继续得到较快发展，市场主体不断增加，人保公司和国寿公司全年承保额102亿元，比上年增长27.5%，全年保费收入16156万元，增长23.2%，其中寿险保费收入14600万元，财产险保费收入1556万元。支付各类赔款及给付3367万元，其中寿险赔款及给付1681万元，财产险赔款1686万元。

八、城市建设和环境保护

城市和基础设施建设明显加快。完成了县城总体规划第四轮修编，在全市各县（市、区）中率先建成城市规划实景沙盘及影像演示系统；县城建成区面积达16平方公里，常住人口16.5万人，城镇化水平接近40%；加强对创建省级文明城市工作的领导，大力开展县城环境综合整治，对县城7条主干道两侧350多幢楼宇实施出新改造工程，县城面貌焕然一新，一举建成省级文明城市，成为第三批苏北唯一获此殊荣的县份。县城绿化、亮化、美化建设取得新进展，城市绿化覆盖率达35.5%，森林覆盖率达16%，城镇人均拥有道路面积11.5平方米，人均公共绿地达10.5平方米，精心打造的西塘河风光带成为县城的标志和充分体现建湖历史文化底蕴、水乡风貌特色和现代化气息的新景观。

统筹经济、人与自然的协调、和谐发展，经过全县人民的共同努力，建成国家级生态示范区。生活垃圾无害化处理率达100%；城北污水处理厂建成投入使用，工业废水排放量1019万吨、排放达标率为100%，生活污水处理率达60%；工业二氧化硫排放量1866.5吨，去除量1366.7吨；烟尘控制区面积达14.2平方公里，环境噪声达标区总面积14.2平方公里，环境质量综合指数为80.2%；城市环境基础设施建设本年完成投资额15633万元，比上年增长61.2%，工业固体废物综合利用率100%，三废综合利用产品产值达5004万元。

九、各项社会事业

加快实施科教兴县战略，科技进步对工农业的贡献份额分别达40%和57.9%，荣获“全国科技进步先进县”称号。全县通过鉴定的新产品4个，通过科学技术鉴定和验收的项目22个，3个新产品列入国家重点科技新产品计划，4个产品列入省高科技产品计划，专利申请受理量166件，专利申请授权量41件，其中发明2件。高新技术产业化和科技成果转化步伐加快，森达制鞋工程研究中心通过省级验收、克胜集团被认定为国家级高新技术企业、特达钻采公司被省列为江苏省知识产权百强企业。全县拥有各类专业技术人员24289人，其中具有中级技术职称以上的专业人员6832人，农业技术人员682人。

以县为主的义务教育管理体制得到落实，教育事业整体水平进一步提高，县职教中心成为国家级中等职业学校和国家级农民科技培训星火学校，高标准通过省“六有”工程建设验收。目前全县有各类学校104所，其中普通中等专业学校1所、普通中学30所、职业高中2所、技工学校1所、小学70所；当年毕业生总数33622人，其中普通中学毕业22419人，小学毕业9489人，中专、职中和技校毕业1714人；当年招生24419人，其中普通中学招生15535人，小学招生5265人，中专、职中和技校招生3619人；年末在校学生总数104562人，其中中专、职中和技校生8581人、高中在校生17879人、初中在校生37510人、小学在校生40583人；学龄儿童入学率和小学毕业生升学率均为100%。高中阶段教育毛入学率达70.3%，高中毕业生升学率75.4%；专任教师总数6601人，其中普通中学教师3611人、小学教师2633人；全县有幼儿园136所，在园幼儿总数15140人。

群众性文体活动蓬勃开展，县文化馆被评为“国家一级文化馆”，广电部门的宣传质量和服务水平明显提高，广播和有线电视的入户率不断提高，实现村村通电视；年末全县共有剧场、影剧院15座，公共图书馆16个，图书总藏量319.8千册。

农村公共卫生体系建设进一步完善，镇村卫生组织逐步健全，社区卫生服务工作不断扩大，公共卫生防控体系建设进一步深化和完善，县级治疗卫生的技术装备水平有了较大提高，基本达到了小病就地医疗、大病不出县的要求。年末共有各类卫生机构96个，其中等级医院4个、卫生院17个；卫生机构床位1686张，其中医院770张、卫生院876张；全县卫生工作人员2285人，卫生技术人员1839人，其中执业医师和执业助理医师830人，注册护士517人，卫生防疫人员65人，医院和卫生院的技术人员1566人；产妇住院分娩率达100%，婴儿死亡率为8‰，比上年下降4.71个千分点，5岁以下儿童死亡率为11‰，比上年下降了8.34个千分点。

十、人口、人民生活和社会保障

人口和计划生育工作成效显著，省人口与计划生育示范县创建工作通过验收，荣获“全国婚育新风进万家活动先进县”称号，计划生育率达98.9%。年末全县总人口为802999人（公安户籍人口），比上年增加2250人，在总人口中非农业人口为279888人，占34.9%，城镇人口314775人，占39.2%；男性人口414684人，占51.6%，女性人口388315人，占48.4%；18岁以下人口166193人，占20.7%、18－60岁的人口为517447人，占64.4%、60及60周岁以上的老年人口达119359人，占14.9%；全年累计出生8785人，出生率为10.96‰，婴儿性别比为111.4：100；比前几年有较大幅度的下降，全年死亡4113人，死亡率为5.13‰，全年人口自然增长率为5.83‰。

人民生活水平得到新提高。据对城镇100户居民家庭的抽样调查，全年城镇居民人均可支配收入达8052元，比上年增长13.6%；人均消费性支出为5879元，其中食品支出2298元，城镇居民的恩格尔系数为39.1%；年末全县城镇集体以上单位从业人员50190人，其中在岗职工人数为48512人，比上年增长4.5%，从业人员平均劳动报酬12384元，比上年增长16.7%，其中在岗职工年人均工资收入12535元，比上年增长15.8%。根据对农村住户的抽样调查，全年农村居民人均纯收入4833元（省核定数），按同口径比上年增长10.8%，为“十五”期间农民收入增幅较高的年份；农民人均生活消费支出3036元，比上年增长18.9%，其中食品消费支出1385元，比上年下降11元，农村居民的恩格尔系数为45.62%。城乡居民的居住条件进一步改善，城镇居民的人均住房建筑面积达32平方米，农村居民人均钢筋、砖木结构住房面积达31.5平方米。

强化爱民之心、细化为民之策，硬化惠民之举，全县社会保障体系进一步完善。实行积极的就业政策，全年城镇净增就业人数6193人，年末失业登记率为3.01%控制在较低水平；大力度推进社会保险扩面征缴工作，养老、医疗保险扩面分别净增8000人和3000人，年末基本养老保险缴费人数达4.2万人。失业保险缴费人数达5.37万人、医疗保险缴费人数达4.7万人，养老、失业、医疗保险基金征缴分别达6556、815和3800万元，征缴率达92%以上；新型农村合作医疗改革推进顺利，实际参加人数达42.7万人，参合率达84.2%，参合农民受益面达21.3万人次，补偿总额达460.93万元，已有5000多名大病农民获得了补偿，其中累计补偿万元以上的患者达20人；大力推行企业养老保险费核征制，保证了全县1.4万多名企业离退休人员养老金的按时足额发放；社会救助体系日益完善，建立了城乡居民最低生活保障制度，实现了应保尽保，全年抚恤和社会福利救济支出2886万元，增长了79.1%，社会保障补助支出3139万元，增长95.3%，建立了农村计划生育家庭奖励扶助制度。

社会福利事业稳步推进，全县年末共有社会福利收养性单位16个，收养床位1800张；社区服务设施16个，居民最低生活保障已保人数达15865人，其中城镇低保居民4499人，农村传统救济人数11366人。

东台市统计局
关于2005年国民经济和社会发展统计公报

2005年，全市上下以邓小平理论和“三个代表”重要思想为指导，以科学发展观统领经济社会发展全局，紧紧围绕“领先苏北，争先苏中，率先全面建成小康社会”的发展目标，大力推进“以工兴市、五化联动”发展战略，迎难而上，奋力拼搏，国民经济继续保持快速稳定增长，连续五届跻身全国县域经济基本竞争力百强县，列第66位，苏北第一位。按照“六个更加”和“惠及全体人民”的要求，着重体现“富民优先、科教优先、环保优先”，促进社会经济协调发展，全面小康建设取得了突出成绩。城乡居民生活质量得到进一步改善，各项社会事业不断推进，为“十一五”时期经济社会发展打下了坚实的基础。

一、综合

初步核算，2005年全市实现地区生产总值167.91亿元，按可比价计算增长15.0%，创“九五”以来最高增速。其中，第一产业41.15亿元，增长7.5%；第二产业74.07亿元，增长20.6%；第三产业52.69亿元，增长14.2%。按常住人口计算，全市人均地区生产总值达到14846元，增长17.1％。

经济运质量进一步提高。全市三次产业结构调整为24.5：44.1：31.4，二三产业比重达75.5%，比上年提升1.5个百分点。第二、第三产业对全市经济增长的贡献率分别为65.9%和26.7%。财政一般预算收入占GDP的比重为3.16%，较上年提高0.81个百分点。全面小康建设实现程度持续上升，综合得分82.31分，比上年增加4.26分。

二、农林牧渔业

2005年市委、市政府继续把农民增收放在“三农”工作的核心位置，积极调整农村产业结构，大力实施“百万亩蔬菜提质增效、百万只山羊增养、百万公斤特种水产品增养和蚕桑扩量夺冠”四大工程，努力克服干旱、台风等突发性自然灾害的影响，突出发展短平快增收项目，促进了农业和农村经济的稳步发展。

全年实现农业总产值92.99亿元，按可比价计算增长7.2%；粮食生产夏增秋减，全年粮食总产与上年持平。全年粮食种植面积183.25万亩，其中夏粮种植面积72.84万亩，比上年减少1.97万亩，秋粮种植面积110.42万亩，比上年增加1.41万亩，全年蔬菜种植面积55.08万亩，比上年增加4.77万亩。粮食总产量68.19万吨，下降0.3%；棉花总产量2.4万吨，下降31.8%；油料总产量10.65万吨，增长6.1%；蔬菜总产量160.02万吨，增长22.0%。

全市畜牧业生产克服禽流感等不利因素的影响，家禽出栏和肉蛋产量继续保持全省领先地位。猪出栏76.82万头，羊出栏247.78万头，家禽出栏2920.66万只，肉类总产量10.2万吨；禽蛋总产量34.81万吨，比上年增长7.9%。蚕茧产量1.44万吨。

全年完成水产品总量13.36万吨，增长5.1%。其中，海水产品产量7.44万吨，增长3.3%；淡水产品5.82万吨，增长5.7%。

全市年末无公害农产品基地突破10万亩，优质无公害农产品认证品牌突破10个，有机食品2个，绿色食品12个，进超市农产品90多个。

全市机播面积达83.4万亩。全年农机化作业收入24690万元，跨区作业收入4050万元。农用机械总动力68.07万千瓦。

三、工业和建筑业

2005年，我市工业企业积极应对国家宏观调控，在上年快速增长的基础上继续保持高位平稳运行。全年规模以上定报工业企业实现增加值37.6亿元，增长24.1%，其中私营工业实现增加值18.04亿元，增长18.2%。全市工业用电量10.3亿千瓦时，比上年增长30.9%。

经济运行质量继续提高。全年规模以上工业企业主营业务收入152亿元，比上年增长29.2％。实现利税总额12.8亿元，增长27.4％，其中利润总额5.5亿元，增长30.1%。工业产品产销率为97％，保持了良好的产销衔接水平。

重点企业支撑作用突出。20家大中型工业企业全年共实现主营业务收入60亿元、利税5.8亿元、利润 2.7 亿元，占全市定报工业的比重分别为 39.4%、45.8%、48.2%。

建筑业进一步发展。2005 年全社会建筑业实现增加值 10.59 亿元，比上年同期增长 24.4%，全市具有资质级的总承包和专业承包建筑企业实现建筑业总产值 13.1 亿元，比上年同期增长 10%，施工面积 193 万平方米，比上年同期增长 8.2%，竣工面积 110.5 万平方米，比上年同期增长 13.4%。

四、固定资产投资

固定资产投资快速发展。2005 年全市全社会固定资产投资 70 亿元，比上年增长 38%。其中：城镇投资 35 亿元，比上年增长 35.5%；农村投资 35 亿元，比上年同期增长 28%。

工业投资增长迅速。2005 年工业投资 39.8 亿元，比上年增长 40%。实施工业技改项目 900 个，其中千万元以上项目 210 个，亿元以上项目 10 个。分别比上年同期增长 87.9%，1066%，900%。

房地产开发迅猛发展。2005 年全市房地产投资 9.7 亿元，比上年增长 150%。其中住宅投资 6.6 亿元，比上年同期增长 120%；商品房施工面积 58.4 万平方米，其中新开工面积 17.5 万平方米，商品房竣工面积 27.2 万平方米；商品房销售面积 19.7 万平方米，其中住宅销售面积 15.4 万平方米。

民间投资蓬勃发展。2005 年全市民营企业及个人投资达 62 亿元，比上年增长 29.1%，占全社会固定资产投资的 88.6%，成为全社会投资经济的主导力量。

五、交通运输和邮电业

交通运输能力明显增强。实现增加值 5.2 亿元，公路等级明显提高，沿海高速建成运行。客货运输稳定发展。全社会客运量 1165 万人，比上年增长 8.9%；货运量 1623 万吨，增长 9.7%。

邮电业务进一步扩大。全年实现增加值 2.01 亿元。通信能力进一步增强，移动通信、公众多媒体网络和数据通信等新兴业务发展势头迅猛。全市移动电话用户 24.49 万户，比上年增长 12.0%，计算机互联网用户达 1.54 万户。

六、国内贸易和对外经济

消费品市场趋旺。全年实现社会消费品零售总额 47.46 亿元，增长 15.3%，增幅高于上年 1.1 个百分点。其中，餐饮业增长 33.9%，比上年高出 11.2 个百分点，比社会消费品零售额增幅高出 10.1 个百分点。

对外贸易快速增长。全年累计完成出口 16093 万美元，增长 76.3 %。利用外资取得新进展。全市新增利用外资项目 31 个，协议注册外资 7116 万美元，注册外资实际到帐（新口径）4406 万美元。外经合作增长势头强劲。全市新签合同额 5811 万美元，实现营业额 4520 万美元，新派出国劳务 2325 人。

七、财政、金融

财政收入快速增长。全年财政地方一般预算收入 5.31 亿元，增收 0.98 亿元，同口径比上年增长 32.5%；财政总收入实际入库数 12.03 亿元，同口径比上年增长 30.3%。

金融运行平稳。年末全市金融机构人民币贷款余额 55.42 亿元，比年初增加 3.84 亿元，其中短期贷款增加 2.47 亿元。年末全市金融机构人民币存款余额 147.93 亿元，比年初增加 18.14 亿元，其中，居民储蓄存款增加 12.87 亿元，企业存款增加 0.96 亿元。

八、科学技术和教育

科学研究成果显著。全市有 13 项成果获盐城市以上科技奖，其中发明奖 2 项、科技进步奖 11 项。技术市场较为活跃。全年共签订各类技术合同 76 项；技术合同成交额 6100 万元，比上年增长 11%。知识产权工作取得明显进展，全年专利申请量 241 件，比上年增长 10%，其中发明专利 42 件；专利授权量 71 件，比上年增长 42%。

高新技术产业化进程加快。全市高新技术企业达 17 家，全年实现高新技术产业产值 30.6 亿元，比上年增长 14.6%。组织实施科技项目 116 项，科技成果转化专项资金项目 1 项、火炬计划项目 2 项、星火计划项目 2 项。

坚持教育优先发展，义务教育成果不断巩固，全市高考三项指标继续位居盐城第一。全市普通中学 51 所，其中，初中：35 所；职业中学 4 所；小学 85 所。普通中学在校生 73474 人，其中：高中生 23905 人；职业中学在校生 8119 人；小学在校生 53804 人。高中阶段教育普及率达到 86 %。

九、文化、卫生和体育

文化事业和文化产业加快发展。全市文化机构 24 个。举办各类文化展览 168 次，组织文艺活动 240 次，训练班 91 次，艺术表演 85 场次，图书总藏量 19.8 万册，阅览室座席 340 个。总投资 1.5 亿元的永丰林生态园，在修复荒滩湿地的基础上，开发了以生态文化、长寿文化、农耕文化为主线的旅游线路，顺利通过国家“农业旅游示范点”验收，成为盐城湿地生态国家公园新开发的第一个开放项目。建成全国沿海地区首家中华鲟自然保护区，“水中大熊猫”在东台得以栖息滋育。2005年，东台沿海生态旅游区共接待境内外游客14.6万人次。东台成为国家级生态示范区。

卫生事业进一步加强。加大公共卫生事业建设力度，全面建成疾病预防控制体系，基本建成突发公共卫生事件医疗救治体系。年末共有各类卫生机构45个，其中，医院18个，卫生院21，疾病预防控制中心（防疫站）3个。床位2543张，卫生技术人员2587人，其中执业医师、执业助理医师1196人，注册护师763人。5岁以下儿童死亡12.45‰。

体育事业取得新进步。全市举办运动146次，参赛人数14500人。向省市输送人才2人。规模发行体育彩票1790万元。运动员在全国比赛中有1人获得银牌、2人获铜牌；在江苏省比赛中有1人获得金牌、2人获银牌。

十、环境保护与城乡建设

环境保护工作得到加强。建成自然保护区1个，面积达1440公顷。本年环境污染治理投资总额7425万元，城市环境基础设施建设投资总额达2.4亿元，生活污水处理率43.08%，城市绿化覆盖率40.6%，全市森林覆盖率20.1%，农村村居绿化率40.3%。生活垃圾无害化处理率96.62%。工业废水排放达村率为100%，工业烟尘排放达标率90.67%，工业固体废物综合利用率为100%。

城乡建设主要任务顺利完成。文化大厦、文化广场、疾控大厦等一批标志性建筑相继建成，新东路、金海路等主干道绿化、亮化工程、市区部分巷道改造工程实施到位，城市工业化由上年的39.8%提高到40.8%。沿海高速东台段建成通车，宁靖盐高速时张连接线、时堰泰东河大桥和安丰通榆河大桥等工程顺利建成，420公里农村四级公路改造工程全面完成，道路通达水平进一步提高。

十一、人口及人民生活

全市年末户籍总人口115.5万人。根据人口抽样调查推算，全市年末常住总人口为113.1万人，常住人口出生率7.35‰，死亡率8.82‰，自然增长率－1.47‰。

2005年，全市城镇居民人均可支配收入达到8976元，增长15.5%；农民人均纯收入5665元，增长11.2%；在岗职工平均工资13603元，增长14.0%。

全年城市居民人均消费支出5751元；城市居民恩格尔系数为37.3%。农村居民人均生活消费支出3553元，增长7.6%，农村居民恩格尔系数为38.1%。城市居民家庭人均住房建筑面积33.5平方米，农村居民家庭人均住房面积平均为50.5平方米。

全市年末企业离退休人员养老金社会化发放率和养老金按时足额发放率均达到100%；城镇企业基本养老保险参保人数6.32万人，净增0.32万人；城镇失业保险参保人数6.66万人，净增0.06万人；城镇职工基本医疗保险参保人数8.69万人，净增0.30万人。城乡社会福利机构及城市社区服务设施进一步完善，各项优抚政策全部得到落实。

大丰市统计局
关于2005年国民经济和社会发展统计公报

2005年，全市人民在市委、市政府的正确领导下，坚持以邓小平理论和“三个代表”重要思想为指导，牢固树立和落实科学发展观，正确应对宏观经济形势发生的新变化和区域经济竞相发展的形势，开拓创新、奋发有为、迎难而上、争先进位，坚定不移地向“三先”目标迈进，全市经济社会发展取得了巨大成就，综合实力和人民生活水平跃上了新台阶。

一、综合

国民经济继续保持较快增长，经济总量和人均水平跨上新台阶，产业结构不断优化。经初步核算，全市实现地区生产总值126.86亿元，比上年增长14.4%。其中第一产业增加值34.64亿元，比上年增长7.1%；第二产业增加值52.22亿元，比上年增长20.1%；第三产业增加值40.0亿元，比上年增长14.3%。三次产业结构由上年的29：39：32调整为27：41：32。人均地区生产总值达17378元，再次跻身全国县域经济基本竞争力百强县（市）行列（列98位）。市场物价水平有所下降。全市居民消费价格指数为102.5%，比上年下降3.5个百分点，其中：食品价格指数为103.0%，比上年下降10.6个百分点；烟酒及用品价格指数为103.8%，比上年上涨3.8个百分点；居住价格指数为106.4%，比上年下降0.4个百分点。居民零售价格指数为100.5%，比上年下降3.8个百分点。

城镇劳动就业规模扩大。年末全市城镇从业人员49381人，比上年减少775人，其中：国有从业人员24089人，比上年减少964人；集体从业人员3315人，比上年减少1411人；其他从业人员21977人，比上年增1600人。

全面建设小康社会进和加快，根据初步测算，到2005年底，大丰市全面建设小康进程评价综合得分为81.4分，即全面小康实现程度达81.4%，比2004年的75.4%提高了6个百分点。从构成全面小康指标评价体系的四个部分看，经济发展部分达标程度为78.3%，比上年提高5个百分点；生活水平部分达标程度为76.8%，比上年提高3.9个百分点；社会发展部分达标程度为85.6%，比上年提高8.9个百分点；生态环境部分达标程度为89.6%，比上年提高5.7个百分点为。

二、农林牧渔业

农业生产喜忧参半。全年实现农业总产值84.81亿元，比上年增长10.9%。全年粮食播种面积91.5千公顷，比上年增加5.3千公顷，增长6.1%。粮食产量53.7万吨，比上年净增3.3万吨，比上年增长6.5%；棉花播种面积46.8千公顷，比上年增加2.3千公顷，比上年增长5.2%；棉花产量4.9万吨，由于受自然灾害影响比上年下降29%；油料播种面积24.2千公顷，比上年下降2.8%，油料产量6.7万吨，比上年下降4.3%；水果总产量7.2万吨，比上年增长9.1%。

林、牧、渔业稳定发展。全年完成造林面积2.4千公顷，年末生猪饲养量91.2万头，比上年增长9.9%，其中出栏58.7万头，比上年增长11.6%；家禽饲养量2826万羽，比上年增长9.7%，其中出栏1972万羽；蚕茧产量2826吨，比上年下降5.6%；水产品产量13.2万吨，比上年增长4.8%，其中海水产品5.9万吨，比上年增长9.3%，淡水产品7.3万吨，比上年增长1.4%。

农业生产条件不断改善，机械化水平进一步提高。年末全市拥有农业机械总动力44.8万千瓦，比上年增长4.2%，大中型拖拉机2011台，比上年增长7.8%，联合收割机1310台。机播面积58.7千公顷，比上年增长21.8%，机械收获面积69.1千公顷，比上年增长2.0%。

三、工业和建筑业

工业生产稳步增长，进一步确立了工业经济在全市的主体地位。全年完成工业增加值44.52亿元，比上年增长20.2%，其中：规模以上工业25.23亿元，比上年增长23.2%。全市工业用电量7.84亿千瓦时，比上年增长24.9%，

工业经济运行质量和效益不断提高。全市规模以上工业主营业务收入101.89亿元，比上年增长42.5%，实现利税总额6.38亿元，比上年增长66.4%，其中利润2.81亿元，比上年增长

92.2%。

工业产品结构进一步调整。根据市场需求，各企业生产适销对路产品。全市棉纱产量8.7万吨，比上年增长28.4%；棉布生产量8.4万米，比上年增长48.5%；服装生产341万件，比上年增长20.0%；合成氨生产6.0万吨，比上年增长18.9%；农药生产2.0万吨，比上年增长14.9%；水泥生产量77.7万吨，比上年增长24.6%；铸造机械1006台，比上年增长60.9%。

建筑业发展态势良好，建筑业企业经济运行质量不断提升。全市实现建筑业增加值7.7亿元，比上年增长28.3%；建筑业从业人数达2.15万人。

四、固定资产投资

固定资产投资力度加大。全社会固定资产投资完成额50.0亿元，比上年增长36.2%，增速比上年提高5.7个百分点，其中，技改投资33.8亿元，比上年增长49.6%，增幅比上年提高1.2个百分点。

重点工程建设进一步加强。全年五类二十项重点工程计划总投资13.55亿元，年内计划投资13.63亿元，实际完成100.6%以上。

房地产投资高速增长。年内完成房地产投资3.1亿元，比上年增长45.3%，其中住宅投资1.8亿元，比上年增长331.8%。

五、国内外贸易

消费品市场货源充足，购销两旺。全年实现社会消费品零售额31.4亿元，比上年增长15.4%，其中批发零售贸易业实现零售额29.1亿元，比上年增长14.9%；餐饮业实现零售额2.15亿元，比上年增长23%。规模企业继续壮大，限额以上企业增势强劲，随着全国连锁企业世纪联华、农工商、华联等企业相继在我市落户，逐步形成了连锁超市、专卖店、百货店等多种业态相互补充、共同繁荣的格局。2005年，全市限额以上批零贸易企业实现零售额3.66亿元，比上年增长18.1%，比限额以下企业及个体增幅高出3.6个百分点。

对外贸易不断增长。全市进出口总额12465美元，比上年增长31.4%，其中自营出口11943万美元，比上年增长46.9%；利用外资取得新的进展，全年新签项目（合同）43个，注册外资实际到帐3092万美元，协议注册外资11561万美元，比上年增长111.3%；劳务输出人数2381人，比上年净增793人，增长49.9%。

六、交通、邮电和旅游

交通运输平稳增长。2005年投入3.5亿元，建公路110公里，调整公路38公里，改建等级公路近300公里。年末等级公路总里程1338公里，比上年增长17.6%，其中乡镇道路440公里，比上年增长37.9%。2005年沿海高速大段通车和大丰港通航，全年客运量406万人次，比上年增长18.0%；货运量226万吨，比上年增长一倍；沿海港口货物吞吐量4.2万吨。

邮政电信业务进一步扩大。全年完成邮电业务总量2.6亿元，比上年增长16%，其中电信业务总量1.8亿元，年末固定电话用户28.4万户，比上年增长16.4%，其中城市住宅电话用户5.07万户，比上年增长6.7%；移动电话年末用户18.8万户，比上年增长49.2%；国际互联网用户1.5万户，比上年增长2.1%。

旅游业发展前景看好。全市旅游景点以古典文化、生态旅游为特色。全年共接待旅游人数24万人次，实现旅游收入4500万元，比上年增长32.4%。

七、财政、金融

财政收入增长较快。全市财政总收入9.0亿元，比上年增长29.4%（同口径比），一般预算收入3.9亿元，同比增长37.5%。其中中央财政收入3.02亿元，比上年增长19.0%，地方财政收入5.98亿元，比上年增长35.4%。财政支出结构进一步调整。加大了对科技、教育、医疗卫生、城市维护、社会保障和农业的支出。全市财政支出9.3亿元，比上年增长25.7%，一般预算支出6.96亿元，比上年增长23.4%。其中农林水气象支出7666万元，比上年增长23.4%；教育支出19095万元，比上年增长16.8%；社会保障支出1338万元，比上年增长47.7%；医疗卫生支出4333万元，比上年增长41.0%；城市维护费支出1222万元，比上年增长51.6%。

金融运行保持平稳。年末金融机构存款余额96.6亿元，比年初净增12.7亿元。其中居民储蓄存款73.1亿元，比年初净增8.8亿元。全市人均储蓄存款突破万元大关，比上年净增1212元。金融机构年末贷款余额48.3亿元，比年初净增7.1亿元，其中：短期贷款41.7亿元，比年初净增5.9亿元；中长期贷款4.6亿元，比年初增加0.8亿元。

八、社会事业

科技创新取得新的进展。全市共有50个项目列人国家、省各类科技计划，5个产品被认定为省高新技术产品和出口退税高的技术产品，全年申请专利208件，比去年净增43件。

教育现代化和素质教育稳步推进。全市共有普通中学30所，在校学生4.27万人，毕业生人数1.77万人；中等职业学校5所，在校学生5796人；小学38所，在校学生3.64万人，毕业人数6753人；各类幼儿园94所，在校人数1.34万人。素质教育继续得重视和加强，基础教育质量稳步提高，小学毕业生升学率为100%，初中毕业生升学率87.3%，高中毕业生升学率76.2%。

卫生保健工作得到加强。医疗条件不断改善，人民健康水平显著提高。全市市级医疗机构3个、卫生单位5个，卫生院14个，民营医院15家，村卫生室218个。全卫生系统现有职工2544人，卫技人员2055人，乡村医生900人，病床位1595张。新型农村合作医疗有了新突破，实现参合率85.3%。

文化事业较快发展。全年5个全新剧目搬上舞台，年内送戏下乡142场，送电影126场；市图书馆年内新增图书6000余册，镇文化室新增图书8000多册，新增村级文化室89个，企业文化室12个。新增家庭文化户18户，社会文化室8个。广播电视新闻业取得长足进步。广播、电视覆盖率达100%，有线电视网络建设加快。农村有线电视用户15万户，比上年增长42.9%，是苏北苏中首家"全省有线电视示范县（市）"。

体育事业蓬勃发展。全市体育馆1座，游泳池1座，全民健身和体育锻炼进一步加强，年内新增4个健身，至年末全市共有31个健身点，全民健身工程2个，全市年内获亚锦赛金牌1枚，国家级体育比赛金牌8枚，银牌7枚，铜牌3枚，省级体育比赛金牌11枚，银牌6枚，铜牌8枚。盐城市级体育比赛奖牌若干。

九、城市建设和环境保护

城市建设日臻完善。全年完成了新一轮总体规划修编工作，组织实施了道路框架、桥闸建设、景观设计建设、旧城改造、精品标志、环城建设等6大类52项城市重点工程。城市供水综合生产能力5.13万吨/日，供水总量1155万吨；煤气供应总量16.4万立方米，液化气供气总量4500吨，；园林绿地面积446.49公顷，公共绿地面积87.38公顷，建成区绿化覆盖率39%。

环境质量进一步提高。城市环境基础设施建设投资1.96亿元，环境污染治理本年投资总额2.63亿元。工业废水排放达标量达1248.8万吨，工业固体废物综合利用率99.4%，工业二氧化硫排放量2647吨，去除量1440吨；烟尘控制区总面积16平方公里，生活垃圾无害化处理率达100%。

十、人民生活

城乡居民生活水平不断提高。全市城镇居民人均可支配收入8264元，比上年增长16.1%，在岗职工平均工资13050元，比上年增长16.1%。人均生活消费支出6951元，比上年增长20.0%。城镇人均住房建筑面积31平方米。每百户家庭拥有耐用生活消费品：摩托车70辆，成套家俱100套，电冰箱94台，彩色电视机152台，家用电脑31台，普通电话152部，移动电话127部。农村居民生活逐步改善。全市农民人均纯收入5505元，比上年增长10.7%，人均生活消费支出4182元，比上年增长9.8%。人均住房面积41.8平方米，与上年增长3%。百户农民家庭拥有耐用消费品：摩托车96辆，电话机101部，移动电话80部，彩色电视机112台。

注：

1、公报中地区生产总值和各产业增加值绝对数按现价计算，增长速度按可比价计算。

2、规模以上工业统计口径为全部国有和年销售收入500万元以上的非国有工业企业。

3、公报中部分指标值为初步核算数，最终以《大丰统计年鉴－2005》上公布的数字为准。

17

全省十三个市国民经济主要指标

全省十三个市

（20

	南京市	无锡市	徐州市	常州市	苏州市
年末总人口（万人）	595.80	452.84	925.31	351.63	607.31
国内生产总值（当年价格）（亿元）	2413.00	2805.00	1212.15	1302.21	4026.52
第一产业增加值（亿元）	80.00	50.00	168.15	56.51	78.86
第二产业增加值（亿元）	1215.00	1695.00	612.05	795.31	2691.34
第三产业增加值（亿元）	1118.00	1060.00	431.95	450.39	1256.32
规模以上工业主营业务收入（亿元）	4027.30	5657.46	1205.78	2459.56	9874.41
规模以上工业利税总额（亿元）	365.39	382.26	150.69	161.84	597.32
规模以上工业利润总额（亿元）	196.83	255.10	59.53	96.23	422.99
工业用电量（亿元）	173.53	286.55	91.61	145.20	483.56
城镇固定资产投资（亿元）	1116.44	891.76	450.99	534.70	1233.76
社会消费品零售总额（亿元）	1004.99	824.10	396.04	444.08	905.07
进出口总额（亿美元）	270.90	291.88	11.26	83.38	1406.78
出口总额（亿美元）	142.45	155.44	7.52	61.28	728.23
注册外资实际到帐（亿美元）	14.18	20.07	2.61	7.31	51.16
财政收入（亿元）	510.17	421.80	145.26	220.45	718.10
#一般预算收入	211.07	181.68	55.22	94.99	316.78
金融机构存款余额（人民币）（亿元）	5083.30	3222.40	1010.90	1638.92	4730.05
#居民储蓄存款余额（人民币）	1595.40	1410.16	650.61	863.10	2059.53
金融机构贷款余额（人民币）（亿元）	4452.54	2183.42	491.19	1113.16	3478.30
城市居民人均可支配收入（元）	14997	16005	11185	14589	16276
农村居民人均纯收入（元）	6225	8004	4443	7002	8393

国民经济主要指标

05 年)

南通市	连云港市	淮安市	盐城市	扬州市	镇江市	泰州市	宿迁市
770.86	472.18	527.77	798.67	456.31	267.61	502.05	524.54
1472.08	455.97	561.81	1004.90	922.01	833.50	819.60	375.85
162.19	93.36	117.84	228.48	85.70	38.20	90.20	100.10
823.99	201.52	255.75	442.18	518.09	512.01	479.80	163.25
485.90	161.09	188.22	334.24	318.22	283.29	249.60	112.50
2081.14	327.16	581.13	1049.38	1370.09	1245.63	1160.07	188.29
162.68	34.27	73.66	78.23	102.38	97.17	107.80	17.88
99.60	19.16	29.78	32.90	50.83	47.76	54.80	7.07
105.15	27.43	45.10	54.34	60.32	79.96	77.59	15.87
370.69	220.28	234.49	265.06	295.55	260.35	218.59	124.55
536.41	182.08	198.62	316.91	306.89	241.39	233.81	109.50
85.26	20.38	6.82	14.35	27.93	39.65	19.29	1.53
57.94	9.30	4.77	8.71	19.06	20.34	13.43	1.36
15.32	2.75	0.68	1.62	5.26	5.96	4.56	0.33
171.19	56.28	75.56	86.89	117.03	118.42	112.94	25.83
71.99	24.59	26.77	37.89	49.55	47.14	46.91	13.77
1800.03	426.82	427.25	850.84	952.70	803.94	824.90	229.35
1166.45	245.77	247.36	588.85	604.65	485.45	535.67	155.30
995.71	263.32	274.69	476.20	513.33	560.50	446.95	147.25
12384	10006	9115	10580	11379	12394	11122	7208
5501	3869	4024	4893	5215	5916	5102	3839

企业事业组织有《统计法》第二十七条第一款所列违法行为之一的，由县级以上人民政府统计机构予以警告，并可以处5万元以下的罚款。

个体工商户有《统计法》第二十七条第一款所列违法行为之一的，由县级以上人民政府统计机构予以警告，并可以处1万元以下的罚款。

摘自《中华人民共和国统计法实施细则》第三十三条

18

盐城市2005年统计大事记

盐城市2005年统计大事记

1月10日　为更好地履行市政府赋予统计部门的职能，使各项工作法制化、规范化和科学化，盐城市统计局制定出台了《盐城市统计局工作规则》。

1月15日　为了明确各部门、调查队工作目标与责任，确保全面完成统计工作的各项任务，盐城市统计局出台了《2005年岗位目标责任制》。

1月17日　盐城市统计局在《盐阜大众报》发布《盐城市统计局关于2004年国民经济和社会发展的统计公报》。

1月19日　盐城市统计局下发《关于成立保持共产党员先进性教育活动领导小组的通知》，成立由局党组书记、局长刘新国任组长，副局长王国平、单坤刚、纪检组长吴玉江、企调队长陆景春任副组长的市统计局保持共产党员先进性教育活动领导小组，制定了开展保持共产党员先进性教育活动的实施意见和方案。

1月27日　盐城市统计局召开全体党员大会，选举产生中共盐城市统计局第三届总支委员会和各支部委员会。

2月3日　盐城市统计局局长刘新国同志撰写的《试论在苏北沿海构建江苏“第四都市圈”》课题论文，被编入由南京大学出版社出版的《江苏沿海经济带建设专论》一书。

2月17日　在盐城市政府五届四次全体（扩大）会议暨市级机关作风建设会议上，盐城市统计局被中共盐城市委、盐城市人民政府授予2004年度机关作风建设工作先进单位荣誉称号，这是市统计局继上年荣获市级机关优化经济发展环境工作先进单位后再次被市委、市政府表彰。

2月22日　盐城市政协副主席洪志爱同志率领政协委员一行8人专门到市统计局调研盐城市现代服务业发展情况。市统计局局长、党组书记刘新国同志向洪主席一行专题汇报了我市现代服务业的基本内涵、现状和存在问题、必要性和对策建议等情况，并回答了各位政协委员提出的有关问题。

2月23日　盐城市委、市政府召开全市农村工作会议，对2004年度在推进农村经济发展、服务“三农”工作中成绩突出的单位和个人进行表彰。盐城市统计局被市委市政府表彰为“2004年度农业产业化经营工作先进服务单位”。

3月3日　为科学反映盐城房地产业2004年的运行情况，正确引导房地产业健康发展，盐城市统计局和盐阜大众报报业集团在瀛洲宾馆举办了盐城房地产形势报告会。

3月9日　盐城市成立由市委副书记、常务副市长张炳贤任组长的市人口抽样调查领导小组，市政府办公室以盐政办发［2005］17号文件下发通知，要求各地、各部门严格按照《省政府办公厅关于开展2005年人口抽样调查工作的通知》（苏政办发〔2005〕7号）精神，切实加强组织领导，各县（市、区）人民政府要于3月25日前建立相应的领导小组，被确定为抽样调查的乡镇、街道于5月15日前建立相应的调查工作机构，深入开展有关宣传活动，并按照分级负担的原则，筹措和落实好调查经费，认真做好相关工作。

3月10日　盐城市统计局出台《盐城市统计局行政管理制度》。

3月18日—25日　中共盐城市委宣传部、中共盐城市委组织部、中共盐城市委市级机关工委联合举办市直单位科级干部深入学习四中全会精神暨先进性教育轮训班。盐城市统计局刘新国局长受主办单位的邀请，为轮训班主讲了“关于加快发展、科学发展、推进全市‘两个率先’问题”。

4月4日　盐城市统计局下发《关于启用盐城市人口抽样调查领导小组及其办公室印章的通知》（盐统［2005］20号），正式启用盐城市人口抽样调查领导小组和盐城市人口抽样调查领导小组办公室印章。

4月7日—9日　为了加强农村住户调查工作，提高统计人员业务水平，提高农村住户调查数据质量，提高全市乡镇统计工作水平，及时做好农村全面小康、和谐社会建设的进程监测和统计服务工作，盐城市统计局在盐城市委党校举办了乡镇住户调查培训班，各县（市、区）统计局农调队长和各乡镇住户调查员共130人参加了培训，培训的主要内容为乡镇统计业务及基础工作、乡镇统计电子台帐操作、农村住户调查业务操作及统计法律法规基础知识等。

4月12日　盐城市政府在市广播电视中心演播厅首次召开了经济形势统计新闻发布会，会议由市政府副秘书长、新闻发言人范伯萍同志主持，市统计局局长刘新国同志通报了一季度经济运行情况并回答记者关于经济社会方面热点问题的提问，市直新闻媒体和省属驻盐新闻单位、市经贸委、发改委、财政局、农林局、外贸局等部门和市有关重点企业负责人参加了会议。

4月13日—14日　盐城市统计法制工作会议在射阳县召开。各县（市、区）统计局长、法制科长和市局有关处室负责人参加了会议。射阳县县委书记谷家栋、县政府副县长王达军到会，谷家栋书记致欢迎辞；省统计局副局长张卫东和政法处处长沈岩到会，张卫东副局长作了重要讲话；市局刘新国局长对上年统计法制工作做了总结，对2005年的统计法制工作进行了全面部署，提出了总体要求。

4月20日　全省乡镇统计站长培训班在盐城召开，省统计局纪检组长杨维克，盐城市统计局局长刘新国出席了会议，全省各县（市、区）乡镇统计站长代表近100人参加了会议。

4月22日—23日　苏北企调队长在盐城召开座谈会。交流了近年来开展企业调查工作情况，围绕在新的形势下如何发挥企调职能、改进调查方法、优化统计服务等进行了研讨。

6月5日　盐城市建立月度居民消费价格指数联合通报制度，每月联合发文，向各县（市、区）委、政府通报居民消费价格指数情况。

6月17日　盐城市城调队撰写的分析《农资政策应放弃“限价”，变“暗补”为“明补”》被《经济日报》编发《经济内参》报送国务院有关领导，这是盐城市城调队建队以来首次将一篇完整的分析呈送国务院有关领导。

7月1日　盐城市统计局第一党支部被表彰为“优秀基层党组织”。

7月15日　盐城市统计局局长刘新国被聘为市委党校兼职教授。

7月20日　盐城市政府在市广播电视中心演播厅举行了上半年经济形势新闻发布会。会议由市政府副秘书长、新闻发言人何素成同志主持，市统计局局长刘新国同志通报了上半年经济运行情况并回答记者关于经济社会方面热点问题的提问。

7月21日—22日　盐城市统计局在大丰市召开全市统计品牌文化建设工作会议，进一步贯彻落实全省统计文化建设成果经验交流会议精神，研究和探讨新时期盐城统计品牌文化建设的思路，提出建设盐城统计品牌文化建设的指导思想和具体举措。盐城市统计局局长刘新国在会上作了《创建品牌文化，实践“三为”宗旨，努力推进全市统计工作再上新台阶》的主题报告。提出了创建盐城统计品牌文化的核心内容，主要包括统计宗旨、统计理念、统计精神和统计品牌。统计宗旨即“统计为民、求实为本、服务为先”。统计理念即“质量理念、服务理念、道德理念”。统计精神即“敬业、创新、求实、合作”。统计品牌即“统计产品精品化、统计人文和谐化、统计服务优质化”。

7月21日　盐城市统计局在大丰市举办了首次全市统计品牌文化成果展览。展览共分10篇，展牌24块。内容涵盖了统计品牌文化建设的各个层面，既有表层的统计产品等物质形式，中层的统计方法制度和工作机制以及文艺体育，又有底层的统计理念和统计价值观，是盐城统计品牌文化建设的部分成果。

8月4日　为扎实做好盐城市省级文明城市创建迎评工作，优化市区投资环境，促进经济和社会事业全面协调发展，以创建工作来进一步促进统计工作的开展，盐城市统计局成立由局长刘新国为组长的争创省级文明城市迎评工作领导小组。

8月12日　根据盐政发〔2005〕75号、76号文件精神和全市政府法制、行政审批暨行政监察工作会议的要求，盐城市统计局下发《关于明确统计行政审批项目及统计信息服务“窗口”的通知》，对行政审批项目实行“一个窗口对外”。

9月3日　盐城市统计局统计知识学习班举行开学典礼，本次统计知识学习班共11课时，历时2个半月，是盐城市统计局继03年举办专题业务讲座，04年率各部门、调查队负责人和各县（市、区）统计局长赴南通和苏州、淮安和连云港学习考察之后，建设学习型机关的又一项重要内容。

9月6日　根据《江苏省全面建设小康社会监测统计报表制度》，盐城市统计局对2004年全市及各县（市、区）全面建设小康社会进程各项指标进行认真测算，形成《2004年盐城全面建设小康社会进程监测报告》。并正式下发《关于发布〈2004年盐城全面建设小康社会进程监测报告〉的通知》，供各县（市、区）党委和人民政府、市各有关部门参考。

9月8日　盐城市委书记张九汉对《2004年

盐城全面建设小康社会进程监测报告》作重要批示："市统计局对小康指标进度监测做了大量的工作，请各县（市、区）和市直各部门研阅，如何加快进程的措施，推进盐城'两个率先'"。

9月26日—28日　为贯彻市领导关于加强统计工作的指示精神，提高统计人员业务水平和统计数据质量，盐城市统计局和市建设局联合举办了建筑业和房地产统计培训班。各县（市、区）统计局、建设局（建筑管理局）负责建筑业和房地产统计的人员，二级以上资质建筑业企业、房地产开发企业统计人员共170多人参加了培训。

9月26日　为了进一步贯彻落实盐城市统计品牌文化建设工作会议精神，努力推进盐城统计品牌文化建设，全力实现全市统计工作进位争先，盐城市统计局下发《盐城市统计局关于加强统计品牌文化建设工作的意见》。

9月29日　《盐城统计年鉴—2005》全面改版，正式出版发行。《盐城统计年鉴—2005》为A4精装本，是一部由盐城市统计局编印，中国统计出版社出版，面向国内外公开发行的大型资料工具书。

10月1日—2日　盐城市统计局在市经济开发区隆重举办了全市统计系统"开发杯"第三届乒乓球比赛。共有十二支代表队和64名选手分别参加男子团体、局长组单打、男子单打、女子单打等项目的角逐，充分体现了竞技运动与群众体育的特色。

10月22日　盐城市统计局针对当前工业经济现状，及时撰写了《今年前三季度工业经济运行情况》的分析报告（盐城统计分析第105期）。盐城市委书记张九汉对这篇分析报告作出批示："这篇分析很好，请统计局及时指出经济发展中的弱点，目的要实现今年目标是当前首要任务"。

11月11日　盐城市统计局刘新国局长受市委组织部的邀请，在全市青年干部、科级干部、处级干部培训班上，主讲了"盐城市情市力"。

11月15日　盐城市召开全市乡镇统计工作会议，市、县（市、区）统计局长、分管局长、农调队长以及139个乡镇（办事处）的统计站长参加了会议。

11月21日　盐城市统计局搬至新行政中心办公，办公地址变更为盐城市世纪大道21号，邮政编码：224005。

11月29日　盐城市统计局召开全市统计年定报工作会议，贯彻省局年定报工作会议和市委四届十一次全体（扩大）会议精神，部署全市2005年年报和2006年定报工作。市局领导班子成员，各部门、调查队主要负责人和专业负责人、各县（市、区）统计局局长和相关专业统计人员共170余人参加了会议。

11月29日　盐城市统计局召开全市统计局长座谈会，分析统计工作面临形势，探讨"十一五"全市统计事业发展思路，贯彻统计年定报工作会议精神。市统计局局长刘新国主持会议，局领导班子成员、各县（市、区）统计局局长出席了会议。

12月4日　盐城市统计局组织人员开展统计法制宣传活动，走上街头摆摊设点，宣传统计法律法规，现场进行统计法律法规咨询，印发统计法律法规宣传单。市委副书记冯永农看望大家并提出要求：统计局要加大统计法制的宣传力度，通过宣传使统计法人人皆知、家喻户晓，提高全社会统计法制意识。

12月20日　盐城市政府市长赵鹏约见市统计局局长刘新国，听取今年以来全市国民经济社会发展情况和统计工作情况的汇报。

12月24日　盐城市统计学会在盐城召开了三届三次理事会议。会议回顾总结了"十五"期间统计学会取得的成绩、经验和不足，并对"十一五"时期学会工作提出了工作任务和目标。会议表彰了16名2005年学会优秀会员，对2006年学会工作安排进行了说明，并通过了有关决议。共有73名理事参加了会议。

12月30日　盐城市统计局举办每年一度的迎新年团拜会，市局全体干部职工以及退休的老干部欢聚一堂，喜迎2006年元旦佳节，展望美好未来。

12月31日　盐城市统计局统一命题，组织对全局干部职工进行了集中考试。此次考试，标志着盐城市统计局为期3个月的统计知识学习班圆满结束。

企业事业组织有《统计法》第二十七条第一款所列违法行为之一的，由县级以上人民政府统计机构予以警告，并可以处5万元以下的罚款。

个体工商户有《统计法》第二十七条第一款所列违法行为之一的，由县级以上人民政府统计机构予以警告，并可以处1万元以下的罚款。

摘自《中华人民共和国统计法实施细则》第三十三条

19

盐城市2005年统计重要文件

盐城市统计局工作规则

（2005 年 1 月 12 日）

第一章　总　　则

一、盐城市统计局是盐城市人民政府组成部门。为认真履行市政府赋予统计局的职能，使各项工作法制化、规范化和科学化，提高行政效能，根据国家、省统计局的有关规定和《盐城市人民政府工作规则》，结合统计部门的工作特点，制定本规则。

二、盐城市统计局工作以邓小平理论和“三个代表”重要思想为指导，结合盐城的实际情况，认真贯彻执行党的路线、方针、政策和市委、市政府的指示，保证国家法律法规和国家、省统计局的决定在全市统计系统贯彻实施，认真履行统计法赋予的神圣职责。

三、全局工作要以统计优质服务为“第一要务”，以依法统计为“第一方略”，以加强基础建设为“第一落脚点”。全局人员要坚持解放思想，开拓创新，与时俱进，树立和落实科学发展观；要恪守统计职业道德，坚持实事求是，忠于职守，敬业奉献；要谦虚谨慎，清正廉洁，勤奋工作，全心全意为人民服务。

四、全局要认真履行《统计法》和市政府规定的职责。各部门、调查队要认真依照法律法规行使职权，各司其职，各负其责，相互协调，密切配合，认真做好工作。要精简会议、公文和事务性活动，简化办事程序，减轻基层负担，提高工作效率，保证工作质量，优质高效地完成市委、市政府和上级统计部门布置的各项工作任务。

第二章　领导职责

五、盐城市统计局实行局长负责制。局长领导全局工作，副局长、纪检组长协助局长工作。

六、局长召集和主持局务会议、局长办公会议。必要时，局长可委托副局长召集和主持上述会议。工作中的重要问题，须经局务会议或局长办公会议讨论决定。涉及全市统计工作中的重大问题，须报市政府批准。

七、副局长、纪检组长按分工负责处理分管工作。受局长委托，负责其他方面的工作或完成专项任务。对于工作中的重要情况，要及时向局长报告；对于涉及方针政策性的问题，要向局长提出解决问题的建议。

八、局长外出期间，可委托一名副局长主持处理局日常工作。

九、各部门、调查队按照市委、市政府和上级统计部门有关规定和市统计局的各项规章、决定、指示和要求在职权范围内开展工作。

第三章　决策程序

十、盐城市统计局要建立民主和集中相结合的决策机制，完善重大决策的规则和程序，提高决策的科学化、民主化水平。

十一、全市统计工作计划、统计制度方法改革、大型调查方案以及涉及全局的其他事项等重大决策，由局党组会议或局长办公会议研究决定。在做出决策前，应广泛征求各方面的意见和建议。

十二、各部门、调查队必须坚决贯彻执行局里的各项决策和工作部署，并及时报告执行情况。对于工作中出现的问题，应主动提出相应的解决办法。

第四章　统计法制

十三、盐城市统计局在遵循国家法律法规的前提下，根据经济社会发展和统计改革的需要，依法制定下发有关制度和文件。对外下发的规范性文件由主办的部门或调查队起草，经法规处、办公室审核把关后，呈报局领导。

十四、加强统计督查和监审工作。统计督查和监审工作由法规处组织实施，相关部门和调查队密切配合。各部门、调查队每年可根据情况提出专业监审对象，列入全年监审计划。监审人员不得少于 2 人，必须具有统计行政执法资格。监审前由法规处发出《统计监审检查通知书》提前通知当事人。监审中要严格规范使用各种统计法律文书。监审结束后，监审人员应当在10日内写出《监审报告》，由法规处审阅后，呈报局分管领导。《监审报告》应包括监审时间、基本情况、认定的主要事实和取得的主要证据、初步结论和处理意见等事项。统计违法案件的最终处理意见由局党组研究决定。

十五、对拒报、屡次迟报等统计违法行为，各部门、调查队应在日常工作中注意取证，根据统计报表领用与上报台帐、迟报与拒报台帐，及时发出《统计报表催报通知书》、《统计报表催领通知书》和《统计检查查询书》，搜集好存根及相应的《送达回执》等证据。

第五章　工作部署

十六、盐城市统计局根据市委、市政府和上级统计部门确定的工作要点，结合实际，制定全市统计工作重点和工作计划。

十七、各部门、调查队根据局年度工作重点和工作计划，制定各自的年度工作重点和计划，并根据形势和任务的变化及时做出补充。

十八、各部门、调查队必须认真落实年初制定的岗位目标责任制，并在年中和年末书面报告执行情况。局成立岗位目标责任制考核小组，由考核小组对各部门、调查队的岗位目标责任制的执行情况进行检查和考核。

第六章　行政监督

十九、要按照规范化服务型政府建设的要求，在接受市政府的监督的同时，自觉接受相关部门的监督。

二十、要加强统计系统内部监督。对来自上、下级统计部门提出的意见和建议，市局要认真研究和加强整改。

二十一、对人大代表、政协委员的提案或建议要认真办理并及时回复。要切实做好人民群众的来信来访工作，进一步完善信访制度，确保信访渠道畅通，主动接受社会公众的监督。

第七章　会议制度

二十二、局务会议由局长、副局长、纪检组长，各部门、调查队负责人组成。局务会议一般每月召开一次，如有需要可临时召开。会议的主要任务是：传达上级的重要决定和指示，研究提出贯彻落实措施；决定和部署全局性的工作；通报和交流各部门、调查队工作情况。

二十三、局长办公会议由局长、副局长、纪检组长和企调队、城调队队长组成，主要任务是研究、处理局机关日常工作中的重要问题。

二十四、副局长、纪检组长受局长委托或按照分工可召集专题会议，研究、协调和处理工作中的一些专门问题。

二十五、局务会议、局长办公会议的议题由局长、副局长、纪检组长提出，由办公室汇总后报局长确定，会务工作由办公室负责。专题会议的议题由召集人确定，会务工作由相关部门、调查队负责。

二十六、局务会议、局长办公会议由办公室负责记录，并整理形成会议纪要，由局长或局长委托主持会议的副局长、纪检组长签发。专题会议必要时也可形成会议纪要，由会议主持人签发。局务会议和局长办公会议决定的事项，根据事项内容，由办公室或综合处负责督查催办。

二十七、各部门、调查队参加会议人员接到通知后，应准时到会。因故不能参加会议的，要事先向会议主持人请假，未经同意不得缺席、替换或增加参会人员。

二十八、会议主持人根据会议议题指定有关部门、调查队提前做好准备工作。对需要提交会议讨论的文件，承办部门一般应提前两天报分管领导审核后，送办公室印发至参会人员。会议议题中如有涉及其它单位的事项，应事前进行协商，并在会议材料中如实反映有关单位的意见。

二十九、局领导主持或参加的全市性或全局性会议，由办公室归口管理和协调。

三十、召开会议实行计划管理和审批制度。尽量减少以市局名义召开的会议，控制各部门、调查队召开的专业会议。全市性和全局性会议根据年度工作计划安排。各部门、调查队需要召开会议，应在每月的局务会上提出下一月度的会议计划（包括会议名称、时间、地点、会期、人数、经费预算等），经办公室审核后，报分管局长审定。

三十一、召开的全市性工作会议，因工作需要要邀请市、县政府负责同志出席的，须报市政府批准。各部门、调查队召开的专业会议，一般不邀请各县（市、区）统计局负责同志参加；确因工作需要，须报局长批准。

三十二、各类会议要认真贯彻市委、市政府的有关规定，遵循精简、高效、节约的原则，缩短会议时间，精简参会人员，节省会议经费，严禁发放礼品。

第八章 公文审批及内部请示报告制度

三十三、盐城市统计局的公文按照《国家行政机关公文处理办法》组织和实施。公文的审批按局领导分工负责的原则办理；要进一步精简公文数量，推进办公自动化系统的应用，提高公文办理效率。

三十四、文件批办工作由办公室归口管理。凡市委、市政府以及省统计局下发的文件，市直各部门、各县（市、区）政府及统计局报送的公文，均由办公室按办文程序批转，并负责文件办理情况的催办。各部门、调查队不得自行受理应以局里名义办理的文件。

三十五、以市统计局名义发文，由局长或分管局领导签发。凡涉及全市性和全局性或有关重要工作的，经分管局领导审核后，送局长签发；若涉及其他分管局领导的分管事项，须经有关分管局领导审核后签发；报送市委、市政府和省统计局的文件，由局长签发。市统计局发布的决定和规章等，由局长签署。

三十六、市统计局办公室文件对外代表市统计局。以办公室名义发文，一般由办公室主任签发；涉及重要事项的报分管局领导签发。

三十七、严格按照行文程序办理公文。拟文部门的负责人要对文稿认真审核；报送局领导及办公室签发的文件，一般由呈报部门、调查队的主要负责人审核签字，如有特殊情况可委托其他负责人审核签字。以局和局办公室名义的对外发文，在送局领导签发前，须先由办公室审核。公文签发后，如需改动公文内容，须征得签发人同意。

三十八、局内各部门、调查队办理公文，如涉及两个以上单位职权范围事项的，主办方负责与协办方协商，协办方要积极配合。经协商，不能取得一致意见时，主办方应如实列出各方理由，请分管局领导协调或裁定后再按办文程序正式呈报。

三十九、各种发文应由办公室按国家标准统一规范印制，如送局外印刷公文，需经办公室负责人同意，并提供规范格式。

四十、实行内部重要事项请示报告制度。请示报告的范围主要是：请示批准某项重要工作；请求局领导协调解决有关问题；报告工作完成情况或局领导交办事项的办理结果；对全局工作和重大问题提出意见和建议；其他需要请示报告局领导的重要事项。请示报告应由相关部门、调查队主要负责人签字，一般只呈报分管局领导，必要时也可同时呈报局长。分管领导一般要签批明确意见。

第九章 统计资料公布和管理

四十一、盐城市统计局编发的统计分析、统计信息、政务信息，应按规定程序由分管局领导签发。签发后应及时印发，抄送综合处、办公室备案，并加载到盐城统计信息网。

四十二、综合性统计新闻稿由综合处负责草拟，经局长签发后，由综合处统一向社会发布。专业性统计新闻稿由相关部门、调查队负责草拟，经局长或分管局领导签发后，由各部门、调查队向外发布，并抄送综合处备案。

四十三、对市委、市政府、市人大、市政协和有关党政部门提供的数据由综合处统一提供。对企事业单位和个人需要的数据由咨询部负责提供。

四十四、综合处要及时、准确编发统计资料，各部门、调查队要按规定要求，及时向综合处报送各种资料，以满足统计资料的编发。

四十五、各专业统计制度方法如有变动，要及时报局领导，同时向综合处通报。有重大变动的，要专门向市委、市政府报告。

第十章 作风纪律

四十六、全局人员，特别是领导干部要做学习的表率，密切关注国内外经济、社会、科技、统计等方面发展变化的新趋势，不断充实新知识，丰富新经验。

四十七、局领导和各部门、调查队负责人要经常深入基层调查研究，指导工作，解决实际问题。下基层要轻车简从，廉洁自律。

四十八、本局人员离盐（指市区，下同）外出要执行报告制度。局长离盐外出，由办公室负责向市政府办公室报告；副局长、纪检组长、调查队长离盐外出，应向局长报告，并告知局办公室；各部门主要负责人离盐外出，应提前报告分管局领导；其他人员离盐外出，应提前报告本部门主要负责人。

四十九、凡因私离开工作岗位，应严格执行请销假制度。

五十、实行首问负责制、及时办结制和责任追究制。各单位要增强服务观念，强化责任意识，树立规范服务、清正廉洁、坚持原则的良好形象，对职权范围内的事项要按程序和时限主动办理；对因推诿、拖延等官僚作风造成不良影响和损失的，要追究责任；对违规、违纪、违法行为，要严肃查处。

盐城市统计局2005年岗位目标责任制

（2005年1月17日）

为了明确各部门、调查队工作目标与责任，充分调动全局人员的工作积极性，提高工作效率和工作质量，做到工作任务目标化、制度化、责任化，确保全面完成统计工作的各项任务，根据《盐城市统计局工作规则》和省、市2005年统计工作要点，特制定各部门、调查队2005年岗位目标责任制。

一、主要工作目标

（一）共性目标（100分，以部门、调查队为计分单位）

1、政治（业务）学习（15分）：参加全局政治（业务）学习和培训活动，做到学习培训有笔记，讨论积极发言，参加各项考试（考核）。未经批准无故不参加学习、考试者每人次扣2分。

2、优质服务（20分）：及时为领导、部门提供各种数据、资料，为领导决策服务。积极完成局领导交办的工作任务。未按规定要求完成的一次扣5分。

3、党风廉政建设（10分）：遵守党纪党规，遵守两办“三不准规定”，以及市委、市政府的各项规定，每发生一次违反廉政规定的扣3分，有群众举报或投诉并经查实的该项为零分。

4、工作纪律（10分）：遵守机关工作制度、遵守局里的各项规定，违者每发现一人次扣2分。上下班迟到早退的，查实一次扣1分。

5、组织活动（10分）：积极参加党课教育学习和支部活动，参加党小组民主生活会、党员进社区、结对帮扶活动等。不参加活动的每人次扣2分（因公出差除外）。

6、文明创建（10分）：室内整洁卫生，各类资料、书籍摆放整齐，室内不整洁查实一次扣1分；公共卫生执周按规定要求执行，未打扫公共卫生区的查实一次扣1分。遵守服务承诺，首问负责制，文明用语，被上级检查并通报批评以及有群众投诉和反映的，发生一次该项为零分。

7、工作业绩（25分）：各部门、调查队必须制定本部门工作岗位目标责任制，完成各项工作目标。凡未完成任务的有一项扣5分。

（二）具体目标（100分，以部门、调查队为计分单位）

1、办公室

（1）做好全局行政工作的组织协调及管理工作。（5分）

（2）认真组织好政务信息工作，力争政务考核工作进入全省前5名，全年撰写政务信息30篇，少完成一篇信息扣1分。（5分）

（3）做好局中心组及全局人员政治理论学习的组织实施工作。（5分）

（4）根据每月局务会汇报交流情况，提出下月度全局工作要点。（10分）

（5）做好全局性文稿的撰写和审核、录入、编辑、印刷、发送工作。（10分）

（6）做好文书、财务、人事、音像档案管理和保密工作，7月份完成文书档案整理工作，10月份完成人事档案整理工作，保持文书档案管理先进单位。文件资料、报刊收发、传递快捷无差错。（10分）

（7）做好全局固定资产管理工作。建立固定资产购置、变更台帐，每年进行一次固定资产清查核对工作。（5分）

（8）做好机关后勤服务保障和安全工作，按审批情况及时采购和发放办公用品。做好车辆调度、保养及维修工作，确保全年车辆安全行驶无事故。做好退休干部管理服务工作。根据各部门、调查队人员情况，合理安排公共卫生包干时序，并做好督促、检查、落实工作。（10分）

（9）做好人事管理工作。搞好干部考察任用工作。做好机关及直属单位工资管理工作，确保按政策准确无误、及时调整到位，每发生一次差错扣2分。做好公务员的考核工作，按照要求及时审核备案。做好人事、工资年报工作，确保及时准确无差错。做好统计专业技术职称的评审和

资格考试工作。(10分)

(10) 做好财务管理工作，严格执行财务制度和财经纪律，每月向分管领导报告财务收支情况，每季度向班子成员报告财务收支情况。工资发放按时准确无差错。做好财务年报工作，在省局财务工作考核评比中力争进入前5名。加强对县(市、区)统计局财务工作的指导，7月份组织进行一次互审交流。(10分)

(11) 做好局内部网站和政府网站的更新维护工作。(10分)

(12) 做好“双杨OA”办公自动化的组织实施和管理维护工作。(5分)

(13) 及时完成局领导交办的各项临时性工作。(5分)

2、法规处

(1) 做好基本统计单位调查名录库的修正和完善工作。及时、全面地完成行政区划代码和基本统计单位调查报表的搜集、整理、汇总、上报工作，行政区划代码年报和基本统计单位调查年报在省评比中争取进入前5名。(20分)

(2) 组织、开展统计法律法规宣传活动。参加普法培训人员达到省局下达的目标。(10分)

(3) 加强统计法制建设工作，完善本局政务公开和统计行政执法责任制。统计法制工作在省局组织的考核评比中争取进入前5位。加强统计检查网络建设，适时对统计检查人员进行调整和补充，完善统计检查员名录库。开展统计检查员的业务培训，每年至少1次。(15分)

(4) 组织、开展统计督查和全市统计执法检查工作，监审单位不少于20个。负责统计违法案件的查处工作，查处率100%。(20分)

(5) 加强对部门统计调查项目管理，严格部门统计调查项目的立项审批。(10分)

(6) 做好本年度全市统计法制工作的考核，积极做好考核目标与省考核办法的接轨。(10分)

(7) 撰写信息18篇，少完成一篇信息扣1分。(10分)

(8) 及时完成局领导交办的各项临时性工作。(5分)

3、综合处

(1) 认真搞好GDP核算工作。严格执行GDP核算制度，做好核算报表的上报工作。加强核算数据的评估工作，认真执行省市制定的评估方案，做到评估客观公正科学。本专业力争进入前5名。(10分)

(2) 做好市县经济年定报工作。加强与各有关部门的联系，做好市县经济年报的数据收集、审核工作，全面准确地上报市县年报数据，在省局评比中力争进入前5名。(10分)

(3) 加强服务业统计工作。健全服务业统计网络，规范服务业单位的统计行为。完善服务业统计制度，增强服务业统计调查的可操作性。编制服务业统计汇总程序，提高服务业统计工作效率。力争从下半年开始，市直核算季报中的服务业数据直接来源于服务业统计报表。(10分)

(4) 做好民营经济统计调查工作，按季分析公布全市民营经济统计资料。(10分)

(5) 及时提供月度、季度、年度全市主要指标统计数据。(5分)

(6) 按季公布各乡镇主要经济指标完成情况。(5分)

(7) 及时编发统计资料。认真做好统计年鉴的编辑组织工作，丰富统计年鉴的内容。及时编发《盐城统计月报》，确保按规定时间送给市党政领导。按时完成领导临时布置的资料整理任务。(10分)

(8) 撰写统计分析16篇，信息24篇。少完成一篇分析扣2分，少完成一篇信息扣1分。(10分)

(9) 做好对各县(市、区)年定报考核等组织协调工作、全局统计分析与信息采用奖励兑现工作、各专业在省局年定报考核中排名情况汇总及奖励兑现工作。(10分)

(10) 做好全面小康的监测工作，建立健全监测指标体系和网络，形成监测报告。(10分)

(11) 做好综合资料数据库加载和日常使用的牵头组织工作。协调计算中心做好指标体系框架的设计工作。(5分)

(12) 及时完成局领导交办的各项临时性工作。(5分)

4、工业交通处

(1) 按时保质完成各项年定报任务，在全省年、定报评比中力争进入前5名。(15分)

(2) 做好规模以上企业统计工作规范化的实施和验收工作。(10分)

(3) 做好新的工业发展速度计算方法的改革和数据衔接和评估、发布，做到准确、及时。(15分)

(4) 做好5000家联网直报工作，直报率达100%。(10分)

(5) 撰写统计分析12篇，信息18篇。少完成一篇分析扣2分，少完成一篇信息扣1分。(10

分）

（6）及时向综合处提供月度或季度资料，以满足《盐城统计月报》编发和GDP核算的需要。（10分）

（7）及时编发《盐城工业统计月报》，确保按规定时间送达市有关党政领导。（10分）

（8）按时提供工业经济主要指标月度、季度、年度预测数据。（5分）

（9）做好工业50家重点企业和“凤还巢”资料的统计和提供工作。（5分）

（10）在规定时间内做好数据库及统计年鉴相关资料的整理和加载工作。（5分）

（11）及时完成局领导交办的各项临时性工作。（5分）

5、固投处

（1）组织实施投资、房地产、建筑业统计工作，及时、准确地完成年、定报工作任务。加强数据质量检查与评估。在全省年、定报评比中力争进入前5名。（15分）

（2）配合市经贸委做好重点技改竣工项目效益跟踪。及时、准确提供进度资料。（15分）

（3）按月提供全市技改投资和工业技改投资完成情况统计资料。（5分）

（4）做好资质以上企业统计工作规范化工作。（15分）

（5）撰写统计分析12篇，信息18篇。少完成一篇分析扣2分，少完成一篇信息扣1分。（20分）

（6）按时提供全市固定资产投资月度、季度、年度预测数据。（5分）

（7）做好二级资质以上房地产企业联网直报工作。（5分）

（8）及时向综合处提供月度或季度资料，以满足《盐城统计月报》编发和GDP核算的需要。（10分）

（9）在规定时间内做好数据库及统计年鉴相关资料的整理和加载工作。（5分）

（10）及时完成局领导交办的各项临时性工作。（5分）

6、贸易外经处

（1）组织实施贸易专业年定报工作，严格执行数据评估制度。在全省年、定报评比中力争进入前5名。（15分）

（2）组织实施外经专业年定报工作，严格执行外经统计制度。在全省年定报评比中力争进入前5名。（15分）

（3）做好贸易外经企业名录库更新工作，结合有关部门资料，切实核准贸易外经企业的实际经营状况。（15分）

（4）做好限额以上贸易企业统计工作规范化工作。（5分）

（5）组织实施好国家新的《限额下（含个体）贸易业抽样调查方案》，做好网点的维护工作。完善连锁企业调查制度，积极做好连锁企业调查工作。做好星级以下旅馆业的调查工作。（10分）

（6）撰写统计分析8篇，信息12篇。少完成一篇分析扣2分，少完成一篇信息扣1分。（15分）

（7）及时向综合处提供月度或季度资料，以满足《盐城统计月报》编发和GDP核算的需要。（10分）

（8）按时提供全市贸易外经月度、季度、年度预测数据。（5分）

（9）在规定时间内做好数据库及统计年鉴相关资料的整理和加载工作。（5分）

（10）及时完成局领导交办的各项临时性工作。（5分）

7、社会科技处

（1）按时保质地完成报表制度规定的年报和定报工作任务。在全省年、定报评比中力争进入前5名。（20分）

（2）积极做好1%人口抽样调查和劳动力、安全感等抽样调查工作。（15分）

（3）做好劳动就业和再就业的统计和考核工作。（15分）

（4）撰写统计分析12篇，信息18篇。少完成一篇分析扣2分，少完成一篇信息扣1分。（20分）

（5）及时向综合处提供月度或季度资料，以满足《盐城统计月报》编发和GDP核算的需要。（15分）

（6）按时提供全市社会科技月度、季度、年度预测数据。（5分）

（7）在规定时间内做好数据库及统计年鉴相关资料的整理和加载工作。（5分）

（8）及时完成局领导交办的各项临时性工作。（5分）

8、监察室

（1）组织全局党员干部学习党纪党规，开展党风廉政教育，抓好廉政监察和廉政考核工作。（20分）

（2）协助党组做好党风廉政建设责任制的具

体落实工作，做好检查、总结和汇报工作。（20分）

（3）认真做好信访工作，认真完成上级纪检监察部门和党组交办的党风廉政、信访、案件查处工作任务。（20分）

（4）做好统计执法检查、政务公开和机关服务承诺等行政监察工作。（15分）

（5）撰写信息6篇，少完成一篇信息扣1分。（20分）

（6）及时完成局领导交办的各项临时性工作。（5分）

9、计算中心

（1）做好统计信息工程建设。按省局统一部署，做好内网线路提速和省、市、县联网工作。严格管理措施，加强网络安全控制。做好设备维修及保障工作。（25分）

（2）做好综合资料数据库程序开发和维护工作。进行数据库建模设计和程序编制。协调进行资料加载，配合有关部门制定管理制度。配套开发“统计资料领导查询系统”。（15分）

（3）做好网站建设。扩充、完善“盐城统计信息网（内部网）”。完善网站稿件采编发系统，配合办公室制定相关管理办法。（10分）

（4）做好办公自动化建设。根据统一要求，做好双杨OA等办公自动化系统的安装、保障及维护工作（10分）。

（5）做好各专业年定报数据资料的光盘刻录和保存工作。（15分）

（6）做好全局计算机设备实物管理工作，建立台帐，每半年与办公室核对一次。（10分）

（7）撰写信息12篇，少完成一篇信息扣1分。（10分）

（8）及时完成局领导交办的各项临时性工作。（5分）

10、咨询部

（1）做好《盐城统计年鉴》的编辑、出版、发行工作。负责《盐城统计年鉴》编辑部的日常工作，做好广告组稿工作。分解年鉴发行数量，年鉴发行数量确保1000本，利用月报资料开展广告活动。（40分）

（2）做好统计信息咨询服务工作。开展社会调查工作；做好统计教育培训工作，管理统计干部培训学校，尽可能利用办学条件开展联合办班租赁等经营活动；做好专项统计资料编辑、出版，统计业务用品的制作、发行，基层统计单位统计事务代理；提供专项信息或咨询认证；完成省局布置的咨询服务工作等。（25分）

（3）积极开展有偿服务，全年确保完成目标任务。严格执行财务、会计制度和与局里制定的责任目标。（15分）

（4）加强与编办、财政、物价、教育、工商、税务等部门的联系，做好法人登记证、收费许可证、办学许可证、广告经营许可证等证件的申办、变更、年检工作。（10分）

（5）撰写统计信息12篇，少完成一篇信息扣1分。（5分）。

（6）及时完成局领导交办的各项临时性工作。（5分）

11、企调队

（1）按时按质完成省队和市统计局布置的各项工作任务。（10分）

（2）做好规模以下工业抽样调查年、定报工作，在全省年、定报评比中力争进入前5名。（15分）

（3）做好企业集团和企业景气调查的年、定报工作，在全省综合年、定报评比中力争进入前5名。按季提供我市企业生产经营景气状况的预测预警分析报告。（15分）

（4）做好大企业集团主要经济指标跟踪统计考核和新闻发布工作，加强全市大企业集团季度统计和分析工作，积极为市委市政府实施大企业集团发展战略做好服务工作。筹备召开全市20强大企业集团新闻发布会。（15分）

（5）做好省队布置的专项调查工作，加强走访和调研，保证调查的时效性和数据质量。（10分）

（6）撰写统计分析20篇，信息30篇。少完成一篇分析扣2分，少完成一篇信息扣1分。（15分）

（7）及时向综合处提供月度或季度资料，以满足《盐城统计月报》编发和GDP核算的需要。（5分）

（8）按时提供全市大企业集团和规模以下工业月度、季度和年度预测数据。（5分）

（9）在规定时间内做好数据库及统计年鉴相关资料的整理和加载工作。（5分）

（10）及时完成局领导交办的各项临时性工作。（5分）

12、城调队

（1）认真完成好省城调局和市统计局布置的各项任务。（10分）

（2）按时按质做好城市住户调查年定报工作，

在全省年、定报评比中力争进入前5名。经常性调查户换户率控制在5%以内；编码和录入差错率控制在0.3%以内。(15分)

(3) 按时按质做好物价调查年定报工作，在全省年、定报评比中力争进入前5名。(15分)

(4) 继续做好全市物价调控目标的监测和考核工作。(10分)

(5) 做好省队布置的专项调查工作，保证调查的时效性和质量。(10分)

(6) 指导东台、建湖、射阳、阜宁、响水等县做好城镇住户调查工作。(5分)

(7) 撰写统计分析24篇，信息36篇。少完成一篇分析扣2分，少完成一篇信息扣1分。(15分)

(8) 及时向综合处提供月度或季度资料，以满足《盐城统计月报》编发和GDP核算的需要。(5分)

(9) 按时提供城市居民收入和物价指数月度、季度和年度预测数据。(5分)

(10) 在规定时间内做好数据库及统计年鉴相关资料的整理和加载工作。(5分)

(11) 及时完成局领导交办的各项临时性工作。(5分)

13、农调队

(1) 认真完成农村统计报表制度规定的各种年定报任务。在全省年、定报评比中力争进入前5名。(20分)

(2) 加大对各县农调队工作的督查力度。要严格报表管理，杜绝迟报漏报现象，全年上报的报表质量无差错。(10分)

(3) 进一步完善和加强农村基础统计工作。建立乡镇统计业务培训和制度建设工作，加强对乡镇统计站的管理，发挥统计站的职能作用。(15分)

(4) 做好省队布置的专项调查工作，保证调查的时效性和数据质量。(5分)

(5) 撰写统计分析16篇，信息24篇。少完成一篇分析扣2分，少完成一篇信息扣1分。(20分)

(6) 及时向综合处提供季度有关资料，以满足《盐城统计月报》编发和GDP核算的需要。(15分)

(7) 按时提供全市农村经济主要指标月度、季度和年度预测数据。(5分)

(8) 在规定时间内做好数据库及统计年鉴相关资料的整理和加载工作。(5分)

(9) 及时完成局领导交办的各项临时性工作。(5分)

14、党总支

(1) 负责全局的党建工作，加强党的组织建设，完成好党员发展、党费收缴等党建工作任务。(15分)

(2) 做好局党总支委员会的换届选举和民主评议党员工作。(10分)

(3) 负责全局党员的教育和管理工作。(10分)

(4) 负责党员干部结对帮扶工作的组织实施，完成结对帮扶工作任务。(20分)

(5) 做好学习型机关创建工作的组织协调。(15分)

(6) 配合抓好文明机关的创建工作。(15分)

(7) 按上级要求做好工、青、妇工作。(5分)

(8) 完成信息6篇（指总支副书记个人任务），少完成一篇信息扣1分。(5分)

(9) 及时完成局领导交办的各项临时性工作。(5分)

二、考核方法

(一) 局成立考核小组，负责对各部门和调查队主要工作考核目标及工作人员岗位综合考核工作：

考核组组长：刘新国；副组长：王国平、单坤刚、吴玉江；成员：李刚、朱杰、郭伟。日常考核工作具体由吴玉江同志负责。对各部门、调查队工作目标完成情况采取随机考核、半年考核、年终考核，并将考核情况作为年终先进集体评选的依据。

(二) 奖励办法

根据局考核小组对各部门和调查队的考核结果，按8∶4∶2的比例给予适当奖励，奖金按一定标准发到部门、调查队，由部门、调查队根据个人工作业绩进行分配。各部门、调查队要建立个人岗位目标责任制。局领导奖励办法另定。

(三) 年、定报奖励和信息、分析奖励按原有办法执行。

盐城市统计局
关于加强统计品牌文化建设工作的意见

（2005年9月26日）

为了进一步贯彻落实全市统计品牌文化建设工作会议精神，更好地倡导全市统计工作者实践“统计为民、求实为本、服务为先”的统计宗旨，恪守“质量、服务、道德”的统计理念，崇尚“敬业、创新、求实、合作”的统计精神，努力打造“统计产品精品化、统计人文和谐化、统计服务优质化”的统计品牌，全力推进盐城统计工作进位争先，现就加强统计品牌文化建设工作提出如下意见：

一、加强统计品牌文化建设工作的指导思想

加强统计品牌文化建设工作的指导思想是：以邓小平理论和“三个代表”重要思想为指导，坚持科学发展观，紧紧围绕“统计为民、求实为本、服务为先”的统计宗旨，始终坚持统计优质服务为第一要务，努力建设具有盐城特色的统计理念、统计精神和统计品牌，实现盐城统计工作的全面提高和全面发展。

二、加强统计品牌文化建设工作的主要目标任务

加强统计品牌文化建设工作的主要目标任务是：实施“四项工程”，实现“五化目标”。实施“四项工程”就是要实施“双基”巩固工程，全面夯实统计基础工作，全面提高统计技术水平；实施统计管理强化工程，理顺政府综合统计与部门统计的关系，强化政府综合统计的管理职能；实施统计法制保障工程，全面提高依法行政、依法治统的水平；实施统计人才建设工程，建立一支素质高、业务精、能力强的统计干部队伍。实现"五化目标"，就是努力实现统计运行高效化、统计手段现代化、统计产品精品化、统计人文和谐化和统计服务优质化。

三、加强统计品牌文化建设工作的主要措施

（一）加强统计基础工作，进一步规范统计工作行为。一要以提高基础数据质量为突破口，建立健全统计工作机制，规范统计工作行为，力争通过2—3年的努力，使统计基础工作水平有明显提高，为统计工作进位争先奠定坚实的基础；二要尽快建立服务业统计机构，配足配强县（市）级综合经济调查队（局）人员，充分发挥其职能作用，认真做好县级城市住户调查工作；三要在“一合三统一”的基础上，进一步加强对乡镇统计站的建设和指导工作。各基层单位应依法设立统计机构或在相关机构中设置专兼职统计人员，并指定统计负责人。规模以上、资质以上、限额以上企业必须设立专职统计人员；四要建立健全统计台帐制度，逐步实现统计台帐的标准化管理。乡镇统计站和定报企业的原始记录和统计台帐要逐步实现电子化管理。

（二）树立统计精品意识，进一步优化统计服务内容。各地要在对现有统计产品进行整合的基础上，进一步优化，形成特色。一是信息发布要更具时效。要增强超前意识、精品意识，努力在“短、平、快”上下功夫，突出“准、新、活”。借助季度统计新闻发布和月度经济形势统计新闻等方式，多出、快出统计信息；二是分析水平要更有深度。要运用经济理论和方法，分析统计数据，透视经济现象，研究深层次的矛盾和问题。分析要力求把握新特点，判断新现象，反映新问题，预测新趋势，提出新建议，增强统计分析的针对性和可操作性。同时要进行跨专业和跨部门的合作，不断推出有价值、有深度的统计分析精品；三是资料整理要更加适用。要按照客观性、及时性、综合性、针对性等要求，搜集整理统计资料。重点做好统计年鉴、普查资料以及历史数据的开发利用，着重突出资料的适用性；四是监督考核要更为科学。要拓展统计工作的深度和广度，增强社会经济发展的参与度、合作度和运作度。特别是实施统计监督、参与经济考核，要认真履行部门的职责，严把数字质量关，科学、客观、公正地反映社会经济的发展情况。

（三）坚持依法治统观念，进一步强化法制保障功能。统计法制工作要紧紧围绕“统计为民、求实为本、服务为先”的统计宗旨，以《关于加强统计法制工作意见》为指导，始终坚持依法治统为第一方略，全面推进统计法制化进程。一要认真组织开展统计法制宣传工作，通过各种培训班、“四五”普法活动、大型普查等载体开展《统计法》的宣传，要让各级领导、统计人员和全体调查对象了解统计法，知悉统计法，让他们能够自觉的执行统计法，维护统计法；二要认真制定一年一度的统计法制工作计划，有计划、有目的的开展统计执法活动；三要加大对统计违法案件的查处力度，使统计违法现象没有生存的空间。要坚持原则，敢于动真碰硬，维护统计法的权威性和严肃性。

（四）推进信息工程建设，进一步提高统计技术水平。各级统计部门和规模以上工业企业、限额以上批发零售企业、资质以上建筑企业以及乡镇统计站，一要加快统计信息工程建设步伐，加强数据联网，实现网络传输，提高信息传递效率。通过电子邮件传送报表和资料，为联网直报、推进无纸化办公打好基础。市、县（市、区）统计部门要加大对信息设备的投入力度，提高设备利用率，推广普及成熟软件在统计中的应用；二要加强单位名录库、综合统计数据库和其他专业数据库的建设工作。三要加大数据管理力度，建立光盘库，防止数据丢失，实现各种统计资料的规范化、档案化。

（五）强化数字质量理念，进一步加强数据质量评估。一要进一步加强对基层统计人员的职业道德教育和法制宣传，加强业务培训和指导；二要建立健全数据质量岗位责任制。基层统计人员、部门统计人员、各专业统计人员、分管领导和一把手各层各级要建立岗位责任制，明确职责，责任到人，层层落实，一级对一级负责；三要继续坚持主要专业统计数据评估制度。各专业要按照本专业数据质量评估制度和相关评估数据，认真开展数据质量的评估。评估必须要科学、合理、实事求是，方法要公开，过程要透明，结果要公正，使科学评估成为提高统计数据质量有效方法之一；四要强化数据质量检查制度。重点加强对GDP核算和主要数据的质量检查，检查制度方法执行情况以及核算数据、专业数据、相关数据的衔接性。

（六）理顺部门统计关系，进一步强化统计管理职能。要以今年全省开展的对部门统计调查项目清理为契机，加强对部门统计的管理。一要加强宣传和沟通。特别是要宣传政府综合统计部门的职能、作用和法律依据；二要认真组织开展部门统计调查项目的清理工作。摸清各部门统计调查项目的情况，取消非法、违规统计调查项目，建立健全部门统计调查制度；三要明确工作思路。在清理、取消、整合的基础上，明确各部门统计调查任务和分工、职责和内容、统计数据发布、使用、管理的程序和办法，更好地发挥部门统计的职能作用，努力形成统计的合力，更好地服务于社会。

（七）实施统计人才战略，进一步提高统计队伍整体素质。大力弘扬凭实绩用干部的导向，努力建设一支高素质的统计干部队伍。一要坚持以工作实绩论英雄的原则，为统计事业的发展配干部、用干部。大胆启用政治上靠得住，工作上有能力，群众信得过的优秀干部。要通过扩大民主，完善考核，推进交流，加强监督等办法，努力建立广纳群贤，人尽其才，能上能下，充满活力的用人机制，彻底改变过去那种干多干少一个样，干好干坏一个样，干与不干一个样的状况；二要有计划有目的地培养一批精通统计科学、熟悉经济管理、掌握现代信息技术的专业人才。要以培养高级统计师、年轻业务骨干为重点，创新机制，优化环境，努力建设一支规模合理、结构优化、水平较高的统计专业技术人才队伍；三要加大对想干事、能干事、多干事、干成事人员的奖励力度，使他们得到重用、得到好处；四要加大对现有统计人员的培训力度，不断提升业务知识水平，不断适应新形势发展的需要。

（八）广泛开展文体活动，进一步营造和谐的统计人文环境。各地要根据统计工作的特点，加强节日文化和群体文化建设。一要充分发挥党总支、工会、共青团的作用，广泛开展内容丰富、形式多样的文化体育活动，促进交流与理解，形成生动活泼、团结向上的良好氛围；二要按照全民健身活动的要求，利用本单位现有设施，因地制宜地开展一些丰富多彩、健康有益的文化体育活动，丰富职工的精神文化生活；三要选择一些较为普及的项目，开展活动或比赛，促进群众性文体活动建设。如开展诗歌朗诵、卡拉OK演唱会等娱乐活动，举办书法、个人花卉等文化展览，组织乒乓球、长跑等体育比赛，来增强机关内部活力和凝聚力，努力营造一个和谐的统计人文环境。

中国统计出版社最新资料书简目

（仅供参考，以最后出书为准）

中国统计年鉴—2006
中国统计摘要—2006
2006 中国发展报告
中国城市统计年鉴—2005
中国劳动统计年鉴—2006
中国人口统计年鉴—2006
中国工业经济统计年鉴—2006
中国市场统计年鉴—2006
2005 中国经济景气年鉴
中国建筑业统计年鉴—2005
中国城市调查年鉴—2000
中国商品交易市场经济年鉴—2006
中国连锁餐饮企业统计年鉴—2005、2006
中国连锁零售业统计年鉴—2005、2006
中国能源统计年鉴—2004、2005
全国农产品成本收益资料汇编—2005
国际统计年鉴—2006
中国对外经济贸易统计年鉴—2005
中国基本单位统计年鉴—2005
中国民政统计年鉴—2006
中国高技术产业统计年鉴—2006
中国房地产行业名录
中国农村统计年鉴—2006
中国农村住户调查年鉴—2006（中文）
中国农村住户调查年鉴—2006（英文）
中国乡镇统计资料—2006
中国县（市）社会经济调查年鉴—2006
中国西部农村统计资料—2006
中国建制镇统计资料—2006
中国农产品价格调查年鉴—2006
中国国民经济核算年鉴—2006
中国经济普查年鉴—2004
中国棉花年鉴—2004、2005
中国教育经费统计年鉴—2005
北京统计年鉴—2006
天津统计年鉴—2006
河北经济年鉴—2006
山西统计年鉴—2006
内蒙古统计年鉴—2006
辽宁统计年鉴—2006
吉林统计年鉴—2006
黑龙江统计年鉴—2006
上海统计年鉴—2006
江苏统计年鉴—2006
浙江统计年鉴—2006
安徽统计年鉴—2006
福建统计年鉴—2006
江西统计年鉴—2006
山东统计年鉴—2006
河南统计年鉴—2006
湖北统计年鉴—2006
湖南统计年鉴—2006
广东统计年鉴—2006
广西统计年鉴—2006
海南统计年鉴—2006
重庆统计年鉴—2006
四川统计年鉴—2006
贵州统计年鉴—2006
云南统计年鉴—2006
西藏统计年鉴—2006
陕西统计年鉴—2006
甘肃年鉴—2006
青海统计年鉴—2006
宁夏统计年鉴—2006
新疆统计年鉴—2006
新疆生产建设兵团统计年鉴—2006
石家庄统计年鉴—2006
唐山统计年鉴—2006
邯郸统计年鉴—2006
张家口统计年鉴—2006
朔州统计年鉴—2006
呼和浩特经济统计年鉴—2006
鄂尔多斯市统计年鉴—2006
包头统计年鉴—2006
沈阳年鉴—2006
大连统计年鉴—2006
鞍山统计年鉴—2006
长春统计年鉴—2006
吉林市社会经济统计年鉴—2006
四平统计年鉴—2006
延吉统计年鉴—2006
哈尔滨统计年鉴—2006
齐齐哈尔经济统计年鉴—2006
黑龙江垦区统计年鉴—2006
上海浦东新区统计年鉴—2006
南京统计年鉴—2006
苏州统计年鉴—2006
无锡统计年鉴—2006
常州统计年鉴—2006
徐州统计年鉴—2006
南通统计年鉴—2006
盐城统计年鉴—2006
镇江统计年鉴—2006
江阴统计年鉴—2006
杭州统计年鉴—2006
宁波统计年鉴—2006
绍兴统计年鉴—2006
台州统计年鉴—2006
舟山统计年鉴—2006
温州统计年鉴—2006
金华统计年鉴—2006
嘉兴统计年鉴—2006
安庆经济统计年鉴—2006
福州年鉴—2006
厦门经济特区年鉴—2006
福州经济技术开发区年鉴—2006
南昌经济社会统计年鉴—2006
上饶经济社会统计年鉴—2006
九江经济统计年鉴—2006
济南统计年鉴—2006
青岛统计年鉴—2006
潍坊统计年鉴—2006
淄博统计年鉴—2006
郑州统计年鉴—2006
洛阳统计年鉴—2006
三门峡统计年鉴—2006
南阳经济统计年鉴—2006
武汉统计年鉴—2006
宜昌统计年鉴—2006
十堰统计年鉴—2006
荆州统计年鉴—2006
长沙统计年鉴—2006
广州统计年鉴—2006
东莞统计年鉴—2006
惠州统计年鉴—2006
深圳统计年鉴—2006
南宁统计年鉴—2006
桂林经济社会统计年鉴—2006
柳州经济统计年鉴—2006
来宾统计年鉴—2006
河池地区经济社会统计年鉴—2006
海口统计年鉴—2006
成都统计年鉴—2006
贵阳统计年鉴—2006
昆明统计年鉴—2006
西安统计年鉴—2006
兰州年鉴—2006
西宁统计年鉴—2006
银川统计年鉴—2006
乌鲁木齐统计年鉴—2006
巴音郭楞统计年鉴—2006
吐鲁番统计年鉴—2006

20

盐城风采

盐城市规划局

局党组书记、局长　　王 瑾

近年来，盐城市规划局在市委、市政府的正确领导下，坚持"外树形象、内树正气、改进服务、进位争先"工作目标，认真贯彻落实科学发展观、努力服务"两个率先"大局，迅速完成了新一轮城市总体规划和分区规划修编，开展了各专项规划编制，全面启动了主城区108平方公里控制性详细规划的编制，通过统筹实施、加快推进，以"水绿盐城"为核心的市域城市规划体系基本完备，规划服务经济社会发展先导作用不断发挥。

省市领导参观盐城城建规划发展

电　话：0515—8335331 8119629
传　真：0515—8237551
邮　编：224002
地　址：盐城市毓龙东路36号

主城区道路交通规划评审

盐城市海洋渔业局

盐城市海洋渔业局是市政府综合管理全市海洋与渔业的政府工作部门。2005年，盐城市海洋与渔业局认真履行职能，服务海洋与渔业事业的发展。全市确权用海项目328宗，确权面积6.8万公顷，征收海域使用金711万元，发布了海洋环境质量公报，组织海洋监察执法检查80次，检查用海项目100多个，发现并查处非法用海案件39起，经办案催缴海域使用金77万元。当年，全市完成水产品总产量82万吨，实现渔业总产值107万元，农民人均纯收中来自渔业的部分达300元，在全市农业六大产业中率先实现百亿元目标。2005年，盐城市海洋渔业局获省海洋与渔业局海域使用管理先进集体、渔业工作综合奖，获市委、市政府“打造六大百亿产业推进农业结构调整先进服务单位”、“推进农业科技入户先进单位”、“打造渔业百亿产业先进单位”和市政府“环保目标责任状工作先进集体”。

盐城市水利局

十五：水利业绩骄人

十五”期间，全市水利系统坚持以科学发展观为指导，解放思想，锐意进取，攻坚克难，扎实工作，水利事业保持了良好的发展态势，为盐城经济社会的发展提供了有力地支撑和保障。市水利局被国家人事部、水利部联合授予“全国水利系统先进集体”荣誉称号，连续五年被江苏省水利厅表彰为全省水利先进单位，多次被盐城市委、市政府评为综合先进集体，局机关连续被市文明委表彰为文明机关。**一是防汛防旱成绩显著，减灾效益明显。**“十五”期间，面对频发的旱、涝、台风灾情，始终把人民群众的生命财产安全和经济社会的发展放在首位。灾前充分准备，组织严密，预防得当；灾中指挥有力，科学调度，抢在关键；灾后目标明确，行动迅速，补救及时，成功抗御各种自然灾害的侵袭，灾害损失降到了最低限度。**二是水利建设力度空前，成绩喜人。**“十五”期间，先后实施淮河入海水道、海堤达标等10多项重点工程建设，累计投入55亿元，是“九五”的2.5倍。特别是境内投入27亿元的淮河入海水道工程提前建成通水，在2003年大涝中承担行洪任务，发挥了巨大的工程效益。**三是水利改革不断深化，机制体制不断创新。**全市闸站工程、乡镇水厂以拍卖、租赁、竞价承包、股份及股份合作等形式进行改制，全市防渗渠道改制247公里，圩堤改制5917公里。在全省率先出台市级《水利工程管理体制改革工作的实施意见》，完成市属水管单位人员编制和维修养护经费的测算，并通过省、市专家评审。初步建成“政府支持、市场运作、自行收取、规范提高”的水费计收运行机制。通过破产、歇业清算、民营化改制和事转企改制形式，完成8个企事业单位的改革改制任务。**四是水利管理规范有序，依法行政、依法治水逐步强化。**完成里下河腹部地区防洪除涝、废黄河整治、城市防洪、水资源保护等一系列规划。工程建设全面推行项目法人、招标投标、工程监理、合同管理、竣工验收和廉政合同等六项制度。“十五”期间，全市开工建设50万元以上的水利工程达130多项，工程的报建率和招投标率均达100%。规范取水论证与审批，建立健全市、县、乡（镇）和取用水单位四级管理网络；超额完成省政府下达的地下水压采任务，全市超采区面积由原来的4400平方公里缩减到3660平方公里，创建省级节水型企业占全省的三分之一。全市查处各类水事案件1156起，结案率98.5%。建立健全资金及财务管理制度，规范资金使用、管理行为。**五是水利经济快速发展，产值、利润同步增长。**“十五”期间，全市水利部门充分利用水土资源优势，积极发展种植业、养殖业、加工业，实现水利经济总收入77.8亿元、利税4.12亿元。**六是水利系统三个文明建设协调发展。**“十五”期间，全市水利系统深入学习邓小平理论、“三个代表”重要思想和十六届三中、四中、五中全会精神，扎实开展保持共产党员先进性教育活动，党的建设不断加强。加大纪检监察工作力度，坚持教育、制度、监督并重，注重从源头预防治理腐败，党风廉政建设和反腐败工作取得实效。深化干部人事制度改革，领导班子建设进一步加强。

党委书记、局长　还学东

省领导视察盐城水利工作

市领导视察盐城水利工作

盐城市大套第二抽水站

新洋港闸

盐城市国土资源局

2005年，盐城市国土资源局按照依法行政、高效勤政、廉洁从政的总体要求，以科学发展观为统领，以改革创新的思路破解难题，保护节约资源形成新亮点，支持保障发展实现新突破，依法维护权益取得新成效，系统队伍建设展示新形象。全市实际供地2133公顷，土地出让金总额58亿元，其中经营性用地招拍挂出让296公顷，出让金25亿元。坚持节约集约用地，盘活存量土地1400公顷，逐步提高投资强度。严格保护基本农田，坚守“红线”，以建设促保护。全市共获得省级以上投资项目17个，到帐资金2.1亿元；通过省级验收的耕地占补平衡项目168个，复垦开发整理土地12747公顷，新增耕地5213公顷，占全省的四分之一。该局分别被国家测绘局、省国土资源厅评为“五四”普法工作先进集体，被省人事厅、国土资源厅评为全省国土资源系统先进集体，被盐城市委、市政府评为“全市三个文明建设综合奖”先进集体。

党委书记、局长　　崔士明

局长崔士明(左一)陪同上级领导察看土地整理项目现场

局领导深入重点企业现场服务

局领导参加乡镇国土资源所建设现场会

全市国土资源系统表彰大会获奖人员

图为土地招拍挂现场竞价

盐城市国税局

2005年，盐城市国税系统坚持以保持共产党员先进性教育活动为动力，以“管理规范年”为主题，以开展“建阳光国税、树文明形象”活动为载体，全面实施收入、队伍、执法、改革、科技、服务规范管理，圆满完成了各项国税工作任务。全系统共组织各项国税收入41.3亿元，占年度计划指标的109.8%，比上年增长21.67%；完成地方财政口径“三税半”收入36.25亿元，占年度计划指标的101.06%，比上年增长21.41%。深入开展“建阳光国税、塑文明形象”活动，突出深化政务公开、推行阳光执法、开展阳光服务和实行阳光管理四个重点，进一步提升了税收服务水平。加强精神文明建设，全市国税系统连续6年被表彰为“江苏省文明行业”和“盐城市文明标兵行业”；8个县（市、区）国税局和8个市局直属行政单位全部被表彰为“全国精神文明创建工作先进单位”和“江苏省文明标兵单位”；阜宁县国税局第四税务分局被表彰为“全国税务系统先进单位”。

李强代市长陈步龙局长

周苏明局长视察

春蕾班捐款

市国税局和陈步龙局长喜获全市2005年度三个文明建设先进集体、先进个人殊荣

优质服务

盐城国税领导集体

盐城市教育发展情况简介

市委教工委书记、教育局党委书记、局长 常逢生

“十五”以来，在盐城市委、市政府的正确领导和社会各界的大力支持下，广大教育工作者坚持“办人民满意学校、办人民满意教育”的宗旨，大大弘扬盐阜老区人民“艰苦奋斗、创新创业、团结拼搏、进位争先“的精神，以改革总揽全局，以创新促进发展，教育发展综合水平不断提高，教育质量稳步上升。全市现有普通高校、高等职业院校10所，普通中专9所，职业高中19所，普通高中82所，初中254所，小学687所，特殊教育学院11所，幼儿园1009所，在校学生120余万人，教职工8万余人，全市小学、初中适龄儿童入学率均达100%，巩固率分别达99.61%，98.8%。初中毕业升学率达86.12%。2005年高中阶段招生12.67万人，普职招生比达1：1.12。2005年我市共有49925名考生参加全国普通高校招生考试，共有35056人被各类高等院校录取，录取率达70.2%；有4459名职业高中毕业生参加普通高校对口单招，3458人被各类高等院校录取，录取率达77.85%。高考录取总人数、录取率连续多年居全省前列。教师队伍建设不断加强，小学、初中、普高、职高、幼儿园教师学历达标率分别达99.11%、93.11%、80.3%、69.81%、96.77%，全市已有特级教师135人，学科带头人、教学能手近千人。200名教师在职攻读硕士、博士，200多名教师、校长赴国外进修学习。有24所学校聘请50多名外籍教师来盐任教，中外合作办班15个，盐城师院、江苏省盐城中学、盐城市第一小学还招收了韩国留学生。“十五”期间，为促进城乡教育均衡发展，先后实施了“中小学危房改造、中小学布局调整、三新一亮、六有、校校通”等五大工程，总投资达22亿元。

2005年，市委、市政府专门召开了全市教育工作会议，提出到2010年建成教育强市，在苏北率先基本实现教育现代化的奋斗目标。“十一五”期间，我们将围绕这一奋斗目标，在科学发展观指导下，大力实施和全面推进“六大工程”即：实施素质教育工程、富民创业工程、名学校、名校长、名教师建设工程、中小学教育教学设施配套工程、校园文化建设工程、教育现代化建设工程。为把盐城建成全面小康社会，实现“两个率先”提供智力支持和知识贡献！

省教育厅厅长王斌泰、副市长徐恒菊在射阳视察教育工作

市教育系统领导干部培训班

市教育局爱心助学捐赠仪式

江苏省大丰高级中学新校区

盐城市实验小学新校区一角

江苏省东台中学新校区学生公寓

盐城银监分局

（盐城银监分局党委书记、局长　卢平）

中国银行业监督管理委员会盐城监管分局是中国银监会的派出机构，成立于2003年12月16日。主要职责是：根据银监会和江苏银监局的授权，负责对辖内银行业金融机构及其分支机构的设立、变更、终止和业务活动的监督管理，依法对金融违法、违规行为进行查处，审查和批准高级管理人员的任职资格，统计有关数据和信息。

分局内设办公室、银行监管一科、银行监管二科、合作金融机构监管科、人事科、统计信息科等6个职能科室，现有职工66人。成立以来，在上级党委的正确领导下，分局一班人励精图治，团结和带领全局职工认真落实银监会新的监管理念，以有效监管防范金融风险，以科学监管服务地方经济，以文明监管树立良好形象，三个文明建设取得丰硕成果。连续两年在江苏银监局考核中名列前茅，被市委、市政府和江苏银监局评为文明单位，2006年4月，被中国金融工会表彰为全国金融五一劳动奖状单位。

中国银监会刘明康主席在盐城视察调研

江苏省副省长（原盐城市委书记、市人大主任）
张九汉在盐城银监分局视察调研。

盐城市烟草专卖局(分公司)

江苏省盐城市烟草专卖局（江苏省烟草公司盐城分公司）组建于1983年，下辖7个县（市）局（营销部），依据《中华人民共和国烟草专卖法》及其《实施条例》，代表国家行使卷烟批发经营和市场管理两项重要职能。全市烟草系统现有干部、职工316人。2005年，全市系统共销售23.01万箱，实现税利4.87亿元，同比上升15.26%，实现利润3.82亿元，同比上升11.68%。近年来，全市烟草系统先后被授予了“盐城市文明标兵行业”、“江苏省文明行业”等光荣称号。

20多年来，盐城烟草历届领导班子励精图治，干部职工奋发进取，不断开创了改革发展的新局面。特别是，2005年3月市局（分公司）新一届党组成立以来，坚持“做精做强主业，保持平稳发展”的基本方针，以市场为导向，以专卖为保证，以科技为先导，以改革为动力，团结和带领全市烟草系统广大干部、职工，狠抓班子和队伍建设，狠抓内部管理和规范经营，狠抓专卖管理网络、卷烟销售网络以及信息化网络建设，全面完善和提升“电话访销、网上配货、电子结算、现代物流”的现代流通模式，各项工作取得了历史性的突破，实现了专卖、经营双线延伸，三个文明协调发展，整体呈现出平稳健康发展的良好态势。

市局李成军局长走访卷烟经营户

陈明洋副经理赴响水“送温暖、献爱心”

集中销毁假烟现场

盐城工学院

盐城工学院是一所以工为主，工、管、经、文、艺多学科并举的省属全日制普通高校。学校始建于1958年，1996年升格为本科院校。现设有机械工程学院、化学与生物工程学院、经济与管理学院、电气与信息工程学院、人文学院、设计艺术学院、材料工程院、土木工院、土木工教育学院、远程育学院（盐城电大）、高职学院、博雅学院、优集学院等14个二级学院。普通教育设置33个本科专业和10个专科专业，全日制在校生12000人；成人教育在籍生3000多人；远程教育学院（盐城电大）在籍生1万多人。学校现有教职工1186人，其中专任教师737人，教授、副教授等高职人员276人。建有各类实验室60个，教学仪器设备总值7105万元，图书馆藏书95万册，校园面积2283亩，校舍建筑面积30多万平方米，固定资产总值4亿多元。在全体师生员工的共同努力下，学校多次获得国家、省、市表彰。2005年底，在省、市领导的关心和支持下，学校与盐城市亭湖区签订协议，分期建设一个占地1850亩、总投资10.98亿元、建筑面积60万平方米的新校区。新校区的建设，为盐城工学院的事业发展奠定了坚实的基础。

中共盐城市委副书记、党委书记冯永农(左四)；党委副书记、院长杨春生(右三)；党委副书记、副院长、纪委书记刘必清(左三)；党委常委、副院长刘德仿(右二)；党委常委、副院长陈金春（左二）；党委常委、副院长李建宇(右一)；党委常委、组织部长董跃进(左一)。

荷花池

东区教学楼

盐城师范学院

盐城师范学院是省属本科院校。学校现有全日制学生13100人，成人学历教育学生7000余人。全日制教育设有等15个系（院）及民办二级学院黄海学院。现有48个本科专业，其中师范类17个，非师范类31个。有两个省级重点建设学科和1个省级特色专业建设点。

学校现有教职工1200人，其中专任教师720人，教授等正高职43人，副教授等副高职302人，博士研究生70人，硕士研究生358人。有26名教师应聘担任省内外高校的博士和硕士研究生导师。外语等专业长期聘请外籍教师任教。学校与4所国外大学建立了友好校际关系，并开展了留学生教育。

学校占地1500多亩，校舍建筑面积30万平方米。占地近900亩的新校区将于2007年建成。全校现有教学仪器设备总值6000多万元，建有各类实验室54个，其中有1个省级重点建设实验室，并建立了两个省级实验示范中心、10个研究所、37个教育实习基地和30个专业实习基地。图书馆现藏书120万册，订阅中外报刊1500多种，为国家光盘中心授予的中国学术期刊文献检索站一级站。

学校重视加强教育教学改革，坚持质量立校，在校学生在全国、全省大学生有关技能竞赛中先后获得80多项奖励。毕业生就业率达99%以上。

江苏盐城国家粮食储备库

法人代表　成中华

江苏盐城国家粮食储备库位于市区新洋港河与通榆运河交汇处，临近204国道，紧靠新长铁路和盐宁高速公路，地理位置得天独厚，水、陆、铁交通极其便利。库区内拥有近500米河岸线，并装备有10座机械化装卸码头和30幢具有现代化仓储能力的仓库群，库区占地面积10.25万平方米，总仓容量达12万吨，是里下河产粮区最大的粮库。

该库作为承担盐城区域内中央及地方两级储备粮管理和轮换任务的国家粮食储备库，在保障国家粮食安全、维护粮食市场稳定方面发挥着主渠道作用，充分发挥国有大型粮食购销企业的自身优势，开拓创新，着力架构市场化服务性桥梁，他们一头连着农民，把服务粮农，保护农民利益作为粮库自身的首要任务；一头连着市民，坚持科技储粮，保质保鲜，向广大市民提供绿色优质的放心粮。

2005年该库严格按照中央储备粮“两个确保”的总体要求，所有存粮安全无事故，被中国储备粮管理总公司表彰为“中央储备粮管理先进单位”；真抓实干，强化管理，被省粮食局表彰为“粮食工作先进单位”；诚实守信，恪守信用，被市政府授予“重合同守信用”单位；优质服务，保护粮农利益，被省粮食局表彰为“农民满意收购企业”；连年被评为市“文明单位”。最近，被国家人事部、国家粮食局表彰为“全国粮食系统先进集体”。

单位地址：盐城市盐青路228号
电　　话：0515—8550608
传　　真：0515—8558619
电子信箱：ycgjcbk@163.com

收粮码头

人事部、国家粮食局授予“全国粮食系统先进集体”称号

库区鸟瞰图

盐城市建筑设计研究院有限公司

董事长、院长：陈云德（高级工程师）

盐城市建筑设计研究院有限公司成立于一九六四年三月，为盐城市唯一通过ISO9001国际质量管理体系认证的国家甲级设计单位，拥有建筑设计甲级、工程勘察甲级、工程总承包甲级、工程测量乙级等资质。现有职工130人，其中高级建筑师、高级工程师42人，工程师54人，国家一级注册建筑师、一级注册结构工程师22人，可承接各类规划设计、建筑与装饰设计、工程勘察、工程测量、钢结构施工、桩基础工程、市政设计与施工、桩基测试、工程总承包、工程加固改造、工程监理及新技术、新材料、新工艺、新设备的推广应用等业务。

本院专业配套齐全，装备设施优良，质保体系完善，视质量为生命，精心设计、优质服务，不断繁荣建筑创作，积极推动科技进步，承接完成了盐城市绝大多数工业与民用建筑设计任务，佳作迭出，精品纷陈，共创部、省级优秀设计（勘察）奖40余项，取得了良好的经济与社会效益，两个文明建设取得了长足的发展，先后被全国总工会授予“职工技协先进集体”，省经贸委、省墙改办授予“墙改与建筑节能工作先进单位”，盐城市政府授予“文明单位”、“改革先进单位”、“重合同守信用单位”，江苏省建设厅授予“科技进步先进单位”、“勘察设计行业先进集体”、“建筑业技术进步先进单位”等荣誉称号，企业资信等级为AAA级。

“把每一个平方都设计好”是我们对全社会的庄严承诺，竭诚欢迎社会各界前来洽谈业务。

精品迭出

地址：江苏省盐城市海龙路22号
电话：（0515）8335571　8334498
邮编：224002
E-mail：ycsjy@public.yc.js.cn

佳作纷陈

中国网络通信集团公司盐城分公司

总经理 王东成

中国网络通信集团公司（简称中国网通）是中国特大型电信企业，是北京2008年奥运会固定合作伙伴。2004年11月17日纽约、香港成功上市，是国内外知名的电信运营商。

中国网通的前身具有100多年的悠久历史。2002年5月16日，根据国务院《电信体制改革方案》，中国网通在原中国电信集团公司及其所属北方10省（区、市）电信公司的基础上组建而成。

中国网通力争到2006年末成为亚洲地区一流电信企业。围绕这一目标，中国网通正在深化改革、加快发展、改善服务，不断提高企业的核心竞争力，力争为中国通信业的可持续发展作出更大的贡献。

中国网络通信集团公司盐城市分公司是中国网通集团在南方各省、市的拓展之一，是为深入贯彻执行国务院电信体制改革决定，推进当地国民经济和社会信息化进程，更好地为社会各界提供全方位电信服务的积极举措。

面对电信体制改革重组后新的市场格局与社会多元化的消费需求，中国网络通信集团公司盐城市分公司全体员工将以“团结向上、开拓创新”的崭新姿态，秉承“竟合赢得市场、融合创造力量、诚信铸就品牌、服务编织未来”的企业理念，紧跟世界信息技术前沿，与时俱进，运筹帷幄，大力推动盐城国民经济信息化的进程，为盐城通信事业的发展做出最大的贡献。

☆经营范围☆

◎ 经营国内各类固定电信网络与设施（含本地无线环路）业务；

◎ 经营基于固定电信网络的国内、国际语音、数据、图象及多媒体通信与信息服务；

◎ 电信主管部门批准经营的其他电信业务；

◎ 经济信息咨询；

◎ 电子产品及通信设备（卫星地面接收设施除外）的制造及销售；

◎ 计算机网络设计及施工。

☆产品类型☆

◎ 固定电话：可提供本地电话、国内长途电话、港澳台及国际长途电话，IP电话、NGN电话、无线市话等项目；

◎ 数据通信：主要指宽带上网、电路出租、拨号上网、网页设计等基础数据和数据增殖业务；

◎ 电子产品及通信设备（卫星地面接收设施除外）的制造及销售；

◎ 计算机网络设计及施工。

盐城发电有限公司

近年来，盐城发电有限公司在盐城市委、市政府和省国信集团党委的正确领导下，坚持以“三个代表”重要思想和科学发展观为指导，全面贯彻落实“以装置保设备安全，以互保保人员安全”的双保管理措施，不断强化设备检修维护，大力提升安全生产水平；严格内部管理，加大生产经营力度；加快发展步伐，扩大生产规模，企业的综合实力得到了明显的提高，公司先后荣获全国电力系统“安全文明生产双达标单位”，华东电力系统“一流火力发电厂”，江苏省“双文明单位”、“环保先进单位”，江苏省电力公司“安全生产先进单位”、“无渗漏发电厂”，盐城市“文明标兵单位”等荣誉称号。

盐城发电有限公司总经理　胡美成

盐城发电有限公司党委书记　金维民

2005年，公司紧紧围绕生产经营和热电工程建设两大中心，加大安全管理和经营工作力度，全力加快热点工程建设，安全生产继续保持稳定态势，设备健康保持较好水平，各项工作取得新的成效：被盐城市委、市政府列为十大重点项目之一的热电工程于2005年6月实现安全、优质、高效投产目标；通过了“三标一体”化管理体系认证，稳妥实施了三项制度改革，为企业的持续发展增添了新的活力；全年完成发电量26.43亿千瓦时，上缴税收9500万元，实现利润3011万元，各项经济指标创历史新高，全面实现了公司十五规划。

2006年，公司以十一五规划为目标，积极应对激烈竞争的电力市场，牢固树立发展意识、责任意识和创新意识，广大干部职工团结一心，奋力拼搏，开拓进取，为实现“两个率先”，构建和谐社会，再创“十一五”新辉煌作出积极的贡献。

2005年5月25日，市委书记赵鹏在盐城发电有限公司领导陪同下视察八期工程建设

2005年4月1日，江苏省国信集团党委副书记、总经理王惠荣来盐城发电有限公司指导工作

盐城发电有限公司领导班子在商讨企业发展战略。（从左往右，工会主席赵守学、副总经理刘古文、单锦宏、总经理胡美成、党委书记金维民、副总经理李贵桃、纪委书记李贵新）

江苏苏龙化工有限公司

江苏苏龙化工有限公司是按照市委、市政府对市直国有企业改制改革的要求，在盐城市电化厂主体龙亚化工有限公司改制的基础上成立的民营企业，注册资金800万元。是盐城市最大的基础化工原料中型综合性化工企业，是中国氯碱、工业协会理事单位。主要生产烧碱、液氯、合成盐酸、氢气、亚磷酸、三氯化磷、次氯酸钠、次氯酸钙、氯乙酸等化工产品。

现有产品年生产能力为：烧碱100000吨、液氯70000吨、合成酸35000吨、氢气2500万立方、氯乙酸2000吨。

公司现有员工500多人、其中各类专业技术人员100多人，中高级技术职称人员35人。公司占地面积近30万平方米，工业建筑面积1.5万平方米，近三年产值、销售额双超亿元，持续保持盈利状态。

公司董事长兼总经理曾少行先生率全体员工，在市委、市政府的正确领导下，发扬“艰苦奋斗、创新创业、团结拼搏、进位争先”的盐城精神，热忱与社会各界朋友携手并进，共同谋求更大的发展，为实现富民强市、跨越发展，全面实现小康社会的目标作出新的更大的贡献。

董事长兼总经理、党委书记：曾少行

生产车间

汽车装运棚

变电设备

厂房外景

大型化工设备

盐城市城区苏达机械厂

盐城市城区苏达机械厂是专业生产机电产品的厂家，年产各类起动电机产品30万台套，产品畅销全国各大城市、地区，并出口到东南亚各国。

我厂坚持以科技为本、以质量求生存，企业通过了ISO9001－2000全面质量管理体系认证，我们把不断提升产品技术含量作为企业的重点发展方向，企业现已形成集研制、开发、销售和售后服务为一体的一条龙服务体系，拥有一批专业的技术人才及先进的生产设备，大力实施精品工程，着力将产品从中、低档转为高档型，从国内市场转向国际市场。

我们的经营理念是：用户至上、客户第一。以一流的质量、合理的价格、优质的服务取信于用户。热情欢迎新老朋友、广大用户、商客来厂做客指导、洽谈业务、共谋发展，愿与您真诚的合作。

联系方式：
厂　长：张长奎
电　话：0515－8531238
手　机：13327988508
电子邮箱：sudadianji@sudadianji.com
网　址：http://www.sudadianji.com/
厂　址：盐城市亭湖区永丰镇工业集中区

盐城鑫都房地产开发有限公司

盐城鑫都房地产开发有限公司创建于一九九八年六月，注册资本800万元、三级资质。现有员工30人，均具有大专以上学历。公司灵活的经营机制，人性化管理模式和不拘一格的人才战略，吸引了一批具有丰富经验和管理才干的房地产开发经营专业人士。近年来，在董事长沈宏春和总经理董永龙的领导下，大力弘扬"与一流为伍，与强者争雄"和"诚实、守信、快捷、一流"的企业精神，围绕把"阳光"品牌做大做强的宗旨，苦苦练内功，狠抓项目管理，全面提升企业管理水平和"阳光"品牌形象，取得了骄人的业绩。2005年企业总资产1.5亿元，销售收入9700万元，实现利税700万元，均处于市内同行业领先水平。

2005年12月顺利通过ISO9001－2000质量体系认证，2003、2004年连续两年被评为"盐城市房地产业综合实力10强企业"，并被盐城市消费者协会授予"2005—2006年诚信企业"称号，董事长沈宏春被盐城经济开发区任命为跃南社区第一书记，总经理董永龙被评为"盐城市优秀企业家"。

新日月·翠洲嘉园
New Sun&Moon Verdant Isle Town
小桥流水
都市人家
盐城新日月房产公司自2001年成立以来，一路高扬"诚信"之帆，在激烈的市场竞争中赢得很好的口碑。公司2003－2004年度被盐城市消协、盐城市房地产协会联合评为"诚信售房"企业，2004、2005年度被盐都区消协评为诚信维权单位，2005－2006年被市消协评为诚信单位，2005年被盐城市政府授予重合同守信用企业。
公司开发的新日月·翠洲嘉园是盐城市首座大型健康水景人文社区，总规划面积30万平方米，总建筑面积26万平方米，其中绿化广场3.8万平方米，水域面积1.7万平方米，绿化率高达50.2%，建筑容积率为0.98，日照系数为1.45，该项目自投放市场以来，受到社会上一致好评，被誉为城西南房产业的领跑者。
亲情热线：0515－8400300 8400700
盐城新日月房地产开发有限责任公司
YANCHENG NEW SUN &MOON REAL ESTATE DEVELOPMENT COMPANY LIMITED
全程策划:南京大学不动产研究中心
环境景观设计:东南大学建筑系
建筑规划设计:上海华东设计
物业管理顾问:香港新德信物业管理顾问

盐城市富华房地产有限公司

董事长 总经理　吴文才

盐城市富华房地产有限公司是于2001年12月成立的以房地产开发经营为主的有限责任公司，公司注册资本818万元，为叁级房地产开发经营资质。

盐城市富华房地产有限公司以立足盐城市场，稳步向外扩张为指导，于2005年初倾力推出盐城市盛世家苑小区。小区整个工程项目为六幢住宅楼，一座地下人防工程，一幢物管办公楼，一条水文化观光带，工程结构均为框架结构。

公司决心将盛世家苑小区打造成具有一定文化底蕴精品小区的基础上，努力提升自身品味，陆续推进开发更好、更优质的楼盘，为广大业主提供一个安逸、祥和、温馨的家园是我司始终不变的追求，董事长、总经理吴文才先生携全体富华员工竭诚欢迎广大住房需求者与我司共同努力，开创明天美好的生活。

核心地段　人文高尚

- 宗教文化与人类文明同步，寺庙与社区一河之隔。
- 高素质人群密集，居住与文化相交融。
- 小区周边配套成熟，出行方便，交通便捷，距市商业中心约8分钟车程，悦达国际大酒店、瀛洲宾馆、雅家乐超市、农工商超市、招商场、毓龙公园等商业休闲活动近在咫尺。
- 邻近教育区，文化气息浓郁，市盐城小学、市重点中学六中、江苏省重点中学市中心校区盐城中学毗邻社区。
- 周边金融、医疗、休闲、娱乐等公共设施一应俱全，满足了区域内的各种生活需求，令住户不需远足即可享有都市中心的便利和繁华，不断提升居家者的生活品质。

江苏亨达房地产开发有限公司

江苏亨达房地产开发有限公司（2004年2月企业改制前为盐城市亨达房地产开发集团）系国家二级房地产开发企业，为中国房地产开发集团盐城地区成员公司。成立于一九八四年，经过二十年的开发实践已发展成为房地产开发建设、经营销售、物业管理一体化企业，阵容强大、管理科学、信誉良好、服务规范，专业技术人员占职工总数80%，具有年开工面积20万平米，竣工面积15万平米的综合开发能力。曾被评为江苏省房地产开发企业综合经济实力三十强、五十强、江苏省建设银行特级信用企业、盐城市房地产业综合实力十强企业、2004年又荣获盐城市房地产综合实力10强企业，并从1989年以来连续被评为盐城市“重合同、守信用”单位。

近几年，公司的房地产开发建设一直呈健康、稳定的良性发展态势，先后开发完成多项市政府为民办实事工程项目和一批居民住宅小区，工建项目工程质量合格率100%、优良品率40%以上取得了良好的社会效益和经济效益。在激烈的市场竞争中，企业员工具备了强烈的敬业精神、求实的科学态度、严谨的工作作风，坚持“以质量谋生存、以信誉求发展”的企业方针，大力弘扬“奉献、开拓、进取、求效益”的企业精神，凭管理保证质量、用质量创建品牌、靠品牌占有市场，以“领先一步、胜人一筹”的思维，在商品房的设计风格、建筑造型、套型组合、配套设施、安全舒适等方面不断有新的突破和提高，吸引了众多的客户，赢得市场，商品房销售形势看好，基本无积压。开发土地资源充足，工程质量稳步上升，企业信誉不断提高，企业发展后劲逐渐增强。

公司地址：盐城市毓龙东路11号　　法定代表人：严古华

电　　话：0515—8209911　　传　　真：0515—8209810　　邮　　编：224002

盐城市市政建设总公司

盐城市市政建设总公司始建于1959年10月，系盐城市唯一的国家一级资质的市政施工企业。公司资信等级为AAA级，2000年通过ISO9002质量体系认证。公司有四十多年从事大型桥梁、高速公路、港口码头、园林及各种地下管线工程施工经历。多年来，在省内外高级公路、桥梁和供水、污水处理等市政工程施工建设中，有十多项工程分别获得国家“金杯”奖和省、市优质工程奖、被评为江苏省最佳建筑企业和全国市政施工“十佳”企业。公司现在职工1350人，技术人员246人，高级职称11人，一级资质项目经理12人。公司资产总额18489万元，净资产6100万元，2002年完成施工产值2.1亿元。 近几年来，公司以市场为导向，立足盐城，跳出盐城，先后承建了张家港保税区中心路及排水工程、苏州太湖渡假村基础设施工程、山东淄博高速公路10标段工程、江西鹰潭五洲路等一批工程。

公司坚持“抓质量、促发展、讲诚信、创精品、争一流”的企业精神，努力塑造精品名牌，竭诚为业主提供优质、高效的服务，为建设单位尽责心力，为城市化建设贡献力量。

总经理、书记　李武祥

公司承建的盐城解放南路

地　址：盐城市人民路8号　电　话：(0515) 8362228　传　真：(0515) 8351350

江苏省华宝纺织有限公司

在2005全国创业之星表彰大会上，朱福群受到国务院副总理回良玉的亲切接见。

江苏省华宝纺织有限公司地处黄海之滨，居苏北优质棉花生产腹地，西靠204国道，南临通榆大运河，北接沿海经济大通道，水陆交通便利。近年来，企业率先成功改制，发展活力倍增，以优质、诚信赢得了市场，以超常规的思维赢得了超常规的发展，经济效益连年翻番。公司现有6个成员企业，员工2580人，各类专业技术人才208人，占地400亩，总资产3.5亿元，拥有12万纱锭，年生产棉纱30000吨，销售7亿元，利税5000万元。公司先后获得“中国诚信单位”、“中国优秀企业”、“江苏省文明单位”、“江苏省AAA级资信单位”、“盐城市五星级企业”等多项殊荣。“宝福”牌棉纱被评为“全国棉纺行业十大品牌”、“江苏省名牌产品”、“江苏省著名商标”。县人大常委会副主任、公司董事长朱福群以独有的逆向思维和敢于较真的精神，搏击商海，勇立潮头。他先后荣获“全国创业之星”、“中国改革人物”、“中国首届百名杰出人物”、“江苏省优秀民营企业家”、“江苏省劳动模范”、“盐城市十大光彩之星”、“盐城市优秀党员”等30多项荣誉，被上级表彰60余次，四次在人民大会堂受到党和国家领导人的亲切接见，2003年又当选为省人大代表。

江苏华宝在市场疲软中异军突起，在改革大潮中独领风骚。“十一五”期间，公司将不断加大技改投入和新产品研发力度，努力提升产业层次，提高产品附加值，坚持走新型工业化之路。拟投入一亿元，新上高档精梳生产线、喷气织机和服装生产线，形成30万锭生产规模，实现20亿销售，2个亿利税。

展望未来，前程似锦。公司董事长朱福群竭诚欢迎海内外人士携手并进，共创华宝辉煌的明天。

地址：中国江苏滨海县阜东南路398号　电话：0515—4103788　传真：0515—4102785　邮编：224500

盐都区潘黄镇

党委书记　戴同彬

镇长　徐永生

潘黄镇人文历史悠久，文化底蕴深厚，因纪念革命烈士潘克、黄炜而命名，宁靖盐高速、盐淮高速、世纪大道在境内纵横交错。2005年全镇农村经济总收入49亿元，地区生产总值14.25亿元，财政收入突破亿元，达到1.0366亿元。经济社会事业快速发展，增势强劲。

红色潘黄、生态潘黄、财富潘黄、活力潘黄！这是一方充满希望、绽放精彩的热土，这是一片充满商机、潜力无限的沃土，这是一处充满亲情、内韵丰富的乐土！热忱欢迎您及您的家人、朋友莅临指导、投资兴业、观光旅游，这里定能给您留下美好回忆，让您获得意外惊喜，为您创造滚滚财源！

市区领导在潘黄镇指导工作

新日月翠洲嘉园

宝才工业集中区

别　墅　小　区

盐城垃圾焚烧发电有限公司外景

地　址：盐城市鹿鸣西路
电　话：0515-8460101
传　真：0515-8460068
邮　编：224055
Http：//panhuang.com
E-mail：phzf@panghuang.com

射阳县耦耕镇

射阳县耦耕镇是华中工委旧址所在地，地处县城北首，濒临射阳河，陈李线和射阜淮公路横贯其中，水陆交通便利。面积69平方公里，现有10个村（居），1.08万户，3.3万人口，镇内拥有工业企业11个，其中资产达500万元以上的4个（2000万元1个，1000万元1个，500万元2个）。农业经济已形成大蒜、蔬菜、棉花、水产、禽蛋等支柱产业，2005年实现财政收入过千万元，农民人均纯收入5200元。

热忱欢迎各界有识之士来耦耕投资兴业。

党委书记：孙树声　　镇 长：刘慧　　电 话：0515-222210

政府大楼

耦耕特色蒜产业

特色经济——蔬菜大棚

射阳县祥胜纺织有限公司

射阳县祥胜纺织有限公司地处射阳县城北六公里，省道陈李线东侧，北临射阳河五公里，水陆交通便利。二00二年四月在原有1500吨蔬菜保鲜加工能力的基础上固定资产投资2750万元、兴建15500锭环纺的纺织有限公司。2005年实现入库税收250万元。

公司拥有棉花收购、加工资格，有7150平方米棉花大棚仓库，有清花机二台、梳棉机二十台、并条机六台、粗纱机五台、细纱机三十四台、筒摇机八台及各种检验设备，配套齐全，形成了一条龙的棉纱生产线。企业今年又上15000锭精梳设备，为企业的发展增加后劲。

法人代表：赵 俊　　联系电话：0515-3222648　　13032598888

射阳县协新纺织有限公司

射阳县协新纺织有限公司是一个集棉花收购、加工、纺织、织布一条龙的成长型企业。公司于二00二年三月十八日正式破土动工筹建，五月底开始安装调试，六月底全面投入生产，首期总投入1000万元。2004年2月份又投入548万元。目前本公司平均日生产“10-16”棉纱近6吨，年产量可达2500吨。目前投资1500万元的15000锭精梳及织布项目已经开工建设。

法人代表：刘亚东　　联系电话：2221222　　13905114746

射阳县祥胜纺织车间

射阳县协新纺织有限公司

射阳县坚固水泥制造有限公司

射阳县坚固水泥制造有限公司位于射阳县千秋大桥南首，北依射阳河、西接陈李线公路，水陆交通十分便利。公司创建于2002年12月，拥有固定资产2042万元，年产P.O32.5R、P.O32.5级水泥30万吨，是盐城市北五县最大的水泥生产企业。

公司采用2.6m*13m高细磨，选用优质旋窑熟料，生产全过程实行微机自动控制，水泥自动包装，生产工艺先进合理，产品质量稳定可靠，是射阳县水泥行业唯一通过ISO9001质量管理体系认证企业。

我们将始终坚持“质量第一、信誉为本、用户至上、服务一流”的质量方针，以领先的技术、严格的管理、优质的产品、良好的信誉，竭诚为广大用户服务。

法人代表：陈正宏　　联系电话：0515-2198888　　13016538287

射阳县坚固水泥有限公司

江苏科行环境工程技术有限公司

全力打造节能环保航母

江苏科行环境工程技术有限公司是一家专业从事建材冶金、电力垃圾焚烧等行业节能、环保装备研发、加工、工程设计、安装施工与总承包服务的省级民营股份制企业，是中国建材机械工业协会副会长单位、中国环保产业协会会员单位、中国水泥协会会员单位。公司在四川、山东、南京、云南、湖南、陕西等地设立了10个办事处11个服务网点。公司先后荣获“省高新技术企业”、“省著名商标”、“省知名建材企业”、“省民营科技企业”、“省知识产权重点保护单位”等称号，并在业内率先通过ISO9001质量体系认证。同时，公司还先后通过专家验收，获得“清华大学成果孵化基地”、“国家建材行业生产力促进中心环保工程分中心”、“市级企业技术中心”、“省建材节能环保技术创新服务中心”等资质。另外，公司还具备环境工程设计、环境污染治理设施运行、环境工程专业承包等资质。

董事长：刘怀平

公司下属控股单位有：科行袋式除尘设备厂、科行高效选粉设备厂、科行节能环保风机厂、科行滤料分厂、科行节能环保装备公司、盐城市水泥粉磨技术研究所、科行环保工程检测中心。公司建有占地133亩的大型生产基地，并拥有数控立式车床、大型落地镗床、自动间隙埋弧焊、光电跟踪切割机以及各类计量检测设备。公司现有员工500多人，其中专业技术人才110多人，形成了强大的产品研发能力和工程设计实力。技术的专业化、规格的多样化和服务的个性化，使科行产品更具竞争力。公司主产品有：“K型选粉机”、“高效二次风转子选粉机”、“改进型O-SePa选粉机”、“离线脉冲袋式除尘器”、“机立窑袋式除尘器”、“砖混结构（方、圆形）袋式除尘器”、“KDM型新型行喷脉冲袋除尘器”以及其它各类大型布袋和静电除尘等设备6大系列100多个品种。截止2005年10月已拥有7个省高新技术产品、19项国家专利、2个省火炬计划、4个国家环保认定产品等多项荣誉，这些成熟、适用的技术装备已先后为海螺集团、山水集团、华新集团、宜丰盐城、天瑞集团、亚泰集团、金顶集团、安厦集团、江苏长江、磊达集团、越南亚光、孟加拉西隆等2000余家水泥、石膏、钢铁、电力企业服务。

几年来，科行人已逐步形成以人力资源、企业文化、产品研发、市场营销、集约经营以及诚信服务为战略的六大科行发展思路。“思路决定出路、人品铸就产品”。科行人正以其矫健的步伐，在新观念、新政策的指引下，以“科技打造行业典范”为目标，抓科技进步，重市场开拓，创精品工程，向国内最强最优的建材辅机生产基地而迈进。

地址：江苏省盐城市人民中路96号
电话：0515-8308398　8308229
传真：0515-8399203
http://www.kehang.cn
E-mail:kehang@263.net

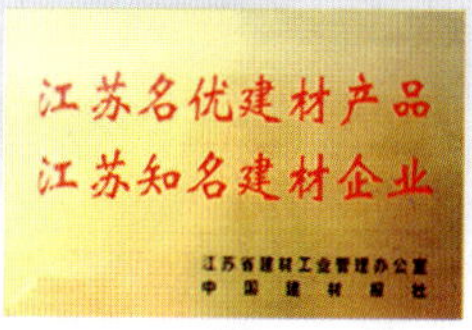

盐城市地方海事局

盐城市地方海事局（盐城市船舶检验局）是《中华人民共和国内河交通安全管理条例》等水上法律法规授权行使水上交通安全监督和船舶防污染管理职能的主管机关。主要执法职能是：负责宣传贯彻国家水上交通安全、船舶防污染和船舶检验法律法规，指挥维护水上交通秩序，调查处理水上交通事故，实施船舶登记、船舶和船用产品检验、船员培训考试发证，审批水上水下施工作业，核发许可证，发布航行通告（警告），审批水上加油站点，对全市渡口、危险品运输船舶安全以及船舶防污工作实施监督管理，对全市造船企业生产技术条件进行监督管理等工作。

党委书记、局长　周炳学

多年来，盐城市地方海事局在市委、市政府和上级交通主管部门的正确领导下，坚持以科学发展观为指导，以“三个代表”重要思想为动力，以“服务全市经济发展大局、服务水运企业、服务船民、奉献社会”为宗旨，以保障水上交通安全为中心，以“三保一防一提高” 为主线，积极创新执法管理举措，全面履行监督管理职能，海事三个文明建设取得了优异成绩。全市地方海事系统连续多年被省、市文明委授予 “盐城市文明行业”、“江苏省文明行业”荣誉称号。市地方海事局先后被国家交通部、省委省政府、市委市政府、市交通局党委授予“全国海事系统文明达标单位”、“江苏省文明单位”、“盐城市文明单位”、“盐城市直交通系统先进基层党组织”。9个县（市）地方海事处100%达到县级文明单位， 7个县处达到市级文明单位。阜宁县地方海事处还被命名为“江苏省文明单位”、“全省地方海事系统文明标兵单位”。

奋力打造当地最好银行

——与时俱进的建设银行盐城分行

中国建设银行是国有商业银行股份制改造的先行者，于2005年10月27日在香港成功上市，跨上了建设国际一流商业银行的新征程。

作为建设银行的二级分支机构，盐城分行积极投身金融改革发展的大潮，牢固树立和践行“以客户为中心”的经营理念，主动服务于市县重点工程，服务于招商引资项目，服务于个体私营企业，服务于广大绩优客户，坚持为客户提供最佳服务，为股东创造最大价值，奋力打造盐城人民心中“最好银行”的新形象。

2005年全行各项业务提速发展，主要指标达到历史最好水平。经营效益稳步增长，实现考核利润1.49亿元，经济增加值3198万元。资产负债有效扩张，各项贷款余额58亿元，年新增11亿元；全口径存款余额90.8亿元，其中企业存款余额43.25亿元，储蓄存款余额46.96亿元。资产质量显著提高，不良贷款余额1.55亿元，不良贷款率2.63%，保持同业领先。战略业务快速发展，实现中间业务净收入1880万元。综合管理成效显著，全行连续五年没有发生一起案件和重大责任事故。文明创建再攀高峰，被省委、政府评为2003-2004“江苏省文明行业”和“江苏省文明单位标兵”，树立了良好的市场形象。

展望未来，奋斗不息的盐城分行人将始终坚持“以客户为中心”的经营理念，以激流勇进，升腾向上的奋发风貌，全面加快一流商业银行的建设进程，奋力推进盐城经济建设的新跨越。

盐城市地方税务局

2005年，全市地税系统完成各项收入41.79亿元，同比增收8.78亿元，增长26.6%，创近几年新高。其中市县级地税收入完成21.06亿元，同比增收4.52亿元，增长27.33%，占省局年度计划的113.41%，高出全省平均增幅近2个百分点，占各级人代会年初预算指标的102.98%，超收6100万元；社会保险费完成15.78亿元，同比增收3.2亿元，增长25.43%。在依法组织收的同时，全系统还积极落实下岗再就业等各项税收优惠政策，减免各项税收1亿余元，有力地支持了盐城经济的发展。三个文明建设硕果累累，全市地税系统被表彰为2003-2004年度省级文明行业，市地税局被市委、市政府表彰为2005年度三个文明综合奖先进集体、文明标兵行业和2001-2005年度社会治安综合治理工作先进集体。阜宁县局被表彰为全国税务系统先进单位，射阳县局办税服务厅被中央文明委、国家人事部表彰为全国精神文明建设工作先进单位。

副省长、市委书记、市人大主任张九汉为获得全市“2005年度三个文明建设综合先进单位”的市地税局党组书记、局长文亚和颁奖。

市委常委、常务副市长李强(左)到市地税局检查指导工作。

市地税局机关干部通过视频网络收看全国税务工作会议。

盐城市盐务管理局

局长　杨连春

2005年，我市盐政管理工作在省盐务局和市政府的正确领导下，以“三个代表”重要思想为指导，全面贯彻落实省局2005年盐政管理工作意见，针对实际，研究对策，与时俱进，开拓创新。采取切实有效的措施，进一步加大整顿和规范盐业市场秩序的力度，从重从严打击和制裁盐业违法行为。为保障人民群众身体健康，促进消除碘缺乏危害工作的有效实施，保证盐业经济持续快速健康的发展作出不懈努力。

2006年度盐政管理工作紧密依靠政府，联合多部门执法，坚持日常市场管理监管和专项行动相结合，坚持教育服务和严格执法相结合，坚持行政处罚和刑事打击相并举，加强源头管理和网络建设，维护盐业市场秩序，提高我市盐政管理工作水平。

大会现场

[东方湿地之都　仙鹤神鹿世界]

盐城市旅游局

2006年1月10日，盐城市人民政府周古城副市长（前排左二）在北京人民大会堂接受“中国优秀旅游城市”奖牌

2005年，盐城市荣获“中国优秀旅游城市”称号，初步形成了“东方湿地之都、仙鹤神鹿世界”生态旅游和红色旅游品牌形象。以湿地生态国家公园项目建设为重点的景点建设取得了明显进展，城市现代旅游综合功能得到改善，主要旅游经济指标稳步增长。全年新增国家AAA级旅游景点2个、AA级旅游景点5个、国家水利风景区1个，创建全国农业旅游示范点3个，新四军纪念馆进入全国“100个红色旅游经典景区”行列。新增三星级旅游饭店4家，二星级旅游饭店4家。

国家旅游局副局长孙钢（左二）在市旅游局局长许新建（左三）陪同下视察、指导盐城旅游工作

韩国旅行社总经理代表团考察东台永丰林生态园

射阳丹顶鹤自然保护区

江苏宏建工程造价咨询有限公司

董事长　张洪广

江苏宏建工程造价咨询有限公司是在原盐城市第一审计事务所在基础上改制组建并经江苏省工商行政管理局批准注册，具有独立法人资格和国家建设部颁发的甲级工程造价咨询资质、江苏省发展和改革委员会颁发的丙级工程咨询资格的社会中介机构。

本公司结构合理，技术实力雄厚，各类专业人员配置齐全。现有大专及以上学历并长期从事工程造价编审、设计、施工、监理、咨询等实际工作经验的员工30多人。其中具有高级职称8人，中级职称16人，注册造价工程师12人，注册监理工程师3人，注册咨询工程师3人，注册会计师5人、中、高级工程造价编审资格22人。同时聘请多名专家教授作为本公司专业顾问。

百尺竿头，更进一步。本公司坚持“以人为本”的管理理念，将继续弘扬“团结、拼搏、诚信、求实”的精神，以市场为导向，以“客观、公正、优质、高效”为原则，坚持“质量第一、服务第一、诚信第一”的宗旨，把公司办成管理科学、机制灵活、实力雄厚、行业领先、具有竞争能力和一流水平的工程造价咨询机构来服务于社会，回报业主。

地　址：江苏省盐城市建军东路84号　电话：0515－8158655　8155285
传　真：0515－8158655　邮编：224002　电子邮箱：jshj@vip.163.com
网　址：www.hjzj.com.cn

盐城市行政中心大楼

盐城市众兴置业有限公司

盐城市众兴置业有限公司成立于1995年8月，原来从事政府的经济适用住房建设，现在主要进行商品房开发及相关行业，已累计开发各类房屋近50万平方米。注册资金800万元，具有房地产开发三级资质，固定资产860多万元，总资产1.2亿元。企业经营业绩优良，2004年销售收入1.2亿元，创利税800多万元。2004年被评为盐城市房地产开发综合实力10强企业。

企业组建以来，其中长坝、新苑小区、南苑小区经济适用住房近30多万平方米，为解决普通居民住房，积极落实政府实事工程作出了贡献。已建成的南苑小区被评为“省级城市物业管理优秀住宅小区”、“省文明优秀小区”和“绿化达标小区”。正在建设的新苑小区与市一小分校相邻，小区设计新颖、环境优雅、功能齐全、管理规范，深受广大业主的欢迎，房屋销售率100%。2003年公司在盐都县经招商引资，竞价拍买了220亩土地，正在开发建设桃源居住宅小区，总投资2.5亿元，总建筑面积18万多平方米，由上海华汇建筑设计院规划并设计，部局合理、景观宜人，目前一、二期开发的商品房销售火爆，供不应求，已全部交付使用。为加快开发建设的步伐，今年加快开发速度，确保2006年底完成整个小区建设，桃源居小区已成为市区西南片重点的明星楼盘，理想的居住场所，新颖的建筑风格，优美的景观环境和全新的建设理念将使盐城市众兴置业有限公司更加引人注目。

好设计，才有好楼盘：桃源居现代生态住宅小区由我国知名的上海华汇建筑设计有限公司担纲设计。在总平面规划上，以一条反“S”形干路南北贯穿小区，串联起大、小不同的组团，并与相邻的杨中路形成环路。同时，小区利用周围的水圩水系，延绵出一条纵贯南北的水景绿化带，环水半岛而建的叠加别墅、点式多层与条式多层，共同创造出丰富的景观空间。小区由北至南，逐渐将房屋朝向转至偏东10度，使所有的住宅都能有较好的日照。

技术经济指标：总投资2.2亿元，总占地面积15万平方米，总建筑面积183390平方米，其中住宅179190平方米，配套（包括沿大庆路门市）4200平方米，住宅中有条式多层、点式多层及叠加别墅三类11种套型（面积），能够充分满足业主个性需求。作为争创现代示范生活小区的桃源居，容积率仅为1.09，绿地率49%，日照系数1.3，覆盖率18.76，道路及广场面积35250平方米。

盐城市人口和计划生育委员会

盐城市人口和计划生育委员会是市政府主管人口和计划生育工作的职能机关。根据《省委办公厅、省政府办公厅关于印发〈盐城市人民政府机构改革方案〉的通知》，2005年5月16日，盐城市计划生育委员会正式更名为盐城市人口和计划生育委员会。更名后的市人口和计划生育委员会在原有计划生育委员会的职能基础上，增加了人口发展战略研究及人口和计划生育综合治理和综合协调的职能。

2005年人口和计划生育工作坚持科学发展观， 紧紧围绕和服务于全市经济建设中心和全局工作，深入开展人口和计划生育综合改革，人口和计划生育管理和服务新机制不断健全和完善；全面推行农村部分计划生育家庭奖励扶助制度，全市首批19196名计划生育奖励扶助对象全部领到了每人每年600元的计划生育奖励扶助金，树立了诚信政府和计划生育工作的良好形象；大力实施出生婴儿性别比升高问题的专项整治，有效遏制了出生婴儿性别比升高势头。全市人口自然增长率控制在2.5‰以内，计划生育率95 以上，期内综合避孕率80%以上，避孕节育和生殖保健服务率75%以上，低生育水平更加稳定，人口和计划生育工作水平和内涵不断提高和延伸，顺利通过“十五”创建省人口和计划生育示范县（市、区）、先进县考核验收，全面完成了省市下达的各项目标任务，为全市经济社会跨越发展、协调发展和可持续发展营造了良好的人口环境。

新光集团

2005年，集团上下认真贯彻党的十六届四中、五中全会精神，全面落实科学发展观，围绕年度奋斗目标，把握机遇，超前谋划，科学决策，狠抓煤炭主业发展和非煤企业改制，全集团实现营销收入31794万元，现价工业总产值30471万元，煤炭产量84.3万吨，综合进尺24580米，分别完成年度计划的114%、109%、105%、110%；煤炭产量创历年之最；职工人均收入为2.07万元，比上年增加30%。集团工业生产快速增长，主要经济指标均完成或超额完成市下达目标。

基本完成了非煤企业改制任务。年内，集团的非煤企业改制到了最后攻坚阶段，相关部门密切配合，协同作战，取得了显著成效。飞亚公司、亨王公司、新利公司、恒运公司、物资实业公司、开发公司及新光医院改制的扫尾工作基本或全面结束；新宇、固鼎公司于九、十月份先后规范地完成了挂牌出售，职工身份置换工作已基本结束。至此，集团的非煤企业改制任务已全部完成。改制的工作进度快、力度快、效果好，受到了上级组织和领导的充分肯定。

集团实现建企以来第二个安全年。集团及各成员企业把安全生产作为第一要务，认真贯彻《安全生产法》、国务院《决定》及《特别规定》，强化生产及技术管理，优化开拓布局，提升装备水平，推广应用新工艺，提高单产单进，坚持均衡生产；加大安全投入和安全培训力度，深入开展安全质量标准化工作， 加强现场监控，提高了企业本质安全度。煤矿均顺利通过当地安全监察机构的安全评估和质量标准化验收，刘东煤矿为A级，利国煤矿、昭阳煤矿为B级，质量标准化均达二级；全集团用于安全及生产装备投入近2500万元，全年未发生重伤以上人身事故于实现了新光建企史上第二个安全年。

新矿井开发有了新的突破。为实现"以煤为主"的发展战略，加快推进主业发展，一年来，集团主要领导多次去南京、合肥、徐州、宿州、亳州等地，加强新矿井开发的资源洽谈工作。锦桥煤田勘查由于种种原因告停；亳州耿皇煤炭资源合作勘探于十一月中旬正式开钻，见煤状况良好；马坡井的购并意向已基本确定。"十一五"期间集团建设百万吨以上生产能力矿井有望实现，将为集团"十一五"翻番目标的实现奠定基础。

盐城市园林正兴房地产开发有限公司

总经理　袁勋安

盐城市园林正兴房地产开发有限公司成立于1992年底，隶属于盐城市建设局。现位于黄海东路10号5楼，公司拥有房地产开发三级资质，在职职工48人，各类专业技术人员35人，下设6个职能科室，负责公司开发的各种环节，注册资金800万元。

公司从成立至今，通过自身努力，逐步发展壮大，近几年开发面积逾6万平方米，工程合格率达100%，优良率达90%以上，取得了较为显著的经济效益和社会效益，得到了社会各界的一致好评。

荣誉奖牌

公司于2002年9月改制成为股份制有限责任公司。改制后，公司在袁勋安董事长的领导下，坚持“两手抓、两手都要硬”的方针，对外开拓市场，对内强化管理，调动各方面积极因素，确保改制后企业顺应市场，适应社会。

最近阶段，我们把经济建设作为公司各项工作的龙头来抓，主要围绕对市区内土地的征用开发这项工作，具体来讲，市大庆中路地段开发建筑面积9000多平方米，市通港路地段建筑面积8000多平方米。

荣誉证书

同时，公司制定了一系列的规章制度，实行工资与工效挂钩，充分调动职工的工作积极性；严格执行考勤考绩制度，使职工形成立足岗位，奉献园林的好风尚；严格按照规范化、标准化建立健全基础档案，为“创三优”工作打下了坚实的基础。

盐城市花美蜂蜜制品有限公司

总经理　殷作峰

盐城市花美蜂蜜制品有限公司成立于1997年，是集开发、生产、经营为一体的蜂蜜系列产品生产加工出口企业，主要从事天然蜂蜜、浓缩蜂蜜和蜂蜜干粉的生产与经营。

公司拥有13000平方米的生产基地，6000平方米的生产用房，基础设施完善，加工设备一流，加工工艺先进，检测检测设备齐全，年生产蜂蜜制品6000多吨，产品主要销往北美和欧盟有关国家，其中，"蜂蜜干粉"是我公司与江南大学联合研制的国内首创的高科技新产品。

公司通过了ISO9001—2000质量管理体系HACCP食品安全管理体系认证，严格按照科学规范管理企业，视产品质量为企业的生命，致力于产品质量的保证与提高，被列为"质量信得过企业"和"AAA级资信企业"。几年来所生产的产品出口报检合格率达到100%，在国际市场以及所有客户中享有良好的声誉。

公司以"优质、诚信、务实、创新"为企业精神，以优质的的产品、合理的价格、良好的服务，热忱欢迎国内外广大客户与本公司建立友好的合作关系。

客户的满意，就是我们的宗旨。

电话：0515—8180888　8177999　　传真：0515—8177998

网址：http：//www.huameihoney.com　　E-mail：ychuamei@huameihoney.com